感觉的秩序
探寻理论心理学的基础

[英]弗里德里希·冯·哈耶克　著

曹士龙　周德翼　朱月季
黄忠琴　马成林　熊　泽　译

民主与建设出版社
·北京·

图书在版编目（CIP）数据

感觉的秩序：探寻理论心理学的基础 /（英）弗里德里希·冯·哈耶克著；曹士龙 周德翼等译．-- 北京：民主与建设出版社，2023.4

ISBN 978-7-5139-4213-3

Ⅰ．①感… Ⅱ．①弗… ②曹… Ⅲ．①心理学理论－理论研究 Ⅳ．① B84-0

中国国家版本馆 CIP 数据核字（2023）第 090944 号

感觉的秩序：探寻理论心理学的基础

GANJUE DE ZHIXU TANXUN LILUN XINLIXUE DE JICHU

著　　者　［英］弗里德里希·冯·哈耶克
译　　者　曹士龙 周德翼　等译
出版统筹　周晓斌
责任编辑　刘树民
封面设计　邓琳娟
出版发行　民主与建设出版社有限责任公司
电　　话　（010）59417747　59419778
社　　址　北京市海淀区西三环中路 10 号望海楼 E 座 7 层
邮　　编　100142
印　　刷　大厂回族自治县彩虹印刷有限公司
版　　次　2023 年 4 月第 1 版
印　　次　2023 年 10 月第 1 次印刷
开　　本　880 毫米×1230 毫米　1/32
印　　张　16.5
字　　数　425 千字
书　　号　ISBN 978-7-5139-4213-3
定　　价　78.00 元

目 录

感觉的秩序：探寻理论心理学的基础

关于理论心理学基础的其他著作

哈耶克《感觉的秩序：探寻理论心理学的基础》导读

汪丁丁

北京大学中国经济研究中心教授，浙江大学跨学科社会科学研究中心学术委员会主席。（感谢教育部重点基地重大项目，编号：06JJD790031）

等候了多年，不见有汉译哈耶克的《感觉的秩序：探寻理论心理学的基础》。现在周德翼教授终于组织汉译了，我写这篇"导读"，就算是为这本书的读者准备的吧。无论如何，哈耶克自己和他这本书的读者，同样会觉得这是一本很难读的著作。时隔半个世纪，今天的读者，借助于新近发表的、数量极大且比当年神经科学家们的研究远为深入的脑科学报告，可以比当时的读者甚至比原作者更准确地理解哈耶克在这里试图表达的"感觉秩序"。在一篇新近发表的经济学论文里，我发现这样的感叹：尽管哈耶克在《感觉的秩序：探寻理论心理学的基础》里表达的观点极接近现代"多主体计算机仿真"的观点，可是，绝大多数计算机仿真专家压根儿不知道哈耶克半个世纪前写过这样一本书(N.J.Vriend，2002，"was Hayek an Agent-Based-Computational Economist?" *Southern Economic Journal*，Vol. 68，No. 4，p. 811—840)。这就为我写这篇"导读"（不是"学术论文"）提供了充足的理由，尤其是考虑到我在与这本书相关的几乎全部领域内已有的知识和理解。

此处"感觉秩序"，根据哈耶克的解释，相对于"物理秩序"而言，受康德之后哲学思辨的影响——在“好”的方向上，在不能确定“物自体”的任何性质及其（物理）“秩序”之前，只能，或至多可能确定主观感觉及其秩序。不仅在思辨方面像德国人，而且在文字安排方面也像德国人，哈耶克这本书虽然分“章”，但也像黑格尔著作那样划分了“节”（这样便不会因版式的不同而发生引文差异）。例如，第八章共有98节。故我这篇导读在引用原文时，将一律采用哈耶克原著的章及节号。

《感觉的秩序》的副标题是“探寻理论心理学的基础”，相当地具有挑战意味。所以，哈耶克在“前言”里面特别要解释，作为心理学专业的门外汉，他为何要来探究理论心理学基础。事实上，这部作品的核心思想，萌芽于哈耶克19岁至21岁在维也纳大学听课期间。那时，他尚未决定是成为一位心理学家还是成为一位经济学家。当时最重要的心理学家包括赫尔姆霍兹（生理学和心理学）、冯特（实验心理学）、詹姆士（心理学和实用主义哲学）、缪勒（记忆和视觉心理学及格式塔心理学）。最后并且尤其是马赫（物理学、心理学、哲学）对哈耶克的影响最大——或许由于马赫对哈耶克所属的维也纳学派的影响太深，或许由于马赫对包括爱因斯坦在内的物理学界和心理学界的整体影响太深。

自1915年至1952年（哈耶克发表《感觉的秩序：探寻理论心理学的基础》那一年），物理学、生理学、心理学和哲学，都取得了重要进展或最重要的进展。可是，哈耶克指出，人们对心理学基本问题的解答仍停留在三十年前的水平，也就是停留在他作为学生试图解答这一基本问题时的水平。另一方面，在经历了20世纪30年代后期至20世纪40年代西方世界第二次世界大战后秩序重建的数次论战之后，哈耶克远比年轻时更深切地意识到，当时的社会主义思潮及其理论依据之谬误，是哲学认识论的而不是政治意识形态的。

在认识论领域，西方学术界只是在20世纪90年代以来，借助于逐渐普及的脑科学仪器（主要是磁共振成像和正电子成像及脑电仪等医疗影像技术)，以“种群—文明—个体”三重演化论的态度重新思考人类理性和其他生物的认识论问题。值得注意的是，当代脑科学和当代认识论的研究，至少部分地支持了哈耶克在《感觉的秩序：探寻理论心理学的基础》里提出的假说。这一假说的核心，用《感觉的秩序：探寻理论心理学的基础》的英文版“导言”作者，著名神经心理学家克吕弗(Heinrich Klüver)的文字来概括，就是与“实体”假说竞争的“关系”假说。克吕弗是动物行为学及神经心理学领域的开创者之一，由这样一位科学家撰写哈耶克这部作品的导言，于是值得读者格外地注意这篇导言的内容。何况，哈耶克自己在第一章第50节的脚注内，还引用过克吕弗关于生物将个别体验一般化的能力的观点。

世界的基本构成是一个一个独立存在的“实体”——这些实体的最小单位不是原子，也不是基本粒子，也不是……抑或世界的基本构成是“一束一束”偶然交汇的“过程”？西方人在智力的最初阶段遇到了这样两种不同的看法——分别以巴门尼德和赫拉克利特为代表，在20世纪初叶形成了相互竞争的两派哲学，其一是主流的、被称为“形而上学”的哲学，与主流物理学并驾齐驱，也反映在康德关于“物自体”学说的前提之中。其二是与主流竞争的被称为“创化论”或“过程哲学”的哲学，以柏格森和怀特海为代表，对“五四”时期中国知识分子产生过深远影响(这一影响经由张东荪和梁漱溟的著作传承至今)。

在心理学和脑科学领域内，相应地，西方人面对这样两个学派的竞争。其一是被称为“实体主义”的学派，例如，研究“记忆”者，必须找到脑内专司记忆的神经实体及基因排序。其二是被称为“互联主义”的学派，例如，研究“记忆”者，不必找到专司记忆的神经实体或基因排序，只需验证“记忆”是某些脑区甚或整个头脑从内部复杂联结的诸层次当中凸显的一种功能。用金岳霖先生《知识论》的语言描述，就是说，每一概念(concept)或观念(idea)，无非是一套

"关系",并且这套关系在接收了"所与"的"官能"而言是真通的(虽然"真"与"通"不必同时成立)。

哈耶克的观点,属于"互联主义"学派。这在当时是超前的,不被大多数学者理解,虽然它在今天已经成为主流。从人类的思想史可见到足够多的案例,表明思想史或一般历史的创造者是英雄们而不是奴隶们。"英雄史观"的演化论依据其实很简单并且至今仍居主流位置:任何创造最终只能出之于生命个体而不能出之于群体,因为自然选择的力量只作用于生命个体而不作用于群体。我在另一篇文章里介绍了生物学家们关于"群体选择"假说的不同看法,其中提及,主流的看法是否定的,虽然我本人,基于我对"合作"秩序的关注,非常希望看到肯定的证据。

回到哈耶克为《感觉的秩序:探寻理论心理学的基础》撰写的前言,在结尾处,哈耶克告诉我们,他确实也补充阅读了1915年至1949年这一领域内发表的重要著作,尤其是海布斯(D.O.Hebbs,1904—1985)的著作《行为的组织》。海布斯被认为是"认知心理学之父",比哈耶克早七年辞世,他发表于1949年的《行为的组织》被认为是影响最为深远的心理学著作之一。也是在这里,哈耶克提到了对他的心理学思考至关重要的另一位当代科学家埃克尔斯(J.C.Eccles,1903—1997)。后者是脑科学家并因脑科学研究获得了诺贝尔医学和生理学奖,曾与波普于1977年发表重要的"哲学—心理学—脑科学"著作《自我及其大脑》。波普是哈耶克长期引为"知交"的好友,被哈耶克认为是创立"演化认识论"的第一人(在《致命的自负》里),并且激发了哈耶克自己要创立一门"演化道德哲学"的热情。

那么,在哈耶克的"补充阅读"之后的进展呢?自1950年至今,心理学最重要的进展,以我的看法,大致如下:①"脑结构三分说"是脑科学家麦克林的(P.D.MacLean)于20世纪70年代初期陆续发表的观点。根据这一观点,人脑的解剖结构可分三层:其一是脑干或

"爬行动物脑"，其二是外缘系统或"哺乳动物脑"，其三是大脑或"现代人脑"。由爬行动物脑，人类有了动物本能。由哺乳动物脑，人类有了情感。由现代人脑，人类有了理性。②互联主义成为脑科学的主流观点。根据这一观点，脑内数百亿神经元相互之间的复杂连接可逐层凸显为意识和思维活动，这也是所谓"涌现"假说的基础，这一基础已由埃克尔斯在1989年发表的著作《脑的进化：自我意识的创生》里做了权威性的阐述。

鉴于此，应充分理解克吕弗在"导言"里关于哈耶克"认识论—心理学"思路的下列看法：①哈耶克认为不存在"给定的"现象，任何"现象"都是脑内神经系统对系统外部和内部"刺激"信号加以分类的结果，而"分类"，无非就是马赫所论的"关系"。②哈耶克的"分类—差异"理论必须基于休谟的"相似性"学说。对休谟而言，一切经验的结论必定可以表达为"相似的原因导致相似的结果，于是相似的结果意味着相似的原因"这样的所谓"因果性联想"——只不过在脑内，这样的联想是由神经元互联网实现的。并且，基于相似性，我们可以定义"差异性"，这样就将心理学核心概念——"差异"——转换到了休谟的经验主义哲学传统之内。③对哈耶克而言，任何一种"感觉"，哪怕是最纯粹的感觉，都是人脑的神经元互联网呈现给它自己的一种"解释"——对某一事件的解释也就是一套关系——基于以往的生命体验和生命个体对以往体验的解释。由此，我们看到怀特海与哈耶克之间的思想联系。根据这一联系，我们有理由推测，哈耶克与怀特海一样不相信世界是"实体"的，相反，他们相信世界是"关系的"，而且每一实体的发生和消亡，无非是"关系束"偶然聚散的结果。④哈耶克的关系学说承接了20世纪30年代兴起的格式塔心理学派的传统。在这一传统内，感觉到的秩序——由一系列格式塔实验揭示给感觉主体——几乎总是被感觉主体的先见或比感觉层次更高的思维定式所决定。对哈耶克而言，这些更高层次的定式是种群演化的结果，它们作为对"客观事件"

的主观解释，很可能有利于种群和个体生命的延续与繁衍。⑤哈耶克在这部作品里表达的一系列看法，根据克吕弗的看法，几乎是可以在行为学实验室里检验的命题。从而，哈耶克的这部作品是一位经济学家在心理学领域内运用经济学实证方法所得到的杰出成果。最后，我需要补充：⑥这些看法虽然可在行为学实验室里得到检验，但哈耶克本人对行为学的基本看法持批评立场，因为他认为，行为学视角下的认知主体过于被动，以致失去了生命的创造性演化的能力。

现在可以讨论《感觉的秩序：探寻理论心理学的基础》的正文了。这部作品分八章，各章标题及主要内容依次为：①“问题的性质”，提出并回顾心理学的基本问题——什么是心智(what is mind)?这一问题的研究层面，哈耶克认为，应置于“物理学—生理学”的研究层面和“心理学—知识论”的研究层面之间，它的古典形式就是所谓“身”与“心”之间的关系问题，或心智事件与物理事件之间的关系问题。我们知道，在古代希腊的学科分类里，一切知识只划分为三类——物理的、心理的、历史的。哈耶克的思路，我认为是要贯通这三类知识，非如此而不能解答心智问题。②“理论的轮廓”，在这一章里，哈耶克概述了他自己提出的心智理论的要点，并指出了各要点之详细论证所需阅读的各章节。哈耶克心智理论的基本样式是“演化论”的，借助于拓扑学的术语，就是说每一个体生命的心智，根据它所适应的具体环境而演化，形成一套仍在演化的分类系统。对神经元网络构成的分类系统而言，个体生命的延续和繁衍至关重要的每一“要素”（我只能以后再解释这一概念的含义）均可归入对应的类别——由与它相似的要素组成的集合，而相互之间有显著差异的要素则不被归入同样的类别，否则(因为这些要素对生命是至关重要的)可能导致生命的消亡。哈耶克这一理论不妨称为“有机体的认识论”，它可运用于一切生命的认识过程，也称为“演化知识论”。③“作为分类器官的神经系统”，这一章可视为关于古典脑科学知识的回顾，但它也包括了一些重要的现代脑科学知识——它显示了哈耶克的“补充阅读”对他的理论建构有多么重要。例如，在这里，我们知道哈耶克知道今天我们很熟悉的“神经元”假说（已被证实的假说）——它取代了古典的“神经”假说。后者假设生物体内的神经系统如骨骼系统那样是一个整体，前者假设神经系统是数百亿独立神经元的复杂联结——犹如人类社会，这些神经元之间也存在着竞争、合作或“共生演化”等复杂关系。④“感觉和行为”，这一章与上一章，我认为，应并列为这部作品最重要的两章。在这一章，哈耶克其实提出了关于“判断”的假说。我们知道，康德以后的西方哲学，如康德《判断力批判》一样，对“判断”无能为力。阿伦特试图重写一部关于康德判断力批判的批判，可惜，其事未竟而其人先去，留给我们一段哲学空白。判断，是两难选择，这是因为，哈耶克指出，基于相似性的分类不满足“传递性”假设（第三章第27节），故当A与B相似并且B与C相似时，很可能出现A与C矛盾。哈耶克在这里刻画的，正可导出经济学最基本的概念——选择及其成本。当神经元网络的分类系统“感觉”到多于两个有意义的刺激信号时，它将向更高层次递交什么样的信号，这是一个“判断”问题。最终，行为主体必须在许多这样的意义之间加以“选择”，决定取舍，从而将有利于生命发展的资源有效地配置于各种意义。⑤“心理秩序的结构”，在这里，哈耶克需要探究心智秩序之为分类系统在多大程度上由基因遗传决定并且在多大程度上是后天习得的，所谓“Nature VS Nurture”议题。我认为，哈耶克提出的最具现代眼光的看法是，如前述，心理是一套关系或一幅逐渐形成并不断变化的关于生存环境的“地图”或“模型”（稍后解释两者间的差异，第五章第33—49节），它是生命个体对环境信号加以分类的不断改善（或退化）的工具。这套关系是“科层化”的、积累在这些“科层”组织之内的知识，有由基因遗传而来的种群知识——以“感觉器官”的方式存储于每一个体，有由后天体验而来的个体知识——通过神经元网络联结方式及改变而获得表达，还有情感化的知识——基于远比感觉器官更为复杂的外缘系统与大脑皮质之间的关系网络以及外缘系统与脑干系统之间的关系网络。对哺乳动物而言，情感化的知识（即“情感定式”—— emotional dispositions，第四章第64—67节）有助于生命个体在各种危机情境内尽快作出正确的判断。换句话说，那些具备正确的情感定式的个体——或许由于基因突变或许由于后天习得——可在长期演化中生存下来，无论这些情感定式是否可被称为“道德”或“道德判断”。这些知识，它们帮助了生物的延续和繁衍，从而在这一意义上被假设为是“真确的”（第五章第85节），它们的绝大部分是波兰尼所谓“默会的”知识，仅在较高的意识层次上才有被意识到的知识。对人类而言，“理性”能够意识到从而能够加以反省和评价的知识，只是人类个体的身心和人类社会整体所积累的全部知识的极小部分。正是这一看法，导致了哈耶克最后一本著作《致命的自负：社会主义的谬误》。⑥“意识与概念思维”，此处，哈耶克探究了心智的“无意识”过程与“有意识”过程之间的差异。他指出，由于从无意识状态到有意识状态是一个连续分布的谱系（第六章第21节），令人满意地界定“意识”概念本身是一项几乎不可能完成的任务（第六章第4节），与其研究意识与无意识之定义问题，不如研究意识与无意识各自的演化论功能。在这一视角下，哈耶克将“自我”理解为能够统一表达全部意识事件的时空框架（第六章第16—18节），并且仅当在自我意识之内的分类过程因注意力的集中而变得远较平时更细致时，被注意的意识才变得清晰起来（第六章第23节）。借助于意识事件的统一表达框架，行为主体得以“想象”和“预期”未来事件的样式及后果（第六章第24—27节）。比通常的心理学论述更体现了维也纳学派的特色，哈耶克在这里（第六章第28节）顺便指出，为想象和预期提供统一的时刻表达的心理框架也可以产生我们称为“直觉”或“联想”的能力——即当A发生时突然相信与A毫不相似的另一事件B会发生。意识的显著功能，哈耶克推测，是注意到逐层凸显从而意义也逐渐增强的刺激信号（第六章第29—31节）。关于“概念思想”（第六章第44—50节），读者应参阅第三章第50—51节哈耶克关于神经元网络可能涌现为“符号”表达的论述，然后再来研读哈耶克此处的论述。因为，概念不过是在更高层次上重复了较低层次发生的神经元网络的分类过程。⑦“理论的确证与检验”，这里，哈耶克再次概括自己的理论——心理现象如“差异”“刺激的评价”“一般化”“转移”“抽象”和“概念化思维”，都可以视为分类过程的不同形态。而这一分类过程的存在及性质，可以通过神经学实验加以检验（第七章第19—51节）。根据波普的“否证主义”科学哲学，哈耶克在这里还列出否证自己的理论的可能的检验过程（第七章第52—56节）。⑧“哲学意蕴”。哈耶克在这一章里对英美经验主义的哲学传统提出了挑战（或修正）——他的理论表明，没有什么给定的“感觉材料”，任何材料或数据都要基于感觉并是感觉主体解释的产物。这里，我们看到了康德“物自体”观念及欧陆哲学传统对哈耶克的影响。在写作《感觉的秩序：探寻理论心理学的基础》之前，哈耶克与“科学主义”思潮有过多年的论战，深知这一思潮的来历——人类理性的自负和由此而来的对良好社会秩序的永恒威胁。为此，他的研究主题才不得不从经济学和政治哲学转入心理学和演化社会理论。需要指出的是，这一章的主要观点，已经收录于冯克利翻译的《哈耶克文选》（江苏人民出版社2008年第1版），与此相关的标题是“解释的程度”（更确切的翻译是“解释的限度”）和“复杂现象论”。

粗略地介绍了这部作品的各章节之后，我希望以某种“简约形式”来表达并复习这里介绍过的哈耶克这部作品的主要思想。因为，我相信，迟早在中国以及在西方学术界，哈耶克《感觉的秩序：探寻理论心理学的基础》将成为演化社会理论的经典作品。

如前述，在西方思想传统内，始自古代希腊，一切知识可分为三类：其一是物理的，符号是“Φ”；其二是心理的，符号是“Ψ”；其三是历史的，符号是“η”，但哈耶克的努力在于提出一套足以贯通这三类知识的统一解释，即“心智演化论”的解释。并且，人类已有的全部知识，只有基于这一演化着的心智结构才可能得到确证或修正。换句话说，我们只是根据以下几点。①我们的身体确实还存在并延续着自身。②基于我们身体存在的心智结构已经确证了的那些材料，才形成了我们的世界观并相信我们知识的“Φ”的部分的正确性——因身体的存在而正确。更进一步，我们通过知识的“η”的部分知道上列三类知识都还在演化，这一演化的最终结果不可能被我们现在的心智理解。

基于上述的演化过程，脑内存在着的神经元网络分类系统可对一切被感觉到的事件加以分类。设一切被感觉到的事件的集合E，设E内一切因我们神经元网络分类系统的判断而属于“Φ”的事件的集合E_{Φ}，并设一切因我们的神经元网络分类系统的判断而属于“Ψ”的事件的集合E_{Ψ}，于是可定义“心智”的结构为E_{Φ}和E_{Ψ}的笛卡尔乘积的子集，也就是所谓“二元关系”，记作“R”，它将每一“物理事件”与“心理事件”联系起来，哈耶克称之为“感觉事件”。注意，如前文所述，R通常不满足传递性。并且，由于单一的物理事件可能引发许多不同的心理事件，R 通常也不能成为函数或映射。当我们说一类事件A的元素具有某一性质p时，用哈耶克的语言表达就是说，A的每一元素a与p的物理描述B_p之间有心智结构R确定的关系(a, B_p)。康德所谓的“范畴判断力”（categorical judgment)，就是将每一个如此的a感受为关系(a, B_p)的心智的能力。而康德所谓“反思判断力”（reflective judgment)，就是从感受到单一的a觉悟到具有a的某一性质p的全部元素的集合A的存在性的心智能力。一事物d有若干性质，用哈耶克的语言表达，就是若干性质的集合P所含的全部元素以“足够高的频率”在同一时刻点被感觉到，而我们为这些性质的统一体提出的命名“d”，就是那一事物。此处，足够高的频率可以是对单一感觉主体而言，也可以是对一群具有某种“同构”

性质的神经元网络分类系统的不同感觉主体而言——哈耶克在这里完全借用了拓扑学的“同构”概念(第二章第2节至第8节)。例如，一切被认为是正常的人，他们的五脏六腑之间的联结方式是同构的。类似地，一切具有五种感觉器官的正常的人，他们的感觉器官之间的联结方式是同构的。不过，哈耶克特别强调了心智结构的个体差异性，因个体生命的经历不同和遗传差异而发生的心智差异。所以，他指出，此处的“同构”只是近似意义上的同构。

在如上阐述的感觉事件的集合里，每一事件a只是通过与其他事件的相似性或差异性，才有了确定的意义，被感觉为某一类事件A在物理事件集合和心理事件集合的笛卡尔乘积之内的每一子集唯一界定了一套二元关系R，从而唯一界定了一套心智结构。这一笛卡尔乘积可能有的全部子集的数目异常巨大，从而可能发生的不同的心智结构的数目也异常巨大。在数目如此巨大的心智结构中，哈耶克认为，只有那些提供了或多或少与真实世界相吻合的分类系统的心智结构才可能在生存竞争中延续至今并被我们观测到。在这一演化论视角下，针对康德的问题——“自然之秩序为何可能？”哈耶克可以回答：自然之所以有“秩序”，是因为它被映射为我们心智的分类系统的某种拓扑同构关系，这关系就是秩序。同时，只有那些能够延续和繁衍我们的肉身(表现型)的心智结构才可能使“自然”与幸存者们的心智的分类系统保持某种同构关系。

上述的哈耶克思想的再表述，深入追究，可以意味着这样一项令人惊讶的命题：能够观测到的心智结构依赖于我们可能保持的身体状态。这一命题具有东方神秘主义的色彩，因为它意味着身体修炼可能揭示从未观测到的心智结构。此处的细节，恕不赘述。

根据上述的哈耶克思想的再表述，判断总是发生于具体的情境之内。在任一具体情境内，从一切可能的刺激信号的集合S的幂集合(即S的全体非空子集的集合)到一切感觉事件的集合M的幂集合，存在至少一个二元关系R，将感受到的一组“物理事件”与一组

“心理事件”联系起来。由此定义了一套心智结构，并定义了心智结构R许可的行为集合B。经济学家所谓“选择”，可定义为心智结构R在B之内所作的判断——在B的任一子集内决定取舍，将所取的元素呈现给更高的心智结构——所谓“涌现”。错误的涌现（知识表达）可导致身体（基因型的现象型）的消亡，故生存着的知识表达很可能是正确的或在某些情境内曾经正确的。

可见，地球不仅有“生物壳”，而且有“网络壳”和“知识壳”。所谓“知识”，无非是涌现到地球的更高层级的分类系统，从知识壳这一层级向下观测，知识其实已经积累在地球的各层级里了，依照不同的意义有不同层级的涌现。所有这些观测，都是关于“秩序”的知识，它的自洽性和融贯性，取决于依赖于它的那些物种和族群在地球上可能因它而获得的生存和繁衍机会。

最后，我觉得应为那些完全没有读懂我的“导读”的读者提供哈耶克这部作品的一个最容易理解的重要结论的最简单的概括。总而言之，在哈耶克看来，对人类这样具有“有限理性”的动物而言，没有“客观”知识，只有“主体间客观”(intersubjective)的知识过程。关于这一概括的两点注解，首先是，似乎没有证据表明哈耶克读过胡塞尔的任何著作，但哈耶克的这一结论与胡塞尔思考的认识论基本问题十分吻合；其次是，“知识”不是静态的一堆观念，它们是“过程”，是我多年前说过的与“人生体悟”纠缠着的“知识过程”。

（有删节）

哈耶克与《感觉的秩序：探寻理论心理学的基础》

F. A. Hayek, *The Sensory Order: An Inquiry into the Foundations of Theoretical Psychology*, Chicago: University of Chicago Press, 1952.

马永翔[1]

仅仅从时间角度看的话，哈耶克的《感觉的秩序：探寻理论心理学的基础》似乎显得有点“老”，但时间上的“老”并不意味着该书的内容也必定“老”，更不意味着该书的价值和意义不可以“新”，或有待“翻新”。

早在1984年，约翰·格雷(John Gray)在他的《哈耶克论自由》(*Hayek on Liberty*)一书中提醒人们注意哈耶克《感觉的秩序：探寻理论心理学的基础》的基本论题在其整个自由理论体系中的重要性。[2]但遗憾的是，格雷的提醒并没有引起人们的足够注意。时至今日，尽管哈耶克作为一位自由思想大家的学术声誉已经广为人知，但他的《感觉的秩序：探寻理论心理学的基础》作为一部理论或哲学心理学著作仍旧处在人们的视野之外，这部著作的基本论题与哈耶克自由理论体系之间的哲学关联也未得到足够的理解和梳理。

《感觉的秩序：探寻理论心理学的基础》于哈耶克之所以重要，

---

① 马永翔，北京师范大学哲学与社会学学院，副教授。

② 参见John Gray, *Hayek on Liberty*, London and New York: Routledge, 1984/1998, esp. c. I。

首先可见于哈耶克本人曾在一个不起眼的注释中对该书作出的评论：

> “我在社会科学领域中的同人一般都认为我在《感觉的秩序：理论心理学原理探究》（伦敦和芝加哥，1952）一书中所做的研究是没有什么意思的或难以理解的。但是，对这个问题所做的研究，却对我大有裨益，它帮助我澄清了我心智中许多与社会理论密切相关的问题。我对进化的认识、对自生自发秩序的认识以及对我们努力解释复杂现象的方式与限度的认识，在很大程度上都是我在撰写《感觉的秩序：理论心理学原理探究》一书的过程中逐渐形成的。的确，我在学生时代对理论心理学研究的结果，对我形成有关社会科学方法论的认识起到了很大的作用；同样，借助于我在社会科学中学到的东西去澄清并阐明我在早期形成的心理学观点，也对我后来的整个科学研究起到了很大的帮助作用。”①

应当说哈耶克这里的意旨相当明确——《感觉的秩序：探寻理论心理学的基础》对于他建构其自由理论体系至关重要。为进一步明确这种重要性，我们简要梳理一下该书的基本论题，然后在此基础上明确该书论题与哈耶克自由理论体系之间的基本哲学关联。

《感觉的秩序：探寻理论心理学的基础》被哈耶克本人定位为一本理论心理学著作，但它的基本言述方式是哲学性质的。其核心问题在于，人的心智秩序（the mental order）如何形成和进化。为回答这一问题，哈耶克首先凸显了物理秩序（the physical order）和现象秩序（the phenomenal order）（即心智秩序）之间的“不同”，并把现象或心智秩序解释为一种感觉质性（sensory qualities）的秩序。然后，哈

---

① 哈耶克，《法律、立法与自由》，邓正来等译，中国大百科全书出版社，2000年，下册第534—535页。

耶克引入了神经秩序(the neural order)这一概念,并认为在现象或心智秩序与神经秩序之间存在一种“同构”(isomorphism)关系。于是,考察人的心智或现象秩序,亦即感觉质性的秩序,如何形成和进化,就可以转换为考察人的神经秩序如何形成和进化。由此,哈耶克借助生理心理学乃至实验心理学的言述,详细考察了人的神经系统的“分类”(classification)过程,并解释了诸如“多重分类”(multiple classification)、分类的基本形式和复杂形式、不同类别之间关系的分类等,最终把人的神经秩序解释为一种处在不断进化之中的“层级秩序”(hierarchical order)。此后,哈耶克描述了人的心智秩序的一般结构,这主要包括“前感觉经验”(pre-sensory experience)、“结联”(linkages)、“地图”(map)、“模式”(models)和神经系统的“关联过程”(associative processes)。其中尤其值得关注的是哈耶克对“地图”之“预期”或“预选择”功能的解释、对“地图”—“模式”—“关联过程”的“过去—现在—将来”的时间性意旨,等等。此外,值得提及的还有哈耶克对意识和无意识,以及对“抽象”的解释,其中阐释了一个核心观念在于,人的意识或感觉经验以无意识或前感觉经验为前提和限度。最后,在《感觉的秩序:探寻理论心理学的基础》的第八章,哈耶克还着重论及了上述理论的基本哲学意义。这主要在于哈耶克对经验与“知识”(knowledge)的理解、对“现象主义”(phenomenalism)与二元论的态度、对作为“模式建构”(model-building)之“解释”(explanation)的解释,对作为人们认识世界之一般方式的“原理的解释”(explanation of the principle)的阐释、对“解释”或人的认识的“限度”的强调,以及对“科学之划分”以及人的“意志自由”的评论,等等。

表面上看来,哈耶克在《感觉的秩序:探寻理论心理学的基础》中阐述的上述理论跟他的自由思想体系(包括其经济理论、社会哲学、法哲学,以及政治和道德哲学等)之间似乎没有直接的关联。但如果把哈耶克的自由理论拆解为几个核心论题,并仔细打量的话,就会发现它们跟《感觉的秩序：探寻理论心理学的基础》的基本论题在哲学层面上紧密相关。在这里不就此详细论述，只简要列及以下几个方面。

(1)哈耶克自由思想体系中的一个核心论题是约翰·格雷指谓的"进化论转向"(the evolutionary turn)[①]。尽管有种种迹象表明，哈耶克的这种"进化论转向"或进化观念最初源自他在维也纳大学念书时所受到的进化论思潮的影响[②]，甚至在《感觉的秩序：探寻理论心理学的基础》出版之前，他曾在1945年发表的重要论文《个人主义：真与伪》[③]中已经显露出了这种进化观念，但就作为一种严格的理论形态而言，他的进化观念首先是在《感觉的秩序：探寻理论心理学的基础》中得到集中陈述的。在这个意义上，尽管我们不能说哈耶克的进化观念源自其《感觉的秩序：探寻理论心理学的基础》，但《感觉的秩序：探寻理论心理学的基础》一书对人的心智进化(mental evolution)所作的理论阐释无疑深化了哈耶克此前所朦胧或零散持有和表述的进化观念，并促成他将这种进化观念在其后期著作[④]中明确发展成为一种格雷所谓"进化论转向"意义上的文化进化(cultural evolution)观念。

(2)除"进化论转向"外，哈耶克自由思想体系中的另一核心论题是约翰·格雷指谓的"认识论转向"(the epistemological turn)[⑤]，

---

① 参见John Gray, *Hayek on Liberty*, London and New York: Routledge, 1984/1998, p. 135。

② 其中包括恩斯特·马赫的影响。值得提及的是，哈耶克的父亲是一名植物学家。

③ 收录于Hayek, *Individualism and Economic Order*, London: Routledge & Kegan Paul, 1949。

④ 主要包括1960年出版的*The Constitution of Liberty*，1973—1979年出版的三卷本的*Law, Legislation, and Liberty*，以及1988年出版的最后一部专著*The Fatal Conceit*。

⑤ 参见John Gray, *Hayek on Liberty*, London and New York: Routledge, 1984/1998, p. 135。

亦即邓正来先生在其《知与无知的知识观》一文[①]中着重凸显的哈耶克的知识论，甚至这种知识论还被格雷当成了哈耶克整个理论体系的哲学基础。然而，哈耶克知识论本身的哲学基础实际上扎根于《感觉的秩序：探寻理论心理学的基础》的基本论题，确切而言，扎根于以《感觉的秩序：探寻理论心理学的基础》一书为集大成的哈耶克的心智理论(theory of mind)[②]。这又体现在两个方面：①《感觉的秩序：探寻理论心理学的基础》就人的心智或理性能力之"实践限制"(practical limits)的解释[③]，事实上构成了哈耶克知识论中"分立的个人知识"(dispersed individual knowledge)观和相应的经验层面上的无知观的哲学根据，确切说在于，人的心智或理性能力之所以不能够在整体上把握复杂现象秩序中的"分立的个人知识"，或者说对作为整体的复杂现象秩序是"无知"的，就在于其不可避免的"实践限制"；②哈耶克知识论中的"默会知识"(tacit knowledge)观和相应的哲学层面上的无知观，则以《感觉的秩序：探寻理论心理学的

① 收录于邓正来的《规则·秩序·无知》，北京：生活·读书·新知三联书店，2004年。

② 在中文言述里，我们也可以将哈耶克的心智理论称作一种心灵哲学，尽管这种称呼严格来说并不确当(具体理由这里不予陈述)。另外值得说明，哈耶克的心智理论(或心灵哲学)实际上并不仅限于《感觉的秩序：探寻理论心理学的基础》一书，他分别于1967年和1978年出版的论文集*Studies in Philosophy, Politics and Economics*和*New Studies in Philosophy, Politics, Economics and the History of Ideas*中收录的一些哲学论文，如"Rules, Perception and Intelligibility""The Primacy of the Abstract""Degrees of Explanation""The Theory of Complex Phenomena""Notes on the Evolution of Systems of Rules of Conduct""Kinds of Rationalism""The Results of Human Action but not of Human Design""The Errors of Constructivism""The Pretence of Knowledge"，等等，以及他在后期著作如*The Constitution of Liberty, Law, Legislation, and Liberty*和*The Fatal Conceit*中就人的心智问题所作的一些论述，在一定程度上都可以看作对《感觉的秩序：探寻理论心理学的基础》一书论题的深化、发展和应用。

③ 参见Hayek, *The Sensory Order : An Inquiry into the Foundations of Theoretical Psychology*, Chicago: University of Chicago Press, 1952, c. Ⅷ, sect. 6。

基础》所阐释的人的心智或理性能力的“绝对限制”（absolute limit）[①]为哲学根据，而要明确这一点，我们有必要提及以下第三点。

(3) 构成哈耶克自由理论体系之核心论域的还有他对“一般性行为规则”（general rules of conduct）的诉求——作为哈耶克理论体系之另一核心论题的“自生自发秩序”（spontaneous order）观念就以一般性行为规则为依据，但是，按照哈耶克后期心智理论[②]的解释及其推论，这种一般性行为规则在人的心智之微观层面上，实则就是《感觉的秩序：探寻理论心理学的基础》所解释的作为心智之“准恒定结构”（semi-permanent structure）的“地图”之一部分，亦即不同个人心智之间的一种“共同结构”（common structure），并且，正是因为一般性行为规则作为这样一种“共同心智结构”，才使人与人之间的理解，以及进一步的行为互动得以可能，进而一种整体的自发互动之社会秩序才得以可能。

与此紧密相关，处在自发互动之社会秩序中的人们所默会持有的相关于一般性行为规则的“默会知识”也便相应得到了解释：这种“默会知识”实际上就是《感觉的秩序：探寻理论心理学的基础》所阐释的作为构成心智之准恒定“地图”的“结联”的“前感觉经验”——这种“前感觉经验”实际上体现为一种“无意识知识”，并且，正是这种“无意识知识”或“前感觉经验”，作为一种“默会知识”，使人与人之间的理解和进一步的行为互动得以可能。至于相对于“默会知识”的哲学层面上的无知观则在《感觉的秩序：探寻理论心理学的基础》中可以得到这样的解释：人的心智出于其“绝对限制”不可能解释自身，甚至要对其中任一部分作出完全解释都不可能，而一般性行为规则在微观层面上就是人的心智“地图”之一部分，因而要对一般性行为规则作出完全的理性解释也不可能，对之我们

① 参见Ibid。

② 构成哈耶克后期心智理论的主要文献参见上文第16页注释①。

处在一种不可避免的哲学性质的“必然无知”(necessary ignorance)之中。

以上几方面可看作哈耶克的《感觉的秩序:探寻理论心理学的基础》为其整个自由理论体系所提供的哲学基础的基本要点,尽管《感觉的秩序:探寻理论心理学的基础》一书论题的意义远不仅限于此。比如,作为哈耶克文化进化理论之核心机制的“内部批判”(immanent criticism),最终就必须回溯到以《感觉的秩序:探寻理论心理学的基础》为集大成的哈耶克的心智理论,才能得到最终的哲学解释。

最后顺便强调,《感觉的秩序》的基本论题,或者确切说是以《感觉的秩序:探寻理论心理学的基础》为集大成的哈耶克的心智理论,其意义实际上并不仅限于帮助我们理解哈耶克自由理论体系的哲学基础。在我看来,哈耶克的心智理论对于我们理解和解释人的自我(the self)及其同一性(identity),同样具有独特的理论价值。而且值得提及,哈耶克就心智之“地图”—“模式”—“关联过程”的“过去—现在—将来”的时间性意旨,尤其是他就准恒定“地图”之“预期”或“预选择”功能的解释,以及就“地图”作为一种“前感觉经验”或“无意识知识”对人们“解释”(即“模式建构”)或理解抑或认识周遭世界之前提和限度的解释,与海德格尔和加达默尔人的“理解”作出的诠释学解释,在一定程度上存在着相似或相通之处;甚而,哈耶克在理论或哲学心理学之经验层面上对“人与人之间的理解如何可能”作出的追问和解释,与胡塞尔在现象学之先验层面上对同一或类似问题作出的追问和解释,尽管“殊途”,但实有“同归”之处。

原载《哲学门》第五卷(2004年)第二册,湖北教育出版社,2005年4月出版,2013年11月6日修订。有删节。

前言

新版《感觉的秩序》除原书之外，还补充了四篇文章，它们都与哈耶克原作的副标题“探寻理论心理学的基础”直接相关。

第一篇《意识发生理论浅说》是从哈耶克1920年的一篇德语论文翻译过来并首次发表的，原题*Beiträge zur Theorie der Entwicklung des Bewußtseins*。当时，哈耶克还是一名尚未确定专业方向的学生，后来他决定选修法律和经济学而不是心理学。尽管如此，正如哈耶克在《感觉的秩序》序言中所写的：“那时形成的基本观点一直萦绕不去。”20世纪40年代后期，哈耶克重新检视这一学生时代的研究课题，并将以前提出的简要纲领扩充为一本书。该研究起初被命名为《什么是心智？》，但在1952年出版时改为《感觉的秩序》。第二篇文章是哈耶克1949年在奥地利蒂罗尔州的阿尔卑巴赫(Tyrolean village Alpbach)的会议演讲*Das Wesen des Geistigen*（译注：《精神之本质》），也是首次发表的。由于这次演讲概括了哈耶克在《什么是心智？》当中所提出的核心思想，英译版没有照译德文原题，而是以《什么是心智？》作为标题。第三篇补充文章《在系统内和关于系统——对沟通理论若干问题的表述》是哈耶克一篇未发表论文的片段。哈耶克从1952年开始撰写该文，试图对《感觉的秩序》中某些问题做进一步的澄清，但未能完成。第四篇补充文章

《〈感觉的秩序〉25周年回顾》是哈耶克1977年在宾夕法尼亚州立大学“认知与符号化过程”大会上的讲话，首次发表于1982年。沃尔特·韦默(Walter B.Weimer)教授在这次大会上组织的《感觉的秩序》专题小组促进了20世纪80年代以后学术界对于哈耶克“探寻理论心理学的基础”的兴趣，而在此前数十年间，该研究几乎被忽略。

为保持这些文章的独立性，每一篇的参考文献都单独罗列。参照《哈耶克全集》其他各卷的做法，我们不加说明地改正了明显的笔误或疏漏。单词的拼法按照标准形式作了统一(例如“centre”改为“center”，“fibre”改为“fiber”，“behaviour”改为“behavior”，“colour”改为“color”)。为了同其他各卷保持一致，《感觉的秩序》中的“gestalt”改为“Gestalt”。除此之外的其他的改动都标明了。

在这里，我要感谢在编辑本书的过程中曾给我鼓励和支持的很多人。首先最重要的，要感谢我的伴侣莫妮卡·范伯格(Monika Vanberg)。在我整个学术生涯中，她一直是我几乎所有作品的第一位读者和评论者。没有她的“批准”，我从来不敢把手稿送往出版社。当然，这并不是说她应对书中可能的缺陷负责。除了一如既往地鼓励和支持我，莫妮卡还对这本书的完成提供了更加实质性的帮助：她承担了好几轮烦琐的校阅工作，对我的导论提出非常宝贵的评论和建议；我们讨论了这本书中所有的编者所作的注释，这对我帮助巨大。

特别感谢瓦尔特·奥肯学院(Walter Eucken Institute)厄休拉·迈耶(Ursula Mayer)夫人在图书资料方面孜孜不倦的亲切支持，她总能找到踏破铁鞋无觅处的资料来源，尤其是某些哈耶克早期的引注。我还必须致谢格蕾特·海因茨(Grete Heinz)博士，她出色地翻译了哈耶克1920年的文章和阿尔卑巴赫演讲，此番与她共事我收获颇多。对于两位匿名审稿人的有益评论和建议谨致谢忱。最后，但同样重要的，我要感谢《哈耶克全集》的总编辑布鲁斯·考德维尔(Bruce Caldwell)在文献资料和其他事项中给予的慷慨支持以及对此卷作品的耐心等待。

维克多·范伯格

导论：作为哈耶克作品主线的“知识问题”

维克多·范伯格

在哈耶克卷帙浩繁的作品中，《感觉的秩序》无疑是最不寻常的。毕竟，人们很难把一位著名的经济学家和社会哲学家同一篇关于“理论心理学基础”的论著挂起钩来。确实，《感觉的秩序》面世后的数十年间，不管是心理学家还是社会学家都极少予以关注，这也令作者颇为失望。就心理学家而言，他们并不认为作为社会理论家的哈耶克会对心理学有什么重要的贡献。而哈耶克的社会科学同行则认为，哈耶克的“理论心理学”思想同社会科学并无关联。

的确，有些早期的评论家注意到了这部作品[①]，而且哈耶克从朋友和同事那里也收到不少私下的反馈。其中贝塔朗菲(Ludwig von Bertalanffy)曾对未发表手稿表示共鸣[②]。薛定谔(Erwin Schrödinger)[③]

---

① 参见Boring 1953; Chisholm 1954; Grenell 1954; Hamlyn 1954; Kneale 1954; Sprott 1954。

② 书信，L.V.Bertalanffy致F.A.Hayek，1950年6月22日。见Hayek papers, box 12, folder 4, Hoover Institution Archives, Stanford University, California(Hoover Institution Archives, HIA)。

③ 埃尔温·薛定谔(1887—1961)，奥地利物理学家和科学哲学家，1933年诺贝尔物理学奖获得者，因其父同哈耶克父亲是植物学同行而与哈耶克相识(Hayek 1994, 139; Kreuzer 1983, 9)。

表达过有保留的赞同[1]。埃克尔斯(John C.Eccles)认为哈耶克的思想同自己的神经生理学理论是互补的，但同时对于这本书的主要命题有所怀疑[2]。在一封长长的表示鼓励的信中，杨(John Zachary Young)[3]指出哈耶克的思想同唐纳德·赫布(Donald O.Hebb)的神经生理学理论[4]之间的密切联系。而赫布本人在一封短信中认同双方努力的大方向是一致的[5]。然而，所有这些都远未达到哈耶克原先的期望[6]。哈耶克公开说，两位他最看重的人——卡尔·波普尔(Karl Popper)和康拉德·劳伦兹(Konrad Lorenz)——对该书未置一词[7]，令他倍感沮丧。

---

① 书信，E.Schrödinger致F.A.Hayek，1952年10月24日。见Hayek papers，box 48，folder 37，HIA。薛定谔反对哈耶克“神经秩序与现象秩序同构”的说法（见《感觉的秩序》2.2以后），主张一种“身心平行论”。在一次访谈中，当被问起薛定谔对《感觉的秩序》的回应时，哈耶克回答：“令我非常惊讶的是，他看来是唯一完全理解《秩序》的人。当然，他自己也正在研究此类问题。薛定谔上中学时，我就认识他。他父亲是一位业余植物学家和实业家，是我父亲圈子里的人，他们定期在我家聚会。有时年轻的薛定谔也跟着来，他大概比我大五岁到六岁。”(Hayek 1984，139)

② 书信，J.C.Eccles致F.A.Hayek，1953年4月8日。见Hayek papers，box 18，folder 4，HIA。与薛定谔的批评类似，埃克尔斯反对哈耶克的“同构论”，而是坚持神经和心理现象的“二元论”。

③ 约翰·扎卡里·杨(1907—1997)，英国神经生理学家，研究中枢神经系统和大脑功能。

④ 书信，J.Z.Young致F.A.Hayek，1953年1月7日。见Hayek papers，box 60，folder 21，HIA。杨在这封信的开头说：“在我看来，您阐述的观点同赫布接近，但是在很多地方更加清晰。”

⑤ 书信，D.O.Hebb致F.A.Hayek，1952年11月26日。见Hayek papers，box 24，folder 1，HIA。

⑥ Hayek，本书第459页：“虽然一开始对我的书有一些理解和赞同的评论……但从那以后，几乎没有迹象表明心理学界对它有任何反应。”

⑦ 书信，F.A.Hayek致R.Riedl，1984年3月19日。见Hayek papers，box 46，folder 12，HIA。在1983年1月16日致韦默的信中(Hayek papers，box 57，folder 2，HIA)，哈耶克提起波普尔时说：“但最让我担心的是，他从未对《感觉的秩序》的论点表示过任何同情，而是在某种程度上有礼貌地拒绝了它们，但未给出任何理由。”

但自20世纪80年代起，情况开始转变。滞后引用记录[①]显示，学术界对《感觉的秩序》的接纳度开始增加。宾夕法尼亚州立大学的心理学教授沃尔特·韦默[②]对此功不可没[③]。韦默偶然发现了哈耶克的著作并意识到它同正在进行的认知心理学争论有关[④]。他在1976年给哈耶克的信中写道：“《感觉的秩序》出版于近四分之一世纪前。尽管心理学家相当迟钝——尤其是在对事物重要性的认知方面——然而其中还是有少数人注意到了您的工作，并开始意识到您已为任何未来的认知心理学写下了不可或缺的序言。”[⑤]这封信的具体目的是邀请哈耶克参加“认知与符号化过程”会议[⑥]：“若以任何方式能说服您参加会议，并/或介绍您的一些想法，我们将非常高兴，这也有助于传播对您的‘其他’研究的兴趣。”[⑦]这次会议于1977

① 年引用量在1990年代中期从个位数跃升至两位数，2009年时接近50次。

② W.N.Butos，2010b，2f.：“主要是认知心理学家沃尔特·韦默将哈耶克的认知工作带到了更多的读者面前，并为其对经济学和社会理论的更广泛的意义提出了理由，这一点应该得到肯定。”

③ 罗斯玛丽·阿格尼托(Rosemary Agnito)于1975年在《行为主义》杂志上的一篇文章可能也帮助了认知心理学家们注意到哈耶克的论著。Agnito(1975，162)开篇说：“二十世纪五十年代，在这个国家出现了一部极具洞察力的理论心理学著作，它把心智定义为一个分类的过程……这项研究很大程度上被哲学界忽视，尽管它对诸多根本性的认识论和心理学课题上表达了深刻见解：记忆、学习、行为和意识活动状态，等等。我说的是弗里德里希·哈耶克的作品《感觉的秩序》。”

④ Weimer(2011, xxvi)回忆，他在1962年读本科时粗略浏览了哈耶克的书，但是由于《抽象的首位性》([1969]2014)才使他“真正读懂了《感觉的秩序》”。

⑤ 书信，W.B.Weimer致F.A.Hayek，1976年10月21日。见Hayek papers，box 57，folder 2，HIA。在后续1976年12月20日的信(来源同上)中，Weimer说：“我将通过平信给您寄去我最近写的一些提到《感觉的秩序》的论文，这样您就可以了解到至少有一位心理学家是如何使用(也许是误用！)您的想法的。我想您会惊讶于这个领域在某些方面的进展如此之小。”

⑥ 最初的会议传单这样描述研讨会的目的：“了解认知心理学领域当前的革命……以及……为认知心理学的未来的发展方向提出研究建议。”(Marsh 2011b，xix)

⑦ 同上。

年5月在宾夕法尼亚州立大学举行，包括了一个《感觉的秩序》小组。会议记录最终于1982年出版，其中有韦默所写的《“感觉的秩序”理论心理学介绍》(Weimer 1982)和哈耶克的讲话《〈感觉的秩序〉25周年回顾》。[①]

对《感觉的秩序》的关注度提升至关重要的是，两位神经科学家杰拉尔德·埃德尔曼(Gerald Edelman)[②]和杰奎因·弗斯特(Joaquin M.Fuster)[③]认可了哈耶克对于理论心理学的贡献。加州大学洛杉矶分校精神病学和生物行为科学教授弗斯特在1976年春天写给哈耶克的信中已经指出：

> 将近20年的时间，我一直在加州大学从事中枢神经系统的研究……越来越明显，经典的感觉生理学（诸如神经元特化于感知外部特征）对于皮层神经交换过程并不适用。相反，您在《感觉的秩序》中阐述的理论原理对于理解我们所观察到的神经和行为现象似乎特别有用。据我了解，您在讨论中所采用的感觉“分类”的概念，是对下颞叶皮质视觉表象的各种实验数据最恰当的解释。事实上，我已部分地采用了您的理论指导我

---

① F.A.Hayek, “The Sensory Order after 25 Years,” in *Cognition and the Symbolic Processes*, Vol. 2, ed. W.B.Weimer and D.S.Palermo (Hillsdale, NJ: Lawrence Erlbaum, 1982), 287—293. 重印于本书，第267页。

② Edelman(1982，24；1987，24)：“我必须说，通过阅读一本以前我在写关于群体选择理论的小论文时未曾注意到的书，我深感欣慰。它是由经济学家弗里德里希·冯·哈耶克写的。……当时我还不知道哈耶克是何许人。我留下了深刻的印象，后来才知道他得过诺贝尔经济学奖。”

③ Fuster(2011, 4f.)：“直到现在，在他的理论著作(Hayek 1952)出版半个多世纪后，人们才开始听到对哈耶克论点的反应。而这是一种积极的反应，并为当前的事实所支持。……现在，作为对这本书后知后觉的反应，我们可以自信地说，现代的事实雄辩地支持了他的理论。”

正在进行的一系列新的皮质神经元放电研究。[①]

在1995年出版的《大脑皮层的记忆》一书中，弗斯特公开赞扬了哈耶克对认知神经科学的开创性贡献：

> 令人惊讶的是，率先倡导大范围皮质记忆网络的人既不是神经科学家，也不是计算机科学家，而是一位维也纳的经济学家：弗里德里希·冯·哈耶克(1899—1992)……尽管缺乏数学论证，哈耶克的模型清晰地包含了后来联想记忆模型的大部分元素……后者尽管拥有各种算法，在解决问题的公平合理性方面并不比哈耶克的模型做得更好。尤其值得赞叹的是，从神经生理学角度看，哈耶克以当时所能获得的极为有限的神经元科学知识所发展的模型，在某些方面比50—60年后的模型更加可靠。(Fuster 1995，87页以下)[②]

1972年诺贝尔生理学和医学奖获得者埃德尔曼也说过类似的话，对“作为一名经济学者的哈耶克，在青年时期就对大脑的工作机

---

① 书信，J.M.Fuster致F.A.Hayek，1976年5月3日。见Hayek papers，box 21，folder 9，HIA。后来在1976年6月2日的信中，Fuster说：“现代神经科学在处理皮层功能时，实际上是放弃了旧的决定论—定位主义思想，而采用概率论概念和您在《感觉的秩序》中使用的格式塔概念。您的论点在今天和它第一次提出时一样有效，不同的是，现在我们有更多的经验支持。”

② 另见(Fuster，1997，451)：“弗里德里希·哈耶克……似乎是第一个提出本文核心内容的人，即记忆和感知体现在广泛分布的皮层细胞互联网络中。随后，这一观点得到了认知心理学、联结主义和人工智能领域——尽管有些间接——的理论支持。在经验上，它得到了工作记忆的生理学研究和神经影像学的充分支持。”Fuster(2011，6)：“哈耶克由一个基于大脑的知觉理论开始，最终提出了基于大脑的心灵理论。近年来，感觉生理学家也试图这样做，但却陷入了感觉心理物理学和神经元生理学的还原论中，无法超越它们来建立一个如同哈耶克的感知一样由关系、历史和不断演变的大脑皮层构成的有意识心灵。他们从未像哈耶克那样理解认知代码本质上是一种关系代码的事实。”

理做了相当深入的思考”表示钦佩(Edelman 2004，22)。1982年，在读了《感觉的秩序》一书后，他这样评论：“我印象最深的是作者认为解决感知问题的关键在于把握分类的性质……我认为这个分析的本质在今天仍然是正确的；感知问题在必要条件这个层面上就是一个分类问题。”[①]

情况看来是，哈耶克的心理学思想首先在认知神经科学领域获得承认[②]，然后经济学家们才开始意识到《感觉的秩序》值得对哈耶克的经济学和社会哲学思想感兴趣的学者认真对待。尽管——正如考德维尔在1997年所判断的——这本书“尤其在经济学家当中”仍然是“哈耶克最不被理解的作品”(1856)，但包括诺贝尔经济学奖获得者道格拉斯·诺斯(Douglass North)和弗农·史密斯(Vernon

① Edelman 1982，24f.；1987，24f. 也见Edelman(2004，22)：“需要强调的一点是，虽然突触变化对记忆的运作至关重要，但记忆是一个系统属性，也取决于特定的神经解剖学连接。……继心理学家唐纳德·赫布和经济学家弗里德里希·冯·哈耶克最初提出的建议之后，人们已经发现了支配这些变化的所谓突触规则的多种模式。哈耶克虽是一位经济学家，却在早年对大脑的工作方式有过相当多的思考。这些学者提出，当突触前和突触后的神经元以紧密的时间顺序激发时，就会导致突触效力的增加。”

② 关于这一点也请参见Birner 1999，51，fn.；Marsh 2010，122f.，142f.；Basar 2005。

Smith)[①]等经济学者毕竟开始注意到该书,相关的文献也在增加[②]。这些文献实质上涉及两大问题:第一,在现代神经科学的背景下,如何评价哈耶克的贡献?第二,哈耶克关于“理论心理学基础”的思想是否以及在多大程度上必须被当作其全部作品的主线和基石——也就是说,深入理解其经济学和社会哲学的重要前提?由于《感觉的秩序》目前这个版本将作为《哈耶克全集》的一部分,本导言集中探讨第二个问题看来是适当的。我打算论证:在哈耶克60余年活跃的知识生产活动所形成的社会经济学范式中,《感觉的秩序》占有一个系统性的、极其重要的地位。但在转向此任务(第4节及以后)之前,我们先来看看《感觉的秩序》的缘起(第1节)、中心问题(第2节)及其理论核心(第3节)。

① North 2005, 32ff.; V.L.Smith 2003, 1070f. 弗农·史密斯被认为是神经经济学的创始人之一。神经经济学是行为经济学的一个分支领域,旨在通过使用神经科学方法和见解改善“关于人的经济模型”。正如史密斯指出的那样,由于对神经机制的兴趣,该领域显然与哈耶克《感觉的秩序》的研究目标有关。由于它集中于使用大脑成像技术,并雄心勃勃地要借助“大脑成像的数据……[用于]构建经济选择的神经细节”(Camerer 2008, 44)。然而,神经经济学指导其研究工作的方向与哈耶克追求的解释目标完全不同。哈耶克的兴趣不在于解释特定种类选择的“神经细节”。鉴于人类选择的复杂性,他可能会认为这个项目是一种幻想。在哈耶克的工作背景下,《感觉的秩序》中概述的见解的重要意义在于它作为“知识如何获得和传播”这一核心问题的理论基础。他认为,经济理论必须回答这个核心问题(关于这一点,见下文第4节),从而充分解释社会形成和演变的原则。

② 尤见Butos, 2010a和Marsh, 2011a这两本文集。威廉·布托斯(William Butos)曾是韦默的学生,是最早将《感觉的秩序》作为主要发表课题的经济学家之一。见Butos 1997; Butos and Koppl 1993, 2006; Butos and McQuade 2002; McQuade and Butos 2005. 其他对《感觉的秩序》讨论的贡献者包括Yeager(1984) 2011; Bouillon 1991; Herrmann-Pillath 1992; Streit 1993; Birner 1994, 1999; de Vries 1994; Tuerck 1995; B.Smith 1997; Rizello 1999; Horwitz 2000; G.R.Steele 2002; Boettke and Subrick 2002; De Vecchi 2003; Caldwell 2004b; Vanberg 2004a; Gaus 2006; Feser 2006; Sprich 2008。J.W.Lindemans (2011) 对此提供了一个极好的总结和讨论。

1.《感觉的秩序》缘起和写作过程

埃德尔曼说哈耶克“在青年时期就对大脑的工作机理做了相当深入的思考”，这是暗指哈耶克1920年所写但直到最近才公开发表的一篇文章《意识发生理论浅说》(*Beiträge zur Theorie der Entwicklung des Bewußtseins*)[①]。哈耶克本人在《感觉的秩序》序言中也提及此文：“此想法产生于我的青年时代，那时我尚未确定将来从事经济学还是心理学，”(149页)[②]并说“30多年前，我还是学生时，第一次写下了这些观点。当时的文稿就在面前，它已经包含了本书的所有原理。尽管如此，当时发表还是不明智的”(149页)[③]。

哈耶克曾在几个不同场合对他当初写这篇文章的情形加以评论。他把该文的目的描述为：“通过考察最简单的意识经验，尤其是感觉经验，并运用熟知的生理学法则加以解释，试图为意识现象的一般生理学解释提供基础。”(377页)哈耶克在接受采访时回忆“大

① 德文原版首次发表于Hayek(1952)2006。英文译本《意识发生理论浅说》参见本书第377页，译者为Grete Heinz。

② 未注明来源的页码均指本书。

③ 与巴特利(W.W.Bartley)未发表的访谈，1984年6月11日，圣布拉辛。其中一句话似乎表明，哈耶克曾试图发表该文但未成功：“早在1921年我就把它交给维也纳的出版商多伊蒂克(Deuticke)。我曾给斯托尔(Stöhr)看过。我还保留着斯托尔寄给我的大信封，上面写着我的名字。”[本书和本导论中引用的其他未发表的采访，经哈耶克遗产和斯蒂芬·克雷斯格(Stephen Kresge)的许可使用。]关于斯托尔参见本书第14页注⑤。

部分初稿”于1919—1920年冬天在苏黎世完成[①]，并“在脑解剖学家冯·莫纳科夫(von Monakow)[②]实验室工作数周，追踪贯穿人类大脑各部分的神经束”(Hayek 1994，64)，还旁听了苏黎世大学的讲座。[③]

哈耶克早期对生理心理学的兴趣[④]，似乎同他后来成名的学科领域相去甚远，但考虑到他的家庭背景，这一点也就不那么奇怪了(Hayek 1994，37f.)。如哈耶克所述：“我来自一个纯粹的生物学传统家庭。我的祖父是大学预科生物学教授，父亲是植物学家。我的两个弟弟，一个成了解剖学家，另一个是化学家[⑤]。”哈耶克在后期喜

① 与巴特利未发表的访谈，1983年3月28日，伦敦。据哈耶克说，在苏黎世逗留的原因是“维也纳大学关闭了，因为没有煤炭取暖”(同上)。哈耶克称，对苏黎世的访问以及“1920年8月底和9月，我在挪威的一个庄园里访问……是受我父亲的植物学家同事们的邀请，他们……想帮助故人之子——他最近刚从战场上回来，不仅需要补充营养，而且患有疟疾”(Hayek 1994，63)。关于战争经历哈耶克说(同上，45)：“1917年3月，我在维也纳加入了一个野战炮兵团，经过七个多月的训练，被派往……意大利前线，在那里服役了一年多。……和大多数战友一样，我‘成功’感染了疟疾……所以最终在1918年11月中旬回到了维也纳，身体有些虚弱。”

② 康斯坦丁·冯·莫纳科夫(Constantin von Monakow，1853—1930)，俄裔瑞士神经病理学家，执教于苏黎世大学。1885年起任编外讲师，1894年起任教授。1886年他成立了一个脑解剖研究所并于1910年成为大学的正式机构。

③ Hayek(1994，63f.)回忆：“我旁听的最持久的影响……是一位年轻的讲师用了一些时间谈论一本新书(*Erkenntnislehre*)(译注：知识)……我回到维也纳后，很快发现书的作者正是新任命的哲学教授莫里茨·石里克(Moritz Schlick)，他是第一个说服我哲学可以有意义的人，在那之前我只在恩斯特·马赫(Ernst Mach)的作品中发现了这一点。”莫里茨·石里克(1882—1936)，德国物理学家和哲学家，维也纳学派的创始人和领袖，1904年在柏林大学普朗克(Max Planck)的指导下完成博士论文，其后任教于罗斯托克大学和基尔大学(the Universities of Rostock and Kiel)。1922年石里克接替马赫在维也纳大学的自然哲学教席，其著作《普通认识论》1918年于柏林出版(Berlin：Verlag von Julius Springer)，英译本1974年在纽约出版(New York：Springer Verlag)。关于石里克另参见本书第20页。

④ Hayek(1994，62)谈到：“对生理心理学问题短暂而强烈的兴趣在1919—1920年占据了我相当大的注意力。”

⑤ 与巴特利未发表的访谈，1983年3月28日，伦敦。

欢自称"verpatzter Biologe"——一个"被耽误了的生物学家"，指其兴趣由于受到"一战"后局势的影响从家庭的自然科学背景转到经济学方面[①]。据哈耶克自己说(1944，44页)，导致其兴趣转变的一个因素是"战争的巨大干扰让我对经济学更感兴趣了"，加之读了卡尔·门格尔(Carl Menger)的《国民经济学原理》(*Grundsätze der Volkswirtschaftslehre*)[②]这部一般被认为是奥地利学派的奠基之作的书[③]。另一个因素是，当时心理学"在大学里存在感很低"[④]。正如哈耶克所回忆的(本书第450页)："作为一个从"一战"归来进入维也纳大学的年轻人，我的兴趣已被时局从生物学家庭背景引向了社会和哲学问题。何况在当时，维也纳大学也无法提供心理学教育。"[⑤]还有，从职业前景考虑，他认为"法律和经济学会更有机会"(Hayek 1944，44)。

---

① 书信，F.A.Hayek致R.Riedl，1979年10月18日，见Hayek papers，box 46，folder 12，HIA。书信，F.A.Hayek致M.Koch，1983年2月，见Hayek papers，box 31，folder 10，HIA。书信，F.A.Hayek致E.Mayr，1983年12月14日，见Hayek papers，box 37，folder 24，HIA。

② Wien：Braumüller，1871。

③ Hayek，1983b，174："我认为决定性的影响其实是第一次世界大战，尤其是在多国军队中服役的经历。……正是在意大利的战争服务期间，我有点倾向于将来从事经济学。不过，当我发现门格尔的《国民经济学原理》如此令人着迷和满意时，我才真正走上了经济学道路。"

④ Hayek，1983b，476。Hayek(同上)补充："最后我被经济学'套牢'了，因为我通过门格尔的教科书认识了一种特殊的传统，非常对我的胃口。我可以踏入一个现有的经济学传统，然而我的心理学思想并不适合任何既定的传统。后一个学术生涯显得更难一些。因此，我成了一名经济学家，尽管心理学思想继续占据着我的心。"

⑤ Hayek，1994，44："在大学期间，我仍然在经济学和心理学之间犹豫不决。……斯托尔去世后，甚至没有人教心理学。我所知道的心理学是从书本上自学的。"关于斯托尔(另参见本书第12页注③)，哈耶克在与巴特利访谈(伦敦，1983年3月28日)中说："唯一理解(心理学)的人是一个叫阿道夫·斯托尔的人，已经风烛残年了。正如我曾经说过的，在他的课上，讲课者和听课者同样痛苦。但我非常钦佩他，给他看了《感觉的秩序》的初稿。由于他的鼓舞，我才有信心继续研究。我相信我只听过他一门课，后来他不得不中断了该课程，不久就去世了。"另参见Hayek，1994，62；参见本书第450页注③。

这样，用哈耶克自己的话来讲(1983b，271)，“出于实用的原因”他决定学习法律——经济学是课程的一部分[①]——而放弃了他在Beiträge一文中所追求的研究兴趣。“1920年9月，”他写道，“我不得不为主要的法律考试进行系统学习，就把那篇文章的草稿放到一边了。当时想的只是暂时搁置，谁料直到1946年我才得以认真地重温这些问题。”(1994，62)在1921年获得法律学位后，哈耶克“不得不考虑生计问题”，即便“生理心理学对我的吸引力从未消失……在接下来的25年里，我忙于经济学工作(法律很快忘光了)而无法抽身跟踪心理学的进展”(本书第452页)。

同样根据哈耶克自己的说法(1994，126)，他之所以重新捡起自己“过去的理论心理学想法”，是因为“战争早期(译注：此处指的是‘二战’)在社会科学方法论方面的工作”[②]。这一重新燃起的兴趣体现在哈耶克1942—1944年分三部分最初发表于《经济学刊》(*Economica*)上的文章《唯科学主义与社会研究》，尤其是第二章“自然科学的问题和方法”和第五章“科学方法的客观性”[③]。哈耶克隐含在1920年文章中的核心论点后来在《感觉的秩序》中得以详细展开，下面的一段话对此进行了概括：

---

① Hayek，1994，62：“法律当然是必修课，而经济学只是最后(博士)考试的三个主要考试的一门。尽管我不仅以优异的成绩通过了大部分考试，而且还成功地……在3年后(1921年11月)获得了学位，而不是通常的4年，但我的主要兴趣长期以来一直在心理学和经济学之间徘徊。”又见Kreuzer(1983，15)：“虽然法律是主科……但实际上我把时间分给了心理学和经济学，因此法律一直居于次要位置。”(引文为编者所译)

② Hayek，本书第453页：“在20世纪40年代早期，我做了一项我叫作“唯科学主义”的研究，即检查物理模型对社会科学方法论的有害影响。这项工作迫使我不但在某种程度上借用我未发表的心理学工作的结果，而且进一步思考我在其中处理过的一些问题。”

③ 现收录于Hayek，2010，74—166。Caldwell(2004a，341)认为《唯科学主义》是一个“过渡性的篇章”，包含两个不同的但是后来逐渐交织在一起的研究方向。其中一个导致了《感觉的秩序》，另一个导致了《自由秩序原理》。

> 不止于一般认为是“抽象物”的“概念”或“观念”等心理实体，而应当认为，所有的心理现象——从感观知觉到印象以及更加抽象的“概念”“观念”——都必须被当作大脑的分类。当然，这不过是换一种方式说：感质并不是客体的性质，而是我们（个体或者人类）所学会的划分外部刺激的方式。（Hayek [1942—1944] 2010，111）

尽管如此，在对“过去的理论心理学想法”投入较多时间前，哈耶克还有一件工作要做。他认为这是当时的时代对他提出的要求，这就是撰写后来非常著名的一本书《通往奴役之路》。

哈耶克在1956年版《通往奴役之路》的前言中说（[1944] 2007，39），导致他写这本书的是20世纪30年代后期他越来越担忧英语舆论圈“完全误解”了纳粹的本质以及其他的一些极权主义运动[①]。在1944年的初版序言中（同上，37）他明确强调这本书就是“政治性的”，写作这本书在他看来“义不容辞”，即便他预料到这可能“引起人们对我其他更严谨的学术工作的偏见”。

哈耶克没想到的是，《通往奴役之路》得到了异常强烈的公众关注[②]——尤其在美国[③]，他因此收到无数的邀请并忙于一系列的公

---

① 在1976年版的前言中，Hayek（[1944]2007，53）解释：“这本书是我在1940—1943年的业余时间写的……起因是我对英国‘进步’圈子里对纳粹运动特征的全然误读感到恼火。我从给当时的伦敦经济学院院长贝弗里奇（William Beveridge）爵士的一份备忘录开始，到1938年《当代评论》上发表了一篇文章。后应芝加哥大学盖迪斯（Harry G.Gideonse）教授的要求，我扩充了这篇文章，以便在他的《公共政策简报》上发表，最后，我勉强……将其扩充为这篇时代小品。”关于《公共政策简报》的刊文见Hayek（1939）1997。

② 参见Ebenstein，2001，128ff.；2003，117ff.；Hennecke 2000，182ff.

③ 正如Hayek（[1944]2007，39）在1956年平装版序言中承认的：“《通往奴役之路》在美国的流行，很大程度上要归功于1945年在《读者文摘》上发表的一个浓缩版本。”

开演讲，包括1945年在美国进行了极成功的巡回演说[1]。虽然他坦承“写更多半普及性的作品和做更多演讲的物质诱惑相当大”（Hayek 1994，125），但在这种情况下，他还是决定认真地回到他1920年搁置的心理学研究计划上来。在回忆中，他这样解释自己的决定：

> 我感到这种普及性的演说和写作会使人心智退化。从长远看，如果坚持严格的学术活动，我能为我所关心的政治理想作更多的事情……我的一些左翼熟人（相当不客气地）让我明白，在他们看来，我已不再是一名科学家，而是一个宣传家。（1994，125）
>
> 在《通往奴役之路》之后，我感觉已经严重自毁了职业形象，不想重蹈覆辙了。我希望被科学界接纳。为此我打算做一些纯科学的，独立于我的经济学观点的工作。（同上，152）
>
> 不管怎样，我决定这样做对自己是最好的，即做我该做之事：暂时完全不管别人期望我做什么，只专注于当时恰好最感兴趣的事情——我过去的理论心理学思想。由于我在战争早期所做的社会科学方法论的研究，它们又被唤醒了。（同上，125页及以后）[2]

哈耶克在“1946年春天和初夏”真正重启了这项心理学研究，

① 在1976年版的前言中，Hayek（[1944]2007，55）说：“长期以来让我感到不满的是，我的时文小册子竟比我严肃的科学工作更加有名。”

② Hayek，本书第452页：“只有在我……作为经济学家已经有了些薄名，并由于抨击社会主义为大多数经济学同行所侧目后……才终于有暇拿出旧的手稿，看看能为之做些什么。”

他在“芝加哥大学和斯坦福大学各待了两个月”(同上,125)[①]。二稿完成于1947年12月,当时的标题是《什么是心智？——一篇理论心理学论文》[②],后来才改为《感觉的秩序》。他在1948年11月的一封信里说,希望“这个冬天”定稿[③]。事实上他为这本书又花了好几年。1949年夏,他在位于阿尔卑斯蒂罗尔的阿尔卑巴赫欧洲论坛上介绍了一篇论文*Das Wesen des Geistigen*(译注:《精神之本质》),总结了《感觉的秩序》一书的核心内容[④]。1984年哈耶克回忆:“我搬到芝加哥时,带着几乎已经完成的手稿。此后就是修修补补。”[⑤]

---

① 从一封给奥图·纽拉特(Otto Neurath)的信中(1945年7月21日,见Hayek papers, box 40, folder 7, HIA),我们可得出结论:哈耶克在1945年夏已经开始了他的心理学项目。信中写道:“我还不知道,在我准备开始你建议的讨论之前,我是否要请你对我目前完全沉浸于其中的东西(试图阐述我的《唯科学主义》文章前一部分的心理学含义——或者说试图重新陈述我很久之前在这个问题上形成的某些想法)提出意见——无论如何,此刻除了这些问题,我完全无法把心思放在其他方面,当然,也可能徒劳无功。”哈耶克提到的“讨论”所指的是纽拉特在一段时间内试图让明显不情愿的哈耶克同意的一个项目。纽拉特希望这是一场关于他们在方法论问题上长期存在的基本分歧的最终辩论。几个月之后的1945年12月22日,纽拉特去世,这次讨论也就没有实现。

② 参见Hayek papers, box 128, folder 35, HIA。扉页的括号里写着:“第二稿至第三章第2段,此后是第一稿;1947年12月25日完成。”第一稿,题为《什么是心智？关于感质和抽象概念之起源的工作假设》(见Hayek papers, box 128, folder 34, HIA)将1945年列为完成年份。

③ 在1948年11月15日给约翰·内夫(John U.Nef)的信中(见Hayek papers, box39, folder39, HIA.),哈耶克说:“我希望当我关于心灵的书面世时,您不会对它感到失望。这本书……试图从原则上说明在生理领域如何创造一种与心理事件的秩序相类似的秩序。……但我已经为此断断续续地工作了大约28年,我努力在今年冬天完成第四稿也就是最后一稿,希望它不至于丢我的脸。”约翰·内夫(1899—1988),经济史学家,芝加哥大学社会思想委员会的创始人之一,在1950年促使哈耶克加入该委员会方面发挥了作用。

④ 由格蕾特·海因茨博士翻译的英文版收录于本书第410—424页。Bruce Caldwell(2004a, 261,注2)对阿尔卑巴赫演说做了简短的评论。

⑤ 与巴特利未发表的访谈,1984年11月,弗莱堡。

2.《感觉的秩序》的中心问题

如上所述，尽管生理心理学是哈耶克的主要兴趣所在，但他选择了经济学作为职业；原因之一是1918—1920年维也纳大学“无法提供心理学教育”（本书第450页）。这也是为什么他不得不从“书本中学习心理学知识”（同上）。他“在没有太多指导的情况下”[①]选择的读物包括冯特(Wilhelm Wundt)、詹姆士(William James)、缪勒(Johannes Müller)、亥姆霍兹(Hermann von Helmholtz)的作品。但他强调，“导致我很快开始研究该问题的决定性的刺激来自马赫”（同上）[②]。哈耶克在纪念马赫逝世50周年大会上提交的短文中说（[1967b]1992，172f.）：

> 我已经记不清是怎样偶然接触到马赫的著作的，大概就在1918年11月我刚刚从前线返回时……我记得当时非常痴迷于马赫的科普讲座《发展中的力学》(*Populärwissenschaftliche Vorlesungen, Die Mechanik in ihrer Entwicklung*)，尤其是《感觉的分析》(*Analyse der Empfindungen*)……在马赫作品的刺激下，我开始研究心理学和感觉生理学。[③]

在布拉格的查理大学(Charles University in Prague)教了28年物理后，马赫于1895年来到维也纳大学担任新设的“归纳科学历史和

---

① 参见本书第150页。

② 另参见Hayek，1994，第62页，以及本书第450页以下，Hayek在那里列出了G.E.Müller而非Johannes Müller。关于两个Müller，参见本文第153页注①，以及《感觉的秩序》1.32，第180页注①。关于马赫，Hayek（本书第451页）说他“才去世不久，其著作吸引了很多年轻的科学家，他们傲慢地认为所有非实证主义哲学都是胡扯”——参见本文第153页注①（译注：原文如此，疑为注②）。

③ Mach，1883，1885，1896.

理论”讲座教授。马赫的科学哲学强烈影响了一大批年轻学者，他们后来成为所谓的“维也纳学派”（Wiener Kreis）的中坚力量。该学派的领袖人物石里克于1922年进入维也纳大学，接替了马赫的讲席[①]。虽然哈耶克的科学方法观点是在马赫哲学的影响下形成的[②]，而且同维也纳学派的成员联系甚密[③]，但其生理学—心理学方法的关键所在，正是他对马赫的一个核心信条的异议以及对其追随者实证主义的反对。哈耶克曾这样描述他与马赫的分歧：

马赫在其著名的《感觉的分析》中解释或者说假定了所有个体的感觉都有一个原生纯粹的质，并不断受到经验的修正，

① 在马赫和石里克之间，担任过该讲席的还有玻尔兹曼(L.Boltzmann)和斯托尔(Kraft 1968，1)。该团体的一些成员于1928年成立了恩斯特·马赫协会(*Verein Ernst Mach*)，以纪念马赫。1929年，所谓的“维也纳圈宣言”(*Wissenschaftliche Weltauffassung. Der Wiener Kreis*)发表并献给石里克，以感谢他决定拒绝波恩大学的邀请而留在维也纳(Kraft 1968，3)。

② Hayek([1967b]1992，174)：“可以说，对于一个战后刚刚来到维也纳大学的对哲学问题感兴趣但是觉得正统哲学没有吸引力的年轻人来说……马赫是唯一可行的选择。”

③ Hayek([1943]2014，78f.)：“我的第一项技术训练不仅在很大程度上是狭义的科学训练，而且我在哲学或科学方法方面的少量训练也完全是在恩斯特·马赫和后来的逻辑实证主义者的学校里进行的。”——Hayek(1983b，16ff.)：“我想，我的哲学方法——其实叫做科学方法可能更好——的引路人是马赫哲学。它……在维也纳的讨论中占主导地位。……当我还在大学的时候，莫里茨·石里克这个非常有趣的人物成了哲学教授之一。这是维也纳圈子的开始，当然，我从来没有加入过这个圈子，但其成员与我们有着密切的联系。……令我却步的是社会科学家，即纽拉特传统的科学专家，他们在经济学上是如此极端而天真。实际上是通过他们我才认识到，实证主义在社会科学中是一种误导。由于纽拉特的极端立场，我才认识到这行不通。我确实花了很长时间才把自己从其中解放出来。”另外，Hayek([1967b]1992，174)谈及纽拉特：“另一个绊脚石是，他(马赫)十分明显地被利用来支持社会主义方法……特别是被后期维也纳圈子的创始人之一纽拉特利用。纽拉特希望将马赫的实证主义改造为物理主义，或者如他有时所说的科学主义。”关于哈耶克对纽拉特物理主义的反感另参见Hayek，本书第351页注①，以及Kreuzer 1983，13。

> 只有一个原生的秩序并随经验而改变。由此我得出：如果说经验能改变这件事，为什么还需要那个原生的感质？原生感质也应以同样的方式产生出来。[①]

哈耶克赞同马赫关于感官知觉性质的观点，即感觉是关系的或者联系的，他所反对的是这样的说法：“纯粹的简单感觉是我们全部感观知觉的元素。”(Hayek [1967b] 1992，174) 正如哈耶克所说的，如果把马赫本人的分析贯彻到底，将会使这些“元素”的概念成为多余。

> 我发现马赫的感官心理学中“单纯的感觉”这个概念实际上没有意义。由于马赫已经把大量的感觉之间的联系定性为“关系”，我最终不得不得出结论：感官世界的全部结构都是从“关系”衍生出来的，因此在马赫思想中扮演重要角色的单纯感觉的概念可以完全摒弃。(同上)[②]

与马赫的“感觉的绝对理论”相对，哈耶克在1920年的文章中提出一个“感觉的相对理论”。根据后者，“我们永远不能谈论心理原子或元素：每一种感觉的内容都是相对的和可变的”(本书第390页)。“一个神经脉冲的心理内容，”哈耶克论证说，“并不取决于这个脉冲本身，而取决于它如何同其他脉冲发生共振……因此，其内

---

① Hayek–North/Skousen访谈(1985)，转引自Ebenstein 2003，134页以下。哈耶克对所引叙述补充评论道：“所以这只不过是在马赫的基础上多迈了一步，却导向其反面——这就是我自己的心理学所发展的结果。在这个意义上，我是从维也纳的逻辑实证主义[运动]——石里克、纽拉特、卡尔纳普(Carnap)等——同样东西开始的，但在基础上的分裂，使我们相去甚远。但这两个明显绝对相反的趋势来自一个共同的初始观点。”(同上)

② 哈耶克此处引用了他1920年文章(本书第408页)中已经提出的结论。另见哈耶克《感觉的秩序》前言(本书第154页)中的评论和《〈感觉的秩序〉25周年回顾》(本书第450页)。

容不完全是预先给定或一成不变的。相反，它总是变动不居，并取决于个体的全部历史”（同上）。[①]

对于马赫来说，我们所知之事只有感觉（感觉信息）——诸如颜色、声音、温度、压力、气味、时间和空间感[②]，而哈耶克坚持有必要区分物理世界和现象世界，区分客观事实构成的外部世界和我们主观经验的内在世界[③]。哈耶克说，此种划分的必要性由于“物理科学的进展”而变得明显。物理科学“试图对物理世界中存在的规律性作出令人满意的解释，因而不得不越来越远地抛开这些对象呈现给人类的样子”（《感觉的秩序》，1.6）[④]。在现象的或者《感觉的秩序》[⑤]中，事件根据他们对人类感官产生的效果进行分类（即“根据它们的

---

① 哈耶克反对固定不变的“基本感觉”的概念，强调所有感觉包括最基本的感觉都基于过去经验，而且“向外部世界学习所使用的工具本身就是一种经验的产物”（《感觉的秩序》，8.1［以下引用《感觉的秩序》均采用段落编号方式］），这就是物种演化过程中所积累的经验。

② De Vries 1994，316f. De Vries（同上）引用马赫的说法：“身体并不产生感觉，但是感觉的组合构成了身体。”关于马赫的观点“颜色、声音、空间、时间……都是暂时的终极元素，我们要研究的是它们的特定联系”（Bartley 1987，11ff.）。另见Popper（［1953b］1989，173）：“马赫……相信……物理的东西是现象特质的集束、组合或者说构造，是特定经验的颜色、噪声等；马赫……认为在它们背后根本就没有什么东西。”

③ 关于《感觉的秩序》发展的理论，哈耶克说通过“粉碎把基本、稳定的感觉作为世界的终极成分的构想，恢复了对不同于感觉呈现给我们的客观物理世界的信念的必要性”（《感觉的秩序》，8.37）。

④ “我们说‘存在’一个不同于现象世界的‘客观’世界，意思仅限于，有可能构建一个不同于感觉所呈现的新的事件分类秩序，从而对世界中各种事件的行为给出更加一致的解释。”（《感觉的秩序》，8.29）值得注意的是，康拉德·劳伦兹1941年的一篇文章（哈耶克可能知道这篇文章）也提出了类似的论点。“我们的直觉和范畴的形式对世界的再现，一旦被要求对其对象进行某种程度的切近表述，就会崩溃，就像波动力学和核物理学的情况一样。”（Lorenz［1941］1982，128）后文还会回到劳伦兹的文章及其对于哈耶克论点的意义，见56页以下。

⑤ Hayek（《感觉的秩序》，1.10）指出他使用“‘感觉的’代替‘现象的’，尤其是在（如书名中的）‘感觉的秩序’这一短语中”。

感觉特质比如颜色、声音、气味、触感等”[《感觉的秩序》，1.7]），物理科学对这些事件则根据它们“相互之间的效果”进行分类。[①]

在1940年年初标志着哈耶克首次回归心理学研究的《唯科学主义》一文中，他花费大量笔墨讨论两种方式的区分问题(2010)：其一是“我们的感觉排列外部刺激”的方式(84)；其二是物理科学组织“我们所有关于外部世界的经验”的方式(87)[②]。哈耶克称，科学以多大程度“代替我们的感质所代表的分类系统”，我们就必须在多大程度上意识到“尽管通常存在一些客观理由支持我们将某些事物当作是相似的，情况未必总是如此”(112)，“对我们呈现为相同的事物并不总是以同样的方式行为，而对我们显现为不同的事物有时候却在一切其他方面表现相同”(83)[③]。在此意义上，物理秩序和现象秩序之间的区别，用哈耶克的话来说，是“一个重要的经验事实，它一方面需要被解释（这是心理学的任务），另一方面在对人类行为的研究

---

① Hayek(2010, 84)：“这种对我们的感官已经以某种方式分类的‘物体’进行重新分类的过程……也许是自然科学程序中最具特色的方面。现代科学的整个历史被证明是一个从我们对外部刺激的先天分类中逐步解放出来的过程，直至它们完全消失……从而人类在头脑中创造了一个新的世界，它完全由我们无法感知的实体组成，但却以确定的方式与我们的感官世界相联系。事实上，它有助于解释我们的感官世界。”“我们主要想强调的一点是，人们对外部世界或对自身的认识或思考，他们的概念，甚至他们的感官知觉的主观特质，对于科学来说从来都不是终极事实或必须接受的资料。……对科学家来说，人们实际使用的概念或看待自然的方式必定是一种临时的东西，而他的任务就是要改变这幅图景、这些概念，以便能够对新的事件类别作出更明确和更肯定的陈述。”（同上，86）

② 见Hayek(2010，81ff.，88ff.，108ff.)。Hayek（同上，84）在这方面引用了斯泰宾《有效思维》(L.S.Stebbing, *Thinking to Some Purpose*，1939，107)中的说法：“物理科学现在已经达到了一个发展阶段，使得它不可能用适合我们感官所感知的语言来表达可观察到的事件。”关于斯泰宾(Stebbing)参见本书第46页注①。

③ Hayek(2010，85，脚注)：“我们没有证据支持这样的假设：外部世界的事物按相互关系而言的异同与感官所暗示的它们之间的异同一致。事实上，我们在许多情况下有相反的证据。”

中必须被作为一个基本事实而接受”(109)[1]。

正如哈耶克强调,物理科学在雄心勃勃地寻求解释的道路上越来越多地抛弃感官对世界的感知方式,这个事实当然并不意味着现象的或者感觉的秩序就不需要科学研究了[2]。相反,这项研究“成了心理学的专门任务”(《感觉的秩序》, 1.17),其目的是解释为何“我们的感官所构成的……分类器官”(Hayek 2010, 104)使我们如此这般地感知事件,以及这对人类行为的研究意味着什么[3]。《感觉的秩序》打算回答的正是这样一个问题:我们如何在心智中形成了“世界的感觉图像”,它为我们提供了“还算不错的环境向导”(本书第451页)。哈耶克说,“本书的中心问题”(《感觉的秩序》, 1.10)就是解释大脑里的“微观宇宙”和外部世界的“宏观宇宙”之间的关系。在该书1.49段,哈耶克简要地陈述了这个问题:

> 因此,我们称作“心智”(mind)的东西,是在有机体当中所发生的一整套事件的一种特定秩序,这种秩序虽然同外部物理秩序相关,但两者绝非等同。由心理现象的存在所提出的问题因而是,在物理秩序的一部分(即有机体)内怎样形成了一个子系统,该子系统在某种意义上(这种意义还需要被更充分地定义)反映了整个物理秩序的一些特征,能够部分地再现

---

① Hayek(2010, 113):“尽管我们知道,对自然事实进行重新安排有利于解释外部事件,但在解释人类行动时,我们仍应使用这些事实在行动者心中出现的分类方法。”

② Hayek(本书第414页):“从物理世界观中消除感质(sensory qualities),并没有与此同时把它们作为一个科学问题消除掉。……当感质系统从物理学中消失的同时,它却成了一个心理学问题。”

③ Hayek(《感觉的秩序》, 1.13):“物理科学的任务,是用一种更好的事件分类来替代感觉所作出的事件分类,因为后者被证明不足以描述这些事件的规律性。而理论心理学的任务恰好反过来,它要解释:为什么这些事件按彼此关系而形成的一套(物理)秩序,却在人的感觉中展现为另一套秩序。”哈耶克在回顾时(本书第454页)曾称这一表述“也许是我书中最基本的论点”。

(reproduction) 环境的秩序，从而使有机体能够对环境作出恰当的反应。[①]

3.《感觉的秩序》：理论内核

哈耶克说，当他在20世纪40年代重温学生时期的心理学研究并考察心理学文献时，惊讶地发现，在纯理论的层面上，自己曾关注的那个问题“依然如故”（前言，本书第154页）[②]。他因而受到鼓舞，认为自己尽管是一个外行，仍可以发出重要的声音，至少就“问题的表述”和“解决的一般原则”而言(本书第155页)。

哈耶克在回忆时提到(本书第450页)，他当初因拒斥一种(在他看来)天真的经验主义而激发了自己的理论观点。特别是，这种经验主义声称“经验始于接收拥有固定特质的感觉材料，这些特质要么反映……要么与物理世界的元素属性一一关联”。(《感觉的秩序》，8.3) 在他看来，一旦否定“感觉的原有纯粹内核”(《感觉的秩序》，2.15)，这样一种天真的经验主义恰恰忽略了那个必须回答的问题，即“一个给定的物理情境经由何种过程被转换为某种现象图画”(《感觉的秩序》，1.19)[③]。他指出，回答这个问题要求我们解释三种不同“秩序”之间的关系(《感觉的秩序》，2.7)：

---

① 哈耶克在演讲《什么是心智？》(本书第413页)中指出：“一旦我们成功地解释了感觉世界的结构，成功地表明自然界中的一个生命体如何学会以特定方式区分或组织其周遭事物——就像我们用我们的感官那样——大部分问题就会得到解决。”

② 另参见Hayek，本书第453页。

③ “心理学……力图重建有机体所熟知的、以《感觉的秩序》对物理事件作出分类的过程。”(《感觉的秩序》，1.21) 在《什么是心智？》1974年打字稿第14节，哈耶克曾说：“因此，任何想把我们对心理过程的了解与我们对物理世界的科学描述联系起来的认真的尝试，必须从对物理刺激的描述开始……然后必须继续说明神经系统是如何以我们所熟悉的感质经验的方式来区分这些刺激的。”

1) 外部世界的，或物理刺激的物理秩序；

2) 神经纤维的，或神经纤维中运行的神经脉冲的神经元秩序；

3) 感觉（以及其他心理特质）的心理秩序或现象秩序。

换言之，在哈耶克看来，需要解释的是物理刺激在神经系统中引起的效果（“神经元秩序”）如何产生了主观经验的感觉。[①]

哈耶克在1920年的打字稿中提出的，后来在《感觉的秩序》中详细阐述的解释，按照现代心理学的术语，属于“联结主义”类型[②]。哈耶克的原则主张被埃德尔曼（1987，25）总结如下：

> 他提出一个相当富有成果的建议，心理学家唐纳德·赫布现在也提出来了，就是不管感觉系统同世界发生什么样的接触，一个相应的事件一定会强化大脑中的特定细胞和运载外部世界信息的细胞之间的连接。今天，这被称为赫布突触，但是

---

① Edelman（2004，xiii）以类似术语描述了他自己的解释目标：“对意识的科学分析必须回答这个问题：神经元的激发如何能引起主观的感觉、思想和情感？对某些人来说，这两个领域简直是风马牛不相及。科学的解释必须对这两个领域之间的联系作出因果说明，以便一个领域的属性可以通过另一个领域的事件来理解。这就是我在这本小书中为自己设定的任务。”

② 高斯（G.Gaus，2006，248）：“今天，哈耶克被公认为是早期的神经网络建模者。神经网络理论，或称联结主义（connectionism），可以看作联想主义心理学的发展……联想主义认为，思想是由联想法则（如相似性、连续性等）连接起来的。……与传统的联想主义不同，联结主义放弃了任何对感觉和思想之间原始特质差异的依赖。联结主义系统纯粹是由神经元组成的……感质差异……是复杂的神经激活模式的结果。”关于他自己的理论观点同“旧的联想主义心理学的基本观念”之间的关系，Hayek（《感觉的秩序》，7.16）评论：“联想主义者将所有心理过程追溯到经验在某些元素之间所建立起来的连接，我们对此当然认同。但与之不同的是，我们认为在其间建立联系的元素本身在性质上不是心理事件，而是物理事件。这些物理事件仅通过那些连接被安排在一个新的秩序中，并在其中获得了特定的、具有心理事件特征的意义。”

冯·哈耶克在很大程度上独立地提出了这个想法。[①]

在1920年的文章中（本书第381页），哈耶克已经十分明确地提出这种说法：

> 大脑中两个神经节细胞的同时激发，会在两个细胞之间建立一个永久的连接，因而以后当一个细胞被激发，也会刺激另一个细胞……记住，有机体从来不是仅仅受到一个刺激的冲击，而总是接受多个刺激，这些情况就会不断地在神经节细胞之间创建链路(linkage)。我们认为在一个人整个生命周期中，这些细胞中的每一个几乎都在连续不断地获得新的链路并加强原有的链路……因此每个神经节细胞就拥有了数量巨大的独特链路，从而在这些细胞之间形成了一个链路网，其组织方式反映了链路的相对强弱。

在哈耶克的叙述中，大脑就是许多细胞连接而成的一张巨网，是“传递神经脉冲的连接”、是“由于感觉脉冲的同时发生而建立起来的”（《感觉的秩序》，2.47）。神经元之间的链路强度（即一个细胞的激发引起另一个细胞激发的可能性大小）反映了“有机体的生活史中来自内部，外部的各种刺激同时发生的相对频率”（《感觉的秩

① 关于赫布参见本书第156页注①。Hebb(1949，62，70)总结其主要理论主张如下：“当细胞A的轴突足够接近激发细胞B，并反复或持续地参与激发它时，在其中一个细胞或两个细胞中发生了一些生长过程或代谢变化，A作为激发B的细胞之一的效率得以提高。……一般的想法是……任何两个细胞或细胞系统在同一时间反复激活，将倾向于‘连接’起来，从而一个的活动将促发另一个的活动。”哈耶克在序言（本书第156页）中提到，赫布《行为的组织》一书出版的时候《感觉的秩序》的最终版本“已经基本确定了”。他承认赫布“具有更强的专业能力……阐述了心理学细节，”但是他自己的书对“这个理论的一般原理”表述得更加清楚。

序》,3.34)[①]。他不同意心理特质是“原本就附着在……单个神经脉冲上”,而是认为这些特质“由连接系统所决定”,单个脉冲由于其在“整个连接系统”中的位置而获得独特性质(《感觉的秩序》,2.49)[②]。

哈耶克说“有机体的历史”意在囊括个体和物种的“经验总体”(《感觉的秩序》, 2.16)[③]。它不仅包括个体在其个人历史中获得的经验,也包括物种在演化历程中积累的“经验”。前者体现在该个体中枢神经系统的链路中,而后者已经融入有机体的遗传禀赋,尤其是感觉器官(也就是个体获取经验的唯一工具)[④]。因此,决定有机体如何记录新刺激的神经细胞连接系统不仅包含反映物种演化成果的“先天性的”链路,还包含反映个体生命史的“习得性的”链路。[⑤]

哈耶克关于心智的联结主义理论,其核心思想是“中枢神经系

① “内部和外部刺激”一词指的是如下事实:“中枢神经系统运作所处的‘物理环境’,包括了内环境(milieu interieur)即有机体自身——在其独立于高级神经活动的意义上。”(《感觉的秩序》,2.49)

② 当《感觉的秩序》出版时,按照哈耶克的看法,这个主张构成他的“心理特质决定的理论……与当今几乎所有心理学理论”的区别(《感觉的秩序》, 2.49)。哈耶克在脚注中补充:“同这里所发展起来的理论最为接近的似乎是赫布的著作(1949年),据我所知,其著作是在本书所有实质要点都已经完成后才出现的。”

③ “整个《感觉的秩序》可以被看成通过物种或个体的经验建立起来的,即感觉是不是外部世界施加于有机体的作用之间的联系的保存(retention)。”(《感觉的秩序》,5.15)

④ 哈耶克说,当“经验”一词被用于物种演化时,它“有些模糊和误导,因为它暗示着感质的存在,而我们正在关注的是一种前感觉(pre-sensory)的现象。只有通过‘前感觉经验’建立了相应的器官(apparatus),感质的辨别才成为可能”(《感觉的秩序》,5.7)。

⑤ “连接的创造,或者叫经验,最初是通过不同强度的连接成为一个结构化的网络的方式,排列无意义的生理过程(借由这些无意义的生理过程将刺激记录在大脑中),而在此结构化网络中,那些无意义的生理过程基于它们发生时的情况而占据特定的位置。……正是经验,创造和放大了这个系统。发生于其中的过程,参阅过去经验之间的关系。人们可以恰当地说,每个人类个体都是和他的过去一起进行思考。”(本书第386页)

统中脉冲在神经元之间的传递”可以被“视为一个分类器官”（《感觉的秩序》,2.48）[①]。哈耶克猜想，神经脉冲在连接系统中根据各自的链路强度进行传输，这样一种传输方式提供了下述问题的答案：神经系统为什么“能以不同反应对刺激加以辨别，就如我们所知的心智实际上所做的那样”？（《感觉的秩序》，2.31）对刺激的区分或者说分类[②]是通过刺激引发的脉冲在神经系统中不同的传输路径来实现的，而传输路径则取决于神经元之间的链路强度。

中枢神经系统中脉冲沿不同路径传输所进行的分类，可以在“多个连接层次上重复”（《感觉的秩序》，3.3）。哈耶克认为，有些脉冲“并不唯一地对应于特定感受器的特定的激活状态，而只是代表初始脉冲的共同性质……将会成为进一步分类过程的对象，它们所代表的类将进一步被归类，而且这一过程可以在多个层次上一再重复”（《感觉的秩序》,3.54）。谈到“以有意识心智为顶点的分类器官的整个层级结构(《感觉的秩序》，5.31)”，哈耶克相信中枢神经系统可以因此被解释为“一个……多层次的……多重分类器官，首先工作于所有的感官知觉，但是从原则上讲也适用于……我们在心理世界中所发现的一切心理实体”[③]。按照哈耶克(2010，111，脚注）的看法，“诸如感觉，知觉，概念，思想”等心理现象有着“共同性，即它们

① 重点为引者所加。哈耶克补充说，这种传递“既可能存在于初级神经元之间，也可能存在于初级神经元和中间神经元(‘internuncial’neurons)之间——这些中间神经元同感受器并不直接相连”（《感觉的秩序》,2.48)。

② “我们用‘分类’指一个过程。在其中，某个事件在某一情况下重复发生一定产生同样的效果；……所有效果相同的事件属于同类事件。”（《感觉的秩序》,2.34)

③ Hayek，本书第454页。在1947年《什么是心智？》的打字稿中，哈耶克说：“如果……我们把辨别和等价，泛化和抽象……当作心理现象的基本类型，并能证明它们都能被视为相同分类过程的不同表现形式……我们实际上就已经非常接近相关问题的一个原理性解释了。”另见下文(《感觉的秩序》,7.2)。

都是对可能的外部刺激(或者刺激复合体)的分类”。[1]他主张,同样的原则——也就是中枢神经系统中神经脉冲的分类原则——有助于解释从简单反射到有意识行动的所有行为。[2]

如果神经系统被视为一个分类器官,那么有机体所能感知的东西必定被该工具的分类能力所限制。来自外部世界的刺激能否以及如何被记录首先取决于感觉器官的性质:有机体只能感知其先天感觉器官能力范围内的东西[3]。同样,感知也会受到凝结了个体历史经验的连接系统的限制[4]。因而,感知总是选择性的和解释性的。感知的选择性体现在,有机体的与生俱来的和后天习得的分类器官只能记录复杂现实的某些方面,从而感知也只能识别这些方面。感质的解释性体现在,它在一个基于经验的连接系统的框架内来定位刺激[5]。因此,哈耶克下结论说(2010,111):“我们感知的特质并非对象本身的性质,而是我们所学会的对外部刺激的分组或分

① “感觉和思考(译注:或者感性和知性senses and intellect)的运作都是基于中枢神经系统中的分类(或再分类)。”(《感觉的秩序》, 5.19)“因此,抽象概念的形成实际上是决定感质差异的分类过程在较高层级上的重复。”(《感觉的秩序》,6.47)

② 正如哈耶克所言,位于简单反射“这种理想类型和另一极端的情况即有机体‘自主地’或者‘有意识地’对刺激作出反应之间的情况是刺激—反应联结的分类过程连续体”(《感觉的秩序》, 4.27)。“通过有意识经验所感知的对于感觉脉冲充分的、详细的分类……主要形成于最高中枢。但是必须假定,一些局部的分类已经以类似方式在较低层级上发生,尽管没有有意识经验与之相伴。”(《感觉的秩序》, 5.31)“在完全有意识和完全无意识心理事件之间……还存在着许多中间状态,从而这两者的差异更多是一种程度的差异。”(《感觉的秩序》,6.6)

③ “有机体所拥有的感受器仅对部分(而非全部)外部刺激敏感;不能精确辨别刺激的物理差异……感受器记录什么外部事件,以及怎样记录外部事件,取决于进化过程塑造的有机体结构。”(《感觉的秩序》,5.20)

④ “有意识的心智只能按照由早期经验构建出来的分类来认识外部世界。”(《感觉的秩序》,6.45)

⑤ 哈耶克说,其整个的理论“确实……不过是一种普遍公认的观点的延伸和系统发展,即每种感觉都是基于学习的解释,进而,所有感质都可以作如是观”(《感觉的秩序》,2.17)。

类的方式。所谓感知就是分派到一个(或多个)熟悉的类(或范畴 categories) ——我们无法感知一个与我们以前所有感知都完全不同的东西。”

哈耶克推断,反映物种演化和个人学习历史的连接系统,由于使有机体“能在其自身内再现它所在环境的某些事件关系(或是‘为它们建立模型’)”(《感觉的秩序》, 1.20)[①]。分类和再分类过程在中枢神经系统中产生了——无论多么不完美——外部世界的“内在表征”,为有机体在生活环境中担任指导[②]。随着经验的积累,内在表征或者如哈耶克所称的“大脑中的微观宇宙”(《感觉的秩序》, 5.19)越来越适应环境中要紧的可能情况,或者又如哈耶克所称“外部世界的宏观宇宙”(同上),而“要紧”的标准是“个体和物种的实用性的需要”(《感觉的秩序》,6.47)[③]。哈耶克谈到心理秩序“逐渐趋近”于“存在于外部世界的刺激之间的秩序,正是这些刺激在神经系统中引发了‘表征’它们的脉冲”(《感觉的秩序》,5.19)。

“人脑中的微观宇宙”适应“外部世界的宏观宇宙”是通过连接的强化或者弱化实现的,而强弱变化的依据是能否有效地指导行动。因此,那些有望引起“奖赏性”行为后果的连接会加强,而引起失望预期的连接会削弱[④]。从而,由连接系统构成的分类器官一直在

---

① “不同脉冲通过‘链路’以形成连接(connection),显然会再现(或复制, reproduce)作用于有机体的外部刺激的某种规律性。”(《感觉的秩序》,5.17)

② “有机体对刺激的这种‘分类’……可被视为‘再现’(reproduce)了刺激之间在物理世界中的‘客观’关系。”(译注:《感觉的秩序》,2.17,原注误作5.19)

③ “神经系统内的连接结构会被外部世界每一次新的作用修改。”(《感觉的秩序》, 5.66)

④ “基于过去链路的分类不一定总是有效的,如不一定能导致成功的预测,失败的经验迫使我们修改分类。”(《感觉的秩序》,8.14)

演变之中，不断地重新组织、重新划分[①]。正如哈耶克所言，总是有新的修正“加诸我们，因为我们发现，根据感觉对对象和事件所作的分类，只是对物理对象之差异的粗糙的、不完善的近似，而不是那种能让我们正确预测其行为的精确再现”（《感觉的秩序》，6.47）。

对于再现“外部世界宏观宇宙”的“大脑中的微观宇宙”，哈耶克更具体地区分了（用他的说法）“地图”和“模型”。虽然两者都是“外界事件的关系的反映”（《感觉的秩序》，5.41），但哈耶克强调，它们提供了关于“宏观宇宙”的不同种类的信息。“地图”指的是“半永久的分类器官”（《感觉的秩序》，5.89），反映了“通过链路在高级神经中枢中逐渐建立的反映外部世界各种事件的关系”（《感觉的秩序》，5.26）。它提供了“关于世界是如何工作的理论”（《感觉的秩序》，5.89），代表了“有机体在过去所处的环境类型，或者对该有机体已经获得了意义的各种刺激”（《感觉的秩序》，5.42）。相比之下，“模型”反映或提供了“有机体此刻所处环境的信息”（同上）。“地图”提供的是关于有机体所处世界的一般性质的信息，而模型提供的是有机体在特定环境下所面对的具体情况的信息。或者，用哈耶克的话说，“‘地图’这种半永久的分类器官，提供了不同的类别（generic elements），各种特殊情境的‘模型’是在这些类别的基础上建立的”（《感觉的秩序》，5.89）。[②]

把关于“世界是如何运行的”理论同关于特定环境的具体情况的信息相结合，有机体能够建立某种环境的内在表征。哈耶克说，

---

① “每当由现存分类所产生的预期落空，或者每当所持的信念被新的经验所否定，就会发生重新分类，或者说，要打破那些体现在感质辨别中……分类，并用……一些新类取代旧的分类。这种经验的冲突的直接效果是：在关于外部世界的模型中出现了不协调的元素，只有通过把原来被视为同类的某些元素分到不同的类中，不协调性才能被消除。”（《感觉的秩序》，8.15）

② 关于“模型”，哈耶克说：“当然，它的性质受限于结构‘地图’所提供的可能性即既有的连接网络或渠道。”（《感觉的秩序》，5.44）

这种表征“几乎总是领先于实际情境”，总是在预期“环境中的未来事件”（《感觉的秩序》，5.58）[①]。内在表征可以引导有机体的行为，但它不仅是“真实环境的表征，而且是对环境预期变化的表征”（《感觉的秩序》，5.59）[②]。哈耶克这样总结其论点：

> 实际上，对既存情境的表征同对其可能结果的表征无法分割，要是没有后者，前者也就没有意义了。即使在前意识层次，有机体也生活在一个预期的世界，正如它生活在“事实”（fact）世界中一样。并且，对于一个给定刺激，可能必须利用模型对各种替代行动方案的预期结果进行“试探”（trying out），在这个复杂过程之后才能决定作出何种反应。（《感觉的秩序》，5.61）

哈耶克关于外部世界的内在表征或者模型在指导行为中所起作用的论点，同以下章节将要关注的问题特别相关——《感觉的秩序》作为哈耶克社会经济理论之基础的重要性。我将试图论证，指导行为的“内在模型”这一观念居于哈耶克规则支配行为理论的核心，从而也是其社会秩序和文化演化思想的核心。

4. 《感觉的秩序》和“知识问题”

如前所述，哈耶克的“理论心理学基础”工作长期处于心理学家及社会科学家同行的注意力边缘，对此他深感失望。即使是对哈耶克著作特别感兴趣的学者，也只是最近才开始仔细研究他的认知理论论文。这些作品看起来同他在社会经济或政治哲学方面的主

① “对环境事件的正确预期……意味着，在这个结构的内部有一个由外部环境所引起的事件之间的关系系统，该系统在结构上等价于外部事件之间的关系系统。这样一种重现了外部事件的某些关系的内部结构，我们称之为模型。”（《感觉的秩序》，5.85）

② “对于当前环境可能结果的表征，当然要受到表示环境变化的新脉冲的检验和纠正。”（《感觉的秩序》，5.58）

要著作相去甚远。而事实上，关于《感觉的秩序》对透彻理解哈耶克理论遗产的重要性，在学者当中仍有一些争议。

有些曾就《感觉的秩序》写过专论的作者，包括费瑟(Edward Feser)和布托斯(William Butos)，在这方面表示怀疑。在费瑟(2006，287)看来：“要说它（译注：《感觉的秩序》）是哈耶克经济学和政治学的‘基础’，未免言过其实。”在关于该主题一本书的编者序言中，布托斯(2010b，10)写道：“哈耶克的认知理论同他的社会理论的关系，仍是一个有争议的，悬而未决的问题。”在同一本书中，达米科(Daniel D'Amico)和博特克(Peter Boettke)(2010，358)承认“为了彻底消化哈耶克的作品，阅读其全部著作很重要”，但认为“如果说《感觉的秩序》是哈耶克经济学的重要基础，是一种夸大其词”。[①]

另一些评论者持相反的观点。关于《感觉的秩序》，沃尔特·韦默谈及“哈耶克思想的本质连贯性”(1982，241)，并指出其中所包含的“心理学”是哈耶克经济学“必不可少的一部分”(Weimer 2011，xxvi)。伯纳(Jack Birner)是首批注意到《感觉的秩序》的经济学家之一。他认为，如果不了解哈耶克的认知理论，就“不可能理解他的大部分其余作品”(Birner，1999，44)。格雷(John Gray，1984，3)认为：“充分理解哈耶克的工作，必须仔细研究该书论点。”耶格尔(Leland Yeager，[1984] 2011)主张“要想完全理解哈耶克的工作，就必须了解他在心理学方面的兴趣”。对于库贝杜(Raimondo Cubeddu，2002，128)来说，《感觉的秩序》构成了“哈耶克在社会科学领域诸多兴趣之间的理论关联”“对理解其思想演变甚为根本”。类似地，

① D'Amico and Boettke(2010，358)补充：“我们认为哈耶克的思想不是以这种方式发展起来的，这样一个基础对于理解其一般理论也并非必需。”他们建议采取“另一种立场——哈耶克对于经济运行的观察是理解其理论心理学的关键”(同上，360)。但是，“基础”地位的颠倒与以下简单的事实明显冲突：哈耶克在出于实用主义的原因（见上文第15页）决定修经济学和法律的学位而不是继续研究心理学之前，就开始起草他的认知理论了。

对该课题多有著述的斯蒂尔(Gerald Steele, 2002, 387)认为“该书是透彻理解哈耶克在多个领域的知识贡献的基础——从经济学、认识论、伦理学、法学到政治学”。霍维茨(Steven Horwitz, 2000, 23)相信哈耶克的理论心理学论文“对于理解其经济学和政治学是至关重要的”。

我认为,假如由哈耶克本人来判断评论的双方,他会毫不含糊地支持后者。回顾其思想发展过程,哈耶克不止一次地强调对于理论心理学基础的涉足对他自己而言有多么重要。谈及1920年当他“尚未确定将来从事经济学还是心理学”时所写的文章时,哈耶克在《感觉的秩序》序言中说:“尽管后来我的工作偏离了心理学,但从前持有的基本思想并没有忘记;……在研究社会科学方法时,这些思想常给予我很大帮助。”[①]多年后一位访问者提出,对哈耶克经济学来说,“《感觉的秩序》并非毫不相关”。哈耶克回应道:“当然。于今回顾,我对这一点看得比置身其中时更明白了。我必须说,从当初1920年以及后来1940年代的工作中所获得的洞见塑造了我的思考。但这种作用是双向的。我在经济学方面的工作同样有助于我在生物学方面的工作,反之亦然”。(Hayek 1984, 153)哈耶克关于该问题最详细的评论,藏在《法律、立法与自由》第三卷后记的一个脚注中:

> 我在社会科学领城中的同人一般都认为我在《感觉的秩序》一书中所做的研究是没有什么意思的或是难以理解的。但是,对这个问题所做的研究却对我大有裨益,它帮助我澄清了我心智中许多与社会理论密切相关的问题。我对进化的认识、对自生自发秩序的认识以及对我们努力解释复杂现象的方式与限度的认识,在很大程度上都是我在撰写该书的过程中逐渐形成的。的确,我在学生时代对理论心理学研究的结果,对我

① 参见本书第149页。Caldwell(1997, 1856)报告说,在1948年11月6日致内夫的信中,哈耶克曾将关于《感觉的秩序》的工作描述为“我尚未做完的最重要的事”。

形成有关社会科学方法论的认识起到了很大的作用；同样，借助于我在社会科学中学到的东西去澄清并阐明我在早期形成的心理学观点，也对我后来的整个科学研究起到了很大的帮助作用。当时，我的观点在很大程度上背离了那个时候普遍流行的思想；的确，一个人在21岁的时候要比他在以后的生涯中更有可能这样离经叛道。(Hayek 1979，199页以下，脚注26)(**译注：该译文转引自哈耶克著、邓正来等译《法律、立法与自由》第二、三卷，跋文，人类价值的三个渊源，第534—535页。北京：中国大百科全书出版社，2000.10**)

本序言接下来的部分试图详细说明，对于哈耶克的涵盖了经济学、法学、政治学和哲学的广泛的社会理论，为什么(正如其本人所说)《感觉的秩序》的确构成了一个必要的基础①。我将论证，把哈耶克在这些领域的贡献同他的"理论心理学基础"思想联系起来的关键环节，必定体现在哈耶克的全部作品所围绕的焦点主题即所谓"知识问题"所扮演的角色上。在强调《感觉的秩序》和哈耶克对"知识问题"的关注这两者的内在联系上，我赞同布鲁斯·考德维尔(1997，1856)的说法："这本书为哈耶克作品中反复出现的'知识的限度'这一主题提供了理论基础。"②

对于"知识问题"的关注，常被认为是哈耶克全部工作的潜在主题③。哈耶克的诺贝尔奖演说《知识的僭妄》突出强调了该主题

---

① 在前引(参见本书第6页注⑦)1983年1月16日致韦默的信中(Hayek papers，box 57，folder 2，HIA)，哈耶克表达了由于波普尔对《感觉的秩序》反应冷淡的失望，又说："对我而言……越来越清楚了——它是我所有思想的基础。"

② 对于Caldwell(同上，1873)来说，它是"理解哈耶克同主流经济学分歧之性质和程度的钥匙"。另见Caldwell 2004b。

③ Weimer(1982，263)认为："哈耶克在任何时候都是一个认识论者，特别是在做技术经济学的时候，甚至在他的历史和流行著作中。认识论的主题是知识的理论——知识的性质、获得知识的方式以及知识是如何体现的。"

([1975]2014)。同样被经常注意到的还有这样一个事实：哈耶克在《经济学与知识》中首次明确地讨论了“知识问题”，那是他1936年11月伦敦经济学俱乐部的主席就职演说，后来发表在1937年2月的《经济学刊》[1]。就在他发表主席演说的两个月前的1936年9月，哈耶克在维也纳用德语演讲了同一个题目(*Wirschaftstheorie und Wissen*)。舒茨(Alfred Schütz)参加了那场演说，并在一封信标记为1936年10月15日的信中给哈耶克写了长长的评论[2]。信中还提到哈耶克“惠赠”手稿[3]。舒茨把自己的评论也发给了米塞斯(Ludwig von Mises)、考夫曼(Felix Kaufmann)和马克卢普(Fritz Machlup)[4]，表明他们也可能出席了哈耶克的演讲。哈耶克在维也纳时期认识考夫曼、马克卢普和舒茨，因为他们都曾是私人研讨小组“精神界”(Geistkreis)和米塞斯研讨会的成员。哈耶克是在1924年结束了15个月的纽约游学之后回到奥地利加入该研讨会的[5]。回忆米塞斯研讨会经历时，哈耶克特别提到([1963a]1992，27)“主要是哲学家的考夫曼”和“主要是社会学家的舒茨”给那些讨论带来特色[6]。“精神界”小组和米

---

① 现发表于F.A.Hayek, *The Market and Other Orders*, ed. Bruce Caldwell, Vol. XV of *The Collected Works of F.A.Hayek* (Chicago: University of Chicago Press, 2014), 57—76。

② 参见Schütz，2010。

③ 德文手稿似已丢失。《个人主义与经济秩序》(Hayek,1948)德文版(1952年出版)中的“Wirtschaftstheorie und Wissen”一文系由《经济学刊》的文章翻译而来，未提及德文稿。

④ 参考编者报道的舒茨的评论，见Schütz 2010，91。

⑤ Caldwell 2004a，140f.，150.

⑥ Hayek([1963a]1992，32)：“通过舒茨，我们都熟悉了马克斯·韦伯和胡塞尔的现象学(然而我从未能理解……)。”

塞斯研讨会的另一个成员摩根斯特恩(Oscar Morgenstern)[①]于1934年发表了一篇文章《充分预见和经济平衡》(*Vollkommene Voraussicht und wirtschaftliches Gleichgewicht*)[②],其中讨论了完全知识假定在经济理论中的作用。考德维尔(2014,第3页以下)指出,当时若干经济学家正在争论这个话题。在《经济学与知识》中,哈耶克引用了摩根斯特恩的文章,继续讨论这个话题。[③]

下一节将讨论,《经济学与知识》在《感觉的秩序》与哈耶克后来的研究议程之间所起的联系作用。

5. “经济学与知识”

按照哈耶克自己的评价(1983b，226),“经济学与知识”标志着他学术兴趣发展的“决定性转变”。据他回忆,引起这种转变的是为《集体主义经济计划》一书“编辑了多篇关于社会主义计划的文章

① Hayek(1994,58)回顾“精神界”的参加者:“几乎所有人现在都在美国:明茨(Max Mintz)、沃格林(Erik Vögelin)、舒茨、弗伦里奇(Walter Fröhlich)、考夫曼、还有后来加入的哈伯勒(Gottfried Haberler)、摩根斯特恩、马克卢普与恩格尔－雅诺西(Friedrich Engel–Janosi)。在某种程度上,也是在米塞斯的私人研讨会(Privatseminar)上见过面的同一群人,我相信那是我第一次被允许进入私人研讨会。”关于米塞斯“晚间在他办公室里举办的私人研讨会”, Hayek(同上，69)说:“在20世纪20年代中期……很可能是维也纳最重要的经济学讨论中心。”

② Oskar Morgenstern, “Vollkommene Voraussicht und wirtschaftliches Gleichgewicht,” *Zeitschrift für Nationalökonomie* 6 (1934): 337—357. 英文版“Perfect Foresight and Economic Equilibrium,”载于*Selected Economic* Writings of *Oskar Morgenstern* (New York: New York University Press, 1976), 169—183.

③ Hayek(1937)2014,65.

(同上,79)”[①]。在这项工作中,他变得“对哲学和方法论问题越来越感兴趣”(同上),随即开展这方面的研究,而1936年伦敦经济学院经济学俱乐部的主席就职演说代表了他最初的努力[②]。在1978年的一次访谈中,哈耶克说:

> 它的确是我第一次以新的视角看问题。如果你问我,我会说此前我一直在发展传统观点。而从1937年伦敦经济学俱乐部主席就职讲话《经济学与知识》开始,我找到了自己的思考方式……我在写那篇演讲稿时带着某种猛然醒悟的兴奋感。我意识到我正在以一种新的形式表达一些广为人知的东西。我拿到打印稿的时刻可能是我职业生涯中最兴奋的一刻。(Hayek 1983b,425页以下)[③]

哈耶克写作该讲稿时体验到“某种兴奋感”是有理由的,因为他在那里所发展的论证给“形式化经济分析”提出了一个根本性的挑战(Hayek[1937]2014, 57)。当时,经济学科处于证明自身是“硬

① F.A.Hayek, ed., *Collectivist Economic Planning:Critical Studies on the Possibilities of Socialism* (London:Routledge and Sons, 1935). 其中哈耶克贡献了两篇文章*The Nature and History of the Problem*和*The Present State of the Debate*。现出版于F.A.Hayek, *Socialism and War-Essays, Documents, Reviews*, ed. Bruce Caldwell, vol. 10 of *The Collected Works of F.A.Hayek* (Chicago: University of Chicago Press, 1997), 53—84, 89—116。

② Hayek(1983b, 225f.)曾经回答:“它真正开始于我编的那本关于集体主义经济计划的书。该书的起缘是我发现在欧洲大陆上已知的某些新见解还没有传到英语世界中来。……由于书中含有译文,我不得不在导言和结论中解释欧洲大陆的这种发展,于是很奇怪地被带到政治哲学和经济学方法论误区分析的领域。”

③ 另见Hayek(1965)2014, 49f.:“这使我回到我个人发展历程中所有这些思考的出发点,也解释了为什么尽管我一度是一个非常纯粹和狭隘的经济理论家,却从技术经济学被引向了各种通常被视为哲学式的问题。当我回首往事时,这一切似乎都始于……这篇关于‘经济学与知识’的文章,我在其中研究了在我看来是纯经济理论的一些核心难题。”

科学”的焦虑之中，越来越多的经济学者接受了“形式化经济学”。而在《经济学与知识》的一开头，哈耶克就直言不讳地提出了挑战：

> 实际上，我的主要观点是，形式化的经济分析实质所包含的同义反复(tautologies)可被转化为一些形式命题，仅当我们能在其中填充关于知识是如何获得和传播的定言陈述的意义上，这些命题才能揭示现实世界的因果关系。简而言之，我主张：经济理论中的经验因素——作为既牵涉政策含义也牵涉因果关系的，因而也是导致（至少从原则上）可验证结论的唯一成分——是由一些关于知识获取的命题所组成的。（同上）

哈耶克对“形式化经济分析”的主要反对意见是后者预设了个人是“准全知的”（同上，68)，从而建立在“高度不切实际的……完全知识假设上”（[1961]2014，415)。哈耶克批评，通过从“人的知识对应于客观事实的假定”出发，形式化经济分析“习惯性地忽视了我们必须处理的现象的一个本质成分：人无法避免的知识不完全”[①]([1945a]2014，104)。哈耶克同时拒斥了完全知识假定的孪生兄弟“‘经济人’怪物以及……严格的理性行为假定”（[1946]2010，57）——他称之为“著名的臆造”([1960]2011，120)和“家丑”([1937]2014，68)。

尽管哈耶克在《经济学与知识》中([1937]2014，第60页，脚注）仅顺便提到米塞斯的经济理论先验基础的主张，但他在写作该文时必定意识到这样一个事实：自己正在论证的观点同过去这位老

① Hayek([1963b]2014，437)：“我们必须应对的无知……若假定其不存在，则我们要解决的问题也就不复存在了（正如某些均衡分析所做的那样）。”在其全部工作中，哈耶克强调“人类知识固有的局限性”（[1946]2010，59)是对经济理论的根本挑战。他曾以不同的术语谈及该问题：“人类心智不可避免的不完美”（[1942—1944]2010，105)，“人类无法避免的无知”（[1960]2011，73)，“其知识不可逾越的限度”([1975]2014，372)，以及“我们固有的无知”（1976，8)。

师的核心信条是直接矛盾的。哈耶克曾在回忆中说，他1936年的讲话“试图委婉地劝说米塞斯放弃先验论主张”(1983b，58)[①]。正如哈耶克(1994，64)所说，他在1921年10月大学毕业后第一次见到米塞斯。当时，米塞斯是商会内一个负责解决战前债务的临时政府办公室会计室(Abrechnungsamt)主任。拿着博士导师维塞尔(Friedrich von Wieser)的推荐信，哈耶克联系米塞斯想找一份工作，并如愿以偿。“自从我到那个办公室工作”，哈耶克回忆，“我们很快变得密切起来。在接下来的8年里，米塞斯毫无疑问是对我帮助最大的人，不仅是学术上的启发，还有对我职业生涯的直接帮助”。(同上，68)[②]

如哈耶克强调，尽管“(米塞斯)从来不是我常规意义上的老师”，但他从米塞斯那里“也许比从任何其他人那里学到得更多”(1994，68)。他还谈到米塞斯是“一位我非常钦佩的学者，我从他那里得到很大启发”([1961]2014，384)。然而，哈耶克显然从未接受米塞斯的方法论观点，即经济学乃是一门基于“先验推理”的行为科学(Mises 1990，29)[③]。哈耶克([1961]2014，384)批评米塞斯通过坚持“人类行为的全部理论包括经济学的先验性质”忽视了“这个逻辑基础尚未解释事情实际上是如何发生的。它之于真实事件的解释，就相当于数学之于物理学”。哈耶克隐含地批评米塞斯的先验论有着同形式化均衡分析的完全知识假设相同的弊端，即“阻止

---

① 据Caldwell(2004a，420)引述，哈耶克在1981年的一封信中说：“我1936年演讲的主要意图是向米塞斯温和地解释为什么我不能接受他的先验论。”关于对米塞斯先验论的讨论，见Vanberg 2004a，158ff.。

② Hayek(1994，69)：“我也要感谢米塞斯，他创建了奥地利商业周期研究所，我相信这主要是为了在他没能让我作为科学助理进入商会后为我提供空间。”

③ Hayek([1988]1992，158)：“必须承认，很多时候我自己最初并不觉得他的论点完全有说服力，只是慢慢地才了解到他大部分是对的。……而今天，考虑到他必须领导的那种战斗，我也明白他不得不进行某种夸张，比如经济理论的先验性，对此我当时无法理解。”上文(第41页注①)提到的1981年的信中，哈耶克宣称：“我从来不是一个先验主义者。”(引自Caldwell 2004a，421)

我们问出所有重要的问题”，而这些问题是一门“经验的经济科学”所必须回答的(同上，415)，以及“系统地漏掉了解释的主要任务”([1945a]2014，104)。[①]

以与《经济学与知识》非常相似的术语，哈耶克在1945年的著名论文《知识在社会中的利用》中谈到需要一门经验的经济科学来解释“知识被不断地传播和获得的过程”([1945a]2014，104)。通过提出知识的获得和传播问题，哈耶克表明需要区分“知识问题”的两个方面，或许可以分别称为知识问题的个人维度和社会维度。第一个问题是，个人如何学习在世界上生活所必须的知识；第二个问题是，众多有着局部的，不完全知识的个人如何能有效地协调行动，开展合作。

这两个问题需要沿着两条既相互联系又彼此不同的路径加以研究，而哈耶克对两者都有重要贡献[②]。知识问题的社会方面自然是经济学作为一门社会科学的主题。哈耶克在谈起《经济学与知识》时强调了这个事实：

> 它的主要关注点在于，经济理论需要解释经济活动的社会总秩序是如何实现的——这种秩序运用了大量的知识，然而这些知识并非集中在哪一个人的头脑中，而仅仅以分散的形式储存在成千上万个不同的个人那里。([1965]2014，50)

① Hayek([1961]2014，415)：“在解释事件为什么符合某种模式的任务中，也就是在作为经验科学的经济学中，不该采用完全知识的假设，否则，就等于假设主要问题不存在。……以市场参与者拥有完全知识为出发点的市场均衡理论，在很大程度上通过假设待解释的东西不存在来逃避它应该回答的问题。”

② Birner(1999，60)提出了类似的观点，认为：“1937年的《经济学与知识》可以视为哈耶克研究计划两条分支的连接。”第一条分支是他对“将所有经济行为……还原为纯粹的选择逻辑”的批判，第二条分支是他对价格体系作为“沟通体系”(system of communication)的解释。

因此，哈耶克投入了很大的努力来回答他描述为“经济学作为一门社会科学真正的中心问题，即……很多只拥有片段知识的个人的自发互动如何达成一个事态……该事态似乎只能由某个占有全部个人知识的人通过刻意的指令才能达成”（[1937]2014，72f.）。[①]

由于《感觉的秩序》并不涉及上述问题，它显然不是经济学作为一门社会科学的必备成分。但其重要性在于，它为某种有资格称为经验科学的经济学提供了不可或缺的理论基础。用哈耶克（同上，77）的话说，这种经济学必须从“关于人是如何学习的……经验性的命题”开始，而这些命题“与形式化分析有着根本不同的性质”。[②]当哈耶克说下面这段话时（同上，69），就是在坚持这一点：“但是，我们为了解释社会过程所必须引入的假设或者假说，涉及个人的想法同外部世界的关系，涉及其知识如何以及在何种程度上符合外部事实。这些假说必定表现为关于因果关系的论断以及关于经验如何产生知识的论断。”

既然《感觉的秩序》的主题是个人知识“究竟如何与客观资料取得对应”[③]，哈耶克在《经济学与知识》一文中居然没有一处援引他1920年文稿中的思想是颇令人奇怪的——按照他的说法，那篇文

① Hayek（[1937]2014，72）：“显然，这里有一个知识分工的问题，它与……劳动分工的问题相当类似。”Hayek（[1945a]2014，104）：“然而，实际问题的出现正是因为这些事实从来没有被赋予一个人的头脑，并且因为，在解决问题的过程中，必须使用分散在许多人中的知识。”

② Hayek（[1937]2014，69）：“这里重要的一点是，正是这些……假说或假设——人们确实从经验中学习，以及关于他们如何获得知识——构成了我们关于现实世界中发生的事情的命题的经验性内容。……重点是，这些假说的性质在许多方面与‘纯粹选择逻辑’所依据的更一般的假设相当不同。”

③ Hayek（[1937]2014，63）：“有两种‘数据’——一种是作为观察者的经济学家应该知道的客观事实；另一种是我们试图解释其行为的人主观上所知道的东西。看来毫无问题的是，这两种‘数据’概念实际上大相径庭，应该被仔细区分开来。而且，正如我们将看到的，为什么主观意义上的数据应该与客观数据相对应，这是我们必须回答的主要问题之一。”

稿已经“包含了本书的所有原理”（本书第149页）[①]。同样令人奇怪的是，在强调经验性的“关于人是如何学习的命题”具有不可或缺的作用后，哈耶克（[1937]2014，77）接着说：“我的意思并不是建议立即开辟广泛的经验研究。我非常怀疑此类研究能告诉我们任何新东西。”正如考德维尔指出[②]的，这句话应如何理解令人困惑。其意思可能只是，出于实用性的分工考虑，作为社会科学的经济学聚焦于人类互动产生的社会现象，而把个人行为的经验研究留给心理学。这种解读也许可以从哈耶克（[1943]2014，86）的如下说法中得到支持：“认为社会科学的目的是解释个人行为是一种误解……实际上，社会科学所做之事与此无关。如果有意识行动能被‘解释’，那也是心理学的任务，而不是经济学或……其他任何一门社会科学的任务。”然而，哈耶克就选择的纯逻辑的地位所作的某些评论似乎表明他所反对的仅仅是它在社会领域中的应用，而不是它在个人行为研究中的作用。例如，当哈耶克谈起1937年文章的意图时，好像隐含着上述意思：

> 该文意图说服米塞斯，他关于市场理论是先验的断言是错误的。只有个人行动的逻辑是先验的，但是一旦越过这一点，涉及许多人的互动，你就进入了经验领域。（Hayek 1994，72）[③]

---

① Birner（1999，60）：“另一个场合是哈耶克讲述‘知识是如何获得和传播的’，人们期望他借此机会运用他早期的心理学理论。但令人惊讶的是，他也没有这样做。”

② Caldwell，2013，6f.

③ Hayek（1983b，58）：“我相信同样是在那篇关于经济学和知识的文章中，我指出虽然对个人计划的分析在某种程度上是一个先验的逻辑系统，但在人们了解其他人的做法时，经验性的因素就进入了。”Hayek（[1968a]1992，55f.）：“针对这一点（米塞斯的先验论），笔者……认为，虽然奥地利理论解释个人行动的纯选择逻辑确实是纯粹的演绎，但一旦解释转移到市场的人际活动，关键的过程就是信息如何在个人之间传递，因而是纯粹经验性的（米塞斯从未明确地拒绝这一批评，但不再准备重新构建他当时已经充分发展的体系）。”另见Hayek（[1961]2014，415）对于“当我们从对单一资源分配计划的逻辑分析转向对许多人的行动的解释”这一关键时刻的强调。

此处,哈耶克的态度里似乎有一种张力甚至是矛盾。一方面,他强调需要“关于经验如何产生知识”的经验性假说;而另一方面,他又承认在个人行动的研究中,选择的纯逻辑是有其合法位置的,尽管它“并不解释任何事实”(Hayek [1942—1944] 2010, 103,脚注6)[①]。既然哈耶克主张社会现象的分析必须从关于个人行动的假设开始[②],人们难免疑惑,从“不解释任何事实”的假设出发,如何能达到一种经验性的(实证的?)社会理论[③]?哈耶克论点中这一令人费解的张力或矛盾值得更仔细地研究。它直接关系到那个常被讨论的争议性问题:是不是因为读了波普尔《研究的逻辑》(*Logik der Forschung*)一书,才使哈耶克在1936年的讲座中摆脱了米塞斯的先验论?[④]

6. 波普尔和“选择的纯逻辑”

哈耶克回忆,在对维也纳的一次访问中,哈伯勒向他介绍了卡尔·波普尔的《研究的逻辑》[⑤](科学发现的逻辑)[⑥]。哈耶克和波普尔的第一次会面发生于1935年的伦敦。伦敦大学贝德福德学院的哲

---

① Hayek([1943]2014, 90):“社会科学的理论并不包含以物理术语定义的关于对象行为的经验规则意义上的‘法则’。社会科学理论的所有尝试是为了提供一种推理的技术,帮助我们将各个个别事实联系起来,但它就像逻辑和数学一样,并不是关于事实的。因此,它……不可能通过参考事实来验证或证伪。”

② 正如Hayek([1946]2010,52)关于“真正的个人主义”所说的:“但它的基本论点是……除了通过对针对他人的并受他人预期行为指导的个人行动的理解,别无其他方法来理解社会现象。”

③ Hayek([1961]2014,284):“对产生[经济事务]秩序的因果机制作出这样的说明,显然是一项经验科学的任务,永远不可能用纯逻辑的演绎方法来解决。”

④ 尤见Bruce Caldwell, 1988;1992a;1992b;2004a, 409ff。和Terence Hutchison, 1981,210—219;1992之间的争论。

⑤ Hayek,1994,50; Kreuzer,1983,17f.

⑥《研究的逻辑》(*Die Logik der Forschung*)出版于1934年秋(印有“1935”字样)。英译本于1959年首次出版。

学家斯泰宾读了波普尔《研究的逻辑》的手稿，邀请波普尔来伦敦做讲座，她为双方做了引见[①]。关于这次会面，波普尔(1997,311)说：

> 我与哈耶克的终生友谊开始于1935年9月或10月，我在他位于伦敦经济学院的书房拜访了他……由于是初到伦敦，我还缺乏信心，然而哈耶克非常热情地接待了我。他说，他的朋友哈伯勒告诉他一定要读我一年前在维也纳出版的书。我因此赠了他一本。他保证立刻拜读，并且，如我下周再来，他应能读完。我一周后再次拜访，他果真读完了(除了关于量子力学的一章)——而且读得很仔细。

事实证明，阅读波普尔对哈耶克产生了影响：在前文(本书第40页)援引的《经济学与知识》段落中，哈耶克给“证实”这个术语加了脚注：“或者毋宁说证伪(参考K. R. 波普尔《研究的逻辑》[维也纳，1935]，各章节)。”(Hayek[1937]2014，57)这个引证看起来的确表明，“作为哈耶克学术生涯转折点的《经济学与知识》……受到《逻辑》一书的影响。”[②]然而哈耶克的屡次评论显然表明，他赞同波普尔的论点是由于“所见略同”——即认为该论点是对自己原有方法论观点的佐证——而非“弃暗投明”。哈耶克曾说：

> 我在《科学发现的逻辑》出版前就已经是一个波普尔主义者了。在20世纪20年代，我和波普尔都一直在同两类人辩论——马克思主义者和弗洛伊德主义者——他们都说自己的理论从本质上是不容反驳的。当然，声称一种科学理论没有被驳倒的可能性非常令人恼火。波普尔因此得出一个结论：一

---

① Hacohen 2000, 215, fn. 7;311;317, fn. 93.波普尔(1974a, 85)回忆：“我受……伦敦贝德福德学院斯泰宾教授之邀，于1935年赴伦敦做两场讲座。”

② Colin Simkin, *Popper's Views on Natural and Social Science* (Leiden: Brill, 1993), 2(引自Hacohen 2000,318,注95)。

> 个无法反驳的理论从定义上讲就是不科学的。当波普尔把这种观点详细地表述出来，我衷心赞同他，因为我本来也是这样感觉的。这就是为什么自从他的《研究的逻辑》1934年面世以来，我一直都完全拥护他的一般方法论。(Weimer-Hayek Discussion 1982,323)[①]

人们不免疑惑，哈耶克如何能一边主张“个人计划分析从某种意义上是一个先验的逻辑体系”(1983b,58)，一边又赞成波普尔的观点“经验科学的检验标准就是它能否被反驳”。[②]

有趣的是，在波普尔那里也发现了同样令人费解的混合观点。根据哈科恩(Hacohen, 2000, 365)，波普尔在1937年秋天读过《经济学与知识》并且——尽管看起来很奇怪——转变成了米塞斯类型的人类行为学(praxeological)先验论的拥趸，而这恰恰是哈耶克在文中试图反驳的观点[③]。1963年，波普尔([1963a]1994,154)在哈佛大学经济学系一次关于“社会科学中理论原理的地位”的讲座时说：“我在社会科学方法论方面的观点源于对经济理论的欣赏。大约从25年前开始，我尝试着把理论经济学的方法一般化，来发展这些观

① 在上文引用过的(参见本书第6页注⑦)1983年1月16日致韦默的信中(Hayek papers, box 57, folder 2, HIA)，哈耶克谈到波普尔时说：“当他以令我难以企及的方式阐明我过去已经认识到的假设—演绎方法的概念时，我全盘接受了。”

② 提及和波普尔20世纪20年代在维也纳与马克思主义者和弗洛伊德主义者的共同经历后，Hayek(1983b, 18f.)这样谈论波普尔的书：“这本书在几周前刚刚出版。……我对它非常满意，因为它证实了我通过与波普尔颇为相似的经历而业以形成的某种观点。……那些经历已经使我认识到波普尔的主要系统观点：经验科学的检验标准是它可以被反驳，而任何声称自己是无可辩驳的体系从定义上讲都是不科学的。我不是一个受过训练的哲学家；我没有详细证明这一点。对我来说，认识到这一点就足够了，但当我发现这件事在波普身那里得到明确的论证和证明时，我就接受了波普尔的哲学，因为它说出了我一直以来的感受。”

③ Hacohen(2000, 367)：“波普尔……喜欢哈耶克对选择逻辑的探讨，这很可能引起了他对社会科学模型的第一次反思。”

点。”在脚注里他补充说：“我对哈耶克的说法——经济学乃是‘选择的逻辑’——印象尤深(例如参见F.A.冯·哈耶克《经济学与知识》……),受此启发,我提出‘情境的逻辑’……对我来说,这包括了比如选择的逻辑以及历史问题情境的逻辑”(同上,181,脚注1)。[①]

鉴于波普尔的证伪主义一般方法论,他的“情境逻辑或者情境分析”(Popper 1972,178)同米塞斯的人类行为学先验论如此相似令人吃惊[②],而米塞斯对波普尔的证伪主义则是明确拒绝的[③]。米塞斯说,人类行为学作为“人类选择的一般理论”(Mises 1949, 3)是先验的,因为它“从行动的先验类型出发,展开其中包含的内容”(Mises [1962] 2006, 36)[④]。他明确强调这不是“心理学的一部分”(Mises 1990,21)并且断言：

> 其所有定理都是演绎推理的产物……在人类行为学推理链条中,人类行为学家引入了某些关于行动所在环境的假设。然后,他试图弄清这些特殊条件怎样影响推理必然导致的结果。(Mises 1990,39页以下)

这看起来同波普尔描述的情境分析大体相似：“一种……主要用逻辑性思考……替代心理学解释的方法,”(同上, 178)波普尔

---

① Popper(1974a, 93)：“我在1938年首次在《贫困》(*The Poverty*)中加入的……情境分析法,后来在《开放社会》(*The Open Society*)第14章中进行了更充分的解释。它是由我以前所说的‘零方法’发展而来的,要点是试图概括经济理论的方法(边际效用理论),以便适用于其他社会科学。”

② 关于米塞斯先验论的详细考察,见Vanberg,2004a,158ff.关于波普尔的情境逻辑,见Vanberg,2002,19ff.两种观点的相似性见Vanberg,1975,85—94,109—120。

③ Mises([1962]2006, 63)：“如果人们接受波普尔的……术语——若一个理论或假设在原则上不能被经验驳倒,则它就是‘不科学的’。那么,所有先验的理论包括数学和人类行为学都是‘不科学的’。这只是名词之争。”

④ Mises(1949, 68)：“人类行为学是——从而经济学也是——一个演绎系统。它的力量来自其演绎的起点,来自行动的范畴。”

指出：

> 情境分析的重点是，为了“驱动”它，我们只需假设个人或代理人充分地，或适当地行动——也就是说，根据情境来行动……因此，只有一个“驱动性的”法则，即基于情境行动之原则，显然这一原则几乎是“空”的。在文献中它被称为“理性原则”……它并不是经验性的解释理论，也不是可检验的假说。(Popper[1963a]1994,169)

如果米塞斯的人类行为学先验论和波普尔的情境分析有什么区别，这种区别也无关乎它们共同的主张即社会分析是从无可置疑的前提出发的逻辑演绎[①]，而在于这些无可置疑的前提的具体内容。在下面这段话中，波普尔([1957]1994,141)似乎把客观理性当作情境逻辑的起点：

> [借着]逻辑的或理性的重构方法……我想表达的是：基于所有相关个人的完全理性假设(或许还有完全信息假设)建构模型的方法……该方法的一个例子是……基于经济学方程式所描述的“选择的纯逻辑”预期的建模行为。[②]

相比之下，当米塞斯(1949, 18)坚持“人类行动必定总是理性的”时，他谨慎地强调其说法仅限于主观理性。他说：

> 人类理性并不是绝对可靠的，人在选择和使用手段的时候经常会犯错误，这是事实。不适合其目标的行动会使期望落空。

① Popper([1963a]1994, 171)：“理性原则并不扮演经验或心理学命题的角色，尤其是……它在社会科学中并不接受任何种类的检验。”

② Popper([1963a]1994, 169)：“正如我对‘情境’这个术语的用法，它已经包含了所有相关的目标和所有可用的相关知识，特别是实现这些目标的各种可能的手段。”

尽管它和意图背道而驰，但它仍然是理性的，也就是说，尽管其效果不理想，但它仍是为了达到确定目标所作的一种努力。（同上，20）

关于哈耶克对“选择的纯逻辑”的模棱两可的评论和波普尔对其明确的支持，其中尤其令人不解的是：两人都曾提出关于人类学习和行动的经验的理论。比起“行动的先验类型”或者“几乎为空的理性原则”来说，这两种经验的理论都可能为经验的社会科学提供更加充分的行为基础。对于哈耶克，这个理论当然就是本书中详细展开的人类心智理论[①]，其轮廓早在他1920年的文章中已经勾勒出来，彼时他尚未接触米塞斯及其人类行为学先验论。在《感觉的秩序》成书后，哈耶克对该理论又多有援引[②]。对于波普尔，这个理论则是他的知识增长的演化论，它是对演化认识论奠基性的贡献（译注：Evolutionary epistemology 更常见的译法是“进化认识论”，但考虑到本书其余各章节对于evolution均译为“演化”，如物种演化、文化演化、演化与自发秩序等。为避免术语的混乱，此处采用“演化认

① Hayek（[1942—1944]2010，112f.）在《唯科学主义》中隐含提及了《感觉的秩序》的主题，他说：“重要的是要注意，我们的论点并不是说这样的尝试——即解释我们的心智或大脑如何将物理事实转化为心理实体的原则——是不可能的。一旦我们认识到这是一个分类的过程，我们就没有理由不去学习理解它所依据的原则。……相反，我们的论点是：首先，对于社会科学的任务来说，解释心理实体的形成及其与它们所代表的物理事实的关系是没有必要的，而且这样的解释无助于我们的任务；其次，这样的解释尽管也是可以设想的，但……不可能超过对分类器官是如何工作的‘原理性解释’的限度。”“用物理过程来解释心理过程的问题与社会科学的问题完全不同，它是一个生理心理学问题。但无论它是否得到解决，对于社会科学来说，必须以给定的心理实体作为起点，不管它们的形成是否已经得到了解释。”（同上，113f.）这句话与上面引用的哈耶克关于选择的纯粹逻辑的评论有类似的含糊之处。它的意思可能是，作为一个实用主义的分工问题，社会科学把“解释心理过程”的任务留给了心理学。然而，在把社会科学的解释建立在心理行为基础的意义上，把“心理实体”作为“起点”与把它们建立在一个“纯粹的选择逻辑”上完全不同。由于其模糊性，对哈耶克的说法作这两种解释都是可能的。

② Hayek（1955）2014；（1963b）2014；（1964b）2014；（1965）2014；（1969）2014.

识论”译法)[①]，而哈耶克也是演化认识论研究方向的奠基者之一[②]。在下一节，我们将更详细地考察《感觉的秩序》同波普尔“知识增长的达尔文主义理论”这二者核心观点的相似性。

7.《感觉的秩序》与演化认识论

正如格雷(John Gray 1984，11)所说，“在波普尔的后期观点和哈耶克《感觉的秩序》阐述的观点之间”有着“惊人的相似”。这种相似性不由令人疑惑，为什么——就像哈耶克曾抱怨的——波普尔“从未对《感觉的秩序》的观点表示同情”？[③]显然，格雷所说的波普尔“后期观点”指的是他对演化认识论的贡献。“演化认识论”这个术语的发明者坎贝尔(1974c，450f.)是这样总结其核心信念的：一切知识过程(即导致知识增长的过程)都可以理解为“演化适应的变异和选择性保留过程”。[④]

---

① Campbell(1974c，450)认为波普尔是“自然选择理论的现代创始人和主要倡导者”。

② 在Bartley(1987，20f.)对该领域的调查中，波普尔和哈耶克都是“奠基人”，另外还有D.T.坎贝尔(Donald.T.Campbell)，恩斯特·麦尔(Ernst Mayr)和康拉德·劳伦兹。C.Hermann-Pillath(1992，147)指出：“哈耶克的《感觉的秩序》一书应被视为是发展基于生物学的认识论的最具创意和创新的尝试之一。……尤其是哈耶克为成熟的进化认识论提供了起点，这样的认识论同时分析体现于神经结构发育中的人类认知的系统发育和本体发育。”

③ 书信，Hayek致Weimer，1983年1月16日(参见本书第6页注⑦)。

④ Campbell(同上，413)：“演化——即使在生物方面——也是一个知识过程，而且……这种知识增量的自然选择范式可以推广到其他认识活动，如学习、思考和科学。”在1978年1月4日致坎贝尔的信中(Hayek papers，box 14，folder 2，HIA)，哈耶克写道：“对于一个学者来说，也许没有什么比在另一个领域的科学文献中发现一个与自己多年来的努力并行不悖的演化趋势更让人高兴的了。……当然，我指的是我刚刚注意到的您1975年的主席讲话。……在我看来，现在正是这两股不同的发展潮流……汇合的时候了。就我而言，虽然我当然也涉猎过心理学(《感觉的秩序》)，但我的灵感……主要来自政治传统。”在1978年4月28日回复哈耶克的信中(Hayek papers，box 14，folder 2，HIA)，Campbell说：“1950—1953年，我是芝加哥大学35岁的心理学助理教授。至少有一次，我是您‘四合院俱乐部’(Quadrangle Club)的午餐客人。那时我正在读《感觉的秩序》。”

波普尔的达尔文主义认识论是对其证伪主义方法论的直接推广。根据后者，科学知识的增长是一个猜想与反驳的过程。波普尔把证伪主义由其原来的应用领域延伸为“生命演化是一个试错——淘汰过程的观点”(Popper 1972, 255)。波普尔说：“从变形虫到爱因斯坦，知识的增长遵循着完全相同的模式：我们努力解决难题，并借助淘汰机制，在诸多试探性的解决方案中筛选出较为恰当的方案。”(同上，262)①

波普尔“猜想与反驳”观点的核心是这样一个假设：要想获得知识，首先必须有猜想；所有“习得的知识或学习行为都包含着……对某种既有知识的……修改”(同上，71)。波普尔强调，“纯粹的”观察并不存在：②

> 观察总是以某种特殊兴趣，问题或难题——简言之，某种理论性的东西——为前提的。毕竟，任何问题只要添上“是这样吗？是或否？”都能表述成假说或猜想的形式。因此我们断言，一切观察都是以难题、假说……某种理论性的或猜想性的东西为前提的。这也是为什么观察总是选择性的，总是预设了某种类似于选择原则的东西。③

---

① Popper(1972, 242)：“一切有机体都在不断地……解决问题……。问题的解决总是通过试错的方法进行的；新的反应、新的形式、新的器官、新的行为模式、新的假说，都是暂时性地提出来的，并通过错误消除来控制。”“我们在解决问题时，暂时提出各种相互竞争的理论和假说……并将它们……提交给实证检验，以达到消除错误的目的。”(同上，239f.)“认识论成为……知识增长的理论。它成为解决问题的理论，或者换句话说，成为构建……和批判性地检验竞争性的理论猜想的理论。”(同上，142)。

② Popper([1963b]1994, 86)：“不存在‘纯粹’的观察或者没有理论成分的观察。所有的观察……都是根据这种或那种理论对事实的解释。”

③ Popper(1948a)1972, 342f.：“假说(期望、理论、或别的名称)先于观察，尽管反驳某个假说的观察可能激发一个新的(因此是时间上较晚的)假说。”(同上，346)

按照这种说法，知识的增长是由预期落空的失望推动的，失望“迫使我们校正期望系统”（Popper［1948a］1972，344）。

在《感觉的秩序》中，哈耶克也强调了完全相同的观点——他后来称之为“抽象的首位性”①——“关于世界我们所知的一切都具有理论的性质，而一切‘经验’所能做的，只是去改变这些理论”（《感觉的秩序》，6.37）②。在脚注中③，哈耶克把这个“想法”归功于波普尔。然而，即使如哈耶克所言他也许受到波普尔论点的启发，该“想法”本质上显然是其心智理论——即心智是分类和再分类的工具——的主要成分之一④。哈耶克明确暗示了这一点，例如，他主张感官知觉“总是一种阐释”（《感觉的秩序》，6.36）以及“在一定意义上都是‘抽象物’”（《感觉的秩序》，6.39）。⑤

关于这一观念我们所说的——我们永远无法观察“任何事物不可穷尽的全貌”（the inexhaustible totality of everything）⑥，一切感知

---

① Hayek（［1969］2014，322）：“抽象的形成不应该被视为心智采取的行动，而是发生于头脑中的东西。……这意味着我们生活于其中的感官世界的丰富性——对此心智无法作出详尽分析——并不是心智产生抽象的起点，而是大量抽象形成的产物。心灵必须先有这些抽象然后才能体验到丰富的特殊性。”

② Hayek（［1969］2014，321）：“我所论证的在某种程度上……与卡尔·波普尔的论点有关……即概括能力在前，检验假说在后，根据假说指导行动的有效性对其进行确认或反驳。”

③ “我把这种表达方式归功于我的朋友波普尔，然而，他可能不完全同意我的用法。”（《感觉的秩序》，6.37，第303页注③）

④ 在为纪念卡尔·波普尔的一本书所提供的《复杂现象论》一文中，Hayek（［1964b］2014，248，脚注4）说：“关于所有感知都涉及理论或假设的一般观点，参见拙作《感觉的秩序》。”

⑤ “每一种感知，即使是最‘纯粹’的感知，都必须……被看作根据个人或物种过去的经验对一个事件的解读。”（《感觉的秩序》，8.4）

⑥ Hayek（1942—1944）2010，132：“所有对现实的感知，包括最简单的感觉，都涉及根据某些属性对物体进行分类的问题”（同上，130）。“所有能感知的外部事件，只能是这些事件作为某些类的成员所具有的属性，而这些类是由过去的‘链路’（linkages）形成的。”（《感觉的秩序》，6.37）

都是受理论指导的，与原有预期进行比照的结果——同样适用于另一个观念，即一切知识的增长或学习都是按照后果选择的演化原理进行的。这两种观念都是《感觉的秩序》所概述的理论的组成部分。波普尔说，失望迫使我们纠正期望系统。类似地，哈耶克说："每当由现存分类所产生的预期落空，或者每当所持的信念被新的经验否定"就需要"重新分类"（《感觉的秩序》，8.15）。[①]

同波普尔一样[②]，哈耶克区分了"期望系统"的两个来源，用哈耶克的术语说则是体现于"过去链路"中的"猜想"的两个来源。一方面，它们体现了个体在其学习史中积累的经验；另一方面，体现了物种在演化史中积累的经验[③]。哈耶克认为："决定心理秩序形成的原理可能在个体发育和系统发育过程中都起作用……类似过程既发生于物种的演化也发生于个体的发育。"（《感觉的秩序》，5.3）这些过程都服从后果选择的演化原理，或如哈耶克所说的"源于演化过程中的偶然性，生理能力的限制以及个体和物种满足实用目的的需要"（《感觉的秩序》，6.47）。[④]

哈耶克指出，"向外部世界学习所使用的工具"（《感觉的秩序》，8.1）是个体学习和物种演化的产物这个事实有一个重要的含

① "基于过去链路的分类不一定总是有效的，如不一定能导致成功的预测，失败的经验迫使我们修改分类。"（《感觉的秩序》，8.14）

② Popper（[1948a]1972，347）："从本体上看（也就是说，就个体有机体的发展而言），我们因此倒退到一个新生儿的期望状态。在系统发育上（就种族、门类的进化而言），我们回到了单细胞生物的期望状态。"正如Popper（1972，146）所指出的，体现在我们器官中的"期望"可以被视为"以语言表述的理论的生物学前身。"

③ 参见本书第31页。

④ Hayek（[1969]2014，32）："在我看来，有机体首先发展了新的行动潜力，然后才由经验来选择和确认那些对适应其环境的典型特征有用的潜力。"Hayek（[1942—1944]2010，86，注8）："在我们的中枢神经系统中，刺激的分类可能是高度'实用性'的，因为它……强调那些……在进化过程中被证明对物种生存具有重要意义的关系。"

义。它意味着我们对世界的感知所基于的部分“经验”体现为感觉器官的基因编码信息并因此先于感官知觉。在此哈耶克谈到“前感觉经验”(《感觉的秩序》,8.2)并解释说：

> 因此,在任一时刻我们所知晓的关于外部世界的知识,至少有一部分不是从感觉经验学来的,而是隐含在获得感觉经验的手段中,这就是由前感觉的链路所建立的分类器官的秩序。(《感觉的秩序》,8.10)

可以肯定,哈耶克关于“前感觉经验”的观点受到了康拉德·劳伦兹的影响,哈耶克在《感觉的秩序》引用了后者1942年的文章《可能经验的先天形式》(*Die angeborenen Formen möglicher Erfahrung*)[①]。此处有必要仔细了解一下哈耶克的前感觉经验思想和劳伦兹的论点之间的关系,因为这有助于澄清格雷(1984, 13)所谓的“哈耶克的康德主义”的性质。[②]

1940年,由于“不可思议的命运安排”(Lorenz 1985, 266),劳伦兹被任命为柯尼斯堡大学的讲座教授,该职位曾由伊曼努尔·康德(Immanuel Kant)担任。据劳伦兹回忆,批评者对他作为一名生物学家“担任康德讲席颇有争议”(同上, 272)。为了“反击”批评,他写了《从当代生物学看康德的先验论》(*Kant's Lehre vom Apriorischen im Lichte moderner Biologie*)一文,对康德的先验范畴提出了一种自然主义的、演化的阐释[③]。劳伦兹在文章的导言中说：

---

① 哈耶克参考了劳伦兹“区分心理秩序中哪些部分由遗传构造决定的,哪些部分由后天经验习得”(《感觉的秩序》,5.3)。

② 格雷的一个中心主题是声称“哈耶克的全部工作……都明显是康德路线的”(Gray 1984,5)。

③ Lorenz(1985, 272):“这个对超验唯心主义的大胆甚至是愚蠢的攻击,直到……在我被征召加入德国军队之后才发表。”该文发表于1942年。

> 对于康德来说，空间、时间、因果性等范畴是先验确立的给定物，它们决定了我们一切经验的形式，实际上使经验成为可能。在康德那里，这些推理的基本原则的有效性是绝对的……对演化的巨大创造性深信不疑的生物学家想请教康德……：难道人类的理性与其所有直觉的范畴和形式不都是……像人脑一样有机地演化出来的吗？(Lorenz[1941]1982，121页以下)

劳伦兹指出"自然科学家有责任寻求自然的解释"(同上，122)，并认为：

> 简言之，决定世界上真实事物外观形式的先验之物是某个器官，或者更精确地说是该器官的功能。如果询问先验之物一些问题——就像对待有机事物那样——我们将能更好地理解它……这些问题包括：首先，它是如何保存物种的？其次，它的系谱起源是什么？最后，是什么自然原因使之成为可能？……对于个人经验来说，感知的范畴和形式是先验给定的并且适应于外部世界，其理由正如一匹马出生前马蹄已经适应了草原，或者一条鱼孵出前鱼鳍就已经适应了水。(同上，124页以下)[①]

在一篇自传体文章中，劳伦兹回顾了1941年的论文，并提出问题："假如康德熟悉演化事实的话，他会如何看待先验之物？"(Lorenz 1985，272)[②]。他猜想康德"会毫无异议地采取我们称为演化

① 普洛特金(H.C.Plotkin，1982，6)："劳伦兹的立场表达了一个强有力的概念，即任何适应都包括某种形式的与环境秩序相一致的组织。这种一致性只能通过获得和储存有关环境的信息来实现，包括将这些信息转化为适当的表型特征的程序。"

② Lorenz(1985，270f.)："对于任何一个彻底熟悉演化事实的思想家来说，使我们能够感知外部世界的组织、感官组织以及我们的中枢神经系统的组织……都是在与我们周围的外部现实的互动和适应中发展起来的，这是理所当然的事情。……康德的问题是，如何解释我们先天的思想范畴和思想形式与外部世界的充分契合？基于演化论，答案是很简单的甚至平淡无奇的。"

认识论的观点”(同上)。[①]

劳伦兹的“人类理性的自然主义解释”(Lorenz [1941] 1982, 141)和哈耶克的“前感觉经验”概念在解读康德的先验范畴方面显然是完全一致的。两者都承认——用劳伦兹的话来说——康德“正确地主张我们观念的形式和思维的范畴……并不是通过个体学习的方式获得的”。然而两者都坚持,对个体来说是先天的东西对于物种却是后天的,因而能以自然主义的方式加以解释[②]。关于这一观点对“纯粹经验主义”的重要意义,哈耶克说：

> 同经验主义一样,它也假设我们所有的知识源自经验。但是……这些知识当中有很大一部分源于一种先于有意识感觉和知觉的特殊经验。这种特殊经验首先建立了神经刺激的秩序,据此刺激才获得了有意识的价值或意义。因此,有意识经验预设了某种前意识或前感觉经验所创造的秩序的存在,但该秩序本身无法被有意识经验获知……于是,康德的范畴作为秩

---

① 在提到波普尔和坎贝尔作为进化认识论研究计划的代表时,劳伦兹公正地声称自己“是第一个把它变成文字的人”(1985, 272)。关于劳伦兹对进化认识论的先驱性贡献,更详细的讨论见(Falk 1993)。劳伦兹在1941年的文章中以类似于波普尔的语言认为:“思想和直觉的先天形式……就像任何其他的有机适应一样……对我们来说是‘继承的工作假说’。”([1941] 1982, 133)他指出,“直觉和范畴的分类形式在我们这个物种应对环境的绝对现实时,已经证明了自己是可行的假说”(同上, 128)。劳伦兹和波普尔都曾是卡尔·布勒(Karl Bühler)的学生(《在系统内和关于系统》第39节,本书第442页注①)。他提到曾在维也纳“在布勒的研究所研究心理学”(Lorenz 1985, 266),并指出:“感谢布勒早年的教导使我彻底明白,认识一个物体的结果是观察者内部的一个组织和外部物体之间的互动,这两者都是同样真实的。”(同上, 271)

② 林德曼斯(J.W.Lindemans, 2011, 153)指出,与康德的理解相比,“哈耶克的先验知识是……可错的。因此,与格雷相反,我认为哈耶克的‘一般哲学’不是康德式的。”林德曼斯特别提到了哈耶克的论断,即对个人来说是先验知识的东西不一定“对物理世界正确”(《感觉的秩序》, 8.12)。谢尔(S.Scheall, 2015)将哈耶克的“可错先验概念”与米塞斯的“绝对先验论”进行了对比。

序的原则而复活了。通过我称为前感知经验这种外部世界的影响，有机体的确习得了这些原则。[①]

8. “抽象的首位性”、主观主义和“理解”的方法

哈耶克及其演化心理学同行都主张：人对于外部世界的感知受“工作假说”的指导，这些假说既反映了基因编码的物种演化经验（即哈耶克的前感觉经验），也反映了记忆编码的个体学习经验。上述事实对于解释人类行动有着重要的含义。正如我们不可能观察“任何事物不可穷尽的全貌”，我们也不可能对“全貌”作出反应。正如“工作假说”选择性地指引感官知觉，对生存环境中相关的可能情况所作的猜想指引着我们对外部事件的反应。换言之，“抽象的首位性”主导着我们的感知和行动。

感知中抽象的首位性和行动中抽象的首位性之间的关联把《感觉的秩序》和哈耶克著作的一个中心论题直接挂起钩来，那就是规则在复杂世界中指引人类行动的作用[②]。“感知的规则和行动的规则之间的关系”（Hayek [1962b] 2014, 247）[③]是哈耶克在写作中反复论及的问题（常常参考《感觉的秩序》一书），这一点从下面几段摘引里可见一斑。谈到人作为“一种遵从规则的动物”[④]，哈耶克在《法律、

① 《什么是心智？》，本书第410页。

② 哈耶克25年后回顾，当他在1946年重拾1920年搁置的论文时，出发点是“如下信念……即心理实体的不同属性，无论意识到的还是没意识到的，都可以简化为作为人类行为指导的效果上的差异”（本书第453页）。

③ Hayek（[1967c] 2014, 278）：“术语‘规则’用于描述个人行为的规律性，而除了个人通常按规则行事以外，不考虑他们是否在任何其他意义上‘知道’这种规则。”

④ Hayek（1973b, 11）：“人是一种遵守规则的动物，也是一种追求目的的动物。他之所以成功……是因为其思维和行为受规则的支配，而这些规则是通过选择过程演化而来的。”本着类似的精神，达尔文（1974, 84）在他的笔记本上写道：“动物可以被称为略带一些理性的‘本能的生物’，而人被称为‘理性的生物’，更恰当地说他们应该是‘习惯的生物’。”

立法与自由》中说：

> 抽象性在这里……还将被视为是人所具有的使其在他知之甚少的世界里成功地进行活动的那种能力的基础……我们对那些支配我们行动的规则进行强调，主要的目的就在于揭示出所有思想过程的抽象特性所具有的核心重要地位(1973b，30)。(译注：本段译文转引自哈耶克著、邓正来等译《法律、立法与自由》第一卷，规则与秩序，第34页。北京：中国大百科全书出版社，2001.1)

在《抽象的首位性》中，哈耶克认为：

> 一切感觉经验、知觉、印象、概念等的特定感质属性，都是从它们促成的行动规则中衍生出来的……我想强调的重点在于，有机体的首要特征就是其通过规则支配行动的能力……，以及在这个意义上其行动必定由抽象类型所支配……，还有，我们称之为心灵的东西本质上就是这些共同决定特定行动的规则的体系。([1969]2014，320页以下)

在《理性主义的类型》中，哈耶克写道：

> 我们全部思维都受我们并未意识到的规则的指导(甚或是操纵)……因此，我们自觉的理性总是只能在决定行动的所有情形中考虑其一部分。([1965]2014，45)

在《自由秩序原理》中我们读到：

> 当个别动物以相同的方式对那些只具一些共同特征的境况作出反应时，抽象就发生了。人类……普遍地按这种意义上的抽象规则行事……甚至……他们有意识的思维和行动仍可

能受着大量这类抽象规则（即那些他们虽说遵循但却无力阐述的规则）的指导。（[1960]2011, 217）（译注：本段译文转引自哈耶克著、邓正来译《自由秩序原理》上，第十章，法律、命令与秩序，185页。北京：生活·读书·新知三联书店，1997.12）

如前所述，知识问题是哈耶克主要作品的中心主题。而按照哈耶克的说法，"规则的作用"是该主题一个本质的方面[①]。哈耶克以不同的术语谈及规则，说它是"人对其知识无可救药的局限性"的一种适应（[1968c]1978，72），"对于周遭环境中大多数特定事实处于无知状态"的适应（1973b，30），它是"人类对付其固有的无知的一种工具"（1976，8）以及"由于人的理性不足以掌握复杂现实的所有细节，我们学会了使用这一工具"（[1960]2011，127）[②]。规则之所以能作为行动的向导，因为它们包含了关于外部世界相关可能性的知识，这些知识反映了个体（记忆编码的规则）以及物种（基因编码的规则）的"学习史"[③]。在此意义上，体现于规则中的知识包含了"工作假说"[④]即对环境事件的何种反应方式渴望获得何种效果。正如哈耶克（1973b，18）所言："关于世界的知识，即是在某种情境下人必

---

① 哈耶克对这一主题的重视，还体现在他在1966年组织了一个"关于无意识规则支配有意识行动的研讨会"（Caldwell 2014，24）。

② Hayek（1973b，30）："我们从来没有，也不可能在充分考虑某一特定情况的所有事实的情况下采取行动，而总是只挑出其中的某些方面作为相关因素。"Hayek（1976，20）认为，"规则指导下的行动现象的全部原理"源于"规则的意义在于，它是对决定我们行动效果的大多数特定环境的无法避免的无知的适应"。

③ Hayek（1973b，31）谈到了"已被纳入指导我们的思维模式"的知识。

④ Hayek（[1962b]2014，246f.）："它们［规则］往往会决定或限制有意识地作出选择的可能性范围。通过完全消除某些类型的行动和提供某些实现目标的常规方法，它们只是限制了需要进行有意识选择的备选方案……因此，即使是经过仔细考虑的决定，也会有一部分是由行动者不知道的规则决定的。就像科学规律一样，指导个人行动的规则最好被视为决定了他不会做什么，而不是他要做什么。"

须做什么或不能做什么的知识。”[①]

在《感觉的秩序》中，哈耶克详细解释了心智这一分类器官如何作为“建模器官”来运行(《感觉的秩序》，5.90)并创造“一个重现了外部世界某些关系的内部结构”(《感觉的秩序》，5.85)。该“分类系统”，哈耶克说，“在此意义上可被看作关于外部世界的一种理论”。[②]作为系统发育和个体发育的“学习”成果，这一模型或理论是由后果选择的演化原理所塑造的，其所蕴含的假说“按照其指引行动的有效性进行检验，得到证实或受到反驳”(Hayek [1969] 2014, 321)[③]。尽管该理论或模型本身是后果选择的产物，大脑作为一个“自身内部含有指导其行动的”系统(《感觉的秩序》，5.91)却能在某种意义上前瞻性地运用此演化原理，按照预期后果对各种可能的行动路线进行选择[④]。正如哈耶克([1967c]2014,285)指出：“大脑的独特性在于，它能产生一个表征模型并据此预演各种行动及其后果。”[⑤]在下一节我将更详细地研究这个“大脑的独特性”以及它对解释有意图的或目的性行动的意义。不过，我想先来考察一下哈耶克关于

---

① Hayek([1969]2014, 320)：“这等于说，这种有机体所拥有的关于外部世界的所有‘知识’，都是由刺激物倾向于唤起的行动模式组成的，或者说，特别是就人类的心智而言，我们所说的知识主要是一套行动规则。”

②《在系统内和关于系统》第12节，本书第431页。

③ Hayek([1969]2014, 321)：“在我看来，有机体首先发展了新的行动潜力，然后才由经验来选择和确认那些对其环境的典型特征有适应作用的行动。因此，通过自然选择，将逐渐发展出一套适应环境的标准特征的行动类型。”

④ 哈耶克把上文引用的(第149页)他对社会科学同行对《感觉的秩序》不感兴趣的抱怨，作为脚注附加在《法律、立法和自由》后记的一句关于习得规则的评论中——这些规则包括“对不同种类的对象进行分类”，包括“一种环境模型，使人能够预测并在行动中预计外部事件”(1979,157)。

⑤ “即使在前意识层次，有机体也生活在一个预期的世界，正如它生活在‘事实’(fact)世界中一样。并且，对于一个给定刺激，可能必须利用模型对各种替代行动方案的预期结果进行‘试探’(trying out)，在这个复杂过程之后才能决定作出何种反应。”(《感觉的秩序》,5.61)

心灵是一个“建模器官”的观点同他强调的作为社会科学显著特征的主观主义之间的关系。

哈耶克批评严格的行为主义者的“天真现实主义”（[1941]2010，261)，因为他们忽视了如下事实：个体对外部事件的反应依赖于其“内在结构”（即由心灵分类系统所体现的理论或模型）。哈耶克反对纯粹经验主义的企图即“完全抛弃任何基于主观经验的心理特质的知识，而……仅限于研究身体对物理刺激的反应”（《感觉的秩序》，1.76)，认为这种方法论“作为研究人与社会的方法”来说根本是误导性的[①]。哈耶克认为，“从刺激到反应之间存在一个多次分类的过程”（《感觉的秩序》，2.24)的事实使我们不得不承认“要是没有对‘大脑中介过程’的重构，解释外部行为是毫无希望的”（《感觉的秩序》，2.23)[②]。他谴责倡导严格的行为主义或经验主义的人“总是不可避免地在他们的工作程序上陷入前后矛盾”，因为他们“几乎总是用感觉属性而非物理属性来描述引起行为的外部刺激”（《感觉的秩序》，1.77)[③]。哈耶克指出，这样一种经验主义“即使按照其自身标准，也不够彻底和一贯”（《感觉的秩序》，1.79)，因其“自我设限，只研究人在现象世界中的行为”“把心灵的主要表现当作论据，而不是当作有待解释的东西”（《感觉的秩序》，1.84)。

---

① Hayek([1942—1944]2010，108)：“由于缺乏更好的说法，我们将把这种态度称为研究人类和社会的唯科学主义方法中的‘客观主义’，它最典型地表现为种种摒弃我们对人类心智运行的主观知识的企图中。”

② “这样一个分类系统的特殊性质在于，在一个明确的可定义的意义上，它将不对外部事实作出反应，而是对这些事实的表征作出反应。……所有这一切，当然只是因为，一个外部事件的一些特定效应通过一系列相连链条传递，而且不同事件的一些效应，根据它们的后果通过相同或不同的连接链条，而呈现为相同或不同。”（《在系统内和关于系统》第22节，本书第435页）

③ Hayek([1942—1944]2010，109)：“一个行为主义者或物理学家，为了保持一致，不应该从观察人们对我们的感官显示为类似物体的反应开始；他应该把自己限制在研究对在严格的物理意义上相同的刺激物的反应。”

从区分“现象的”（感觉的，主观的或者行为的）世界和“客观的，物理的，科学的等”的世界(Hayek［1962b］2014，242)的必要性出发，哈耶克得出我们必须区分“社会科学的主观方法和自然科学的客观方法”（［1942—1944］2010，92)[1]。然而，在评论社会科学的“主观性”[2]究竟如何使之有别于自然科学时，哈耶克并不是完全明确的[3]。正如考德维尔(2014，7，脚注15)指出的，这一点“在二次文献中引起了对其观点的不同解读”。哈耶克对“理解”（Verstehen）方法的方法论地位的评论尤其如此[4]。例如，在这个问题上哈耶克究竟持什么观点，从他以下的叙述中并不容易确定：

> 对他人行动意义的感知在科学地解释人际互动中一定有某种作用，对此尚需更加仔细地考虑。在社会科学方法论的讨论中，该问题被称作“理解”（Verstenhen）问题。我们已经看到，对行动意义的理解同对交流（即意图被理解的行动）的理解是同一类型的……个人认识到他人的行动是有意义的整体并根

① Caldwell(2014，6)对这一点解释如下：“哈耶克的关键论点是，社会科学的事实与自然科学的事实不同，因此需要用不同的方法来理解它们。”

② 在提到“主观主义的进步”时，Hayek(［1942—1944］2010，97)指出：“所有涉及人类有意识行动的结果的学科……都必须从人们的想法和意图出发：从构成社会的个人在其行动中受到根据感质和概念系统对事物或事件所作分类的指导这一事实出发。……我们知道，因为我们也是人；而不同的人所拥有的具体知识在重要方面会有所不同。不仅人对外部物体的行动，而且人与人之间的关系以及所有的社会制度都只有通过人对它们的看法才能理解。”

③ Hayek(［1942—1944］2010，94)：“可以毫不夸张地说，在过去的一百年里，经济理论的每一个重要进步都是通过坚持贯彻主观主义而取得的。”哈耶克在一个脚注中补充说，这种发展“路德维希·冯·米塞斯坚持得最为一贯”，将米塞斯的先验主义列为“直接……源于这一中心立场”的“其理论的典型特征”，这听起来几乎是对米塞斯的方法论观点的认可（同上，脚注7）。

④ Hayek(［1942—1944］2010，89)：“我们的程序基于这样的经验：其他人总是……像我们一样对感觉印象进行分类——不止如此，若不利用这种知识，我们就不可能解释或理解人类的行动。”

> 据由此获得的数据进行推理，理论社会科学……则努力重建个人的推理过程。（[1962b]2014，248页以下）

区分下面两件事有助于把当前的问题看得更清楚：一方面，"理解"在人的日常生活中所起的作用；另一方面，它在科学探讨中可能的作用。

哈耶克（[1943]2014，83）提到了"理解"在日常生活中的作用，他指出我们"总是行动于这样的假设之上，即我们能够……推己及人地阐释他人的行动"。[①]然而，尽管在日常生活中"我们一般能基于对他人行为的'理解'成功地行动"（Hayek[1962b]2014，238），这一事实却并不足以说明这种"理解""就社会科学的目的来说"也能成为解释工具[②]。这不仅因为——正如哈耶克（[1942—1944]2010，112）指出的——"尽管相似性通常有某种客观理由，但情况并非一定如此"，而且"当我们从解释与我们自己非常相近的人的行动转向解释生活在极为不同的环境中的人的行动"（[1943]2014，85）时其不一致尤为突出，更重要的是因为，在指导日常行动的"直觉式的理解"和必须以论证方式阐明的，其有效性可以跨主体检验的科学解释之间有着根本的区别[③]。哈耶克（[1964a]1992，148页以下）暗示了这种区别，他说"我们能'理解'人类行动无疑为解释它提供了更多的信息"，但是，我们要区分"对理论基础起改良作用的理解与

① Hayek（[1963b]2014，442）："不可否认的事实是，我们一般都承认其他人的行为是可理解的或有意义的。不仅一切的人际交往、一切交流都依赖这种能力，而且所有这种认识——即认识到他人行动是目的导向的并因此构成社会关系结构的重要环节——都依赖于这种能力。"

② Hayek（[1943]2014，82）在谈到我们把人类行动解释为"有目的的或有意义的，无论在日常生活中还是为了社会科学的目的而这样做"时，似乎是在暗示这一点。

③ Hayek（[1962b]2014，245）："可理解性当然是一个程度问题，而且通常比较相像的人也能更好地理解对方。但是这并不能改变这样的事实：即使是在受限制的情况下……如不同文化背景的人之间的理解……交流和其他行为的可理解性也取决于心理结构的部分相似性。"

有时被着重强调为解释之基础的‘理解’”[①]。

与自然科学不同，社会科学必须在其解释中考虑人类行为的主观成分，这是无可争议的事实。但这并不意味着“作为一门经验科学的经济学”(Hayek［1937］2014，68)无须以可反驳的猜想来表述其解释。那么我们该怎样解读哈耶克(［1942—1944］2010，114)的格言：“在理解人类的时候”自然科学的方法失去了“其存在的理由”？给定哈耶克对波普尔证伪主义方法论的支持[②]，如果说哈耶克持方法论二元主义立场即认为自然科学和社会科学方法论之间有原则的分野无疑是自相矛盾的。以哈耶克更宽广的著述背景而观之，我猜想上述格言应被解读为哈耶克在拒斥一种他称之为“唯科学主义”的方法，而不是在说社会科学的解释可豁免于证伪主义的标准。换言之，我对哈耶克关于“主观主义”公认的模棱两可的推理提出如下解释：就自然科学局限于“物理术语定义的客观事实”而言，社会科学中没有其存在的理由；然而若就满足证伪主义的要求而言，社会科学和自然科学同样需要它。直觉式“理解”在形成可检验的解释性猜想方面可能是一种启发式的工具，但是它绝不能被当作这种猜想的替代物。

---

① 哈耶克似乎与“客观主义者”的唯科学主义以及“理解”作为特殊方法论的主张两者都保持距离。如他说：“一方声称我们的数据不仅是基于观察，而且是基于物理学中的那种观察，即对可以用感觉要素来定义的事件的观察；另一方则声称我们必须诉诸于一种特殊的理解(Verstehen)程序，这种程序有时被说得好像不是观察。在我看来，这两种态度都没有恰如其分地对待真正的问题。”(［1963b］2014，442)

② Popper(［1968］1972，185)：“我反对将理解的方法作为人文科学的特征或作为将其与自然科学区别开来的标志的企图。自然科学的标志。”对于那些可能将他的观点指责为“唯科学主义”的批评者，波普尔在脚注中回答说(同上，注35)：“‘唯科学主义’一词的原意是‘对［自然］科学的方法和语言的盲目模仿’……它是由哈耶克在这个意义上提出的。……我建议用这个词来指模仿被广泛误解为是科学方法的做法。哈耶克现在(在其《哲学、政治学和经济学研究》的序言中……)也同意，自然科学家实际使用的方法与‘他们中的大多数人告诉我们的……并敦促其他学科的代表进行模仿的’并不一样。”

无论如何评判哈耶克关于方法论的明确叙述[①]，最重要的是如下事实：通过作为分类器官的心智概念及其推论，还有对于遵守规则行为的关注，哈耶克以可驳猜想的形式为人类主观行动的主体间解释奠定了理论基础。哈耶克此一解释的核心论点是，“理解”和遵守规则是密切相连的。在哈耶克看来，对他人行动的直觉理解之所以可能，是因为在某种程度上，我们以相同的规则指导我们自己的行为。我们“理解”另一个人的行动，是因为我们能将其纳入规则之中[②]。或者，如哈耶克（[1962b]2014，234）指出的，“我们能识别他人行动为有意义的……必定基于我们自己的行动中亦蕴含高度抽象的规则，尽管我们未意识到其存在，更无法将其明确说出来”。[③]

正如哈耶克所提示的，在日常行动中，我们肯定不需要明确意识到理解他人行动所基于的规则[④]。然而，前已指出，这种直觉式的理解并不能替代可驳猜想式的科学解释。如果理解和遵守规则就像哈耶克所说是互相联系的，可想而知，这种解释必须详细阐明被

① Caldwell(2004b, 252，注8)在提到哈耶克的“主观主义”时指出：“我有时给他的方法贴上‘科学主观主义’的标签；在我看来，哈耶克试图在自然科学中为社会科学中使用意向主义、主观主义的方法找一个基础。”

② 我想，这是对哈耶克论点最合乎情理的解释。Hayek([1942—1944]2010, 94f.)似乎暗示了它的逆命题——即我们能将其他人的行为纳入规则，因为我们能“理解”他们。他说：“除非我们能够理解行为人的行为是什么意思，否则任何解释它们的尝试，即把它们纳入将类似情况与类似行动联系起来的规则之下，就一定会失败。”对这句话的一个可能的解读是，我们的直觉理解可以作为一种启发式的工具来解释它所依据的规则。

③ Hayek([1962b]2014, 249)：“我们认识到行动遵循规则并具有意义的能力，取决于我们自己已经具备了这些规则。因此，这种‘亲知知识’的前提是，我们赖以感知和行动的一些规则与那些我们解释其行动的人的行为所依据的规则是一样的。”

④ Hayek([1968c]1978, 81)：“为了在行动中遵守规则，一个人可能有‘默会知识’(know how)即他知道如何去做——其行动方式或许可以由明确的规则来描述，但是他不一定拥有‘明言知识’(know that)即未必能明确地说出自己遵守的规则。一个人为了认识到别人是否遵循规则，情况同样如此。”

假定为行动基础的规则。要解释行动——而非直觉地理解它——意味着明确地“说出行动者往往并未意识到的支配其行动的规则”（同上，233）。某人A做了X,是因为她面临情境S并遵循如下规则：X在此类情境中是适当的——对于上述猜想,可以从两方面进行主体间的考察。其一般主张是,某人遵循着这样一条规则:在S类情境中将采取行动X;其具体主张是,这个人正面临着S类情境;这两者都是可反驳的。行动的科学解释与直觉理解之间的区别在于,前者以可检验猜想的方式阐明了后者所暗指的规则。在日常行动中,规则推定直觉让我们既能理解他人的行动,又能预测他们在某种情境中将会如何行动。事实上,理解可被解释为一种回溯式的预测,即给定某人所处的情境,我们本可预期她如其所是地行动。在试图对行动提供科学解释时,我们用可驳猜想的方式解释并预测行动,阐明被当作其基础的规则。这就是哈耶克([1968c]1978，81)下面这句话的意思:“一条规则可能在这种意义上有效地支配行动——假如我们知道该规则,就能预测行动者将会如何做,尽管他本人并不能明确地说出该规则。”

9. “目的性行为的因果决定”[①]

哈耶克(1973b，11)说:“人既是遵循规则的动物,也是追求目标的动物。”这句话常被引述,似乎是在区分遵守规则的行动和有目的的行动。于是产生了一个问题:对后一类行动的解释是否要采取某种不同于上一节所讨论的,哈耶克用于解释前一类行动的自然主义方法？毕竟,用过去习得的规则来解释行动的回溯逻辑显然不同于以未来状态为目标来解释行动的前瞻逻辑。基于有意识的目的性行动是目标导向的或者受意图引导的这个无可争议的事实,米塞斯

① 在1957年2月23日给哈伯勒的信中(Hayek papers，box 16，folder 1，HIA),哈耶克说,他为“打算在今年夏天”写的一篇论文选择了这个标题。Caldwell(2004a，301，注17)指出,他一直无法在哈耶克的档案中找到这篇论文。

（[1962]2006，6）断言："自然科学是因果性研究，而人类行动科学是目的论研究。"

本文一开头说过，哈耶克的朋友卡尔·波普尔"从未对《感觉的秩序》的观点表示过任何同情，而是或多或少地——尽管不失礼貌地——拒绝了它"，对此哈耶克深感失望[①]。在这里，在如何解释受意图引导的有目的行动这个问题上，仔细了解一下波普尔关于《感觉的秩序》的保留意见，以及后来他同哈耶克的交流是不无启发的。《感觉的秩序》出版后，哈耶克立即寄送了一本给波普尔。后者在一封1952年12月2日的信中回应道：

> 我不确定将您的理论描述为关于感觉的秩序的因果理论是否恰当。就我个人而言，我认为的确可以这么说。假若如此，那它也是一个概略的关于心灵的因果理论。然而，我自认为可以证明，关于心灵的因果理论是不可能成立的（尽管我不能说对于感觉的秩序也是如此）。更具体而言，我相信我能证明关于人类语言的因果理论的不可能性（尽管我无法证明感知的因果理论的不可能性）。关于这一论点及其对于身心问题的含义，我正在写一篇文章[②]，十日内当能完成。一旦付印，我将寄送一份给您过目。[③]

---

① 参见本书第6页注⑦。

② 哈耶克在《感觉的秩序》一开头就提到这个问题（《感觉的秩序》，1.2）："以前，该问题常在这样一些标题之下探讨：心智（mind）和身体的'关系'，或者心理（mental）事件和物理事件的'关系'，或者'什么是心智？''心智在自然界中的位置是什么？'"

③ Hayek papers，box 44，folder 1，HIA。当波普尔还是他在伦敦经济学院的同事时，以及在他搬到芝加哥后的通信中，哈耶克肯定已把他在《感觉的秩序》中发展的想法告诉了波普尔。关于此事的一个证据可见于波普尔1952年9月10日致哈耶克的信（Hayek papers，box 44，folder 1，HIA）中提到哈耶克关于"身心问题"的工作，波普尔评论道："注意：因此可能有一个《感觉的秩序》的因果理论，但是关于人类思想的因果理论是不可能的。"

波普尔此处提到的文章是发表于1953年的《语言及身心问题》，其首句为:“本文讨论的是关于人类语言的物理主义因果理论的不可能性”(Popper[1953a]1989，293)。基于布勒对语言功能所作的区分[①],波普尔在文章中得出结论:“关于语言的描述功能和论证功能的因果性物理理论是不可能的。”(同上，298)波普尔实际上以此为基础,反对哈耶克关于建立心灵现象的因果理论的设想[②]。哈耶克在1952年12月7日的信中回应了波普尔的批评:

> 非常期待您的文稿,相信它有助于澄清您信中提及的某些论点。由于书信所述十分简略,我对这些观点尚存疑惑。一切端赖于您所说的“因果解释”的含义。不知您是否认为我所讲的“原理性解释”说到底是一种因果解释?如果说,您只是打算证明我们永无可能解释某个特定时刻某些感觉或心理过程等为何发生,我是同意的。但是,如果您打算否定解释物理过程如何被组织成心理现象之类一般秩序的可能性,需要充足的证据才能说服我。

在接下来的1953年1月19日回信中,波普尔重申了他的批评:

> 关于我对您的大作(译注:指《秩序》一书)的评论,批评性的意见已隐含于拙文中了。我认为您对构建心灵的亚语言(=亚[描述性]语言)层次理论作出了非凡的努力。然而我相信生理学的方法尽管极其重要,却并不足以解释语言的描述和论证功能。换言之,不可能有关于理性的因果性的或生理

---

① 波普尔在布勒指导下完成了博士论文。更多细节见下文,《在系统内和关于系统》第39节,本书第442页注①。

② Hayek(1983b,255f.)回顾他在《感觉的秩序》中试图回答的问题:“问题是什么决定了不同感质之间的差异。我试图把它还原为一个因果连接的系统——连接。你可以说,特定的感质……其实是它在一个导致行动的潜在连接系统中的位置。”

学的理论。[1]

然后，哈耶克在1953年2月3日给波普尔的复信中重述了关于“原理性解释”的论点：

> 我刚从图书馆借到布勒的书，尚未来得及看(当然，您早前就让我注意到这本书了，但它的确是一本大部头)。我相信布勒关于语言功能层级的观点是可靠的。但是语言功能的层级特征在多大程度上使解释高级功能成为不可能，取决于我们对于解释的要求。您知道，我也认为自己不可能完全解释高级功能，但是我仍感觉到“原理性的解释”……或许是可能的……总之我想说，尽管您的文章对我更深入思考这些问题帮助巨大，但我并未被真正地说服。或许我应当说，我拿不准您的论断到底是什么。[2]

显然，对于哈耶克来说，波普尔的论点“人类语言的因果理论之不可能性”到底意味着什么是完全不清楚的；尤其不清楚的是，该论点跟他自己的研究到底有什么关系。不过，似乎是出于对朋友意见的尊重，哈耶克努力回应波普尔的挑战。在1952年12月7日致波普尔的信中，哈耶克提到他正在写一篇文章，讨论“‘在系统内’能说什么和‘关于系统’能说什么二者的区别”。[3]显然是由于受到波普尔反对意见的触动，哈耶克在副标题为“关于沟通理论一些问题的

① Hayek papers, box 44, folder 1, HIA.

② Hayek papers, box 44, folder 1, HIA.

③ 紧接着上述段落，哈耶克在其1952年12月7日的信中说：“当然，我对一个特定问题的分析引出了最深刻的哲学问题。几个月来，我一直在琢磨我近来意识到的最普遍的问题，目前我把它描述为：‘在系统内’我们能说什么和‘关于系统’我们能说什么这两者的区别。我相信，这是一个最重要的问题，因为自从我开始清楚地看到它以来，就不断地在各种不同的联系中遇到它。但尽管我已经取得了少许进展，但这是我所处理过的最困难和最难以捉摸的问题之一。”

说明”的文稿中有一节“进一步的讨论计划”，试图考察布勒的语言功能理论。这篇题为《在系统内和关于系统》的文章从未完成，而是作为未发表的文稿保存下来[①]，也依其原本不完整的形式被收录在本书中(第425—449页)。[②]

哈耶克在回顾时说，研究的中断是因为他发现这个题目“困难到令人难以忍受”。[③]这件事也被一些论者如伯纳和费瑟当作证据，证明哈耶克回应波普尔批评的失败。[④]“哈耶克从来没有在任何公开作品中回应波普尔的争论”(Feser 2011，74)，这确是事实。但是我怀疑，哈耶克对波普尔所声称的“语言高级功能”的因果解释之不可能性回应的“失败”同《感觉的秩序》的主要论题有多大关系。正如哈耶克在答复波普尔批评时不失礼貌地指出的，波普尔的论点究竟是什么意思还远未清晰。[⑤]更重要的是，这一批评对于哈耶克的研究计划——提出一个自然主义的解释以说明人类通过何种方式学习世界以便在困难重重的环境中成功地活动——意义就更加不清楚了。不过，对于哈耶克的研究来说有着更加实在和直接关联的是波普尔连同其语言功能论点提出的另一个问题：作为心理状态的意

---

① “进一步的讨论计划”一节出现于此章节末尾，第36节以后，本书第437页以下。

② 根据Caldwell(2004a，301，fn.17)的说法，哈耶克决定将未完成的论文分割成若干部分，用于其他出版物，如“解释的程度”(Hayek[1955]2014)。

③ 书信，Hayek致Weimer，1983年12月29日。Hayek papers，box57，folder2，HIA.

④ Birner(2009，189)：“手稿的突然终止与哈耶克的评论相吻合：他放弃了论文的工作；正如波普尔曾预言的那样，他未能在自己的理论中解释语言的一个或多个高级功能。”另见Feser，2011，74，92ff。

⑤ 事实上，考虑到波普尔通常的方法论观点及其关于我们不可能知道未来知识的论断，他对可能被解释的东西事先设置这种重大的限制显得很奇怪。可以说，Lorenz(1950，223)——他和波普尔一样都是布勒的学生(见本文第57页注①)——对这种“不可能解释”说法的看法与波普尔的方法论范式更加吻合：“对此合理的回答显然是，没有人能知道因果分析在多大程度上成功地解释生命过程。”

图是否能用因果关系的术语来解释？[①]对此哈耶克的《在系统内和关于系统》一文在讨论沟通问题前作了回应[②]——此处仅讨论该问题，而把沟通问题放在一边。

哈耶克拒绝承认波普尔所说的“解释的不可能性”，并在《在系统内和关于系统》一文第24节明确陈述了自己想达到的解释目标。关于心灵对于外在世界的内在表征，他说：

> 用于指导系统行动的环境地图（沿用《感觉的秩序中》的说法）仿佛是一张包含了时间维度的四维地图。上述事实对于因果性地解释“心智”结构的某个普遍性特征——即我们用诸如“意图”“目的”“目标”“需要”“欲望”等术语所描述的特征——至关重要。尽管这些“心理”术语必须用因果系统术语充分地定义后才能使用，但如果我们想证明至少能为“心智”运作提供原理性的解释，那么使用“心理”术语显然是必要的。[③]

哈耶克同波普尔争论的焦点是：诸如意图、目的、目标等心理状态是否像哈耶克所主张的能从原理上用关于物理状态的术语来加以解释，或者——像波普尔所主张的——这种解释从原理上来说就不可能。对于波普尔来说，此等心理过程是作用于物理世界的自主性力量。在1953年1月19日写给哈耶克的信中，波普尔说他自己的文章《语言及身心问题》“是一个互动主义的请求”。[④]然后，在1月26日的信中又补充道：“我不仅确信……［心理状态存在］，而且确

① Popper（［1953a］1989，293）：“在与他人争论时……我们不能不认为他们有意图，而这意味着他们有心理状态。”

② 《在系统内和关于系统》第5节、第24节、第25节、第32—36节；本书第427页、第436页、第439页以下。

③ 参见本书第436页。

④ Hayek papers, box 44, folder 1, HIA.

信它们同物理状态相互作用。”[①]相比之下，对于哈耶克来说，心理状态并不能从物理状态中分离、独立出来，而是必须用物理世界的原理来加以解释。[②]在1953年1月3日给波普尔的信中，哈耶克回应了波普尔关于心理状态同物理状态互动的观点：

> 关于您的“互动主义”，我的困惑之处在于它似乎预设了某种类似于心理“本质”的东西，对此我很难把握其意义……我的确不能理解您所说的“相互作用”的两种实体究竟是什么。我不反对您所说的——由于前者（译注：即心理过程）（从原理上）永远无法用物理术语来描述，因此永不可能把整个世界“仅仅还原”为客观术语所描述的事件。诸如此类的话我的书中亦有很多。但是，承认我们永远无法说明何种特定的物理事件对应于何种特定的心理事件，并不等于说心理事件从整体上不能被设想为物理事件的一种秩序——它确实是一种复杂到我们永不能详加描述的秩序，但是无须诉诸物理世界之外的某种本质或作用。[③]

哈耶克区分了两种解释，以指明他同波普尔的共识和分歧。这就是他所说的“原理性解释”和“详尽解释”之间的区别，对此下一节还会详细讨论。[④]当哈耶克说“我们根本就无法详尽地解释心理过

---

① Hayek papers, box 44, folder 1, HIA。Popper([1953a]1989, 298)：“没有任何理由（除了错误的物理决定论）说明心理状态和物理状态不应该相互影响。……如果对抽象关系的理解影响了我们的行动，我们就会在没有充分物理前因的情况下启动物理因果链。”

② 正如赫尔曼·皮拉斯(C.Herrmann-Pillath, 1992, 148)所观察的：“作为进化论认识论的批判理性主义现在面临着哈耶克的心理神经一元论和波普尔的二元互动论之间的严重冲突。”

③ Hayek papers, box 44, folder 1, HIA.

④《什么是心智？》，本书第422页。

程或将其从物质过程中推衍出来”以及明确承认“我们永远无法把特定的心理过程还原为特定的物质过程”时，他是赞同波普尔的。[①]在此意义上，他认为“出于实用的目的，我们不得不一直采用某种二元论观点”（《感觉的秩序》，8.46）。[②]但是，当他否认“彻底的二元论即认为有两股力量分别支配着物理世界和心理世界”（同上）以及寻求“利用与在物理世界中观察到的同样的操作过程”（《感觉的秩序》，8.40）来解释心理现象时，他是反对波普尔的。[③]

哈耶克说，他的反二元论非但不等于唯物主义，还要“比那些假设有一种独特的心智‘物质’存在的二元论更不像唯物主义”（同上）。与“把心智看成不同于物质的特殊‘物质’”相反，哈耶克所提倡的反二元主义理论把心智设想为“一种在物质之间的关系中显示自身的秩序”。[④]他说：

> 拒绝采用心理物质的观念来解释心理现象的做法和唯物主义是相反的，因为它拒绝把我们所熟知的物质属性赋予心智。我们主张把心智看作一个特殊的事件秩序，它虽不同于物质世界中事件的秩序，但决定心智秩序的力量和统治物质世界的力量是一样的，确实可以说这是独一无二的非唯物主义（心理）理论。（《感觉的秩序》，8.43）

哈耶克把心智定义为“事件的特定秩序”。如前所述（15页以下），这就是“神经纤维的秩序，以及行进在这些纤维中的神经脉冲

---

①《什么是心智？》，本书第424页。

② 布托斯和考普尔（Butos & Koppl，2006，33）将哈耶克的论点解释为“对方法论二元论的明确辩护”。按我的理解这不是哈耶克的本意，虽然他说：“出于实用的目的，将不得不一直采用某种二元论观点。”（《感觉的秩序》，8.46）他明确说：“我的理论是反二元论的。”（《什么是心智？》，本书第421页）

③《什么是心智？》，本书第411页。

④《什么是心智？》，本书第421页。

的秩序”，它们构成了“心理的或者感觉现象的秩序”。当哈耶克将其理论的“结论”总结为“这两种秩序……就是同一个，假设心理秩序另有一套概念是多余的”（《感觉的秩序》，2.11）之时，他可能是想对波普尔的二元论作出直接的回应。另外他还说：

> 感质（以及心理特质）的全部属性就是该感质同其他感质的关系，而心理特质之间关系的总和就是关于心理秩序所能言说的全部东西。这个主张当然符合（或我们应该说追随了）“心智本身就是一个事件秩序”的观念。（《感觉的秩序》，1.105）

正如哈耶克指出，把心智设想为神经事件的秩序意味着明确区分单个神经事件“自身拥有的”物理属性和它们“仅仅由于在相互连接的秩序中所占的位置”（《感觉的秩序》，2.27）而拥有的属性。相对于神经事件的物理属性（即“当它们和其他事件被置于各种测试关系中所表现出来的属性”），它们的“心理属性则是仅当其作为特定结构的一部分所拥有的，很大程度上独立于其物理属性的属性”（《感觉的秩序》，2.29）。[①]

虽然没有明确使用相关术语，但当哈耶克强调神经事件作为关系结构的一部分所拥有的属性时，他实际上援引了信息的类型。前已指出（18页以下），哈耶克关于神经秩序形成的主要论点是：一个“不同脉冲通过链路以形成连接”（《感觉的秩序》，5.17）的系统构成

① “至少可以设想，我们称为心智的这种特定的秩序可能用几种元素（电子的、化学的或其他的元素）中的任何一种来构建。”（《感觉的秩序》，2.29）“各单独事件或对象不同于它们所构成的秩序，这一重要事实，就是讨论很多却进展甚微的“整体大于部分之和”背后的东西。……一个秩序包括元素及元素之间的关系。……当然，构成关系的能力也是元素的性质之一。”（《感觉的秩序》，2.30）

了对于环境中外部事件的内在表征。[①]换言之，由物种和个体的经验所塑造的神经秩序是一个可以指导行为的环境信息的载体。当然，这同上文述及的（本书第60页以下）哈耶克关于支配感知和行动的**规则**所体现出来的知识的观点是一脉相承的。在当前的语境下，神经秩序是一种信息载体这一论点尤其重要，因为它是理解哈耶克对意向性、目的性行动给予因果解释的提议的线索。

我们先来简单了解一下演化生物学家恩斯特·麦尔关于目标导向行为的因果性解释的说法，由于它同哈耶克的论点极为相符，而且有助于更好地理解后者，这样做或许不无启发。[②]正如哈耶克一样，麦尔也被认为是现代演化认识论的奠基者之一。[③]他建议使用“目的性的”（teleonomic）这一术语来描述有目的的，目标导向的行动，以避免“此类行为需要‘目的论的’（teleological）解释而非因果解释”这种说法所引起的众所周知的含混不清。麦尔的核心主张是“目的性的过程或者行为是一种将其目标导向性归因于程序操作的过程或行为”（Mayr 1982b，24）。[④]麦尔从信息理论中借用了“程序”（program）术语，并将其定义为“控制过程（或行为）并引导其朝向给

① “在《感觉的秩序》中业已表明，同时发生的外部事件表征之间形成的连接connections（‘链路’linkages）如何建立起这样一种结构，它能够根据相应的外部事件在环境中产生的效果对外部行动进行分类。”（《在系统内和关于系统》，本书第431页）

② 麦尔建立了哈耶克所呼吁的“生物学理论”——哈耶克曾说：“要想充分解释中枢神经系统行为的高度目的性，需要一个普适的、切中适应性和目的性过程本质的生物学基础理论，然而这样的理论在目前尚不可得。”（《感觉的秩序》，4.5）关于麦尔方法的详细讨论及其同哈耶克的遵循规则的行为理论的密切关系，见（Vanberg2002，15ff.；2004a，176ff.；2004b，11ff.）。

③ 参见本书第51页注②。

④ Mayr（1982b，23）把“生命自然界中的目的性过程”，如捕食者追逐猎物的目标导向行为或有目的的人类行动，与“无生命自然界中的目的性过程”区分开来。无生命的自然界中的目的性过程，如放射性衰变或球从斜坡上滚下，不受程序控制。正如Mayr（1988，45）所指出的：“目标导向过程的发生也许是生命世界的最大特征。”

定目的的编码的或者预制的信息”（同上，27页）[①]，他指出“目的性程序——不动的推动者（原动者）——的存在，是生命世界同无生命世界之间最深刻的区别之一”（同上，35页）。

麦尔的主要思想是：把目标导向的行为看作目的性的，基于程序的行为，为目的性和意向性的因果解释提供了基础，因为“程序(1)是某种物质，(2)在目的性过程启动前就已存在”（同上，27页）。[②]他指出，在我们说起目标导向行为的因果解释时，非常重要的是区分近因(proximate causes)和终因(ultimate causes)，前者是也已存在的程序对于行为的指导作用，后者是产生或塑造这些程序的力量。[③]用麦尔的话（同上，30页）来说：

> 生命系统的效率和表面上的目的性，其终因已经由达尔文在1859年进行了解释。这些系统的适应性是千百万代自然选择的结果……在讨论目的论系统时，必须把近因和终因仔细分

① Mayr(1992，129)：“信息理论家的‘程序’与生物学家的遗传和体质程序之间存在着严格的等价关系。”Mayr(1982b,27f.)：“我对‘程序’的定义是有意选择的，以避免在生物体和人造机器中的看似‘有目的’的行为之间划出界限。……一个程序的起源与该定义无关。它可以是演化的产物，就像所有的遗传程序一样，也可以是一段开放程序所获取的信息，也可以是一个人造的器件。”Mayr(1988，31)：“一个人的目的性行动，只要它是基于其遗传密码的属性，那么它的目的性就像一台被编程为对各种输入作出适当反应的计算机的行动，不会多也不会少。让我这么说吧——它是一种纯粹的机械目的性。”

② Mayr(1982b,27)：“控制生物体过程的程序要么完全存在于基因型的DNA中（‘封闭程序’），要么以这样的方式构成，即它们可以纳入通过学习、条件反射或经验获得的额外信息（‘开放程序’）。……大多数行为，特别是高等动物的行为，是由开放程序控制的。”

③ Mayr(1961，1503)：“最终原因……是有历史的原因，是通过几千代的自然选择而被纳入系统的原因。显然，功能生物学家关注的是对近因的分析，而进化论生物学家则关注最终原因的分析。……近因支配着个体（及其器官）对环境中的直接因素的反应，而终因则对每个个体或每个物种被赋予的特定DNA信息代码的演化负责。”

开……一个执行目的论过程的系统之所以能这么做，乃是因为它的程序决定了它这么做。

尽管哈耶克没有使用“程序”这个术语[①]，他关于“有目的行为的因果决定”的思想与麦尔的说法完全兼容，并可轻易地用后者的语言来表达。[②]麦尔用“程序”这一术语所刻画的观念“控制行为的编码信息”，同样暗含于哈耶克所说的“通过表征各种行为之结果”（《感觉的秩序》，5.68）来指导行为的“地图”，“模型”或“倾向”等概念中。[③]同麦尔一样，哈耶克也认为这些概念所指的编码信息是对有目的的意向性行为进行自然主义因果解释的线索。他说：

指导系统行动的表征结构……或者……环境地图（沿用《感觉的秩序》中的说法）……对于因果性地解释“心智”结构的某个普遍性特征——即我们用诸如“意图”“目的”“目

① 不过值得注意的是，同样被算作进化认识论创始人之一的坎贝尔和劳伦兹在与麦尔相同的意义上使用了这个词。Lorenz（1985，280）谈到了“系统发育程序化行为机制”和“系统发育的编程”（同上，281），指出“事实上，如果……要产生适当的保种行为模式，一切学习都必须以系统发育所提供的程序为基础”（同上，279）。Campbell（1987b，92，注2）在提到他“努力把‘知识问题’纳入行为主义框架，充分承认人作为演化发展生物的地位”时指出：“从这个角度来看，任何为有机体在外部环境中的适应提供存储程序的过程都被列为知识过程，而对这种程序的任何改进都被视为知识的增益。”

② 在对《感觉的秩序》的总结中，Agnito（1975）谈到了哈耶克关于“心智包括神经信息处理”的说法（171），并指出：“那么，最终，信息涉及与‘外面的东西’有关的生理联系。……换句话说，这种功能连接的复杂结构（或链路linkages）可以被视为解释或评价影响有机体的外部事件的程序化倾向。”（165）

③ “意味着……建构可能在环境中发生的一些事件过程的模型，因此，它将不仅是对环境中的实际或当前事件的表征，而且是对该环境中将决定系统反应的、潜在或未来事件的表征”。（《在系统内和关于系统》，第13节和第23节，本书第431页和436页以下）。

> 标”“需要”“欲望”等术语所描述的特征——至关重要。[①]
>
> 有机体适应性和目的性的行为，可以用脉冲模式在神经系统中构建起来的关于环境的“模型”来解释……如果模型可以预演或预测不同行动方案的效果，并且能在各种可能的效果之间预选(pre-select)出那些对于有机体目前来说是“合意的”效果，则有理由认为该模型能指导有机体从各种已经筹划的行动方案中选择特定方案。(《感觉的秩序》,5.68)[②]

和麦尔一样，哈耶克也注意到活的有机体以“程序”或“地图”“模型”[③]等形式储存的编码信息同人造机器储存的编码信息之间的类似，他说：

> 在这样一个能够呈现，试探给定情境的各种可能性的模型的指导之下，能产生各种程度的有目的行为。比如，按这个原理可以制造出……具有目的性行为所有特征的机器。然而，这样的机器同中枢神经系统相比，还是比较原始……尽管出于这些原因这些机器不能称为大脑，但是从目的性角度来看，它们同大脑的差别只是程度上不同而已。(《感觉的秩序》,5.75)[④]

这也意味着——正如哈耶克所指出的——目的性并不要求有意识：

---

① 《在系统内和关于系统》，第24节，本书第436页。

② 作为一种限定，哈耶克指出：“一般来说，存在不止一个可能的期望目标，并且对任何一个目标来说总有多个途径可以实现。所以，目的性行为的决定，包括从各种能够满足初始欲望的行动路线中作出进一步选择的过程。”(《感觉的秩序》,5.70)

③ 关于哈耶克对“地图”“模型”等术语的用法，参见本书第32页以下。

④ 在提到对环境的内在表征时，哈耶克指出：“对于我们的大多数论证来说，甚至连这种结构是形成于系统的经验抑或源于系统的设计者都是无关紧要的。”(《在系统内和关于系统》第13节，本书第431页)

> 讨论目的性行为而不采用表示有意识心理状态的术语，这种困难是众所周知的。然而，目的性行为本身并不需要像人类的有意识经验那样精致的心理秩序，更不需要预设意识本身的存在。一定程度的目的性，可以由某种比建构心理秩序的结构（大脑）简单得多的结构来实现。（《感觉的秩序》，5.76）[①]

哈耶克把认识到“目的性过程”（用麦尔的术语）的因果本质这件事“智力上的困难”归因于这样一个事实：这种过程看起来“包括了一种反向的因果性：效果首先作为被表征的行动链条的目的被表征出来，然后又成为实际执行同样一个行动链条的原因”。[②]然而这种“智力上的困难”应当很容易被克服，如果想想行动未能成功的例子——它们充分说明导致行动的显然不是它产生的实际效果，而是作为驱动力的目的或意图（即行动之前的心理过程）。[③]

在哈耶克的后期出版物中，他更愿意用“倾向”（disposition）而不是“地图”及“模型”等概念来讨论目的性和意图问题。[④]他甚至略有失望地回顾说，他重读《感觉的秩序》时发现“在讨论目的和意向问题时，倾向这个术语仅被使用了几次”，并且说，“现在看来，

---

① 相比之下，Popper（[1982]1994，17）指出：“我的假说是，意识的最初任务是预测解决问题的成功和失败，并向有机体发出信号……它是否处在解决问题的正确方向上。”

② 《在系统内和关于系统》第30节，本书第438页。Lorenz（1950，228）评论过我们对目的性行为的直觉理解和科学解释之间的差异：“认为对行为的目的论式的‘理解’……使我们对其因果关系的洞察力变得多余，这是一种致命的误解。”

③ “一个系统选择一个特定的行动路线（course of action），因为这个路线被表征为产生了系统此刻所倾向于的效果。这个设想意味着该行动路线及其后续效果首先必须以时间顺序表征。”（《在系统内和关于系统》第29节，本书第438页）

④ Hayek（[1969]2014，321）：“在行动领域，我所说的‘抽象的首位性’将仅仅意味着：对一种拥有某些属性的行动的倾向性在前，而具体的行动是由许多这种倾向的叠加所决定的。”

假如我始终用倾向这个术语的话，应能极大简化书中的论述。”[①]然而是否真的如此值得怀疑。毕竟，本质而言，哈耶克用“倾向”这个术语所涵盖的也就是《感觉的秩序》中“地图”和“模型”所表达的那些东西。而哈耶克谈到倾向“作为对环境的典型特征的适应”(Hayek [1969] 2014, 319)，以及把这一概念联系到“所有关于外部世界的‘知识’……都包含在刺激倾向于引发的行动方案中”（同上，320页）这样一个事实，好像也并未使清晰程度增加多少。[②]相较而言，若哈耶克原先使用麦尔所建议的术语的话，倒有可能真正地“简化论述”。

10. 复杂现象和“原理性解释”

在上文所引的1952年12月7日回应波普尔关于“心灵的因果理论不可能为真”的主张的信中，哈耶克指出：“一切端赖于您所说的‘因果解释’的含义。不知您是否认为我所讲的‘原理性解释’说到底是一种因果解释？”在回顾中，哈耶克曾这样说明《感觉的秩序》所要达到的目标：

> 理论上可以重建一种地图——一个刺激怎样引起了其他刺激，接着引起后续刺激……从理论上讲，能用这种方式重建全部心理过程。我说“从理论上”，因为这简直太复杂了，实际是永远也做不到的。这件事让我偶然认识到原理性解释和细节性解释之间的区别……的确不错，这一区别是我在心理学工作中发现然后运用到经济学中的。(1983b, 256)

---

① 参见本书第455页。

② Hayek(1973b, 75)：“规则在这里只是指以某种方式行动或不行动的倾向。……任何这样的规则总是与其他规则或倾向以及特定的冲动结合在一起运作，并经常与之竞争。”

《感觉的秩序》所提出的理论并不是为了“详尽解释任何特定的心理活动”（《感觉的秩序》,1.101),哈耶克对此非常明确。他说：

> 当我们说提供一个“解释”时,这只不过是对现象之发生“原理的解释”……尽管我们可以解释有关运转过程的一般性质,但是运转过程的细节是如此复杂,以致对运行过程的完整描述永远超出人类心智的能力。(《感觉的秩序》,2.18)[1]

由于我们只能对心灵作有限的因果解释,我们也只能对人类行动作出有限的解释。哈耶克强调,当他说“目的性行动的因果决定”的时候,并不是指人能解释或预测特定的行动,而仅仅是断定因果原理在人类行动领域也起作用,对此我们可望获得一般性的理解。在这里,原理性解释和“详尽解释”之间的区别意味着[2],尽管我们可能知道决定人类行动的一般原理,但是“我们永远也不可能解释或预测……为什么心智会引导我们在某些情形下作出某些行动而不是其他行动”。[3]其原因就在于,行动将由“有机体的整个历史”(《感觉的秩序》,5.66)决定,而影响有机体的历史所有特殊情形的复杂程度注定了特定的解释或预测是一种痴心妄想。[4]哈耶克总结说([1964b]2014,272页以下)：

① Hayek([1969]2014, 326):“虽然……将主观体验的心理特质完全还原为物理关系网络中完全确定的位置对我们来说原则上是不可能的,但……我们至少可以得到……一种有限的‘原理性解释’。”另见《在系统内和关于系统》第35节,本书第440页以下。

② Hayek([1961]2014, 376):“这里所说的详尽解释是指这样的表述——借助于这种表述,我们得以从可查明的事实出发,精确地预测特定的事件。只有当我们能够确定(最好还能控制)影响这些事件的所有情况时,这种预测才有可能。”

③《什么是心智?》,本书第421页。

④ Hayek([1969]2014, 269):“正是该理论所提供的洞察力,例如,一个人生活过程中的几乎任何事件都可能对他未来的几乎任何行动产生一些影响,使我们不可能把我们的理论知识转化为对具体事件的预测。”

> 我们也许……能确定人的每一个行动都是其先天身体结构(尤其是神经系统)和自出生以后作用于他的所有外部影响的必然结果……但这并不能改变主要的事实,即尽管我们知道人类心灵的工作原理,却仍然无法完整地说出导致个人在特定时间做出特定事情的所有特定事实。对我们来说,人的个体性仍然是一个独特的、无法解释的现象,我们可能希望借由某些经验性的做法——比如说赞美或责备——朝想要的方向去影响它,但一般来说,我们无法预测或控制其特定行动,因为无法获知塑造它的全部特定事实。[①]

关于社会现象研究可以得到的结论,哈耶克说([1961]2014,377):

> 即便我们从理论上假定每个人的行动由其先天体质、全部过去经历以及当时对环境的知识联合决定,也显然无法知晓任何社会一角所有成员的全部相关事实,因而他们各自的行动在很大程度上仍是无法预测的……不少人认为,由于个人行为不可预测,任何有意义的社会理论是不可能的。我则试图表明,对于相对复杂的社会结构仍有可能得出一些有用的——尽管是有限的——理论概括。

下一节将考察此处隐含的“原理性解释”这一概念在哈耶克经济学和社会理论中所扮演的角色。但在此之前,哈耶克在《感觉的秩序》最后一章“哲学意蕴”中所讨论的两个问题值得简略地谈一谈。第一个问题是,由于心理现象这一主题的复杂性,对它的解释是否有限度？第二个问题是,主张人类行动是“因果决定的”,对“自

① 一个“按本书描述的原理组织起来的系统……由于其本身运行的结果……在同样的情境下它很少重复完全相同的反应。而且由于‘经验’的结果,它能执行全新的行动”(《感觉的秩序》,5.65)。

由意志”观念有何启示？

《感觉的秩序》最后一节“科学与‘自由意志’的划分”指向了后一个问题[①]，然而对于该问题，哈耶克仅在其中一个段落中作了简短的直接讨论。“关于‘自由意志’的古老争论”，他说：

> 即使我们可能知道由物理过程决定所有人类行为的一般原理，也并不意味着可以把一种特定的人类行为归结为一组特定的物理环境的必然结果。对我们而言，人类决策行为总是整体人格的结果。(《感觉的秩序》,8.93)[②]

在后期出版物——尤其是《自由秩序原理》([1960]2011，133页以下)的第5章“责任和自由”中，哈耶克更加直接和详细地探讨了“决定论和自由意志”问题。在那里，他关注的问题是，《感觉的秩序》所论证的假设——即人类行动是因果地决定的——对于一个以个人责任为基本原则的自由社会理想究竟意味着什么。[③]哈耶克反驳了下述预设：采取决定论的观点就是否定意志的自由，因此也就是否定个人能够和应该对其行为负责。其论证值得详细引述：

> 人们在把握自愿行动和责任的意义方面所存在的种种困难，根本不是他们所具有的那种认为人的行动为因果律所决定的信念的必然结果，而是一种智识上的糊涂所导致的结果……

---

① 参见本书第348页。

② Hayek([1962a]1967，232)：“我们当然不能说任何一个人的特定意识行为是我们可以指明的特定环境的必然结果——撇开其全部历史所建立起来的独特个性。”“意识经验完全可以比作云层之上的山峰。尽管能见的部分只有山峰，但它预设了看不见的山体，而正是山体决定了山峰的相对位置。”(《感觉的秩序》，6.21)关于“自由意志”问题，哈耶克在1920年的文章中已经指出：“自由意志的问题依赖于对作为自由意志主体的个人的定义。如果像这里所说的，把个人等同于他自己、他的意识和记忆，问题很容易解决。”(本书第400页)

③ 对哈耶克论点更充分的讨论见Vanberg，2011。

> 我以为，宣称意志是自由的观点，与那种否定意志是自由的观点一样，并无什么意义，因为整个问题本身就是一个虚假的问题，亦即一种语辞之争，而且在这样一种论争中，论辩各方甚至都不知道肯定性的答案抑或是否定性的答案到底有什么意义……由于人们经常指出，责任的观念事实上立基于一种决定论的观点(a determinist view)，所以决定论者别无他途可循，只有通过建构一形上的“自我”(a metaphysical“self”)才能证明人免于责任的承担为正当，因为这种形上的“自我”处于整个因果链之外，从而可以被认为是不受赞扬和谴责的影响的……一个人在任何时候所采取的行动……将由他经由遗传而获得的素质和他积累起来的全部经验共同决定……然而决定论者的立场则主张，那些遗传性素质及过去的经验所累积起来的因素，构成了个人的整个人格，而且除此之外根本不存在所谓性情倾向不受外部影响或物质影响的“自我”或“我”……由于不存在处于因果链之外的独立的“自我”，所以也就存在着我们能够通过奖惩的方法而施以合理影响的“自我”。(Hayek[1960]2011，136页以下)[①](译注：本段译文转引自哈耶克著，邓正来译《自由秩序原理》上，第五章，责任与自由，第85—87页。北京：生活·读书·新知三联书店，1997.12)

哈耶克的主要结论是，作为自由社会的一个基本原则，关于个人责任的信念并不是关于是什么使人们在特定情况下作出他们所做的行为的事实主张，而是一个规范性的原则，一个指导个人行为

① 顺便提一下，可以注意Ludwig von Mises(1949，46)以类似的措辞批评了“自由意志”一词的“形而上学意味”：“个体的人是漫长的动物学演化的产物，演化决定了他的生理遗传。……先天的和继承的生物素质以及生活施之于他的一切造成了他生命旅程中任何瞬间的样子。……他的意志在形而上学意义上是不‘自由’的，而是由其背景、其本人及祖先所受到的所有影响所决定的。”

的社会公约。

> 我们对人课以责任，并不是为了说原本的他便可以采取不同的行动，而是为了使他本人发生变化。……对于有关责任的预期或知识在特定事例中的具体影响，我们可能无从确知，但是我们却坚信，在一般意义上讲，有关某人将被视为具有责任能力的知识，将对他的行动产生影响，并使其趋向于一可欲的方向。就此一意义而言，课以责任并不是对一事实的断定，它毋宁具有了某种惯例的性质，亦即那种旨在使人们遵循某些规则的惯例之性质。[①](Hayek [1960] 2011, 138)(译注：同上，译文转引自邓正来译本，第88—89页)

关于另一个问题即心理现象“解释的限度”问题，哈耶克区分了单纯由复杂度导致的“实际的限度”和“绝对的限度”。他以波浪的形成为例说明仅由实际限制所导致的问题。在此情况下，即使我们可能“完全掌握了水面上波浪形成和传递的机理……也许永远不能预测在特定时间和地点海浪的形状及其运动”(《感觉的秩序》，8.66)。然而，在心理过程领域，哈耶克认为存在着额外的困难：

> 然而，除了这些对解释的实际限制外(实际限制可望不断地被突破)，还存在一个人脑的解释方式永远无法突破的绝对限制。(《感觉的秩序》,8.67)

---

① Hayek([1962a] 1967, 232)：“自由社会一直是对个人责任感有强烈信念的社会。……由于一种奇怪的混乱，人们开始认为，随着我们对一般事件特别是人类行动由某类原因决定方式日益深入的洞察，对个人责任的信念已经被否定。……我们通过赞美和指责利用关于人类行为是如何受影响的一般知识——这样做是为了使人们以合意的方式行事。对责任的信念正是建立在这种有限决定论的基础上……遵守游戏规则的舆论压力是社会为确保体面的行为而开发的主要工具。……如果没有赞美和指责的压力，我们将永远无法建立一个成功的自由社会。这种压力将个人视为应对其行为负责，并承担即使是无辜错误的后果。”

> 对人类来说，要完全解释自身的思维过程似乎是绝不可能的，因为（正如我们希望表明的）这种想法含有……矛盾。（《感觉的秩序》，2.19）

借助于心智是一种“分类器官”的解读，哈耶克指出了原因：

> 任何分类装置都必须比被它分类的对象拥有更复杂的结构；……因此，任何解释主体的解释能力限于解释比它结构更简单的对象。如果这是对的，它意味着任何解释主体都不能解释它自身所属种类的对象（译注：相当于它的同类），或者说，不能解释和它自身复杂程度一样高的对象——因此……人脑永远不能完全解释它自身的运行。（《感觉的秩序》，8.69）

显然，哈耶克认为他关于解释心理现象的绝对限度的论证相当重要。他曾在《唯科学主义》一文中阐述过这个论证。[①]在《感觉的秩序》中，哈耶克又以一定的篇幅对其加以评论，并在其后期出版物中反复提到该论证。[②]然而，完全不清楚的是，对于《感觉的秩序》寻求的解释目标——即试图理解人类为了成功应对所面临的难题如何获取关于世界的知识——该论证有什么现实含义。更加不清楚

---

① Hayek(1942—1944)2010，113.

② 见《在系统内和关于系统》第1节，本书第426页以下。Hayek（[1961]2014，376）：“我碰巧认为，就人类思想是科学研究的对象而言，解释确实有可证明的限度——这种限度可以证明，因为它们是解释的含义的逻辑结果。”在《规则，感知和可理解性》中，Hayek（[1962b]2014）详细讨论了“解释同我们自己一样的复杂心灵的不可能性”（同上，251），并承认他对该主张“并不能给出严格的证明”（同上）。他在《〈感觉的秩序〉25周年回顾》中（本书第457页）又提起这个问题，指出《感觉的秩序》中所给的关于不可能性主张的证明“可能是不充分的”。他提到俄裔德国数学家格奥尔格·康托尔(Georg Cantor，1845—1918)的“集合论”和以奥地利—美国数学家和逻辑学家库尔特·哥德尔(Kurt Gödel，1906—1978)命名的“哥德尔定理”，作为支持其猜想——大脑永远不能充分地解释自身——的间接证据（[1962b]2014，252）。关于哈耶克对哥德尔定理的引证，参见(D.Tuerck，1995，286f.)。

的是，它对于哈耶克的经济和社会理论试图完成的解释性任务有什么现实含义。事实上，当哈耶克在《复杂现象论》中关于“心灵完全解释自身的……绝对不可能性”说下面这番话时，暗示此类现实含义可能并不存在：

> 它在此处并不相关，因为由查明所有相关数据之不可能性所规定的实际限度远低于逻辑限度，以至于后者对于我们事实上能做些什么几乎没有影响。（[1964b]2014，269页以下）

相当明显，哈耶克认为对于研究“诸如心灵及社会这样的现象”来说，更切实际的解释限度是由主题的复杂性设定的（[1963b]2014，429）。

正如上述，在《唯科学主义》一文中，哈耶克区分了“社会科学的主观主义方法和自然科学的客观主义方法”（[1942—1944]2010，92）。借由“主观主义和客观主义”的对比，哈耶克可能（并且已被理解为）在暗示自然科学和社会科学的方法论有着根本区别。通过把注意力转移到复杂问题上，哈耶克得出，区别并不在于科学方法论有什么根本不同，而在于由研究现象的复杂性导致的科学解释的限度之不同。[①]据考德维尔（2014，15；2004b，248页以下）说，哈耶克在读了数学家沃伦·韦弗（Warren Weaver，1948）的《科学和复杂性》一文后开始划分相对简单的科学和关于复杂现象的科学，而不是像他在《唯科学主义》一文中曾做的那样把社会科学同自然

---

① 在他献给卡尔·波普尔的《哲学、政治学和经济学研究》的序言中，哈耶克指出：“读过我早期一些著作的读者可能会注意到，我在讨论我当时称之为‘唯科学主义’的态度时，语气略有变化。原因是卡尔·波普尔爵士让我知道，尽管大多数自然科学家告诉我们他们是如何做研究的，并敦促别的学科的人效仿，然而他们自己并没有真正那样做。因而，两类学科之间的差异已大为减少了。我之所以继续争论，只是因为许多社会科学家仍然试图模仿他们错误地认为是自然科学的方法。”（Hayek 1967d，viii）

科学进行对照。[①]

在首次介绍上述区分的《解释的程度》中，哈耶克把韦弗的文章放在显著的参考位置，指出他自己的所讨论的复杂性问题“就是沃伦·韦弗描述为‘有组织的复杂性’问题”。[②] 韦弗的概念使哈耶克得以进一步明确其早期的对“唯科学主义”的批判，认为其错误在于“物理学模式对社会科学方法论的有害影响”（本书第450页）。哈耶克（[1955]2014，195）说，对经典物理学的信任——由于它“是发展得最充分的实证科学……因此应当成为所有其他学科模仿的榜样”——不应当“使我们忽视……有些‘自然’或‘社会’科学学科可能不同于物理学”。哈耶克指出，物理学的成功归功于这样一个事实：在该领域中“具有显著联系的各种变量的数量足够地少，从而可以把它们当成一个封闭系统来研究，对于该系统的所有决定性因素，我们能加以观察和控制”（同上，195页以下）。然而，对于复杂现象的科学如“生物学和社会科学”来说，情况迥然不同。[③]

哈耶克指出，上面提到的波浪形成的例子说明，物理学在其“应

① Weaver在文章中区分了三种科学处理的问题：简单性问题、无组织的复杂性问题和有组织的复杂性问题。他把1900年以前的物理科学作为“主要关注双变量简单性问题”的典型例子（1948，537）。相比之下，他认为1900年后的物理学，如热力学，处理的是无组织的复杂性问题，在这些问题中，“变量的数量非常大”，“所有单个变量的行为”是未知的，然而，“系统作为一个整体拥有某些有序的……属性”可以用统计方法进行分析（同上，538）。Weaver认为，必须看到“生命科学”（同上，536）的突出特点在于它们关注的是有组织的复杂性问题，“这些问题涉及同时处理为数可观的、相互关联成为一个有机整体的因素”（同上，539）。Weaver指出，“这些问题实在是太复杂了，以十九世纪的旧方法无法处理，尽管这些旧方法在二、三或四变量的简单性问题上取得了巨大的成功。此外，这些新问题也不能用统计方法处理，虽然统计方法在描述无组织的复杂性问题的平均行为时非常有效”（同上，540）。

② Hayek(1955)2014，195，注2。对Weaver的引证亦见于Hayek(1961)2014，378；(1975)2014，365；(1973a)1992，103。

③ Hayek（[1968a]1992，56）指出，“在处理相对简单的现象的学科（如力学）和处理高度复杂的现象的学科之间必然存在着差异。由于前者必然是率先取得辉煌成功的学科，因此被认为是其他学科应该模仿的典范”。另见Hayek(1961)2014，377。

用”分支而不是“纯”理论方面，亦面临着研究复杂现象的学科所面临的主要难题[1]，即“查明决定有关现象之特定表现形式的所有数据”的困难(Hayek［1964b］2014, 263)。[2]在这种情况下，物理学也只能和关于复杂现象的科学一样满足于原理性解释或模式预测。[3]但是，正如哈耶克(同上, 260)强调的，“当我们……转向更加复杂的现象如生命、心灵和社会时”，——或者用韦弗的话来说，当我们从无组织的复杂性转向有组织的复杂性时——这种解释的限制“重要性要大得多”。[4]哈耶克认为，“当我们从无生命现象转到(‘高度组织化的’)有生命和社会现象时”，面对着“越来越高的复杂性”(同上,

---

① 复杂性问题“在我们从物理学的‘纯’理论转向天体物理学或地球物理学的各个分支(地震学、气象学、地质学、海洋学等)等学科时变得越来越突出，后面这些学科有时被称为‘应用科学’”(Hayek［1955］2014,198)。

② 哈耶克此处加了一个脚注，指向《感觉的秩序》8.66—8.86。另见Hayek(1975)2014, 370:“我们在［复杂现象科学］中遇到的困难……不是……关于为解释所观察到的事件而制定理论的困难……而是把理论应用于现实世界的任何特定情况时产生的困难。一个本质上复杂的现象的理论必须涉及大量的特定事实；为了从中得出预测，我们必须确定所有特定事实。”Hayek(［1963b］2014, 438):“海洋潮汐的理论很简单，但应用于某一特定地点的潮汐可能会有无法克服的复杂性。”

③ 哈耶克试图避免对他所说的“原理性解释”进行过于简单的解读，他指出：“当然，这种‘原理性解释’与更详尽的解释仅在一般性程度上有所不同，严格地讲，所有的解释都是原理性解释。然而，保留‘原理性解释’作为较高程度的一般性解释的名称，并与详尽解释相对照，这样更方便一些。”(《感觉的秩序》, 8.59)另见Hayek(1964b, 2014, 258):“一个理论将始终只定义一种(或一类)模式，而预期的模式的具体表现将取决于特定的环境(‘初始和边缘条件’，在本文中，我们将其称为‘数据’)。事实上，我们能够预测多少将取决于我们能够确定多少这些数据。”

④ 在《唯科学主义》中，Hayek(［1942—1944］2010, 106)已指出：“对某一现象产生的原理的解释与使我们能够预测确切结果的解释之间的区别，对于理解社会科学的理论方法具有重要意义。我相信，这个问题在其他学科也会出现，例如在生物学中，当然也在心理学中。”另见Hayek(1973b, 41):“当我们从机械领域转向我们在生活、思想和社会领域遇到的这种‘高度组织化’或本质上复杂的现象时……我们必须处理具有一定程度复杂性的‘成长性’结构，它们之所以具有这种复杂性，只是因为它们是自发秩序的力量的产物。”

261)。[①]

两类现象之间的一个重要区别与统计方法的使用有关——该方法被用来克服数量庞大的个别要素造成的困难。对于无生命自然界中无组织的复杂现象来说，统计方法是可用的，但是，对于有组织的复杂现象来说，它是不可用的。原因在于，在后一种情况下，重要的恰恰是个别要素之间的差异本身，而统计方法却消除了这些差异。正如哈耶克所说。

> 有组织的复杂性在这里意味着，显示出这种复杂性的结构的性质不仅依赖于组成它的个别要素的性质及其发生的相对频率，而且依赖于这些要素互相连接的方式。因此，在解释此类结构如何工作时，我们不能用统计信息代替个别要素的信息。(Hayek[1975]2014，365)
>
> 统计学……通过用出现率信息取代有关个别要素的信息，避开复杂性问题，它故意不考虑一个结构中不同要素的相对位置也会有一定作用这个事实。……因此……它无法解决涉及不同属性的个别要素之间关系的问题。(Hayek[1964b]2014，265)[②]。(译注：本段译文转引自哈耶克著、冯克利译《经济、科学与政治——哈耶克论文演讲集》，下篇，复杂现象论，第504页。

---

① Hayek([1963b]2014，438)：“当然，一个普遍的现象是，从力学到物理学的其他分支，再到无机和有机化学，再到生物学的‘更高度组织化’系统，本质复杂性依次递增。”Hayek([1961]2014，376)：“当我们从相对简单的无生命的自然现象转向日益复杂的生命和社会现象时，我们可能不得不……满足于比物理科学中更为有限的预测内容。”

② Hayek([1961]2014，377)：“一般来说，在社会科学中，(我们)不能求助于……物理科学在无法获得关于一个系统的单个元素的足够信息的情况下所采用的那些技术：即依靠关于特定属性在一类事件中出现的概率或频率的信息。”Hayek([1964b]2014，270)：“我们感兴趣的大多数现象……根本不可能发生，除非……总体模式本身是由不同个体的显著不同的行为决定的，因此，把他们当作统计集体的成员，就无法克服获得相关数据的障碍。”另见Hayek([1963b]，2014，438)。

江苏人民出版社，2003.11）

哈耶克屡次提及“达尔文自然选择演化理论”，作为对有组织复杂性现象仅给出原理性解释的范例。因此，上文提到的演化生物学家麦尔关于生物学和物理学区别的说法值得在此处引述。[①]在关于复杂性和原理性解释的问题上，麦尔的观点同哈耶克可谓相得益彰。如麦尔（1988，34）认为“生物学和物理科学之间的主要区别之一”在于“生物学实体和现象的独特性”。麦尔还说：

> 生物个体的这种独特性意味着，相较于处理无差别的无机实体的群体而言，我们必须以一种非常不同的方式处理生物学实体的群体……如果一个人不理解个体的独特性，他就理解不了自然选择的作用。（Mayr 1982a，46页以下）

麦尔把关于处理独特的生物学实体群体应当采取的方式称为种群思维，他说：

> 对那些接受了种群思维的人来说，种群中个体之间的差异才是自然的真面目，而平均值（“类型”）只不过是一种统计学的抽象……在无生命的自然界中，没有生物种群的对应物，这或许就是为什么数学或物理学背景的哲学家看来很难理解这一概念。从本质主义思维向种群思维转变的能力，使得通过自然

① Hayek（［1964b］2014，266）：“达尔文的自然选择演化论可能是对复杂现象理论的最好说明，虽然它只是描述了一个我们永远无法填补其细节的一般模式，但是却具有很大的价值。……该理论的基本概念极其简单，只有在将其应用于具体环境时，它的非凡丰富性和它可以解释的现象范围才会体现出来。具有这种深远意义的基本命题是：一种具有可传播变异的繁殖机制，以及对那些被证明具有较好生存机会的变异进行竞争性选择的机制，随着时间推移将产生大量适应环境和相互适应的各种结构。”另见Hayek（1955）2014，203；1973b，16，23f.；《在系统内和关于系统》第6节，本书第427页。

选择的演化理论成为可能。(Mayr 1988,15)[1]

如上所述,麦尔(1982b, 35)认为“生命和无生命世界最深刻的不同”在于编码信息在控制生物行为中所起的作用。因此,尽管所有的“有机体内发生的过程——从分子相互作用到大脑的复杂功能”与自然界其他过程一样也遵循物理法则,但是“有机体同无生命物质的不同之处……在于其系统之间的组织,尤其在于其拥有编码信息”(Mayr 1988,2)。生命体的基因程序“包含了所有祖先的‘经验’,”麦尔强调,“使其成为历史现象”(同上,16)。[2]麦尔认为,正是有机体的“历史性”造成了“生命和无生命自然的复杂程度判然有别”(同上,60)。

麦尔关于编码信息重要性的论点支持了哈耶克的下述主张:正是由于研究主题的复杂性不同,使关于“生命、心灵和社会”的科学有别于物理学。同时,它也有助于回答波普尔对哈耶克提出的一个反对意见。在提到哈耶克《唯科学主义》的一个段落时[3],波普尔([1957]1994,139以后)说:

> 毫无疑问,由于其复杂性,对任何具体社会情境的分析是极端困难的。但是对任何具体的物理情境来说同样如此……事实上,有充分的理由相信,不仅社会科学的复杂度低于物理

---

① Mayr(1988, 1):“在过去200年里,对生物系统的研究越深入,就越能看出生命系统与无生命系统的不同。……如果一个物理学家说‘冰浮在水面上’,他的说法对任何一块冰和任何水体都是真实的,其中类的成员通常缺乏个体性,而这正是有机世界的特点。在后者,每个个体都是独一无二的……而每个进化事件亦如此。”

② Mayr(1988, 2):“整个本体发育以及生理过程和生物体的行为都直接或间接地受基因中编码的信息控制。在任何非生物(除了人造的)系统中都没有与基因型相对应的东西,后者在地球上生命存在的数十亿年中选择性地储存了重要信息。”

③ Popper提到Hayek([1942—1944]2010,106)的说法:“我们对……现象产生的原理的了解,使我们能预测任何具体情形的确切结果,这种情况即使有也是很少的。”

> 学，而且具体社会情境的复杂度一般要低于具体的物理情境。因为在大多数——如果不是全部的——社会情境中，都有一种理性的要素。

“具体物理情境”可能会极端地复杂，就像哈耶克举过的某时某地波浪形成的例子——波普尔坚持这一点当然是对的。然而，当波普尔以“理性”暗引其“情境逻辑”模型的时候[①]，社会科学必须处理的额外复杂性被他从定义上默默地排除了。因为，按照麦尔的说法，社会世界中的主体乃是“历史现象”，其行为受编码信息的支配并反映其学习史。以“情境逻辑”来解释社会现象，意味着忽略这样一个事实：由于相关个体的学习史不同，他们在“客观上”相同的情境中将会以不同的方式行事。这还意味着——用麦尔的话来说——把个体作为“类型”看待而不是以种群思维的方式对待。或者按照韦弗的区分标准，波普尔否认社会科学同物理科学在处理现象的复杂度方面的区别，就是把无组织的复杂现象和有组织的复杂现象混为一谈。

如前所述[②]，波普尔认为其“情境逻辑”是试图将“理论经济学的方法一般化”。值得注意的是，紧接着波普尔上述评论中提到的那段话，哈耶克（[1942—1944]2010，106页以下）指出，一般均衡理论就是原理性解释的范例：

> 在社会科学领域，[原理性解释]最好的例证或许是由瓦尔拉斯或帕累托方程组表达的价格的一般理论。这些方程组仅展现了系统内各类商品价格之间的协调原理。然而，若不知道所有常数项的值（我们确实从未掌握过这些值），则我们并不能利用这些方程精确地预测任何特定变化所导致的结果。

---

① 参见本书第48页以下。

② 参见本书第48页。

有些令人惊讶的是，在对一般均衡理论的地位做这番评估时，哈耶克对其行为模型的问题即“驱动”瓦尔拉斯系统的完全知识假设未置一词。毕竟，哈耶克正因这个假设在《经济学和知识》中谈及了“形式化的经济分析实质所包含的同义反复”（[1937]2014，57）。这个假设就如同波普尔情境逻辑的理性假设一样，把个体作为“类型”来对待，从而消除了他们作为“历史现象”的独特性。显然，哈耶克引用瓦尔拉斯系统说明原理性解释和细节性解释的区别①，其目的是让读者注意一个与《经济学和知识》的关注点不同然而互补的问题。哈耶克此处强调的重点是：在处理有组织的复杂性如市场现象时，我们必须区分数学化和数量化。在上面所引段落的脚注中，哈耶克加上了如下评论：

> 帕累托本人清楚地看到了这一点。在说明其方程组中决定价格因素的性质后，他又接着说(Manuel d’économie politique, 2d ed.[1927], p. 233—234)：“此处或许可以提及：此种决定关系的目的绝不在于求得价格的数值解……即使真有人知道所有这些方程，人力所能及的唯一的求解办法，就是直接观察市场给出的真实解。”([1942—1944]2010,107,fn.9)②

在《唯科学主义》的稍后几页，哈耶克以一般性的术语提到这个问题：

> 也许应当强调，在社会科学中使用数学和试图测量社会现象之间并无必然联系……数学对于描述特定种类的复杂结构关系来说也许是必不可少的——在经济学中可能更是如此，但

① 另见Hayek(1973a)1992，103。

② 另见Hayek(1963b)2014，441；(1964b)2014，270f.；(1975)2014，366；Weimer-Hayek Discussion(1982，326f.)。

是对于具体数值的大小，我们可能永远没有机会知道。（同上，114，脚注10）

关于“数学对经济学的主要价值”，哈耶克后来针对“一个普遍存在的误解”说过：

其价值（译注：数学的主要价值）不在于把经济学数量化，而是相反——它能让我们仅对抽象模式作精确描述，而无视量的方面，即不用去管它们所表现出来的特定量值。（[1963b]2014，441）[①]

因此，哈耶克（[1975]2014， 371）认为，科学成功的标志并不是数量化，经济学家必须接受这样的事实：由于他们处理的是“有组织的复杂性支配的现象”，他们的“预测能力将局限于……所预期事件的一般特征”。哈耶克强调，因为排除了某些逻辑上可能的结果[②]，这种模式预测满足波普尔的可证伪性标准[③]，但是由于其实证内容

① 另见Hayek（1961）2014，379。

② Hayek（[1942—1944]2010， 106）：“虽然我们可以解释某些现象产生的原理，并且可以从这种知识中排除某些结果的可能性——如某些事件同时发生的可能性——但在某种意义上，我们的知识将只是消极的。”

③ Hayek（[1975]2014， 371）：“通常情况下，我们所能预测的将是将出现的模式的一些抽象特征。……然而，正如我急于重复的那样，我们仍可以得到可以被证伪的预测，因此这些预测是有经验价值的。” Hayek（[1964b]2014， 263）：“预测某种模式会在确定的情况下出现，这是一个可证伪的（因而也是经验性的）陈述。”

较少，相应地，其可证伪性也必然较为有限。[①]

哈耶克的结论是，经济学家必须承认其学科的复杂性要求他们“有意识地培养原理性解释的技巧”（[1955]2014，212）。哈耶克说，相对于详尽无遗的解释来说，原理性解释的威力当然较为逊色，但是“在某种意义上它更加强大，因为就其适用领域而言，其他的方法暂时甚或永久根本不能适用”（同上）。哈耶克认为，不得不满足于原理性的解释是经济学和其他处理复杂现象的科学的共同命运——甚至可能成为物理学的命运，虽然“后者至少在初期可以从简单现象入手”（同上，211）。

> 即便是物理学，一旦它处理的对象不止于可视为封闭系统的相互关联的少数事件时……就不得不更多地面对在生物学或社会科学中所熟知的那些困难。这意味着物理学由于其学科性质，可能只不过在较晚阶段遇到其他学科较早遇到的类似障碍。（同上）[②]

---

① Hayek（[1964b]2014，264）：“当然，用波普尔的话说，这样的理论将是一种经验内容较少的理论，因为它使我们只能预测或解释某种情况的某些一般特征，而这些特征可能与许多特定的情况都相符……因而证伪它的可能性很小。但是，由于在许多领域，我们暂时（或也许永远）只能取得这样的理论知识，它还是会扩大科学知识的可能进步的范围。”正如Hayek（[1955]2014，210）所认为的，有限的可证伪性有一个重要的含义：“因为这种理论很难被推翻，所以对竞争性理论的优胜劣汰将是缓慢的，并与持论者的论证技巧和说服力大有关系。不可能有判决性的实验，却可能发生严重的滥用：可能出现虚夸的、过于复杂的理论，对此并没有简单的检验方法，只有具备同等能力的内行凭借良好的感觉才能加以反驳。”

② Hayek（[1964b]2014，264）：“因此，科学的进步将不得不在两个不同的方向上进行：虽然使我们的理论尽可能地具备可证伪性是可取的，但我们也必须向那些可证伪程度注定较低的领域推进，这是为进入复杂现象领域所必须付出的代价。”

11. “系统内的系统”

正如前一节所述，哈耶克的观点表明，“组织复杂性”和“原理性解释”这对孪生概念构成了哈耶克心智理论和社会理论——尤其是其市场观——之间的系统联系。①不少论者注意到②，就一般方法论以及实质性假说而言，两种理论有着明显的相似性；与此同时，哈耶克对知识问题的关注则是理解“其认知心理学和一般市场论之连续性”的钥匙。③实际上，哈耶克曾明确强调其心理学和社会理论之间的这种关联：

> 两者都涉及复杂现象，都需要某种方法利用广为分散的知识。要点在于每一成员（神经元，买方或卖方）都被诱导着去做

① Hayek（[1964b]2014, 269）：“现在应该不难认识到心灵和社会现象的理论解释的类似限制。在我看来，迄今为止，这些领域的理论工作所取得的主要成果之一就是：个别事件经常取决于许多具体的情况，以至于我们事实上永远无法确定其全部；因此……预测和控制在很大程度上仍可望而不可即。”

② B.Smith, 1997, 23：“哈耶克表明……联结主义范式背后的中心思想不仅适用于心理学和神经学，也适用于经济学领域。因为从《感觉的秩序》的视角来看，心灵原来是一个动态的、关系性的事件，在许多方面类似于市场过程。”布托斯和麦克奎德（T.J.McQuade）（2002,114）阐述了“他对认知和市场理论的解释模式的基本相似性”。Caldwell(2004a, 296)指出哈耶克的基于规则的秩序概念“同市场秩序的形成和心理秩序的形成都有类似之处”。

③ Butos and McQuade 2002, 114. Weimer(1982, 254f.)：“因此，‘我们思考的东西’——即知识——是哈耶克作品的关键；从复杂现象的知识分工中产生的显著的知识经济，是其经济分析和心理学的核心。”

从总体上看对系统有利的事情。[①]

不过,哈耶克告诫不要把大脑和市场的类比使用过度。尽管大脑本身是一个多中心秩序(polycentric order),却是有机体的“指挥中心”,为有机体提供“借助模型预先试探各种备选行动组合并从中选取最佳方案的可能性”(Hayek [1967c] 2014, 285)。[②]相比之下,市场中既无这样的“指挥中心”,运作的方式也绝不类此,市场是一个独立自足的自发秩序。[③]

由于哈耶克关于复杂现象研究的方法论观点,以及他以心灵和社会为自发秩序的理论贡献,他完全有资格被认作——也已经被认作[④]——近人所熟知的“复杂适应系统”领域的先驱。[⑤]相当重要的

① Weimer–Hayek Discussion 1982,325. 在提到《感觉的秩序》时,神经科学家Fuster(2011, 9)以类似的态度谈到了人脑和市场的自发秩序之间的类比:“我们大脑中的所有记忆和知识构成了一个庞大的关系编码和沟通系统。最重要的是……知识在大脑皮层中的分散和分布,就像知识在市场上分散和分布于个人当中一样。……因此,目前的认知神经科学不仅证实了哈耶克关于大脑/心智关系的假说,而且将一些同样的操作原理——他和其他自由派经济学家告诉我们的在像人脑一样复杂的经济系统中支配个人行为的操作原理——逐渐纳入大脑皮层……在这两者中,都不需要‘中央指令者’。”“最后,我们的大脑皮层服务于我们个人目标的知识比我们意识到的更多。……直觉知识既有益于自己亦可服务于他人,就此而言,在我们的大脑中也完全有可能存在着一只‘看不见的手’,它支撑着亚当·斯密为整个社会提出的那只更大的手。”(同上,10)

② Hayek([1967c]2014, 285):“大脑指挥的结构或许有一套可能的行动模式……但如果不在模型上先做试验就采取这种行动,等到发现有害影响的时候可能为时已晚,并可能导致毁灭。”

③ Hayek([1967c]2014, 286):“尽管大脑的组织原则可能与社会的组织原则相似,但社会不是一个大脑,也不能被表述为一种超级大脑,因为……形成秩序的任务并没有被交给一个运行模型的局部。”

④ Vaughn 1999. 根据Horwitz(2010, 384)的说法:“‘复杂的适应性系统’是对哈耶克思想正确的总体隐喻。”

⑤ 关于《感觉的秩序》对“社会秩序的适应性系统理论”的启迪作用,参见McQuade 2006以及McQuade and Butos 2009富有洞见的讨论。

是，该领域的主要贡献者之一约翰·H. 霍兰(John H. Holland)承认赫布的《行为的组织》是一个主要的灵感来源。[①]哈耶克在《感觉的秩序》序言中曾专门提及这本书，认为它所包含的“一套感觉理论”与他本人的“颇多相似”。[②]可能由于这个原因，霍兰《隐秩序》(1995)的一位评论者说霍兰和哈耶克的方法“完美互补”[③]，尽管前者显然并不了解后者在该领域早得多的工作。在这里，只要简单地看一下霍兰的理论观点，就足以证明它与本导论中所介绍的哈耶克方法的核心信条多么接近。[④]

霍兰(1992, 18)把“复杂适应系统”(CAS)定义为这样的系统——“改变和重组它们的组成部分以使自身适用于环境所提出的问题”，中枢神经系统和市场是两个典型的例子。此类系统包含众多相互作用的“多样化而非标准化的，其行为和结构都会随着互动而改变的自适应主体”(Holland 2012, 58)。根据霍兰的说法，这

---

① Holland(1998，19)：“就我而言，我受到了关于赫布1949年的学习行为的神经心理学理论的一次讲座的启发……赫布的目标是建立一个基于中枢神经系统中的神经元相互作用的行为理论。”

② 参见本书第156页以下。另参见本书第28页注②。

③ 米勒(Miller, 1996, 59)：“霍兰将这一正在形成中的学科称为‘复杂适应性系统’的研究，简称CAS。与经济学家哈耶克和赫伯特·西蒙(Herbert Simon)一样，他是该领域最早的贡献者之一，也是最好的贡献者之一。尽管霍兰在不了解哈耶克的工作的情况下发展了自己的观点，但二者之间有奇妙的互补性。……哈耶克和霍兰在他们所探索的领域中殊途而同归。哈耶克同样呼吁建立一门新的学科来研究CAS，他称之为‘自发秩序’。……霍兰正在对具有自发秩序的演化学习系统的性质进行跨学科研究，这一研究计划是哈耶克早先提议的。”

④ 关于霍兰的理论及其与哈耶克的方法的关系，见Vanberg 2002, 12ff.；2012, 522ff.更详细的说明。

些主体的行为“取决于一整套规则”[①]，以“刺激—反应规则”为典型代表。“如果刺激s发生，那么作出反应r。例如，如果市场下跌，那么卖出”(1995，7)。[②]霍兰把他的理论观点描述为“演化式学习”(1996，282)，认为行为指导规则可被“视为正在被验证的假说”（同上，53)，并且“随着经验积累”而进行调适(同上，10)。[③]它们为主体提供了“内在模型”，令其能够“预期某些反应的后果”(1992，20)。[④]霍兰进一步强调，由于“许多规则可以同时激活，基于规则的分布式系统可以处理常新”（同上，22)。（译注：perpetual novelty，如按照简单的象棋规则能弈出几乎无穷多的新棋局）

尽管哈耶克从未使用过“复杂适应系统”这个术语，也未制订出一个可与霍兰项目相媲美的总体研究计划，但他在《感觉的秩序》中提出的心理学观点以及关于“自发秩序和演化这对孪生观念”的

---

① 当Holland(2012，63)将适应性的、基于规则的行为主体描述为“分类器系统”时，我想到了哈耶克关于大脑是一个分类器官的观点。霍兰说：“分类器系统……提供了一类正式定义的、基于规则的信号提供系统，对定义主体很有用。系统中的各个规则，称为分类器，其形式是IF(一组所需的信号存在)THEN(根据这些信号发送一个外发信号)。”

② Holland(1995，49)：“一个特定的行为主体是通过设定规则群来描述的……规则群产生行为。如此定义的规则就像计算机中的指令一样，规则群作为一个程序，决定了主体的行为。”

③ Holland(2012，20)强调说，由于经验塑造了决定主体行为的规则集合，“历史和背景发挥了关键作用”。

④ Holland(2012，60)：“显然，预期不需要意识，尽管它通常是在意识的背景下讨论的。……一般来说，只要一个行为主体有意识或无意识地拥有了关于环境的内部模型，就会出现预期。在CAS中，环境包括其他行为主体，所以内部模型通常包括其他主体的模型。”正如Holland(1992，24)所指出的，“使用内部模型来预期未来”是“将复杂适应性系统与其他类型的复杂系统区分开来的属性”。

社会理论思想仍对该项目作出了重大贡献——下面我想谈谈后者。[①] 如果说哈耶克曾经有过创建复杂适应系统一般理论的想法，那么看起来最有可能代表这种努力的就是《在系统内和关于系统》这篇文章，尽管（如前所述）该文没能完成。不过，哈耶克虽然放弃了这项特定的努力，但他自20世纪50年代后期开始的社会理论工作证明，他并未放弃对相关问题的探索：

> 这里即将考察的因果系统(causal systems)是下面这种特定类型的系统——它们能对施加于其上的外部行动进行“分类”，并能对属于同类（或者类的类，等等）的任一外部事件从当时系统倾向于作出的反应类型中选取“适当”的反应。（《在系统内和关于系统》第9节，本书第430页）

哈耶克这篇未完成论文的目标似乎是把《感觉的秩序》中所提出的“大脑是一个较大系统之内的系统”的观点作为解释方案加以一般化。[②] 相比《在系统内和关于系统》文章本身，哈耶克在回顾中把这篇文章的意图说得更加直白：“努力阐发‘系统内系统’这一关键概念。”（本书第454页）在本导论的余下部分我将证明，围绕着“演化和自发秩序这对孪生概念”的哈耶克社会理论，可以被理解为“系统内系统”这个普遍解释方案的应用。

上文指出（本书第24页），哈耶克《感觉的秩序》所处理的“中

---

① Fuster(2011, 10)在评估哈耶克的工作时指出：“因此，感知和行动之间的大脑动力学不只是市场动力学的隐喻，不仅因为前者是后者的基础，而且因为两者都是为适应性平衡的持续调节服务的，这种调节是生物界以及人类社会中所有开放的适应性系统的动态特征。反馈和自我纠正是适应性系统的基本成分。”

② Hayek([1955]2014, 212)在《解释的程度》(《在系统内和关于系统》一文的副产品之一，见上文第71页注②)中提到复杂现象科学所面临的问题时指出：“特别是……——为了讨论一个事件系统，我们必须同时在该系统内移动——在这样的领域中我们所能知道的可能有明确的限制。这些限制只能通过研究在一个特定系统内可以说的东西和关于该系统可以说的东西之间存在的关系类型来确定。”

心问题”是解释大脑中的“微观宇宙”同外部世界“宏观宇宙”的关系(《感觉的秩序》,1.10)。关于这个问题,哈耶克说:

> 我们的任务是回答,在何种意义上下述情况是可能的:在宏观宇宙的某些局部形成一个特定的微观宇宙,而这个微观宇宙再现了宏观宇宙的某些方面,由此使包含该微观宇宙的子结构(**译注:即有机体**),能够以某种有利于其自身持续生存的方式行动。(《感觉的秩序》,5.78)①

25年后回顾该主题,哈耶克评论道:

> 我早期的结论是……心理事件是物理世界某个子系统内物理事件的一种特殊秩序,它在我们称为有机体的那个较大子系统(心理事件是它的一部分)和整体系统之间建立了关系,使前者得以生存。(本书第452页)②

显然,在完成《感觉的秩序》后,哈耶克开始思考将其思想加以推广:某系统属于较大系统的一部分而适应该较大系统。考德维尔(2004a, 298)报道了一个迹象,哈耶克在1952年秋组织了一个题为“科学方法和社会研究”的研讨会,其材料包括“一张罗列了不同‘组织层次’现象的图表(基因,细胞,个体,杂交种群,社会,生物群)。”很明显,关于如何概念化各层组织的关系,哈耶克的一个灵感来源

① 埃本斯坦(Ebenstein, 2001, 244)报告说,哈耶克“在《感觉的秩序》的副本中写道,这卷书是对‘有序宇宙的一部分如何使其行动适应整体的有序性这一问题的贡献’”。

② Hayek([1960]2011, 74):“其心智本身就是一个由于努力适应环境而不断变化的系统。”

是贝塔朗菲。[①]在《在系统内和关于系统》一文中，哈耶克参考了贝塔朗菲的《一般系统论》，指出他大致遵循后者的定义来使用“系统”一词，即“因果相连的物理部件构成的连贯结构”（本书，429页以下）。有意思的是，贝塔朗菲明确援引韦弗对于无组织复杂性和组织复杂性的区分来支持自己的理论[②]，而正是这一区分促使哈耶克强调，关于简单现象的科学有别于关于复杂现象的科学。[③]

贝塔朗菲和哈耶克都出席了1968年在阿尔卑巴赫的专题讨论会“超越还原主义：生命科学的新视角”。[④]会议组织者亚瑟·科斯特勒(Arthur Koestler)[⑤]关于贝塔朗菲系统视角的评论，对哈耶克“系统内系统”的思想也很合适：

---

① 关于贝塔朗菲对他自己关于“高层次规律性的概念”思考的影响，哈耶克在回顾时说：“我觉得，这就是贝塔朗菲和他的《一般系统论》实际追寻的东西，当然，这个概念本身已经隐含在我的《解释的程度》中了。”（书信，1960年2月27日致Popper；转引自Caldwell 2014，18）。正如Caldwell(2013，28)所指出的，哈耶克对他在《在系统内和关于系统》论文中试图解决的问题的持续兴趣，“从他在20世纪50年代与贝塔朗菲和冯·诺依曼等人的互动中可以看出”。在《在系统内和关于系统》(第7节，本书第428页)中，哈耶克提到冯·诺依曼的“自动机的逻辑”，认为“我们的特定问题确实属于这一领域”。

② Bertalanffy(1969，34)：“韦弗说，古典物理学在发展无组织的复杂性理论方面非常成功。……相比之下，今天的基本问题是有组织的复杂性问题。像组织、整体性、直接性、目的论和分化等概念对传统物理学来说是陌生的。然而，它们在生物、行为和社会科学中随处可见，事实上，它们对于处理生物体或社会群体是不可或缺的。”另见Bertalanffy(1969，59f.)：当“我们在宇宙等级结构的各个层次上面临着有组织的复杂性问题时……就需要发展‘一般系统理论’……关注‘整体’的或一般系统的属性和原则，而不考虑它们的特殊性质及其组成部分的性质”。

③ 在评论Weaver的有组织的复杂性概念时，Bertalanffy(1968，36)指出：“在这里我们应该考虑到，科学解释是有程度的，在理论进展甚微的复杂领域，我们必须满足于所谓‘原理性解释’（这个恰当的名词归功于经济学家哈耶克）。”

④ 哈耶克在这次研讨会上发表了他的《抽象的首位性》。上一条脚注中引用的贝塔朗菲的发言也来自这次讨论会。

⑤ 关于研讨会和科斯特勒，见Caldwell 2014，28f.。

> 但是整体和部分在此种绝对意义上并不存在，无论是在活的有机体领域还是在社会组织领域。我们所见的是一系列按照复杂度的升序排列的中介结构，其中每个都有两张面孔：朝向较低层次的面孔是一个自主的整体，而朝向较高层次的面孔是一个依存部分……看来，生命的一切表现形式……都受游戏规则的支配，这些在各个等级层次上以编码形式表达的规则既给生命以秩序和稳定性，又允许灵活性。(Koestler 1969，197页以下)

科斯特勒关于向上和向下两张面孔的形象特别有趣，因为它指出了处理不同层次系统之间关系理论的一个中心特点。哈耶克([1967c]2014,288)在谈起作为复杂系统的社会时提到这个特点。

> 社会与较为简单的结构不同，因其元素本身就是复杂结构，这些元素凭借成为更大结构的一部分来维持(或至少是改善)自己的生存。在这里，我们必须处理至少两个不同层面的整合问题。一方面，较大的秩序有助于保存较低层次的有序结构；另一方面，在较低层次上决定个体行为规律的秩序，只有通过其对社会整体秩序的影响才有助于个体的生存前途……这在下述意义上隐含了一种倒置的因果关系：拥有某种秩序的结构将会存在，因为其元素做了保证那种秩序持续存在的事情。“终因”或“目的”，即部分对整体要求的适应，成为解释此种结构之存在的必要成分……因此之故，一个“目的论”的解释是完全合乎逻辑的，只要它……仅仅(暗含)下述认识：若不是结构以可能产生某种效果的方式行事，则它就难以自我维系，并且由于这种行为方式在每一阶段占据优势，结构得以演化。

针对哈耶克所说的“某种倒置的因果关系”，坎贝尔(1974b)制定了“向下的因果关系”(downward causation)这个术语。该术语现已成为哈耶克所述的各层组织之间因果关系的标准名称。坎贝尔的概念使我们能更准确地阐释哈耶克所隐喻的“终因”，“目的”以及“目的论”式的解释。[①]坎贝尔(同上，180)是这样规定“向下的因果关系”原则的：

> 只要自然选择是通过高等组织的生死存亡来执行的，高等选择系统的法则就在一定程度上决定了低等事件和物质的分布……所有低等过程都受制于高等法则并按其行事。
>
> “向下的因果关系”……只有当覆盖多个生殖世代的大量时间被归为一个瞬间进行分析时，才是向下的。(同上，180)[②]

坎贝尔不同意两个极端——一端是倡导“高等级自治”的“活力论者”(同上，182)[③]；另一端是“常见的否认高等组织……之存在的还原论者”(1974a，142)。然后，坎贝尔(1974b，179页以下)认为自己关于“生物系统中的等级组织”的观点是一种合格的还原论，其特点有两个原则：

> (1)一切高等过程都受制于并且符合低等法则，包括亚原子物理学法则。
>
> (2)高等目的性之达成要落实到具体的低等机制和过程。

---

① 毫无疑问，哈耶克只是在比喻的意义上使用这些术语，并通过它们来限定演化过程的运作。例如，见Hayek(1983a，182)：“对选择性演化过程如何运作的洞察力告诉我们……秩序或结构的持久性可能取决于它们的效果，或者说，在演化过程中，效果可以成为普遍结构的原因(causa finalis)”(编者译)。

② Campbell(1974a，142)：“对于……所有的适应问题，今天只有一种解释范式可用：盲目变异和选择性保留。……它不仅是达成系统间适应的唯一解释概念，也是所有目的性或目的论成就之实例的基本解释成分。它也是产生和维持形式和秩序过程的一个基本成分。”

③ Campbell(1974b，182)：“我主张的不是更高层次的自主权，而是这些更高层次遇到的选择性系统的额外约束。”

缺乏这些微观机制的解释是不完整的。[①]

坎贝尔的合格还原论意味着，不同等级组织之间既有“向上的”也有“向下的”因果关系。[②]要解释这些关系，我们不仅要说明高等现象如何用低等的有效机制来解释，还要说明低等现象如何受到高等普遍条件的影响。[③]

坎贝尔的观点有助于澄清哈耶克在《在系统内和关于系统》一文中似乎一直在努力解决的理论问题，也为理解“系统内之系统”概念作为整合哈耶克心理学和社会理论的系统性环节提供了重要的线索。事实上，在《法律、立法与自由》的跋文中，哈耶克明确地承认坎贝尔的观点同他本人研究计划之间的密切联系：

---

① 在谈到“目的性成就”时，Campbell隐含地援引了存储信息的概念。Plotkin(1982, 6, 8, 9)指出了存储信息和下行因果关系是如何相互联系的，他认为：“因此，在生物学术语中，信息或知识描述了世界秩序——不管这个秩序是什么——与有机体的因应组织之间的关系。……在生物系统中，信息总是事后获得的，也就是说，它是由变异形式的选择效果而确立的。……生物系统永远不会预知，然而，它可以通过把在基本层次上获得的事后信息反馈给较高的层次来模拟预知。……任何生物系统，作为‘认识者’，对它所认识的世界采取行动从而改变它。知识……是变化的世界和变化的认识者之间的不断的相互作用。”

② 使用Campbell的术语，Popper(1978, 348)争辩说：“只要一个较高的结构对其子结构进行因果操作，我们就可以说下行因果关系。理解下行因果关系的困难即在于此。我们认为我们可以理解一个系统的子结构是如何合作影响整个系统的；也就是说，我们认为我们理解了上行因果关系。但是，相反的情况是很难设想的。……我建议，向下的因果关系至少有时可以解释为对随机波动的基本粒子所做的选择。”另见波普尔的评论(Popper and Eccles 1977, 19f.)：“在所有为某种目的而设计的工具和机器中，下行因果关系当然是重要的。……最有趣的下行因果关系的例子是在生物体及其生态系统中，以及在生物体的社会中找到的。”在讨论“还原论和‘下行因果关系’”的联系（同上，14）时，波普尔谈到了“原理性还原”（同上，19），作为哈耶克“原理性解释”（同上，注）概念的一个变种。

③ Hayek([1967c]2014, 282)：“对整体的存在至关重要的关系不能完全由各部分的相互作用来解释，而只能由它们作为个别部分和整体与外部世界的相互作用来解释。”

我们现在知道，所有持续性的结构（从高于最简单的原子水平的结构直到人脑与社会的结构）都是选择性的或优胜劣汰的演化过程(process of selective evolution)的结果，而且也唯有根据这些演化过程才能够得到解释；与此同时，我们也已然知道，较为复杂的结构乃是通过持续不断地使其内部状态与外部环境的变化相适应的方式来维续自身的。……结构中所发生的这些变化乃是由它们的构成要素促成的；由于这些要素的行为有着一定的常规性，或者说它们有着遵循规则的能力，所以当该结构因受到外部影响而遭到侵扰的时候，这些要素的个别行动便会促使整个结构恢复到有序的状态。因此，我在此前的一部论著中所说的演化与自生自发秩序这对孪生概念(the twin conceptions of evolution and spontaneous order)，能够使我们根据模式间的一种复杂的互动关系——唐纳德·坎贝尔(Donald Campbell)教授称其为"向下的因果关系"(downward causation)——而不是根据单向因果律(one directional laws of cause and effect)这个简单观念对这些复杂结构的持续性现象作出解释。(1979, 158)[①]（译注：该段译文转引自哈耶克著、邓正来等译《法律、立法与自由》第二、三卷，跋文，人类价值的三个渊源，第504—505页。北京：中国大百科全书出版社，2000.10）

12. "演化与自发秩序——一对孪生概念"

当坎贝尔在"还原主义原则"中谈到"目的性之达成"时，他暗指存储信息在"向下的因果关系"中所起的作用。麦尔曾强调，"存储信息"是为表观目的论提供因果解释的线索。坎贝尔此举令人联

① Hayek([1967c]2014, 289)："事实上，正是我在其他地方所说的演化和自发秩序这两个孪生概念……为在生物和社会理论中理解元素行为的规律性和由此产生结构的规律性之间的互动开辟了道路。"

想到演化认识论的核心观念，即普洛特金(1982，3)所说的“生物系统通常是知识系统”以及“演化本身是一个知识获取过程”。

用普洛特金的术语来说，哈耶克学生时期勾勒的、后来在《感觉的秩序》中详述的理论，其重点在于个体是知识系统。随着《经济学与知识》的发表，哈耶克开始了一项新的研究计划，把知识问题分析从个体层面扩展到社会层面。正如我提出的，把社会团体/社会作为知识系统的观点，连同“系统内系统”概念这一联系哈耶克心理学和社会理论的关键环节，赋予了此项社会理论研究计划以连贯性。下图显示，哈耶克的全部作品可被理解为一以贯之的思想体系，各组成部分回应的是知识问题的不同方面。

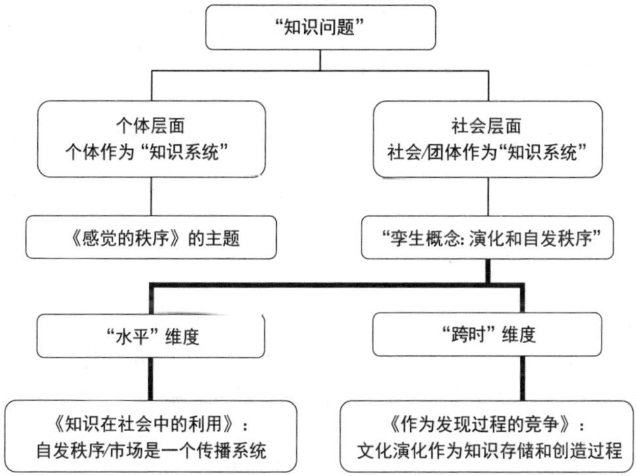

在上图中，我把哈耶克被引最多的论文《知识在社会中的利用》的主题归纳为社会水平的知识问题的“水平维度”。关于“分散在许多人中的知识的利用问题”，哈耶克([1942—1944]2010，161)曾在《唯科学主义》一文中说，解决它“正是各种‘市场’所发挥的作用”(同上，163)。他在那篇文章中指出，市场和价格“帮助利用众人的知识……从而使分散决策和相互调整决策的结合成为可能，这是我们在竞争系统中发现的”(同上)。

哈耶克认为,以市场为典型的自发多中心秩序(polycentric order)相对于集中命令式的秩序利用分散知识的能力更强,这种优越性归功于前者是基于规则的秩序。因为个体可以在普遍“游戏规则”的界限内自由选择,从而能利用他们对事件和地点的特殊情况的知识[①],这些知识是中央协调机构无法了解的。[②]除了强调自发秩序比基于指令的秩序能利用更多本地知识外,哈耶克还指出约束个体行动自发地互相调适的规则框架对于能否形成总体秩序以及形成什么样的总体秩序至关重要。[③]

> 显然,某些支配个体行为的规则可能使总体秩序不可能形成。我们的问题是何种行为规则能产生社会秩序,以及何种特定规则产生何种秩序。(Hayek 1973b,44)

哈耶克认为,在一个自发秩序中,游戏规则必须承担的重要功能是弥补个体的不足——在追求自身利益时,个体会把所知晓的特

---

① Hayek(Weimer-Hayek Discussion 1982,325):“在更大的(比如说经济)秩序中,知识的利用是无计划或非集中的,甚至是无意识的。基本的知识是由数以百万计的人拥有的,这些人利用他们获取知识的能力,去获取在他们暂时所处的地位上看来似乎是有用的知识。……在整个行动系统中,我们分别由本地信息所引导——这是任何其他人或当局不可能拥有的关于特定事实的信息。在这个意义上,价格和市场体系是一个沟通系统,它(以价格的形式——仅指在竞争性市场上决定的价格)传递着每个人理性地行动所需的信息。”

② Hayek([1967c]2014, 285):“这种非等级秩序免除了首先向一个共同的中心传递作为要素行动依据的所有信息的必要性,而且可以想象,相对于中心所能接收并消化的信息而言,非等级秩序下可以利用更多的信息。”Hayek(1973b,13f.):“人类活动的这种结构不断地自我调整,并通过自我调整而起作用,以适应数以百万计的事实。没有人知道这些事实的全部内容。”

③ Hayek(1973b, 14):“在一个社会秩序中,每个人将对其作出反应的特定情况是他所知道的。但是,只有当个人遵守能够产生秩序的规则时,个人对特殊情况的反应才会导致整体秩序的形成。”

定情况纳入考虑，但是不会也无能力考虑其行动的更加间接和远期的后果。[①]游戏规则的功能是解决哈耶克曾在《个人主义：真与伪》当中描述的古典经济学的创始人所试图回答的问题，那就是——按照哈耶克的说法——“这些有限的关心（事实上它的确决定了人们的行动，）是怎样能够产生有效的刺激以使他们自愿尽其所能为那些他们不了解的需要作出贡献”（[1946]2010, 60)。（译注：此处引用的译文转引自哈耶克著，贾湛、文跃然等译《个人主义与经济秩序》，第一章，个人主义——真与伪，第15页。北京：北京经济学院出版社，1989）

为此，哈耶克把社会知识问题分解为两个子问题，即

(1)个人是如何获取知识并依此采取行动的，这些知识使他们得以在自己的视野范围内成功地驾驭问题重重的环境；

(2)个人所组成的群体/社会如何“学习”采用游戏规则，以满足总体秩序的要求。

哈耶克《感觉的秩序》通过解释大脑这个“微观宇宙”如何建立外部世界这个“宏观宇宙”的模型，体现关于外部世界相关可能性的知识，为第一个问题提供了答案。对于第二个问题，哈耶克用他的文化演化理论回答。按照演化认识论的精神，该理论把群体层面的“学习”视为变异和选择性保留的过程。

哈耶克在谈到“法律”是个体行动的规则框架时，提到了社会知识问题的两个方面：

> 如果说法律因此而有助于使个人能够根据他自己的知识

① Hayek([1942—1944]2010, 154f.)：“但是，要求在充分考虑到所有后果之后再对每一个行动进行判断……是由于没有看到服从一般规则……是人类以其有限的知识将自由与基本的最低程度的秩序结合起来的唯一途径。”Hayek(1973b, 13)：“然而，我们对决定社会进程的大多数特殊情况的不可补救的无知这一事实，是大多数社会制度采取其实际形式的原因。”

而采取有效的行动，而且为了实现这一目的法律也增加了个人的知识，那么我们便可以说，只要人们根据这些规则行事，法律就表现为他们可以加以运用的知识(或过去经验的结果)。事实上，个人根据共同的规则进行的合作，乃是基于知识的某种分工(a sort of division of knowledge)，亦即个人自己的具体知识和法律提供的一般性知识之间的分工，前者是指合作者个人必须考虑他的特殊情形，后者则是指法律确使个人的行动符合于他们所在社会的某些一般的或恒久的特性。个人通过遵守规则而加以运用的包含在法律中的这些经验……一般来讲，这种经验并不为他们所知，亦不为任何其他个人所知。大多数这样的规则……是通过渐进的试错过程(a gradual process of trial and error)慢慢发展起来的，在这个过程中，正是无数代人的经验才促使这些规则发展成当下这个状况。([1960] 2011，225)[①](本段译文转引自哈耶克著、邓正来译《自由秩序原理》，第十章，法律、命令与秩序，第196页。北京：生活·读书·新知三联书店，1997.12)

哈耶克进一步解释说：

因此，这种世代相传的“关于世界的知识”在很大程度上包含的并非因果关系，而是适应环境的行为规则。尽管它们对环境信息未置一词，但其作用几近于环境信息。它们如同科学

① 在《唯科学主义》文章中，Hayek([1942—1944]2010，153)就这个问题指出：“个人主义的方法意识到个人心智的固有限制，试图说明社会中的人如何能够通过利用社会过程的各种结果，在其中所隐含的知识的帮助下提高他的能力，而他从来没有意识到这些知识。它使我们明白，唯一可以在任何意义上被视为优于个人理性的‘理性’离不开人际过程，在这个过程中，连续几代人和同时生活的数百万人的知识通过客观媒介被结合起来并相互调整。这个过程是人类知识的整体存在的唯一形式。”关于这一点另见Hayek 1973b，11，14f.。

> 理论一样通过证明自身有用而得以留存；但与科学理论不同的是，此证明无须由任何人给出，而是由它们造就的社会秩序的弹性和渐进式的扩张来显示。([1970]2014,345)[①]

哈耶克认为，不仅是行为规则，而且我们的整个文化遗产都可以被理解为世代积累的关于“世界的知识”[②]，其中很大部分是隐含在“我们幼儿时期所学语言”中的。[③]

哈耶克文化演化理论奠基于这样一个观念：个体必须适应的“宏观宇宙”是一个多层次的组织结构[④]；个人互动于其中的社会团

---

① Hayek(1979, 157)：“因此，一种行为规则的传统……开始支配人类的生活。当这些习得的规则……开始包括某种环境模型，使人能够预测和预见外部事件时，我们称之为理性的东西才出现了。那时，行为规则体系中包含的‘智慧’可能比人类对周围环境的思考多得多。”(重点为原文所加)

② Hayek([1960]2011, 77)：“如果我们把知识解释为包括人类对环境的所有适应性，其中包含了过去的经验，那么，知识的增长和文明的增长是一样的。”关于这一观点的早期表述，见Hayck(1942—1944)2010年，146页以下：“虽然我们的文明是个人知识累积的结果，但是，社会成员之所以能不断地从他或任何其他人都不完全拥有的知识体系中获益，并不是因为这些知识在任何个人的大脑中进行了明确的或有意识的组合，而是因为这些知识体现在我们日用而不知的符号中，体现在习惯和制度、工具和概念中。”另见Hayek[1945a]2014,101。

③ Hayek([1965]2014, 44)：“我们在幼儿时期学习的语言决定了我们的整个思维方式以及我们对世界的看法和解释，其程度可能比我们所意识到的要大得多。这不仅仅是早先的知识通过语言媒介传递给我们；语言的结构本身就意味着对世界性质的某些看法；通过学习一种特定的语言，我们获得了世界的某种图景，一个框架，从此我们在这个框架内活动而不自知。……这种隐性学习的现象显然是文化传播的最重要的部分之一，但我们对它的理解还很不完善。”对于上文所引的一个段落(脚注320)，哈耶克在一个脚注中补充道：“我们如何不断利用他人获得的经验或知识，最好的说明也许是通过学习说话，我们学会了以某种方式对事物进行分类，而无须经历导致历代人发展出这种分类系统的实际经验。”([1942—1944]2010,146,脚注10)关于此问题更详细的讨论见Hayek 1956/1957。

④ 当Hayek([1967c]2014,286)谈到“像星系、太阳系、生物体和社会秩序这样的有序结构……作为整体观察到的规律性，不能完全归结为部分的规律性，因为它们也取决于整体与环境的互动”时，就隐含了多层次组织的概念。

体本身也是复杂系统，也要适应环境并在环境中与拥有不同组织方式的其他社会团体展开竞争。[①]

类似于市场中的竞争，哈耶克把文化演化中的竞争性选择看成是一个发现的过程(Hayek［1968b］1978)。据哈耶克说，正如市场参与者独立解决问题的各种努力可以看作发现更优解的试验，各社会团体采纳的规则也好像是做社会组织问题的试验，从而发现何种规则能使团体更成功地应对难题。

这篇导论并不打算详细介绍哈耶克文化演化理论，但有一个方面值得仔细研究一下，因为上面关于"系统内系统"和"向下因果关系"等概念的评论有助于澄清与之有关的一些问题——我指的是哈耶克对"群体选择"[②]这个概念用法的模糊性。这种模糊性一直以来都是争议的话题[③]，争议的焦点是：哈耶克是否赋予了群体选择一种解释性的角色，而这与他在其他场合主张的方法论个人主义相矛盾？[④]

为了确定哈耶克群体选择观点的模糊之处，有必要区分两个问题，即(1)群体选择是不是文化演化中的相关事实？以及(2)该事实能解释什么？在群体水平上，竞争和演化选择的发生几乎是不容置疑的，相应地，哈耶克所主张的"演化选择过程将对总体秩序起作用"几乎不存在争议(［1967c］2014，283)。同样几乎没有争议的是哈耶克的一般主张(1973b，17)即群体选择是根据使"一群人成功"

① Hayek(［1960］2011，226)："因此，公民行动所依据的规则构成了整个社会对其环境和其成员的一般特征的适应。"

② Hayek(1984，319)将群体选择定义为"因群体拥有的共同属性而对其进行的选择"。

③ Caldwell(2001，539)指出："哈耶克在文化进化和群体选择方面的贡献是他最有争议的，"引发了"大量的二次文献"。参见如Beck 2011；D.R.Steele 1987；Stone 2010；Whitman 2004；Zywicki 2000。

④ 在Vanberg［1986］1994，82ff.中，我认为这种矛盾是存在的。

的“实践或行为规则”进行的[①],以及“最终产生的行动秩序的效率决定了其成员遵守某些行为规则的群体是否会占上风”(同上,74)。[②]在哈耶克关于群体选择的评论中,成为主要争议来源的模糊点同下面这个问题有关:群体的成功是否能用来解释为什么个体遵守那些使群体成功的规则?如果答案为是,如何解释?在下面的说法中,哈耶克([1967c]2014, 279)至少隐含地承认,必须区分群体成功的原因和个体遵守规则的原因:

> 规则的传播是从个人到个人的,而所谓的规则的自然选择,要根据群体秩序的或高或低的效率而进行。[③]

然而,哈耶克忽略了因此在群体层面和个人层面所提出的解释性问题之间的差异。例如,他认为规则“已经成为支配个人行动的规则,因为根据这些规则所采取的行动已经证明比竞争性的个人或团体的行动更加成功”(1973b, 18)。通过诸如“我们必须解释以下事实,即元素按照最有可能保存整体的方式行为”([1967c]2014, 288)[④]这样的说法,哈耶克似乎暗示群体的成功本身能够解释个人为什么遵循有利于群体的规则,无论个人行为的实际驱动力是什么。[⑤]正是这个说法成为争议的主题。

---

① 因为它们在目前的背景下并不直接相关,所以我在这里不考虑哈耶克关于什么是“成功”的论证中的模糊性所引起的解释问题。关于这个问题,见Vanberg 2014。

② Hayek([1967c]2014, 280):“不同的个人行为规则的演化选择是通过它将产生的秩序的可行性来运作的。”

③ 另见Hayek(1973b,44):“应该记住……选择将在不同类型的社会之间运作,也就是说,以各自的秩序的性质为依归,但支持这种秩序的是个人遵守某些行为规则的倾向的性质,而整个群体的行动秩序是建立在这些规则之上的。”

④ 另见Hayek(1973b,19):“这种规则之所以被遵守,是因为事实上它们给了实行这些规则的群体以优势力量。”

⑤ Hayek(1984,324):“因此,群体选择主要不是选择个人认为符合自己目的的东西,也不是选择他们渴望的东西。”

只要个人的动机和群体成功是一致的(也就是说,群体成员遵循使群体成功的规则也符合他们个人的眼前利益),我们就可以把解释“为什么规则使群体胜出”同解释“为什么个人遵守这些规则”当作一回事而忽略其间的差异。但是,在遵守有利于群体的规则对于个体成员本身而言并非有利而代价高昂时,我们就绝不能这么做了。正如哈耶克([1970]2014, 342)所指出的,这些个人的眼前利益同群体利益有冲突的情况会导致所谓集体利益问题:

> 我们正在讨论的规则对遵守它的个人而言并不那么有用,然而(如果得到普遍遵守的话)能使群体的所有成员在一个社会秩序中行动,因而能提高所有人的效率。

显然,哈耶克所指的集体利益问题是:如果群体成员普遍遵守对群体有利的规则,作为其中一员当然是有好处的;但是,甚至更有好处的是,某人自己按照眼前利益行为,而把遵守规则的成本让群体的其他成员承担。哈耶克很明显相信群体选择的概念有助于回答集体利益问题,因而从温-爱德华(V.C.Wynne-Edwards)那里借用了这个概念——后者提出此概念是为了解释对群体有利然而对个人不利的行为是如何在生物演化中保存下来的。[①]然而,正是由于解释集体利益问题的失败[②],温-爱德华的理论在生物学中失去了支持。哈耶克了解这个情况(1973b, 202,脚注37),却仍然坚持“文化演化主要通过群体选择进行”(1984, 318),但他并没有说明为什么

---

① Hayek([1967c]2014, 282,注8)提到温-爱德华的《动物的社会行为与扩散》(Edinburg, 1966),以支持“所有存在的物种个体都会以这种方式行事,因为如此行事的个体群体已经取代了没有如此行事的群体”的说法。对温-爱德华的引用出现在Hayek 1973b, 164, fn.8; 1979, 2002, fn.37。

② Campbell(1980, 73):“任何对社会有益的自我牺牲行为都会使群体中的‘利他主义者’和非利他主义者受益,非利他主义者的净收益更大,因为利他主义者的收益由于承担了自我牺牲的风险成本而有所减少。”

群体选择论能回答社会领域的而不能回答生物领域的集体利益问题。[①]

以系统中之系统问题重新表述哈耶克试图回答的问题，可以帮助澄清哈耶克对群体选择概念用法的模糊不清。显然，哈耶克企图解释两个适应性系统的互动，一个是作为群体成员的个人需要适应所面对的环境，另一个是群体作为整体也必须适应它自己的环境。[②]用坎贝尔的术语，解释这种相互作用既要诉诸向上的因果关系，也要诉诸向下的因果关系——前者用来解释群体成员之间的互动导致的某种整体特征，后者用来解释群体的特征如何影响其成员。哈耶克似乎假设，群体选择的概念可用来解释向下的因果关系，即为什么个体遵守有利于群体的规则。然而，若仅仅借助群体选择的概念，而未指明从群体成功到个体遵守规则的实际转换机制，则只能为手头的问题提供一种表面的回答。麦尔在1983年12月14日致哈耶克的信中这样评论该问题：

> 然而，如果没有一定程度的利他主义，没有哪一种真正的社会生物能够生存和繁荣。您说得相当正确：这一点只能通过文化传统来确立，而这又要靠群体选择。但是，个体选择并不能完全排除在外……必须有一种习得群体道德准则的机制……一种在早年为个体奠定道德基础的公开课程的选择。这就是对儿童和年轻人进行道德教育的重要性，在我们这个时

① 更详细的讨论参见Vanberg［1986］1994，85ff.。

② Hayek（［1967c］2014，282f.）：“任何给定的元素的行为规则只有在下述环境中才会产生稳定的结构（表现为‘稳态’控制）——在这个环境中有一定的可能性遇到行为规则所适应的那种情况。环境的变化可能要求：如果整体要持续下去，就必须改变群体秩序，因而必须改变个人的行为规则。”Hayek（1973b，17）：“当然，事实是，这种心智是对人所处的自然和社会环境的一种适应。……心智既是它所生长的社会环境的产物……也是反过来作用于并改变了社会制度的东西。它是人类在社会中发展的结果，并习得了那些增加他所在群体的生存机会的习惯和做法。”

代明显被忽视了。[①]

麦尔含蓄地提请哈耶克注意他之前提到的近因和终因的区分。该区分对于说明群体选择和个体遵守规则行为之间的因果联系是至关重要的。对个体来说，行为的近因只能是为行为提供直接刺激的东西。因此，我们必须找出近因，以解释个体不顾代价地遵守有利于群体规则的行为。当然，就像哈耶克强调的，只有那些成功建立了可行秩序的群体（也就是找到一种方法来为个体遵守规则的行为提供必要近因的群体）才能在演化选择中最终占据优势。换言之，近因在受制于演化选择的条件下起作用，而演化选择这个终因决定了谁有机会生存。所以我认为，正是在这种近因和终因同时工作的意义上，哈耶克关于文化群体选择的论证可以得到最富成果的解释。[②]

同样重要的是，明确区分文化演化中的近因和终因提醒我们，激励个人遵守使群体成功的规则是一项永恒的任务。群体的成功并不能自动保持，假如群体不能确保必要的近因，已取得的成功可能得而复失。

最后，在本导论的结尾，我将简略地考察一下哈耶克从关于知识问题的论证中得出的结论。这些知识问题是我们在应对作为复

---

① 书信，E.Mayr致F.A.Hayek，1983年12月14日。见Hayek papers，box 37，folder 24，HIA。在同一问题上，Campbell（1974b，185）评论道："人与人之间的社会合作，如同狼与猿之间的合作，与合作者之间的基因竞争并存。这使得基于基因的复杂社会协调、劳动分工和自我牺牲的利他主义受到严格的限制。在社会性昆虫中，作为进化出复杂社会系统的前一步，合作者之间的这种遗传竞争被消除了。由于人类的遗传困境，在实现人类复杂的社会协调时，社会演化过程不得不提供许多相关的行为倾向，并在此过程中不得不克服一些自私的生物倾向。"

② Hayek（[1967c]2014，288f.）："当然，作为这些行动的结果而形成的秩序，在任何意义上都不是'有意为之'或出于行动者的动机。直接的原因、推动他们行动的冲动，将是只影响他们自己的东西；只是因为在这样做的时候，他们受到规则的约束，才会产生一个整体的秩序。"

杂适应系统的经济和社会时所面对的,而哈耶克的结论涉及政策的范围和限度。

哈耶克的主要观点是:社会世界的复杂性为我们能在多大程度上解释和预测它设置了限度,同样为那些刻意而为的政策的效果设置了限度。他说:

> 每个人对决定人类社会所有其他成员行动的大多数特定事实的不可弥补的无知……是一个非常不利的事实,它使我们试图解释和试图明智地影响社会进程变得非常困难,也为我们对这些过程能说什么和能做什么施加了严厉的限制。(1973b,12)
>
> 在我看来最重要的是,我们应充分认识并接受我们知识的局限性,因为装作拥有比我们实际上拥有的或能获得的更多的知识有某些危险的后果——它是一个很大的诱惑,即创造条件就能预测具体的经济事件或保证特定的事情发生。但是,这与市场体系带给我们的主要好处——即市场利用了比任何个人所能拥有的更多的环境知识——是矛盾的。([1961]2014,385以后)

哈耶克认为,在试图解释和预测社会事件时,我们应当满足于原理性的解释和模式预测,这要求我们在政策方面也抱着一种相应的谦卑态度。

> 如下洞见对政策的重要性不言而喻:在这个领域,科学所能告诉我们的一切只是在笼统定义的各组情况下所形成的秩序的大致特征,该秩序的特定表现永远是不可预测的。基于这个普遍的洞见,那种仅限于为市场运行提供一般性框架,而把连续不断的秩序形成留给市场的政策较为适宜。一旦我们理解了这一点,也就不难明白方法论的分歧和政治分歧往往如

> 影随形——那些相信科学有能力预测特定个体事件或个体位置的人，自然也想利用这种能力来得到他们想要的特定结果。([1963b]2014,442)

虽然原理性解释提供的知识可能有限，但哈耶克指出，它也能为政策提供有用的指引。它告诉我们何种条件倾向造成何种结果模式，从而"能让我们营造有利于产生我们想要的那种事件的情况……尽管这并不能让我们控制结果"([1955]2014,210)[①]。

在这个意义上，政策的恰当目标是通过适当地修改个体调适其行为选择所依据的一般条件，间接地改善所导致的行动秩序。哈耶克强调，这意味着"我们可以审慎改变的"法律规则"成为影响最终秩序的主要工具"(1973b, 45)。[②]相比于"命令式治理"，哈耶克([1946]2010,62f.)把此类政策取向称为"规则式治理"。[③]他说，把这种政策"描述为培育而不是熟悉的'控制'可能更为恰当——农民或园丁培育植物的那种培育……明智的立法者或政治家可能试图

① Hayek([1964b]2014, 271)："然而，对一个模式的预测既是可检验的，也是有价值的。由于该理论告诉我们在什么样的一般条件下……模式会自行形成，它将使我们能够创造这种条件并观察预测的那种模式是否会出现。"Hayek([1961]2014,440)："但是，如果某些类型的模式由于某种原因比其他类型的模式更受欢迎，那么最重要的是要知道，什么样的一般情况使一种模式而不是另一种模式得以形成。"在提到"心智的成长是由于哪些过程"时，Hayek([1942—1944]2010,151)指出："这种仅仅是原理性的知识（要么是知识理论，要么是有关社会过程的理论）将有助于创造有利于这种成长的条件，但绝不能为声称应该刻意引导这种成长提供理由。"

② Hayek([1965]2014, 50)："事实证明，这是在下面这种情况下间接创造秩序的一般方法的例子——在这种情况下，现象过于复杂，不允许我们通过将每个元素分别放在适当的位置来获得秩序。……因此，如果试图通过刻意的安排来改变它的任何一个部分，我们无法改善此种秩序，而只会干扰它。我们能够有效地改进它的唯一方法是通过改进指导个人的抽象规则。"

③ 值得注意的是，哈耶克所描述的"规则式治理"与弗莱堡学派的秩序自由主义者所称的秩序政治(Ordnungspolitik)相吻合。关于哈耶克与弗赖堡学派的联系，见Vanberg 2013。

去培育而不是控制社会进程的力量”([1955]2014,210)。[①]

然而,尽管哈耶克承认“规则式治理”可以用来改善社会状况,他也警告说,知识的僭妄可能误导狂热的改革家,使他们忽视演化的制度和传统中所包含的知识。[②]关于从这样的“规则式治理”中可望获得的规则框架的改进,哈耶克说:

> 但是,这必定是一个缓慢而艰难的任务,因为支配着现实世界的大多数规则并不是我们刻意制定的,因此,对于究竟哪些东西依赖于这些规则,我们的理解很不完善……它们是缓慢的演化历程的产物,沉淀了比任何个人所知道的多得多的经验和知识。这意味着,在成功地改进它们之前,我们必须极大地改善我们对人造规则与社会自发力量的互动方式的理解——这不仅需要经济学,法律和社会哲学专家之间开展比目前紧密得多的合作,而且,即使做到了这一点,我们所能指望的也仅仅是一个缓慢的,实验性的和渐进的改进过程,而不是任何急剧变革的机会。([1964b]2014,50)

① 哈耶克在此暗指亚当·斯密的政治经济学概念,即“立法者的科学”(A.Smith[1776]1981, 486)。另见Hayek[1961]2014, 386:“在我们这样的领域,如果我们不说预测和控制,而是把我们的目标描述为‘定向和培育’,可能会更合适。虽然我们的知识不足以预测或产生具体的事件,但它使我们……能够创造条件,提高达到理想结果的可能性——或有利于形成和维护我们个人努力的成功在很大程度上所依赖的有序性。”

② Hayek(Weimer-Hayek Discussion 1982, 328f.):“习惯、规则和传统习俗中涉及大量的隐性知识。……显然,我们无法解释为什么要这样做并不是拒绝一种行为模式的理由,除非我们在理论上有办法证明这是一种无效的程序。在这个意义上,这只是尊重传统的一种表现。”

13. 结论

正如标题有意表明的那样，本篇导论意在论证，《感觉的秩序》在哈耶克的全部作品中绝不是一个格格不入的异数，而是哈氏几十年活跃的学术生涯所系统发展的甚为连贯的理论体系不可分割的一部分。

早前我曾引述布托斯的观察——即使在最近几十年里《感觉的秩序》引起了越来越多的注意，“哈耶克的认知理论同他的社会理论的关系，仍是一个有争议的，悬而未决的问题”。[①]我希望我已成功地说服了读者——这一争议应当被解决以及如何解决。对于上述观察，布托斯(2010b，10f.)评论道：“这些质疑并非毫无根据，毕竟，如果经济学关心的是在稀缺性背景下的社会互动，深入研究大脑的工作原理可能被视为远远超出了经济学的合法学科界限。”这个评论可能会掩盖应仔细加以区分的两个问题之间的差异。一个是《感觉的秩序》是否应被理解为一个邀请——请经济学家扩张他们的研究领域，把“深入研究大脑的工作原理”作为副业，承担神经科学家的专业任务。就这一点来说质疑是完全正当的。而且我认为，就《感觉的秩序》对作为社会科学的经济学的意义而言，哈耶克不大可能赞同神经经济学的研究计划。[②]另一个问题是《感觉的秩序》是否应当被理解为另一种邀请——请经济学家把理论推导建立在比他们自己发明的理性选择模型更加现实、更具经验内容的行为假设上。显然，这个问题的答案是肯定的。

通过本篇导论，我试图表明《感觉的秩序》所勾勒的行为理论不仅可以达到这个目的，而且在一些重要方面影响了哈耶克社会理论的核心原则。

---

① 参见本文第34页。

② 参见本文第11页注①。

参考文献[①]

Agnito, Rosemary. 1975. "Hayek Revisited: Mind as a Process of Classification." *Behaviorism* 3: 162–171.

Bartley, William W. 1987. "Philosophy of Biology versus Philosophy of Physics." In *Evolutionary Epistemology, Rationality, and the Sociology of Knowledge*, edited by G.Radnitzky and W.W.Bartley, 7–45. La Salle, IL: Open Court.

Basar, Erol. 2005. "What Is the Place of Psychophysiology in the Interdisciplinary Sciences? Welcoming Address of the Vice-President (Academic Affairs) at the Opening Ceremonies of the 12th World Congress of Psychophysiology, I.O.P. 2004." *International Journal of Psychophysiology* 58: 117–118.

Beck, Naomi. 2011. "Be Fruitful and Multiply: Growth, Reason, and Cultural Group Selection in Hayek and Darwin." *Biological Theory* 6: 413–423.

Bertalanffy, Ludwig von. 1968. *General System Theory—Foundations, Development, Application.* Rev. ed. New York: George Braziller.

——. 1969. "Chance or Law." In *Beyond Reductionism. New Perspectives in the Life Sciences (The Alpbach Symposium 1968)*, edited by A.Koestler and J.R.Smythies, 56–84. London: Hutchinson.

Birner, Jack. 1994. "Introduction: Hayek's Grand Research Programme." In *Hayek, CoOrdination and Evolution*, edited by J.Birner and R. von Zijp, 1–21. London and New York: Routledge.

---

① 在适用的情况下,原始出版年份首先出现在括号内。

——. 1999. “The Surprising Place of Cognitive Psychology in the Work of F.A.Hayek.” *History of Economic Ideas* 7: 43–84.

——. 2009. “From Group Selection to Ecological Niches: Popper’s Rethinking of Evolutionary Theory in the Light of Hayek’s Theory of Culture.” In *Rethinking Popper, Boston Studies in the Philosophy of Science*, edited by R.S.Cohen and Z.Parusniková, 185–202. Dordrecht: Springer.

Boettke, Peter J., and J.Robert Subrick. 2002. “From the Philosophy of Mind to the Philosophy of the Market.” *Journal of Economic Methodology* 9: 53–64.

Boring, Edwin G. 1953. “Review of *The Sensory Order*.” *Scientific Monthly* 76: 182–183.

Bouillon, Hardy. 1991. *Ordnung, Evolution und Erkenntnis. Hayeks Sozialphilosophie und ihre erkenntnistheoretische Grundlage*. Tübingen: J.C.B. Mohr (Paul Siebeck).

Bühler, Karl. 1934. *Die Darstellungsfunktion der Sprache*. Jena: Gustav Fischer.

Butos, William N. 1997. “Hayek and Rational Expectations.” In *Austrian Economics in Debate*, edited by W.Keizer, B.Tieben, and R.von Zijp, 220–242. London: Routledge.

——, ed. 2010a. *The Social Science of Hayek’s ‘Sensory Order’*. Vol. 13 of *Advances in Austrian Economics*. Bingley, UK: Emerald.

——. 2010b. “The Unexpected Fertility of Hayek’s Cognitive Theory: An Introduction to The Social Science of Hayek’s ‘Sensory Order.’” In *The Social Science of Hayek’s ‘Sensory Order’*, edited by W.N.Butos, 1–20. Vol. 13 of *Advances in Austrian Economics*. Bingley, UK: Emerald.

Butos, William N., and Roger G.Koppl. 1993. “Hayekian

Expectations: Theory and Empirical Applications." *Constitutional Political Economy* 4: 303–329.

——. 2006. "Does *The Sensory Order* Have a Useful Economic Future?" In *Cognition and Economics*, edited by E. Krecke, C.Krecke, and R.Koppl, 19–50. Vol. 9 of *Advances in Austrian Economics*. Bingley, UK: Emerald.

Butos, William N., and Thomas J.McQuade. 2002. "Mind, Market and Institutions: The Knowledge Problem in Hayek's Thought." In *F.A.Hayek as a Political Economist*, edited by J.Birner, P.Garrouste, and T.Aimar, 113–133. London: Routledge.

——. 2009. "The Adaptive Systems Theory of Social Orders." *Studies in Emergent Orders* 2: 76–108.

Caldwell, Bruce. 1988. "Hayek's Transformation." *History of Political Economy* 20: 513–541.

——. 1992a. "Hayek the Falsificationist? A Refutation." *Research in the History of Economic Thought and Methodology* 10: 1–15.

——. 1992b. "Reply to Hutchison." *Research in the History of Economic Thought and Methodology* 10: 33–42.

——. 1997. "Hayek and Socialism." *Journal of Economic Literature* 35: 1856–1890.

——. 2001. "Hodgson on Hayek: A Critique." *Cambridge Journal of Economics* 25: 539–553.

——. 2004a. *Hayek's Challenge: An Intellectual Biography of F.A.Hayek*. Chicago: University of Chicago Press.

——. 2004b. "Some Reflections on F.A.Hayek's *The Sensory Order*." *Journal of Bioeconomics* 6: 239–254.

——. 2006. "Hayek and the Austrian Tradition." In *The Cambridge Companion to Hayek*, edited by E. Feser, 13–33.

Cambridge, MA: Cambridge University Press.

——. 2010. Introduction to *Studies on the Abuse and Decline of Reason: Text and Documents*, by F.A.Hayek, edited by Bruce Caldwell, 1–45. Vol. Ⅷ of *The Collected Works of F.A.Hayek*. Chicago: University of Chicago Press.

——. 2013. *F.A.Hayek and the "Economic Calculus": The Cambridge and Virginia Lectures*. Lecture held at the University of Richmond, April 13, 2013.

——. 2014. Introduction to *The Market and Other Orders*, by F.A.Hayek, edited by Bruce Caldwell, 1–35. Vol. XV of *The Collected Works of F.A.Hayek*. Chicago: University of Chicago Press.

Camerer, Colin. 2008. "The Case for Mindful Economics." In *The Foundations of Positive and Normative Economics*, edited by A.Caplin and A.Schotter, 43–69. London: Oxford University Press.

Campbell, Donald T. 1974a. "Unjustified Variation and Selective Retention in Scientific Discovery." In *Studies in the Philosophy of Biology*, edited by F.J.Ayala and T.Dobzhansky, 139–161. London: Macmillan.

——. 1974b. "Downward Causation in Hierarchically Organized Biological Systems." In *Studies in the Philosophy of Biology*, edited by F.J.Ayala and T.Dobzhansky, 179–184. London: Macmillan.

——. 1974c. "Evolutionary Epistemology." In *The Philosophy of Karl Popper*, edited by P.A.Schilpp, 413–463. La Salle, IL: Open Court.

——. 1975. "On the Conflicts between Biological and Social Evolution and between Psychology and Moral Tradition." *American Psychologist* 30: 1103–1126.

——. 1980. "Social Morality Norms as Evidence of Conflict between Biological Human Nature and Social System Requirements."

In *Morality as a Biological Phenomenon: The Presuppositions of Sociobiological Research*, edited by G.S.Stent, 67–82. Rev. ed. Berkeley: University of California Press.

——. 1987a. "Evolutionary Epistemology." In *Evolutionary Epistemology, Rationality, and the Sociology of Knowledge*, edited by G.Radnitzky and W.W.Bartley, 47–89. La Salle, IL: Open Court.

——. 1987b. "Blind Variation and Selective Retention in Creative Thought and in Other Knowledge Processes." In *Evolutionary Epistemology, Rationality, and the Sociology of Knowledge*, edited by G.Radnitzky and W.W.Bartley, 91–114. La Salle, IL: Open Court.

——. 1997. "From Evolutionary Epistemology via Selection Theory to a Sociology of Scientific Validity." Edited by C.Heyes and B.Frankel. *Evolution and Cognition* 3: 5–38.

Chisholm, Roderick M. 1954. *Review of The Sensory Order. Philosophical Review* 63: 135–136.

Cubeddu, Raimondo. 2002. "Uncertainty, Institutions and Order in Hayek." In *F.A.Hayek as a Political Economist*, edited by J.Birner, P.Garrouste, and T.Aimar, 134–152. London: Routledge.

D'Amico, Daniel, and Peter Boettke. 2010. "Making Sense of The Sensory Order." In *The Social Science of Hayek's 'Sensory Order'*, edited by W.N.Butos, 357–381. Vol. 13 of *Advances in Austrian Economics*. Bingley, UK: Emerald.

Darwin, Charles. 1974. *Metaphysics, Materialism and the Evolution of Mind—Early Writings of Charles Darwin*. Chicago: University of Chicago Press.

De Vecchi, Nicolò. 2003. "The Place of Gestalt Psychology in the Making of Hayek's Thought." *History of Political Economy* 35: 135–162.

de Vries, Robert P. 1994. "The Place of Hayek's Theory of

Mind and Perception in the History of Philosophy and Psychology." In *Hayek, Co-Ordination and Evolution*, edited by J.Birner and R. von Zijp, 311–322. London: Routledge.

Ebenstein, Alan. 2001. *Friedrich Hayek: A Biography*. New York: Palgrave Macmillan.

——. 2003. *Hayek's Journey: The Mind of Friedrich Hayek*. New York: Palgrave Macmillan.

Edelman, Gerald M. 1982. "Through a Computer Darkly: Group Selection and Higher Brain Functions." *Bulletin of the American Academy of Arts and Sciences* 36: 18–49.

——. 1987. *Neural Darwinism: The Theory of Neuronal Group Selection*. New York: Basic Books.

——. 2004. *Wider Than the Sky: The Phenomenal Gift of Consciousness*. New Haven, CT: Yale University Press.

Falk, Raphael. 1993. "Evolutionary Epistemology: What Phenotype is Selected and which Genotype Evolves?" *Biology and Philosophy* 8: 153–172.

Feser, Edward. 2006. "Hayek the Cognitive Scientist and Philosopher of Mind." In *The Cambridge Companion to Hayek*, edited by E. Feser, 287–314. Cambridge, MA: Cambridge University Press.

——. 2011. "Hayek, Popper, and the Causal Theory of the Mind." In *Hayek in Mind: Hayek's Philosophical Psychology*, edited by L. Marsh, 73–102. Vol. 15 of *Advances in Austrian Economics*. Bingley, UK: Emerald.

Fuster, Joaquin M. 1995. *Memory in the Cerebral Cortex—An Empirical Approach to Neural Networks in the Human and Nonhuman Primate*. Cambridge, MA: MIT Press.

——. 1997. "Network Memory." *Trends in Neuroscience* 20:

451–459.

——. 2011. "Hayek in Today's Cognitive Neuroscience." In *Hayek in Mind: Hayek's Philosophical Psychology*, edited by L.Marsh, 3–11. Vol. 15 of *Advances in Austrian Economics*. Bingley, UK: Emerald.

Gaus, Gerald F. 2006. "Hayek on the Evolution of Society and Mind." In *The Cambridge Companion to Hayek*, edited by E. Feser, 232–258. Cambridge, MA: Cambridge University Press.

Gray, John. 1984. *Hayek on Liberty*. New York: Basil Blackwell.

Grenell, Robert G. 1954. "Review of *The Sensory Order*." *Quarterly Review of Biology* 29: 409–410.

Hacohen, Malachi Haim. 2000. *Karl Popper—The Formative Years*, 1902–1945. Cambridge, MA: Cambridge University Press.

Hamlyn, David W. 1954. "Review of *The Sensory Order*." *Mind* 63: 560–562.

Hayek, F. A. (1933) 1991. "The Trend of Economic Thinking." In *The Trend of Economic Thinking: Essays on Political Economists and Economic History*, edited by W.W.Bartley III and Stephen Kresge, 17–34. Vol. Ⅲ of *The Collected Works of F.A.Hayek*. Chicago: University of Chicago Press.

——. (1937) 2014. "Economics and Knowledge." In *The Market and Other Orders*, edited by Bruce Caldwell, 57–77. Vol. ⅩⅤ of *The Collected Works of F.A.Hayek*. Chicago: University of Chicago Press.

——. (1939) 1997. *Freedom and the Economic System*. Public Policy Pamphlet No. 29. Chicago. Now in *Socialism and War*, edited by Bruce Caldwell, 189–211. Vol. Ⅹ of *The Collected Works of F.A.Hayek*. Chicago: University of Chicago Press.

——. (1941) 2010. "The Counter–Revolution of Science." In

Studies on the Abuse and Decline of Reason: Text and Documents, edited by Bruce Caldwell, 167–281. Vol. XIII of *The Collected Works of F.A.Hayek*. Chicago: University of Chicago Press.

——. (1942–1944) 2010. "Scientism and the Study of Society." In *Studies on the Abuse and Decline of Reason: Text and Documents*, edited by Bruce Caldwell, 75–166. Vol. XIII of *The Collected Works of F.A.Hayek*. Chicago: University of Chicago Press.

——. (1943) 2014. "The Facts of the Social Sciences." In *The Market and Other Orders*, edited by Bruce Caldwell, 78–92. Vol. XV of *The Collected Works of F.A.Hayek*. Chicago: University of Chicago Press.

——. (1944) 2007. *The Road to Serfdom*. Edited by Bruce Caldwell. Vol. II of *The Collected Works of F.A.Hayek*. Chicago: University of Chicago Press.

——. (1945a) 2014. "The Use of Knowledge in Society." In *The Market and Other Orders*, edited by Bruce Caldwell, 93–104. Vol. XV of *The Collected Works of F.A.Hayek*. Chicago: University of Chicago Press.

——. 1945b. *What Is Mind? A Working Hypothesis on the Origin of Sensory Qualities and Abstract Concepts*. First draft, typescript. Hayek papers, box 128, folder 34. Hoover Institution Archives, Stanford University, Stanford, CA.

——. (1946) 2010. "Individualism: True and False." In *Studies on the Abuse and Decline of Reason: Text and Documents*, edited by Bruce Caldwell, 46–75. Vol. XIII of *The Collected Works of F.A.Hayek*. Chicago: University of Chicago Press.

——. 1947. *What Is Mind? An Essay in Theoretical Psychology*. Second draft, typescript. Hayek papers, box128, folder 35. Hoover

Institution Archives, Stanford University, Stanford, CA.

——. 1948. *Individualism and Economic Order*. Chicago: University of Chicago Press.

——. (1952) 2006. *Die sensorische Ordnung—Eine Untersuchung der Grundlagen der theoretischen Psychologie*. Translated and with additional contributions edited by Manfred E. Streit, Friedrich A. von Hayek, *Gesammelte Schriften in deutscher Sprache*, Vol. B 5. Tübingen: Mohr Siebeck.

——. (1955) 2014. "Degrees of Explanation." In *The Market and Other Orders*, edited by Bruce Caldwell, 195–212. Vol. XV of *The Collected Works of F.A.Hayek*. Chicago: University of Chicago Press.

——. 1956/1957. "Über den Sinn sozialer Institutionen." *Schweizer Monatshefte* 36: 512–524.

——. (1960) 2011. *The Constitution of Liberty*. Edited by Ronald Hamowy. Vol. XVII of *The Collected Works of F.A.Hayek*. Chicago: University of Chicago Press.

——. (1961) 2014. "A New Look at Economic Theory." Virginia Lectures. In *The Market and Other Orders*, edited by Bruce Caldwell, 373–426. Vol. XV of *The Collected Works of F.A.Hayek*. Chicago: University of Chicago Press.

——. (1962a) 1967. "The Moral Element in Free Enterprise." In *Studies in Philosophy, Politics and Economics*, 229–236. Chicago: University of Chicago Press.

——. (1962b) 2014. "Rules, Perception and Intelligibility." In *The Market and Other Orders*, edited by Bruce Caldwell, 232–253. Vol. XV of *The Collected Works of F.A.Hayek*. Chicago: University of Chicago Press.

——. (1963a) 1992. "The Economics of the 1920s as Seen from

Vienna." In *The Fortunes of Liberalism: Essays on Austrian Economics and the Ideal of Freedom*, edited by P.G.Klein, 19–38. Vol. Ⅳ of *The Collected Works of F.A.Hayek*. Chicago: University of Chicago Press.

——. (1963b) 2014. "Economists and Philosophers." In *The Market and Other Orders*, edited by Bruce Caldwell, 427–443. Vol. XV of *The Collected Works of F.A.Hayek*. Chicago: University of Chicago Press.

——. (1964a) 1992. "Epistemological Problems of Economics." In *The Fortunes of Liberalism: Essays on Austrian Economics and the Ideal of Freedom*, edited by P.G.Klein, 147–149. Vol. Ⅳ of *The Collected Works of F.A.Hayek*. Chicago: University of Chicago Press.

——. (1964b) 2014. "The Theory of Complex Phenomena." In *The Market and Other Orders*, edited by Bruce Caldwell, 257–277. Vol. XV of *The Collected Works of F.A.Hayek*. Chicago: University of Chicago Press.

——. (1965) 2014. "Kinds of Rationalism." In *The Market and Other Orders*, edited by Bruce Caldwell, 39–53. Vol. XV of *The Collected Works of F.A.Hayek*. Chicago: University of Chicago Press.

——. (1966) 1978. "Personal Recollections of Keynes and the 'Keynesian Revolution.'" In *New Studies in Philosophy, Politics, Economics and the History of Ideas*, 283–289. Chicago: University of Chicago Press.

——. (1967a) 1978. "Dr. Bernard Mandeville." In *New Studies in Philosophy, Politics, Economics and the History of Ideas*, 249–266. Chicago: University of Chicago Press.

——. (1967b) 1992. "Ernst Mach (1838–1916) and the Social Sciences in Vienna." In *The Fortunes of Liberalism: Essays on Austrian Economics and the Ideal of Freedom*, edited by P. G. Klein, 172–175.

Vol. Ⅳ of *The Collected Works of F.A.Hayek*. Chicago: University of Chicago Press.

——. (1967c) 2014. "Notes on the Evolution of Rules of Conduct." In *The Market and Other Orders*, edited by Bruce Caldwell, 278–292. Vol. XV of *The Collected Works of F.A.Hayek*. Chicago: University of Chicago Press.

——. 1967d. *Studies in Philosophy, Politics and Economics*. Chicago: University of Chicago Press.

——. (1968a) 1992. "The Austrian School of Economics." In *The Fortunes of Liberalism: Essays on Austrian Economics and the Ideal of Freedom*, edited by P. G. Klein, 42–60. Vol. Ⅳ of *The Collected Works of F.A.Hayek*. Chicago: University of Chicago Press.

——. (1968b) 1978. "Competition as a Discover Procedure." In *New Studies in Philosophy, Politics, Economics and the History of Ideas*, 179–190. Chicago: University of Chicago Press.

——. (1968c) 1978. "The Confusion of Language in Political Thought." In *New Studies in Philosophy, Politics, Economics and the History of Ideas*, 71–97. Chicago: University of Chicago Press.

——. (1969) 2014. "The Primacy of the Abstract." In *The Market and Other Orders*, edited by Bruce Caldwell, 314–327. Vol. XV of *The Collected Works of F.A.Hayek*. Chicago: University of Chicago Press.

——. (1970) 2014. "The Errors of Constructivism." In *The Market and Other Orders*, edited by Bruce Caldwell, 338–356. Vol. XV of *The Collected Works of F.A.Hayek*. Chicago: University of Chicago Press.

——. (1973a) 1992. "The Place of Menger's Grundsätze in the History of Economic Thought." In *The Fortunes of Liberalism: Essays on Austrian Economics and the Ideal of Freedom*, edited by P. G.

Klein, 96–107. Vol. Ⅳ of *The Collected Works of F.A.Hayek*. Chicago: University of Chicago Press.

——. 1973b. *Rules and Order, Law, Legislation and Liberty*. Vol. 1. London: Routledge & Kegan Paul.

——. (1975) 2014. "The Pretense of Knowledge." In *The Market and Other Orders*, edited by Bruce Caldwell, 362–372. Vol. XV of *The Collected Works of F.A.Hayek*. Chicago: University of Chicago Press.

——. 1976. *The Mirage of Social Justice, Law, Legislation and Liberty*. Vol. 2. London: Routledge & Kegan Paul.

——. 1978. *New Studies in Philosophy, Politics, Economics and the History of Ideas*. Chicago: University of Chicago Press.

——. 1979. *The Political Order of a Free People, Law, Legislation and Liberty*. Vol. 3. London: Routledge & Kegan Paul.

——. 1983a. "Die überschätzte Vernunft." In *Evolution und Menschenbild*, edited by R.J.Riedl and F. Kreuzer, 164–192, 225–241 (discussion). Hamburg: Hoffmann und Campe.

——. 1983b. Nobel prize–winning economist oral history transcript. Completed under the auspices of the Oral History Program, University of California, Los Angeles.

——. 1984. "The Origins and Effects of Our Morals: A Problem for Science." In *The Essence of Hayek*, edited by C.Nishiyama and K.R.Leube, 318–330. Stanford, CA: Hoover Institution Press.

——. 1986. "The Moral Imperative of the Market." In *The Unfinished Agenda*, edited by R.Harris et al., 143–149. London: Institute of Economic Affairs.

——. (1988) 1992. "Notes and Recollections." In *The Fortunes of Liberalism: Essays on Austrian Economics and the Ideal of Freedom*, edited by P.G.Klein, 153–159. Vol. Ⅳ of *The Collected Works of*

F.A.Hayek. Chicago: University of Chicago Press.

——. 1992. *The Fortunes of Liberalism: Essays on Austrian Economics and the Ideal of Freedom*. Edited by P.G.Klein. Vol. IV of *The Collected Works of F.A.Hayek*. Chicago: University of Chicago Press.

——. 1994. *Hayek on Hayek—An Autobiographical Dialogue*. Edited by S. Kresge and L. Wenar. London: Routledge.

——. 2010. *Studies on the Abuse and Decline of Reason: Text and Documents*. Edited by Bruce Caldwell. Vol. XIII of *The Collected Works of F.A.Hayek*. Chicago: University of Chicago Press.

——. 2014. *The Market and Other Orders*. Edited by Bruce Caldwell. Vol. XV of *The Collected Works of F.A.Hayek*. Chicago: University of Chicago Press.

Hebb, Donald O. 1949. *The Organization of Behavior—A Neuropsychological Theory*. New York: John Wiley & Sons.

Hennecke, Hans Jörg. 2000. *Friedrich August von Hayek. Die Tradition der Freiheit*. Düsseldorf: Verlag Wirtschaft und Finanzen.

Herrmann-Pillath, Carsten. 1992. "The Brain, Its Sensory Order, and the Evolutionary Concept of Mind: On Hayek's Contribution to Evolutionary Epistemology." *Journal of Social and Evolutionary Systems* 15: 145-186.

Holland, John H. 1992. "Complex Adaptive Systems." *Daedalus—Journal of the American Academy of Arts and Sciences* 121: 17-30.

——. 1995. *Hidden Order: How Adaptation Builds Complexity*. Reading, MA: Helix Books.

——. 1996. "The Rationality of Adaptive Agents." In *The Rational Foundations of Economic Behavior—Proceedings of the IEA Conference held in Turin, Italy*, edited by K.J.Arrow, E.Colombatto,

M.Perlman, and C.Schmidt, 281–301. New York: St. Martin's Press.

——. 1998. *Emergence: From Chaos to Order*. Reading, MA: Perseus Books.

——. 2012. *Signals and Boundaries: Building Blocks for Complex Adaptive Systems*. Cambridge, MA: MIT Press.

Horwitz, Steven. 2000. "From *The Sensory Order* to the Liberal Order." *Review of Austrian Economics* 13: 23–40.

——. 2010. "I Am Not a 'Neuro–Hayekian,' I'm a Subjectivist." In *The Social Science of Hayek's "Sensory Order"*, edited by W.N.Butos, 383–389. Vol. 13 of *Advances in Austrian Economics*. Bingley, UK: Emerald.

Hutchison, Terence W. 1981. *The Politics and Philosophy of Economics: Marxians, Keynesians, and Austrians*. Oxford: Blackwell.

——. 1992. "Hayek and 'Modern Austrian' Methodology: Comments on a Non–Refuting Refutation." *Research in the History of Economic Thought and Methodology* 10: 17–32.

Kneale, Martha. 1954. "Review of *The Sensory Order*." *Philosophical Quarterly* 4: 189.

Koestler, Arthur. 1969. "Beyond Atomism and Holism—the Concept of the Holon." In *Beyond Reductionism: New Perspectives in the Life Sciences (The Alpbach Symposium 1968)*, edited by A.Koestler and J.R.Smythies, 192–232. London: Hutchinson.

Koestler, Arthur, and J.R.Smythies, eds. 1969. *Beyond Reductionism: New Perspectives in the Life Sciences (The Alpbach Symposium 1968).* London: Hutchinson.

Kraft, Victor. 1968. *Der Wiener Kreis: Der Ursprung des Neopositivismus*. 2nd ed. New York: Springer.

Kreuzer, Franz. 1983. *Markt, Plan, Freiheit—Gespräch mit*

Friedrich von Hayek und Ralf Dahrendorf. Wien: Franz Deuticke.

Leeson, Robert. 2013. Introduction to *Hayek: A Collaborative Biography, Part 1: Influences from Mises to Bartley*, edited by Robert Leeson, 1–42. New York: Palgrave Mcmillan.

Lindemans, Jan Willem. 2011. "Hayek's Post-Positivist Empiricism: Experience Beyond Sensation." In *Hayek in Mind: Hayek's Philosophical Psychology*, edited by L.Marsh, 143–170. Vol. 15 of *Advances in Austrian Economics*. Bingley, UK: Emerald.

Lorenz, Konrad. (1935) 1937. "The Companion in the Bird's World." *Auk* 54: 245–273. (English version of "Der Kumpan in der Umwelt des Vogels Der Artgenosse als auslösendes Moment sozialer Verhaltensweisen," *Journal für Ornithologie* 83: 137–13, 289–413.)

——. (1941) 1982. "Kant's Doctrine of the A Priori in the Light of Contemporary Biology." In *Learning, Development, and Culture*, edited by H.C.Plotkin, 121–143. Chichester: John Wiley & Sons. (English version of "Kant's Lehre vom Apriorischen im Lichte gegenwärtiger Biologie," *Blätter für Deutsche Philosophie* 15 (1941): 94–125.)

——. 1942. "Die angeborenen Formen möglicher Erfahrung." *Zeitschrift für Tierpsychologie* 5: 235–409.

——. 1950. "The Comparative Method in Studying Innate Behavior Patterns." In *Symposia of the Society for Experimental Biology, Number Ⅳ: Physiological Mechanisms in Animal Behavior*, 221–68. Cambridge, MA: At the University Press.

——. 1985. "My Family and Other Animals." In *Leaders in the Study of Animal Behavior: Autobiographical Perspectives*, edited by D.A.Dewsbury, 258–287. Lewisburg, PA: Bucknell University Press.

Mach, Ernst. 1883. *Die Mechanik in ihrer Entwicklung*. Leipzig:

F.A.Brockhaus.

——. 1885. *Die Analyse der Empfindungen und das Verhältnis des Physischen zum Psychischen*. Jena: Gustav Fischer.

——. 1896. *Populärwissenschaftliche Vorlesungen*. Leipzig: Barth.

Markose, Sheri M. 2005. "Computability and Evolutionary Complexity: Markets as Complex Adaptive Systems (CAS)." *Economic Journal* 115 (504): F159–192.

Marsh, Leslie. 2010. "Hayek: Cognitive Scientist Avant la Lettre." In *The Social Science of Hayek's "Sensory Order"*, edited by W.N.Butos, 115–155. Vol. 13 of *Advances in Austrian Economics*. Bingley, UK: Emerald.

——. ed. 2011a. *Hayek in Mind: Hayek's Philosophical Psychology*. Vol. 15 of *Advances in Austrian Economics*. Bingley, UK: Emerald.

——. 2011b. "'Socializing' the Mind and 'Cognitivizing' Sociality." In *Hayek in Mind: Hayek's Philosophical Psychology*, edited by L.Marsh, xiii–xxiv. Vol. 15 of *Advances in Austrian Economics*. Bingley, UK: Emerald.

Mayr, Ernst. 1961. "Cause and Effect in Biology." *Science* 134: 1501–1506.

——. 1982a. *The Growth of Biological Thought—Diversity, Evolution, and Inheritance*. Cambridge, MA: Harvard University Press.

——. 1982b. "Teleological and Teleonomic: A New Analysis." In *Learning, Development, and Culture*, edited by H.C.Plotkin, 17–38. Chichester: John Wiley & Sons.

——. 1988. *Toward a New Philosophy of Biology—Observations of an Evolutionist*. Cambridge, MA: Harvard University Press.

——. 1992. "The Idea of Teleology." *Journal of the History of*

Ideas 53: 117–35.

McQuade, Thomas J. 2006. "Science and Market as Adaptive Classifying Systems." In *Cognition and Economics*, edited by E. Krecke, C.Krecke, and R.Koppl, 51–86. Vol. 9 of *Advances in Austrian Economics*. Bingley, UK: Emerald.

McQuade, Thomas J., and William N.Butos. 2005. "The Sensory Order and Other Natural Classifier Systems." *Journal of Bioeconomics* 7: 335–358.

Miller, Mark S. 1996. "Learning Curve: Review of John Holland, *Hidden Order*," *Reason Magazine* (December 1996): 59–64.

Mises, Ludwig von. 1949. *Human Action—A Treatise on Economics*. New Haven, CT: Yale University Press.

——. (1962) 2006. *The Ultimate Foundation of Economic Science—An Essay on Method*. Indianapolis: Liberty Fund.

——. 1990. *Money, Method, and the Market Process*. Essays by Ludwig von Mises, Selected by Margit von Mises, Edited with an Introduction by Richard M. Ebeling. Norwell, MA: Kluwer Academic Publishers.

North, Douglass C. 2005. *Understanding the Process of Economic Change*. Princeton: Princeton University Press.

Plotkin, Henry C. 1982. "Evolutionary Epistemology and Evolutionary Theory." In *Learning, Development, and Culture*, edited by H.C.Plotkin, 3–13. Chichester: John Wiley & Sons.

Popper, Karl R. (1948a) 1972. "The Bucket and the Searchlight: Two Theories of Knowledge." In *Objective Knowledge—An Evolutionary Approach*, 341–361. Oxford: At the Clarendon Press.

——. (1948b) 1989. "Prediction and Prophecy in the Social Sciences." In *Conjectures and Refutations: The Growth of Scientific*

Knowledge, 336–346. 5th ed. London: Routledge.

——. (1953a) 1989. "Language and the Body–Mind Problem." In *Conjectures and Refutations: The Growth of Scientific Knowledge*, 293–298. 5th ed. London: Routledge.

——. (1953b) 1989. "A Note on Berkeley as Precursor of Mach and Einstein." In *Conjectures and Refutations: The Growth of Scientific Knowledge*, 166–174. 5th ed. London: Routledge.

——. (1957) 1994. *The Poverty of Historicism*. London: Routledge.

——. (1963a) 1994. "Models, Instruments, and Truth: The Status of the Rationality Principle in the Social Sciences." In *The Myth of the Framework: In Defence of Science and Rationality*, 154–184. London: Routledge.

——. (1963b) 1994. "Science: Problems, Aims, Responsibilities." In *The Myth of the Framework: In Defence of Science and Rationality*, 82–111. London: Routledge.

——. (1968) 1972. "On the Theory of the Objective Mind." In *Objective Knowledge—An Evolutionary Approach*, 153–190. Oxford: At the Clarendon Press.

——. 1972. *Objective Knowledge—An Evolutionary Approach*. Oxford: At the Clarendon Press.

——. 1974a. "Intellectual Autobiography." In *The Philosophy of Karl Popper*, edited by P. A. Schilpp, 3–181. La Salle, IL: Open Court.

——. 1974b. "Replies to My Critics." In *The Philosophy of Karl Popper*, edited by P.A.Schilpp, 961–1197. La Salle, IL: Open Court.

——. 1974c. "Scientific Reduction and the Essential Incompleteness of All Science." In *Studies in the Philosophy of Biology*, edited by F.J.Ayala and T. Dobzhansky, 259–284. London: Macmillan.

——. 1978. "Natural Selection and the Emergence of Mind." *Dialectica* 32: 339–355.

——. (1982) 1994. "Knowledge and the Shaping of Reality." In *In Search of a Better World: Lectures and Essays from Thirty Years*, 3–29. London: Routledge.

——. 1997. "Tribute to the Life and Work of Friedrich Hayek." In *Hayek: Economist and Social Philosopher—A Critical Retrospect*, edited by S.F.Frowen, 311–312. London: Macmillan.

Popper, Karl R., and John C. Eccles. 1977. *The Self and Its Brain: An Argument for Interactionism*. London: Routledge.

Radnitzky, Gerard, and W.W.Bartley Ⅲ, eds. 1987. *Evolutionary Epistemology, Rationality, and the Sociology of Knowledge*. La Salle, IL: Open Court.

Rizello, Salvatore. 1999. *The Economics of the Mind*. Aldershot, NH: Edward Elgar.

Rust, Joshua. 2011. "Hayek, Connectionism, and Scientific Naturalism." In *Hayek in Mind: Hayek's Philosophical Psychology*, edited by L.Marsh, 29–50. Vol. 15 of *Advances in Austrian Economics*. Bingley, UK: Emerald.

Scheall, Scott. 2015. "Hayek the Apriorist?" *Journal of the History of Economic Thought* 37: 87–110.

Schütz, Alfred. 2010. "Kommentar zum Wiener Hayek-Vortrag über 'Wissen und Wirtschaft.'" In *Zur Methodologie der Sozialwissenschaften*, edited by T. S.Eberle, J.Dreher, and G. Sebald, 91–122. Konstanz: UVK Verlag.

Smith, Adam. (1776) 1981. *An Inquiry into the Nature and Causes of the Wealth of Nations*. Indianapolis: Liberty Classic. First published 1976 by Oxford University Press.

Smith, Barry. 1997. "The Connectionist Mind: A Study of Hayekian Psychology." In *Hayek: Economist and Social Philosopher—A Critical Retrospect*, edited by S.F.Frowen, 9–29. London: Macmillan.

Smith, Vernon L. 2003. "Experimental Methods in (Neuro) Economics." In *Encyclopedia of Cognitive Science*, edited by Lynn Nadel, 1070–1079. Vol. 1. London: Nature Publishing Group.

Sprich, Christoph. 2008. *Hayeks Kritik an der Rationalitätsannahme und seine alternative Konzeption. Die Sensory Order im Lichte anderer Erkenntnistheorien*. Marburg: Metropolis.

Sprott, Walter John H. 1954. "Review of *The Sensory Order*." *Philosophy* 29: 183–185.

Steele, David R. 1987. "Hayek's Theory of Cultural Group Selection." *Journal of Libertarian Studies* 8: 171–195.

Steele, Gerald R. 2002. "Hayek's *Sensory Order*." *Theory & Psychology* 12: 387–409.

——. 2005. "Psychology, Social Evolution and Liberalism: A Hayekian Trinity." *Review of Political Economy* 17: 1–16.

——. 2007. *The Economics of Friedrich Hayek*. 2nd ed. New York: Palgrave Macmillan.

——. 2010. "Reflecting upon Knowledge: Hayek's Psychology and Social Science." In *The Social Science of Hayek's 'Sensory Order'*, edited by W. N. Butos, 57–81. Vol. 13 of *Advances in Austrian Economics*. Bingley, UK: Emerald.

Stone, Brad L. 2010. "The Current Evidence for Hayek's Cultural Group Selection Theory." *Libertarian Papers* 2, art. No. 45.

Streit, Manfred E. 1993. "Cognition, Competition, and Catallaxy: In Memory of Friedrich August von Hayek." *Constitutional Political Economy* 4: 223–262.

——. 2006. "Nachwort des Übersetzers und Herausgebers." In *Die sensorische Ordnung*, by F.A.von Hayek, 259–268. Vol. B 5 of *Gesammelte Schriften in deutscher Sprache*. Tübingen: Mohr Siebeck.

Tuerck, David G. 1995. "Economics as Mechanism: The Mind as Machine in Hayek's Sensory Order." *Constitutional Political Economy* 6: 281–292.

Vanberg, Viktor J. 1975. *Die zwei Soziologien. Individualismus und Kollektivismus in der Sozialtheorie*. Tübingen: J.C.B.Mohr (Paul Siebeck).

——. (1986) 1994. "Spontaneous Market Order and Social Rules: A Critical Examination of F.A.Hayek's Theory of Cultural Evolution." In *Rules and Choice in Economics*, 77–94, 252–260. London: Routledge.

——. 1993. "Rational Choice, Rule–Following and Institutions." In *Rationality, Institutions and Economic Methodology*, edited by U.Mäki, Bo Gustafsson, and C. Knudsen, 171–200. London: Routledge.

——. 2002. "Rational Choice vs. Program–Based Behavior." *Rationality and Society* 14: 7–53.

——. 2004a. "Austrian Economics, Evolutionary Psychology, and Methodological Dualism: Subjectivism Reconsidered." In *Evolutionary Psychology and Economic Theory*, edited by Roger Koppl, 155–199. Vol. 7 of *Advances in Austrian Economics*. Bingley, UK: Emerald.

——. 2004b. "The Rationality Postulate in Economics: Its Ambiguity, Its Deficiency and Its Evolutionary Alternative." *Journal of Economic Methodology* 11: 1–29.

——. 2011. "Freiheit und Verantwortung: Neurowissenschaftliche Erkenntnisse und ordnungsökonomische Folgerungen." In *Das Prinzip der Selbstverantwortung. Grundlagen und Bedeutung im heutigen Privatrecht*, edited by K. Riesenhuber, 45–72. Tübingen: Mohr Siebeck.

——. 2012. "Rational Choice, Preferences over Actions and Rule-Following Behavior." In *Handbook of the Philosophy of Science, Vol. 13: Philosophy of Economics*, edited by U.Mäki, 505–530.

——. 2013. "Hayek in Freiburg." In *Hayek: A Collaborative Biography, Part 1, Influences, from Mises to Bartley*, edited by R. Leeson, 93–122. New York: Palgrave Macmillan.

——. 2014. "Darwinian Paradigm, Cultural Evolution and Human Purposes: on F.A.Hayek's Evolutionary View." *Journal of Evolutionary Economics* 24: 35–57.

Vaughn, Karen I. 1999. "Hayek's Theory of the Market Order as an Instance of the Theory of Complex Adaptive Systems." *Journal des Économists et des Études Humaines* 9: 241–256.

Weaver, Warren. 1948. "Science and Complexity." *American Scientist* 36: 536–544.

Weimer, Walter B. 1982. "Hayek's Approach to the Problems of Complex Phenomena: An Introduction to the Theoretical Psychology of *The Sensory Order*." In *Cognition and the Symbolic Processes*, edited by W.B.Weimer and D.S.Palermo, 241–285. Vol. 2. Hillsdale, NJ: Lawrence Erlbaum.

——. 2011. "'Marginal Men': Weimer on Hayek." In *Hayek in Mind: Hayek's Philosophical Psychology*, edited by L. Marsh, xxv–xxviii. Vol. 15 of *Advances in Austrian Economics*.

Weimer, W. B., and D.S.Palermo, eds. 1982. *Cognition and the Symbolic Processes*. Vol. 2. Hillsdale, NJ: Lawrence Erlbaum.

Weimer-Hayek Discussion. 1982. "Weimer-Hayek Discussion."

In *Cognition and the Symbolic Processes*, edited by W.B.Weimer and D.S.Palermo, 321–329. Vol. 2. Hillsdale, NJ: Lawrence Erlbaum.

Whitman, Douglas G. 2004. "Group Selection and Methodological Individualism: Compatible and Complementary." *Advances in Austrian Economics* 7: 221–249.

Yeager, Leland B. (1984) 2011. "Hayek on the Psychology of Socialism and Freedom." In *Is the Market a Test of Truth and Beauty? Essays in Political Economy*, 397–406. Auburn, AL: Ludwig von Mises Institute. First published by American Enterprise Institute.

Zywicki, Todd J. 2000. "'Was Hayek Right About Group Selection After All?' Review Essay of *Unto Others: The Evolution and Psychology of Unselfish Behavior*, by Elliot Sober and David Sloan Wilson." *Review of Austrian Economics* 13: 81–95.

感觉的秩序：
探寻理论心理学的基础

前　言

在这本书的开头，我想必须解释一下为什么一个经济学家贸然闯入心理学，研究一个连心理学家都望而生畏的问题。这与我在经济学方面的才能无关(has little connection)[①]，其实，此想法产生于我的青年时代，那时我尚未确定将来从事经济学还是心理学。尽管后来我的工作偏离了心理学，但从前持有的一些心理学思想不但没有忘记，还逐渐得到发展。在研究社会科学方法时，这些思想给予我很大帮助。最终，社会理论的逻辑使我不得不重新捡起我的理论心理学观点，并加以系统审视。

30多年前，当我还是学生时，第一次写下了这些观点。当时的文稿就在面前，它已经包含了本书的所有原理。尽管如此，当时发表还是不明智的——虽然我自认为那时已经找到了一个重要问题的答案，但我却不能精确地表述该问题本身。我原以为只是把稿子放上几年，结果延宕日久，一直找不到机会整理它。近年来，我至少学会了如何表达出这个问题的本质，并且当时的答案——无论正确与否——对我来说仍然不无新意和价值，因此，我现在试图更完整地阐述当年的问题。

① [此处及其余各章节，哈耶克原本的拼写“connexion”均改为标准写法“connection”。——编者]

本书所要讨论的是上一代非常流行的一个问题。1919—1920年在维也纳时，我在没有太多指导的情况下读了一些心理学方面的书，激发了对该问题的思考。当时的心理学基本上处于1914年以前的状态。在此期间，我对决定心理学后来发展的大多数研究取向知之甚少，比如行为学派[除了巴甫洛夫(Pavlov)[1]和别赫捷列夫

① [Ivan Petrovich Pavlov(1849—1936)，俄国生理学家，因对条件反射的研究闻名，并因此获得1904年诺贝尔生理学或医学奖。巴甫洛夫或经典条件反射已经成为一种联想学习形式的代名词。在这种学习形式中，原本中性的刺激通过与无条件刺激配对成为条件刺激，触发了原本只由无条件刺激触发的那种反应。Pavlov通过观察发现，狗不仅在提供食物时流口水，而且在以前的喂食过程中，在提供食物与铃铛声相配后，狗也会对铃铛声作出反应。Pavlov的工作成了行为主义学派的基础——该学派试图完全用刺激和反应来解释行为，而不谈论任何内部心理状态。行为主义者还强调另一种联想学习的形式——操作性条件反射。与经典条件反射不同，在操作性条件反射机制下，作出一个行为的可能性变大或变小取决于是否有奖励紧随其后。——编者]

(Bechterev)[①]在俄罗斯所做的工作],格式塔学派(Gestalt school)[②]以

---

① [Wladimir Michailovic Bechterev(1857—1927),俄国神经学家和精神病学家。他独立于Pavlov提出了一种与之相对的条件反射理论,并称为联想反射(association reflexes)。像Pavlov一样,他所宣扬的"客观心理学"——避免内省,只用可观察的现象来解释行为——也预示了行为主义的路线。——编者]

② [格式塔学派是由德国心理学家Max Wertheimer(1880—1943), Kurt Koffka (1886—1941), Wolfgang Köhler(1887—1967)(他们最终都移居美国)创立的,以反对他们批评的"原子主义"感知理论。其主要原则是,生物体将外部刺激视为整体或完形(格式塔),而不仅仅是其组成部分的总和。关于他自己的"理论和格式塔学派的观点"之间的关系,哈耶克在下文7.15中指出,"至少在某些方面,本理论可以看成是对格式塔学派的方法的坚持和发展"。在提到人类认知心理学由于"从简单基本感觉的概念中逐渐解放出来……以格式塔学派为最"所获得的洞见时,哈耶克认为,"他们都以这样或那样的方式强调,我们对外部世界的感知是由拥有组织能力的心智来实现的"。见F.A.Hayek, "The Primacy of the Abstract" [1978], reprinted in *The Market and Other Orders*, ed. Bruce Caldwell, Vol. 15 (2014) of *The Collected Works of F.A.Hayek* (Chicago: University of Chicago Press), 317. 另见哈耶克的评论——根据他自己的理论,"但是,格式塔学派的许多成员从他们有趣的观察中得出了缺乏根据的本体论结论,这看来是不合理的。没有理由假定我们所感知的'整体'是外部世界的属性,而不仅仅(像其他抽象物一样)是我们头脑对复杂的刺激物进行分类的方式——因而所筛选出来的各部分之间的关系可能是重要的,也可能不是"(F.A.Hayek, *Studies on the Abuse and Decline of Reason*, ed. Bruce Caldwell, Vol. 13 (2010) of *The Collected Works of F.A.Hayek*, 111, fn. 4)。关于哈耶克的理论观点与格式塔心理学之间关系的详细讨论,见Nicolò De Vecchi, "The Place of Gestalt Psychology in the Making of Hayek's Thought", *History of Political Economy* 35 (Spring 2003):135—162。——编者]

及谢灵顿[①](Sherrington)或拉什利[②](Lashley)等人的心理学著作。尽管在维也纳那段时间的讨论充斥着心理分析，但我不得不承认我未

① [Charles Scott Sherrington爵士(1857—1952)，英国神经生理学家，由于在神经元功能方面的工作被授予1932年诺贝尔生理学或医学奖。Sherrington也曾在德国跟随Hermann von Helmholtz学习，他创造了现在常见的术语“神经元”和“突触”，以指称神经细胞和神经冲动从一个细胞向另一个细胞传递的位置。在经典著作The Integrative Action of the Nervous System (1906)中，他区分了探测光或声音等刺激的外部感觉器官(exteroceptive)、味觉感受器等内部感觉器官(interoceptive)和探测机体内部刺激的本体感觉器官(proprioceptive)。——编者]

② [Karl Spencer Lashley(1890—1958)，美国心理学家，深受John B.Watson(1878—1958)的行为主义影响，但他批评Watson的刺激—反应公式，认为其忽视了大脑在刺激和反应之间的因果关系方面的调节功能。Lashley创造了相互关联的概念“等位性”和“总体活动”。第一个概念是指大脑皮层中的区域是等效的，即如果皮层的一部分被破坏，其他部分可以接管被破坏细胞的功能。“总体活动”概念是指，学习牵涉到整个大脑皮层而不仅仅是某个特定的部分，因此，记忆痕迹在大脑中复制和分散。Lashley对神经功能理论的贡献由他最著名的学生唐纳德·赫布(1904—1985)进一步发展。见下文，本前言第115页注①。——编者]

能从中受益。我的知识主要来源于赫尔姆霍兹①、冯特②、詹姆士③、

---

① [Hermann von Helmholtz(1821—1894),德国生理学家和物理学家,一位真正的多面手,因在广泛的科学领域取得各种重大成就而闻名。在此处背景下,他对听觉和视觉的生理学、知觉理论和认识论的贡献尤其相关。Helmholtz是Johannes Müller(1801—1858;见下文,《感觉的秩序》1.34, 第180页注①)的学生,但他拒绝了老师的活力论,坚持认为"除了普通的物理—化学力量外,没有其他力量在有机体内活动"。他区分*感觉*和*知觉*,前者是感觉器官对刺激的反应,后者大脑对感觉的解释,认为物理现实和人类知觉之间可能存在差异。根据Helmholtz的观点,感官并不向大脑传递物理现实的镜像,相反,大脑根据有机体过去的经验,从感觉冲动中构建出有意义的解释。Helmholtz断言,因为有意义的知觉是由"无意识推断"(unconscious inference)过程产生的,所以对这一过程性质的洞察力不能通过内省获得,而"只能从感觉器官的生理调查中推断出来"。——编者]

② [Wilhelm Wundt(1832—1920),德国生理学家和心理学家,于1879年建立了第一个心理学研究实验室,被公认为实验心理学的开创者。冯特曾是缪勒(Johannes Müller)的学生,1858—1862年担任赫尔姆霍兹的助手。他假设心理—物理平行关系,明确区分心理过程和生理过程。他认为对意识体验的研究是科学心理学的主要任务,需要采用内省作为适当的研究方法。冯特提倡的内省是一种受控的、内部感知实验方法,其中有经验的观察者报告自己在受控实验环境中对所接触的刺激物的反应——思想、感受、情绪等。——编者]

③ [William James,(1842—1910),美国医生,心理学家,哲学家,与查尔斯·桑德斯·皮尔士(Charles Sanders Peirce, 1839—1914)一起被认为是实用主义这一独特哲学传统的创始人。1867—1868年,詹姆士因健康原因留在德国,他参加了在柏林举行的讲座,并在一封信中评判道:心理学正在成为一门关注"神经中的物理变化"与"意识现象的发生"之间关系的科学,他提到"海德堡的赫尔姆霍兹和一个叫冯特的人"正在研究这一问题。1873年在哈佛大学开始教学生涯后,詹姆士于1875年教授了第一门生理心理学课程,并在美国建立了第一个实验心理学实验室。他的开创性著作《心理学原理》(*Principles of Psychology*)(1890) ——包括"大脑的功能"和"关于大脑活动的一些一般条件"等章节——强调通过内省研究意识现象,作为"观察我们自己的心智并报告在其中所发现的东西"的方法。——编者]

缪勒[①](G.E.Müller)，特别是恩斯特·马赫[②]。我一直清晰地记得读马赫时的感受，类似于马赫本人所描述的对康德的自在之物的感受。我突然意识到，马赫关于感知组织(perceptual organization)的分析如果系统地发展下去，会使他自己的感觉元素概念成为多余，这个概念与他的大多数敏锐的心理分析相冲突。

30年后，在查阅现代心理学著作时，我十分惊奇地发现那个我曾经关心的问题依然如故。作为一个外行——恕我冒昧——我想说对于这个心理学基本问题的忽视，可能是在此期间过分轻视"推理"，而过于重视经验主义方法的结果。对于心理学家而言，"推理"

---

① [Georg Elias Müller(1850—1934)，德国心理学家，实验心理学的创始人之一。他于1887年在哥廷根大学建立了一个实验室，在那里，他作为学生曾听过赫尔姆霍兹的讲座。他的主要兴趣是研究刺激和感觉、记忆和学习以及色觉之间的关系。——编者]

② [Ernst Mach(1838—1916)，奥地利通才学者，以对物理学的贡献而闻名(他的名字被用作测量音速的单位)，但对哲学和心理学也有重大影响。他的实证主义—经验主义的认识论方法影响了维也纳学派，该学派实际上是从一个自称为恩斯特·马赫协会(Ernst Mach Verein)的团体发展起来的。马赫认为知识，包括科学，是头脑对环境的适应。他认为，我们对世界的感知总是根据预先存在的认知结构来进行的，这种认知结构受过去经验的制约，并不断适应新的经验，这启发了格式塔心理学的创始人。在一篇简短的文章中(" Ernst Mach (1938—1916) and the Social Sciences in Vienna" (1967; reprinted in *The Fortunes of Liberalism: Essays on Austrian Economics and the Ideal of Freedom*, ed. Peter Klein, Vol. 4 (1992) of The Collected Works of F.A.Hayek, 172—175))，哈耶克指出："碰巧的是，在1918—1921年的三年里，我在我的家乡维也纳的大学里学习，在这期间，马赫的思想是哲学讨论的主要焦点。……我已经记不清是怎样偶然接触到马赫的著作的，大概就在1918年11月我刚刚从前线返回时……我记得当时非常痴迷于马赫的科普讲座《发展中的力学》(*Populärwissenschaftliche Vorlesungen, Die Mechanik in ihrer Entwicklung*)，尤其是《感觉的分析》(*Analyse der Empfindungen*) ……在马赫作品的刺激下，我开始从个人的角度研究心理学和感觉生理学，甚至就这些问题写了一份研究报告，30年后，它终于成了一本书。"哈耶克所说的研究报告指的是1920年的手稿*Beiträge zur Theorie der Entwicklung des Bewußtseins*(英译本首次出版于本书，192页)，至于那本书，当然就是《感觉的秩序》。——编者]

（在我们的印象中它只是思考的另一种说法）似乎很丢脸，是没有专业声望的外行人所做的事。但是害怕深入探索思维这个复杂的过程，不但远未使讨论更加准确，似乎反而导致了许多模糊的概念被广泛使用，如表征过程(representative processes)，知觉组织(perceptual organization)，组织场(organized field)，好像这些概念描述的都是确定的事实一样，然而实际上它们只是一些含混不清的理论。而且，显而易见不等于至关重要。早期的心理学研究只强调外部反应，最近的研究关注对诸多宏观过程进行解剖或电传导分析，但这些对于我们理解心理学的基本问题都没有太多的帮助。

由于本书所涉及的是最一般的心理学问题，我担心对很多当代心理学家而言，本书讨论的更像是哲学问题而非心理学问题。但是，如果心理学家因此认为这超出了他们的领域，我万难同意。的确，本书并未呈现新的事实，所采用的也只是心理学范围内的寻常假说。其目的是推演出一些普遍接受的事实和假设的隐含意义，并用来解释心理现象(mental phenomenon)的本质这一核心问题。的确，如果这些事实和假设近乎正确的话，就一定能推出我在本书中所阐述的观点。令人惊讶的是，迄今为止几乎没有人试着这么去做。这或许是因为，思考和表达这些含义，需要一个人身兼多能，而这十分罕见。因此，在各自领域自信满满的专家面对这项工作的复杂性也会迟疑不前。要真正做好这项工作，一个人必须既是心理学家，又是生理学家、逻辑学家、数学家、物理学家及哲学家。我不得不承认，自己哪一个"家"也不是。但是否有人拥有所有这些素质呢？值得怀疑。即使有，至少此人没有尝试去解决这个问题。因此，第一次尝试不免要边干边学，而要圆满完成这个理论可能需要许多不同领域的专家共同努力。

我对于这个问题比较有信心的部分，包括问题的表述，解决的一般原则以及这些原理从科学的认识论和方法论的角度所推导出的一些结论，我相信在这些方面我说出了一些重要的东西。因此，这本书我相当满意的部分是开头和结尾：第一、二章和第七、八章。或许我不按照目前所采取的顺序来写会更明智一些，因为按照此顺序，本书的中间部分比其他部分，不可避免地显得更技术化和更不专业。但是即使冒着在某些方面可能犯错的危险，将前面章节中所谈到的一般原理加以详述也是非常重要的。话说回来，这也无大碍：对我而言，我更关心如何解释心理现象，而不太关心这个理论是否在所有细节上准确无误。由于前一个问题一直晦暗不明，所以尝试性的解释也是一种进展，哪怕它不完全正确。

即便如此，我也花了好几年才完成目前这个版本。尽管我努力熟悉相关文献，我依然不敢保证能完全跟得上学科的最新发展。这个问题似乎正重新受到学术界的青睐。一些最新的理论来得太晚而无法被本书吸收。特别是唐纳德·赫布[①]教授的《行为的组织》一书，它出版的时候，本书的最终版本已经基本确定了。该书包含了一套感觉的理论，与我此处所阐述的颇多相似。考虑到赫布教授具有更强的专业能力，我犹豫了很久，不知道出版本书是否还有意义。最后我认为赫布教授太多地关注心理学细节的阐述，而没能将该理论的一般原理表述得更清楚，而我则更侧重于这个理论的一般

① [Donald Olding Hebb(1904—1985)是加拿大心理学家，他的开创性著作*The Organization of Behavior：A Neuropsychological Theory* (New York：Wiley, 1949)提出了“试图弥合神经生理学和心理学之间差距的一般行为理论”（第vii页），为神经心理学的发展奠定了基础。赫布对行为主义的S-R公式持批评态度，他关注刺激和反应之间发生的事情，强调大脑中的神经过程在学习和记忆等心理过程中发挥的作用。赫布理论的三个核心猜想被称为“赫布突触”或“赫布定律”(Hebb synapse or Hebb rule)、“细胞结集”(cell-assembly)和“相位序列”(phase sequence)。其中第一个猜想是，当神经元同时被激活时，它们之间的连接（突触）强度会增加，这种现象称为“赫布式学习”(Hebbian learning)。第二个猜想认为，反复活动的神经元群体形成一个网络或一个细胞结集，这样神经冲动可以从任何细胞传到结集内的任何其他细胞。第三个猜想是，“相位序列”一词是指一个细胞结集中的神经活动可以刺激其他结集中的神经活动，而我们所经历的思维过程相当于从一个细胞结集到另一个细胞结集的这种激活序列。——编者]

原理而非细节，所以我希望这两本书是互补的而不是重复的。

我要感谢伦敦经济学院和芝加哥大学社会思想委员会，感谢他们给我提供了大量闲暇时间以投身于本不属于我主要职责领域的问题。感谢我的好朋友卡尔·波普尔[①]、贝塔朗菲[②]和

---

① [Karl Raimund Popper(1902—1994)是奥地利—英国哲学家，作为“批判理性主义”这一独特哲学观点的命名者和创始人而闻名。波普尔生于一个富裕的同化犹太家庭。和哈耶克一样，他在维也纳长大，受到“一战"后那里盛行的知识文化氛围的熏陶。由于同维也纳学派之间的关键分歧，他发展出证伪主义科学哲学，首次发表于1934年(*Logik der Forschung*)，后被译为《科学发现的逻辑》(1959)。其方法论的核心原则是，一个有资格被称为科学的理论必须具有潜在的可证伪的含义，即与逻辑上可能存在的事实不相容。1935—1936年，波普尔对日益严重的反犹太主义感到担忧，并试图寻找移民后的职业。他在英国待了几个月，其间遇到了哈耶克。他接受了在克赖斯特彻奇(Christchurch)的坎特伯雷大学学院任教的邀请，于1937年移民新西兰，并在那里写了《历史主义的贫困》(*The Poverty of Historicism*)(1957年；这本书最早于1944—1945年以系列文章的形式发表在哈耶克编辑的《经济学》杂志上)，以及他有影响力的论文《开放社会及其敌人》(*The Open Society and its Enemies*)(1945)。这两篇社会哲学作品批评历史主义是极权主义的一个组成部分，并捍卫开放社会。在哈耶克的推荐下，波普尔收到了伦敦经济学院的邀请，并从1946年到1969年任教于该校。——编者]

② [Ludwig von Bertalanffy(1901—1972)是一位出生于奥地利的生物学家，被公认为是一般系统理论的创始人。在《一般系统理论：基础、发展、应用》[*General System Theory*: *Foundations, Development, Applications* (New York: George Braziller, 1968)]中，他把这一主题定义为适用于一般系统的普遍原则的制定和推导，“无论其具体种类、其组成元素的性质以及它们之间的关系或‘力量’”(32)。在维也纳，贝塔朗菲师从石里克(见上文，导论，第20页及以下)，并在后者的指导下完成了关于心理学家和哲学家、心理物理学的创始人Gustav Theodor Fechner的博士论文。贝塔朗菲从1934年到1948年在维也纳大学担任教授，之后离开家乡奥地利，在英国、加拿大和美国的多所大学任教，1969年来到学术生涯的最后一站——纽约州立大学布法罗分校。贝塔朗菲理论观点的核心是，在生命科学中，我们通常处理的是“开放系统”，它们与传统物理学中的“封闭系统”不同。在与环境隔绝的封闭系统中，初始条件决定了系统的最终状态，而作为开放系统的生物体则与环境交换，表现出自组织的动态，保持所谓的“稳定状态”(*Fließgleichgewicht*)——哈耶克在下文中引用了这个概念(《感觉的秩序》4.14)。——编者]

埃克尔斯[①]教授阅读初稿，并给予评论。还有我的妻子，要不是她对本书手稿的尖锐批评，这本书无疑将比现在更加晦涩和零乱。

① ［John Carew Eccles(1903—1997)，澳大利亚神经生理学家，在C.S.Sherrington（见本前言，第152页注①）的指导下开始其学术生涯。他与英国同事霍奇金(A.L.Hodgkin)和赫胥黎(A.F.Huxley)一起，因研究突触传递的性质而于1963年获得诺贝尔生理学或医学奖。埃克尔斯与K.R.波普尔合作发表了《自我及其大脑——对互动论的论证》(*The Self and Its Brain—An Argument for Interactionism*)(1977)，作者在书中论述了心身问题，特别是心脑问题，称自己为“二元论者甚至多元论者，以及互动论者”。埃克尔斯明确赞同波普尔的三个世界概念（即物理对象的世界、意识状态的世界和客观知识的世界之间的区别）。——编者］

原版导言

海因里希·克吕弗[①](Heinrich Klüver)

据说,哲学家是属于那种一听到哲学这个字眼就感到问心有愧的人。今天的心理学家对于心理学这个字眼似乎没有愧疚的感受。这肯定不能说是因为心理学的整个领域突然获得了"科学"的地位。事实上,根据一些批评家的看法,心理学在过去一代的进步是令人悲哀的。当然,获得一个更好的心理学并不必要将所有的心理学家排除出局。无疑,如果心理学家从当代的心理学领域退出,生理学家、神经学家、精神心理学家、解剖学家、社会学家、生物学家和其他领域的工作者将使心理学以不同的形式"存活"下去。其他非心理学领域的研究者,在从事他们调查的时候,一次又一次地被迫涉及心理学问题,甚至被迫去思考理论心理学的问题。例如,大约在10

① [Heinrich Klüver(1897—1979),德裔美国实验心理学家和神经科学家,他的《猴子的行为机制》[*Behavior Mechanisms in Monkeys* (Oxford: University of Chicago Press, 1933)]对行为学和神经学研究产生了重大影响。Klüver在一战中服完兵役后,先在柏林大学学习心理学,然后在汉堡大学学习,在那里与格式塔心理学的创始人之一Max Wertheimer合作。1923年移居美国,1924年在斯坦福大学获得心理学博士学位。在明尼苏达大学和哥伦比亚大学任职后,于1933年加入芝加哥大学,在那里任教直到1963年退休。在芝加哥,他成为"神经学俱乐部"的成员,这是一个由神经科学家组成的团体,其中包括他一生的同事Karl Spencer Lashley(见上文,前言,第152页注②)。——编者]

年或10年之前，谢灵顿[①](Sherrington)迫切地感觉到需要考虑神经生理学和心理学现象的关系，并且在他的《人及其本质》一书中花上了几百页来分析心智(mind)的问题。

哈耶克博士的这本书，联系理论心理学问题对感觉的秩序做出了分析。该书提出了一个问题——对于心理学家而言，当听到心理学这个词语时，产生(至少偶尔会产生)某种负疚感的时刻是否还没有到来。一方面，在过去的几十年中间在理论心理学领域的系统性研究的数量和质量似乎存在下降的趋势；另一方面，心理学家在多个方面的(研究)活动似乎比以往更需要找到一个共同的参照点。只要假定心理学家各种研究涉及一个为心理学这个名词所指代的共同因素，或者只要保持这样的信仰不破灭，这样一种心理学的一般性概念框架必须成为一种基本兴趣。当然，在现代心理学中并不缺乏理论构建。但是，基于某个特定问题的详细实验分析而发展某种理论是一回事，考察理论心理学自身的概念工具则是另一回事。即使是特定的理论，也不能回避心理现象的复杂性。当缪勒[②](G.E.Müller)综合他在色视觉领域内50年的工作时，他花了650页来陈述他的色视觉理论，并且坚持说构建任何更简单的理论都会以忽视相关的事实为代价。说到理论心理学领域的系统性努力，近年来一个日益明显的趋势就是，心理学家发现他们的特定工作(从视觉的分析到政治运动的分析，从雄兵蚁性行为的调查到人类女性的行为研究)是如此包罗万象、费时吃力，除了徒添一些仓促的、不可靠的理论外，似乎再无益处。事实上，今天，只有像哈耶克博士这样的，远离心理学嘈杂市场的人，才能够拥有必要的超然与平和的心境，以便系统地探寻理论心理学的基础。

非常幸运的是，哈耶克博士选择了感觉的秩序作为讨论理论心

① [见上文，前言，第152页注①。——编者]

② [见上文，前言，第154页注①。——编者]

理学问题的基础。在一个多世纪以前的1824年，弗卢朗斯[①](Flourens)坚持认为，没有生理学的解剖学是盲目的解剖学(*une anatomie sans physiologie serait une anatomie sans but*)。无疑，"没有生理学的解剖学"和"没有解剖学的生理学"仍然存在于我们中间。甚至在现在，不难发现一些关于神经系统的"生理学"书籍，事实上只是一些包含详细生理学脚注的"解剖学"书籍。进入感觉生理学的领域，生理学与解剖学之间的关系就变得特别的重要和复杂。发表于1923年的克里斯[②](J.von Kries)的书籍《一般感觉生理学》[③]，如果不是最后的，至少是直到最近有重大意义的处理感觉秩序问题的尝试。正是克里斯明确地提出了现在被该领域中几乎所有的研究者认同的观点，即感觉生理学的问题与心理学、认知论和逻辑问题密切相关(如果不能说是完全相同的话)。这一点也是它不同于生理学所有其他的领域，甚至不同于所有其他自然科学的一点。事实上，感觉生理学和感觉心理学在极大程度上是不可区分的。心理学家们将记住克里斯所阐释的视觉双重理论，它与一般科学理论相比，经历了更长时间的检验，而且，赫克特[④](Selig Hecht)仅仅在几年前测定视觉所需的最小的能量时，发现的能级的数值与克里斯40多年以前发现的相等，尽管克里斯当时没有进行能量测定。因为赫克特惊奇地认识到克里斯完成这个测量的绝妙方式，他感觉有必要对克里斯在

---

① [Marie Jean Pierre Flourens(1794—1867)，法国生理学家，大脑实验研究的先驱，证明大脑的不同部分负责不同的功能。——编者]

② [Johannes Adolf von Kries(1853—1928)，德国生理心理学家，以色觉理论著称，其理论综合了Hermann von Helmholtz和Ewald Hering的视觉理论。他在柏林同前者一起工作过。(见下文，《感觉的秩序》，1.34，第181页注①)——编者]

③ [此处引用的是德文版，*Allgemeine Sinnesphysiologie* (Leipzig: F.C.W.Vogel, 1923)。尚无英文版。——编者]

④ [Selig Hecht(1892—1947)是美国生物物理学家，出生于奥地利，1898年来到美国，1917年在哈佛大学获得博士学位。自1926年起，他在哥伦比亚大学担任生物物理学教授，领导新成立的生物物理学实验室。——编者]

吸收、反射、镜头因素(lens factors)及其他决定最低能量所必需的类似因素做出评定时的技巧和仔细表示称赞。因此，如果某人声称感觉生理学问题必须求助于心理学、认识论和逻辑才能得到充分的处理，我们不能说这个人不具备在处理科学事务上所必需的老练，相反，我们要说他处理得很成熟。那么，是什么原因使心理学家将老练的生理学教授对感觉生理学问题的持续、专业的思考，视为“纯粹”哲学加以抛弃呢？如果这不能归结于大多数心理学家在处理逻辑和认知工具上无能的话，很明显，我们需要一个有能力的历史学家来给出解释。而且，这样的现象在心理学的历史中并不少见。齐亨(Ziehen)，一个神经解剖学家、精神分析学家、心理学家和逻辑学家，写过一本生理心理学教材，数次再版，也在1913年写过一本《建立在生理心理学和物理学基础上的认知论》[①]。这本书拥有一个可怕的题目，大约600页，但是可能没有哪个活着的心理学家在“一战”和“二战”期间阅读过所有的内容。无疑，严格审查一般感觉生理学的概念与心理学以及其他领域的关系，这是生理学和心理学研究领域进一步发展的必要前提。哈耶克博士在评定他自己在阐释和处理感觉生理学和心理学概念的能力方面，显得过于谦逊了。他所完成的工作是进一步科学进步所迫切需要的。

感觉的秩序问题以及物理学和感知现象之间的关系不仅是心理学家和生理学家的长期兴趣，也是数学家、逻辑学家和物理学家的长期兴趣，最近，甚至成为通信工程师的兴趣。正如杜布瓦雷蒙(P.du Bois-Reymond)曾经指出的，我们所有的人都被封闭在“感知

① [Theodor Ziehen(1862—1950)。这里引用的是他所编的教科书*Introduction to Physiological Psychology* (London：Swan Sonnenschein, 1892), 以及*Erkenntnistheorie auf psychophysiologischer und physikalischer Grundlage* (Jena：Fischer, 1913)。——编者]

的盒子里”。[1]总是有些人认为可能从这个盒子逃离,而另一些人则认为这是不可能的。例如,齐亨就持有这样的观点:我们在检验“给定的东西”(即经验提供的原材料,或者用他的术语,“gignomone”)的时候,发现到处都是相同、相似和差异。因此,一种基本的分类原理就是这些gignomone的必备要素或一个最终“不可解释和不能定义的事实”。非常有趣的是,克里斯也相信,相似性的存在是一个终极事实,既不需要也不允许解释。然而,感觉现象中经验的真实内容拒绝进一步分析这种观点总是与另一种观点相冲突,即正是这些现象之间长期存在的固定功能关系构成了真正的现实。

在导言有限的篇幅中,即使是概括出哈耶克博士理论的精华部分也是不可能的,但是,从一个更广阔的视角看,对于感觉和其他的心理现象,他的理论可以说体现了歌德(Goethe)著名的格言“所有成为事实的已经是理论”[2]。根据哈耶克博士的观点,感官知觉必须被认为是一个分类行动。我们所感知到的从来不是单个对象的独有特性,而总是对象与其他对象之间共同拥有的特性。感知因而永远是一种解释,把某物置于一类或者几类对象中,感质(sensory qualities)的特征属性,或者是在感知过程中将不同事件(events)置于其中的类(classes),不是这些事件所拥有的、以某种方式“传递”给大脑的属性。它们完全存在于有机体(对事件)的“辨别性”反应。通过这些辨别性反应,产生了特质的分类(qualitative classification)或

① [David Paul Gustave du Bois-Reymond(1831—1889),德国数学家。引文“我们被封闭在感知的盒子里,对于感知之外的东西,我们生来就是盲的”出自他的作品*Über die Grundlagen der Erkenntnis in den exacten Wissenschaften*(Tübingen: H.Laupp, 1890)第八章。他的弟弟Emil du Bois-Reymond(1818—1896)是Johannes Müller的学生(见下文,《感觉的秩序》, 1.32,第180页注①),后接替Müller担任柏林大学的生理学教授。——编者]

② [德文原文是:“Das Höchste wäre, zu begreifen, dass alles Faktische schon Theorie ist.”见Johann Wolfgang von Goethe, *Sprüche in Prosa* (Frankfurt: Insel Verlag, 2005), 57, No. 1.308。——编者]

者这些事件的秩序。文中主张分类是基于神经系统内部，由过去“链路”(linkage)产生的连接(connexion)而产生的。我们归因于所感受对象的性质，严格地讲完全不是对象的特性，而是一整套的关系——我们的神经系统根据这套关系对对象进行分类。换句话说，我们知道的关于这个世界的一切，都具有理论的特性，而“经验”能够做的就是改变这些理论。一切感知都选择给定情形的某些方面或特征，在这个意义上讲，感觉必然是“抽象”的。因此，每一种感觉，甚至是“最纯粹的”感觉，都应当是根据个体或者物种的过去经验对一个事件的解释。经验作用于生理事件，将它们排列成为一个结构或秩序，这个结构或秩序成为“心理”意义的基础。在个体或者系统发育的过程中，形成了一个连接系统，它记录了不同组合的内部和外部刺激同时作用于有机体的相对频率。每个单独脉冲(impulse)或者一组脉冲的发生，将会引发其他的脉冲，这些“其他的脉冲”过去总是与它或它们一道发生。初始脉冲(primary impulse)通过它所获得的连接，建立起一束次级脉冲(secondary impulse)，这就是初始脉冲的一个“跟随”(following)。正是由于这些或多或少相同的“跟随”，决定了不同形式的类。感质的秩序(the order of sensory quality)的本质特点在于，在那种秩序中，任一刺激或者一组刺激并不拥有一个由特定反应所代表的独特意义；事实上，这些刺激根据不同的情形被赋予不同的意义，因为这些刺激跟来自有机体自身或者外部世界无穷多的其他刺激共同出现，或者要根据后者予以评定以便赋予不同的意义。大量的心理现象，如辨别(discrimination)、刺激等价(equivalence of stimuli)、类化(generalization)、迁移(transfer)、抽象(abstraction)和概念思维(conceptual thought)，可以被解释为相同分类过程的不同形式，这些相同分类过程的有效运作产生了感觉的秩序。分类是由单个脉冲或者一组脉冲在复杂的连接结构(通过一个层级结构而延伸)中的位置——在拓扑而非空间意义上的位置——所决定的，这一事实在考虑到生理和解剖上变化的效果时具有重要的意义。

作者的这些构想至少足以刻画出本书所述理论的某些方面的特征。一些关注自然科学逻辑结构分析的研究者坚持认为，从“物质”概念到“功能”概念的转变是科学发展史的特征。“物体概念”(thing-concepts)已经逐渐地、常常是痛苦地让位于“关系性概念”(relational concepts)。一些评论家坚持认为，就是弗洛伊德(Freud)仍然只能算是一个“物质型”思想家。从这个方面来看，哈耶克博士的理论显得的确很现代，因为他的理论中甚至没有留下半点“物体概念”的痕迹。“心灵”对他来说转变为一种复杂的关系，只是“在有机体当中所发生的一整套事件的一种特定秩序，这种秩序虽然同外部物理秩序相关，但两者绝非等同”。(译注：《感觉的秩序》1.49)另外，他的理论与任何其他理论相比，或许更强调“经验”和“学习”的深远意义。某些理论总是强调“经验”因素，而其他的理论则强调使得经验成为可能的条件、结构和前提。但是，这两组因素的关系展示了一些特殊的困难。在阐释这些关系的复杂性时，哈耶克博士或许作出了他最重要和原创性的贡献。据他的说法，没有永恒的或者固定的“对象”，而只有“客观”了解这些对象的方式。这里哈耶克提出的理论暗示，即使是“客观”了解事物的方式也是不稳定的，或者只是相对稳定，并且分类原理本身也是变化的。因此，对与感觉的秩序或者其他的秩序相关的“元素”(elements)或“关系结构”，哈耶克博士所采取的并不是静止的观点。正如他所强调的，概念思维长期以来被认为是现象世界(假定是稳定不变的)元素持续重组的过程。然而，没有理由认为在较抽象思维过程和直接感知之间存在显著的差别，因为构成现象世界的特质元素(qualitative element)和整个感质的秩序其自身也要持续变化。大脑中没有什么东西不是在个体发育或者系统发育中建立的“链路”(linkages)的结果，这一事实并不排除重新分类的过程。同时，也要清楚地了解到，我们在任何时刻所知的外部世界，至少有某个部分不是从感觉经验习得的，而是我们获得这种经验的方法中固有的。也就是说，它是由先前已经建立的分类器官所决定的。换句话说，在每个层次上，我们有一部分知识尽管是经验的结果，但是不为经验所控制，因为它们是形成秩序的原则(ordering principle)。揣摩哈耶克博士理论的含义，令人不仅对于从事分类活动的有机体的特点和属性，而且对于“环境”的特点，都有了一种新的理解。人类仅仅占据了陆地生物圈的一个小角落，而该陆地生物圈包括巴甫洛夫(A.P.Pavlov)最近阐发的，具有高度化学活性的人类圈(anthroposphere)[①]。如果前感觉“链路”(pre-sensory linkage)和感觉“链路”不仅形成于个体的生活中，也形成于系统发育之中，那么在其中建构分类或导向器的环境特征就变得尤为重要。如果分类器官塑造于我们所处的环境条件，如果这种分类器官代表着某种环境或者环境中要素之间关系的再现(reproduction)，这样就出现了一个问题：在何种程度上环境因素将对分类的原则进行“着色”(colour)或者“调节”(condition)？按照哈耶克博士的理论，维尔纳德茨基[②](Vernadsky)的生物地球化学或

---

① [Aleksei Petrovich Pavlov(1854—1929)是一位俄国地质学家和古生物学家，读者请勿将其与I.P.Pavlov(见上文，前言，第150页注①)混淆。——编者]

② [Vladimir Vernadsky(1863—1945)是俄罗斯—乌克兰的矿物学家和地球化学家。——编者]

许具有出乎意料的心理学含义。同时,科勒[①](Ivo Kohler)最近获得的“有条件感知”(conditioned sensation)的引人注目的结果证明,环境因素和条件可以怎样强烈地影响个体生活中感觉的现象。

在本书中,哈耶克博士以高超的技巧和知识,借助心理学、生理学和其他数据来支持其论点,其敏锐的分析对众多的理论和问题都具有重大的意义,在此详加讨论和逐一枚举是不可能的。他提出的“地图”(Map),“模型”(model)和其他相关的概念将来可能成为分析大脑机制和行为的有效工具。或许最相关的是他的理论指出了一系列明确的实验方向。例如,不仅有可能通过实验改变感质,而且有可能创造全新的、以往未曾经历过的感质。心理学家可能发现这个理论可以用来设计超过哈耶克自己指出的范围以外的新实验。在考虑理论的推论和含义以及尽可能清晰地界定其内容时,作者毫不犹豫地指出,假如其他一些理论——如理查德·塞蒙[②](Richard Semon)的“记忆痕迹”(engram)理论,或者保罗·韦斯[③](Paul Weiss)

---

① [Ivo Kohler (1915—1985),奥地利实验心理学家,曾做过Theodor Erismann的学生和助手(见下文,7.24,第315页注①),后来在因斯布鲁克大学担任教师。Erismann和Kohler研究了戴着各种视力扭曲镜片的眼镜的受试者是如何适应他们的感知的。他们证明,在一个适应期内,受试者学会纠正扭曲的视觉刺激并恢复未扭曲的模式。哈耶克在他1969年的文章《抽象的首位性》(*The Primacy of the Abstract*)中提到了Ivo Kohler的文章《护目镜的实验》[“Experiments with Goggles”(in *Scientific American*, May 1962)],并指出Kohler在那里谈到了“视觉系统学会纠正棱镜产生的极其复杂和多变的扭曲的‘一般规则’”。见F.A.Hayek, “The Primacy of the Abstract”, in *The Market and Other Orders*, ed. Bruce Caldwell, Vol. 15 (2014) of *The Collected Works of F.A.Hayek* (Chicago: University of Chicago Press), 317, fn.9。另见哈耶克关于Kohler的说明,附在《感觉的秩序》参考文献后。——编者]

② [Richard Wolfgang Semon(1859—1918),德国生物学家,提出了一种记忆储存和检索的理论。他创造了“mneme”一词(源自希腊语中的记忆女神, Mneme)来表示记忆单位,并推测记忆以“mnemic traces”或“engrams”的形式储存在大脑中,当遇到回忆性刺激时就会被检索出来。——编者]

③ [Paul Alfred Weiss(1898—1989),奥地利神经生物学家, 1922年毕业于维也纳大学,1930年移居美国,在耶鲁大学、芝加哥大学和洛克菲勒大学任教。——编者]

的"共振"(resonance)理论——得到证实，则本书的理论将被证伪。

一个伟大的历史学家曾经表达过这样的观点："任何人或任何人的劳动成果都不可能完美无缺，像一本深思熟虑、毫无瑕疵的书。然而，仅仅寻章摘句地指出书中这儿那儿的缺陷和不足，似乎更像是同时代竞争对手的嫉妒之举，而非历史学家的职责所在……。"[①]当审视一个心理学理论的复杂结构时，心怀嫉妒的"当代同行们"——不管多么困难——无疑将总是试着挑出一些小毛小病。大约20年以前，在评论一项涉及关系(relations)和关联者(relata)的相互依存分析和固定行为形式建立的实验时，拉什利提到"通过相互依赖过程的复杂网络(即'心智')来进行关系的追踪"。对此，哈耶克博士已做了十分突出的工作，他的著作是这个国家过去几十年中出现的最有趣和最重要的理论心理学书籍之一。

① [引自 Ernst Cassirer, *The Problem of Knowledge*: *Philosophy, Science, and History since Hegel* (New Haven: Yale University Press, 1950), 283。——编者]

第一章　问题的性质

1. 什么是心智？

1.1 本研究主题的性质决定了它的第一个任务是最重要的也是最困难的——这就是清晰地表述有待回答的问题。一旦准确说明了问题的意义，并且明白什么样的陈述可以作为其答案，我们就朝着问题的解决迈出了一大步。

1.2 以前，该问题常在这样一些标题之下探讨：心智(mind)和身体的"关系"，或者心理(mental)事件和物理事件的"关系"，或者"什么是心智？""心智在自然界中的位置是什么？"这些说法，尽管指出了一个广泛的研究领域，却并未说明问题究竟是什么。要想研究两类事件如何相互关联，先得知道这两类事件是按照什么属性加以区分的。关于身心问题，任何有效的讨论都必须克服一个困难：在全部知识中，怎样知道哪些是关于心理事件的知识？哪些是关于物理事件的知识？

1.3 为避开上述一般性问题的某些困难，让我们先集中于一个较为明确、特定的问题。我们将探究：运行于中枢神经系统各部分的神经脉冲(impulse)的功能意义(functional significance)将怎样被相互区分，从而使这些脉冲产生效果的差异，跟我们所知道的，不同的感质(sensory qualities)之间的差异方式相同。假如能证明，在这些生理事件与其他生理事件之间存有一个关系系统，恰与相对应的心理事件与其他心理事件之间所具有的关系系统相同，那就可以说，我们建立了特定生理事件和特定心理事件之间的“对应”关系。

1.4 这里要研究的问题是：感质的秩序是如何决定的？（译注：感质的秩序 the order of sensory qualities，感觉的秩序 sensory order 这两个短语，在本书中可以互替，都是指各种感质相互辨别的方式或者感质在多个维度上的排布）研究这个问题，是因为它以最清晰的形式，提出了心理事件特有的问题。本书主张：“感质的秩序是怎样决定的”这个问题的答案，就是所有关于感质的“性质”或“起源”问题的答案；而且，用于解释感质辨别的一般原理，同样可以用来解释其他心理事件如意象(images)、情绪(emotions)和抽象概念(abstract concepts)的特性。

1.5 按照本研究的目的，我们用感觉的“质”（译注：即感质）这个概念，指有机体对各种刺激的反应的所有属性或维度。这是一个广义的概念，它不仅包括在强度、广度、清晰度等方面相区别的感质，而且囊括了感觉的所有其他属性[①]。我们会谈到“感质”和“感觉的秩序”，以有别于更广泛的“心理特质”(mental qualities)的秩序中所包含的“情感特质”(affective qualities)（译注：如愤怒、悲伤、欣喜等）和其他的“心理状态”(mental values)。

---

① 参见E.G.Boring，1933年，第22—23页，以及同作者，1942年，第42页。[Edwin Garrigues Boring (1886—1968)，美国实验心理学家，1924—1949年在哈佛大学担任实验室主任，1928—1956年在哈佛大学担任正教授。他尤其以论文《实验心理学史》(*A History of Experimental Psychology* (1929))而闻名。他较早注意到《感觉的秩序》并发表了评论，见*Scientific Monthly*, Vol. 76, 1953, p. 182—183。——编者]

2. 现象世界和物理世界

1.6 准确地说，感质的存在所提出的问题源于如下事实：物理科学的进步，就是从关于外部世界的科学画面中消除这些感质①。为了对物理世界的规则性作出令人满意的解释，物理学不得不越来越多地用物理对象之间可观察的关系，而越来越少地用物理对象呈现给人的样子来定义它们。

1.7 因而，事实上至少存在两种秩序②——人们以此来对周围世界的对象进行安排或分类。其一是感觉经验的秩序，在其中，事件按照其感觉特性如颜色、声音、气味、触觉等进行分类；其二是物理科学的秩序，其中除了包括前一类的感觉经验之外还有一些别的事件，但是物理科学的秩序对事件的分类，则是按照这些事件与别的事件一起所引起的外部事件的效果差异来进行的。（译注：即按照事物之间相互作用产生的效应/效果的异同来进行分类）

---

① 参见如M.普朗克(M.Planck)，1925年，第5页："感知已经确定无疑地从物理学的声学、光学和热学中消失了。如今，对声音、颜色和温度的物理定义同各个感官的直接感知没有任何联系，声音和颜色分别用振动的频率和波长来定义，温度则按照热力学第二定律的绝对温度来下定义。"又见同作者，1949年(1941年)，第108页。[Max Karl Ernst Planck (1858—1947)，德国理论物理学家，诺贝尔物理学奖获得者(1918年)，特别是以创立量子理论而闻名。普朗克是一个著名学术家庭的后代，曾在柏林师从Herrmann von Helmholtz，并在慕尼黑(1880—1885)、基尔(1885—1889)和柏林(1889—1928)的大学担任教授。1930年，他被任命为德皇威廉科学促进会的主席，第二次世界大战后，该学会以他的名字重新命名为马克斯·普朗克学会。——编者]这一现象不仅限于"次级的"质，见H.Margenau，1950年，第7页、第49页。[Henry Margenau (1901—1997)是一位出生于德国的物理学家，获得耶鲁大学博士学位，后来在该校任教。他发表过关于物理学基础的作品，如哈耶克在此处提到的《物理现实的本质》(*The Nature of Physical Reality*)。——编者]

② 因为，我们将会看到，从感觉秩序到物理秩序是一个逐渐的运动过程，严格来说，存在着无限多种秩序，感觉世界的自然图像和最新的物理学知识只是其中最显著的类型。

1.8 虽然有些物理学的古老分支——尤其是光学和声学——始于对感质的研究，但是现在，它们不再直接关心研究对象的感官印象了。最能说明这一点的是，人们如今谈起（这些）感觉(sense perception)时，有必要强调“可见光”和“可闻声”。对于物理学家来说，“光”“声”现在是按照波动来定义的，而且，除了研究引起明确感觉经验的物理事件（如某个范围内的“光波”和“声波”）之外，物理学家还研究不可感知的事件如电、磁等，尽管它们并不直接产生感质。[①]

1.9 事物在感觉经验中所呈现的秩序和在物理科学中所呈现的秩序之间，并不存在简单的一一对应关系。在一个秩序中属于同类的对象或者事件，在另一个秩序中未必如此。在感觉中同类的事件在物理秩序中可能并不是同类的；反过来，物理上同类或类似的事件在感觉中可能完全不同。因此我们说，物理的秩序和感觉的秩序是两种不同的秩序。

1.10 这两种秩序有很多名称。一方面，我们有主观的、感觉的、可感的、感知的、熟悉的、行为的或者现象的[②]世界；另一方面，我们有客观的、科学的、“地理的”、物理的或(有时说)“建构的”世界。在下文中，我们一般用“现象的”来描述“通过感质所感知的事件的秩序”，而用“物理的”[③]来描述“完全用事件的相互关系来定义的事件秩序”。偶尔也会用“感觉的”代替“现象的”，尤其是在（如书名中的）“感觉的秩序”这一短语中。后文（第五章和第八章）也将这两种秩序分别称为“宏观宇宙”(macrocosm)和“微观宇宙”(microcosm)。

① 参见J.von Kries，1923年，第67页，以及E.G.Boring，1942年，第97页。直至1935年后者还写了如下的话（第236页）：“感觉的属性表现出同刺激维度的一一对应，这是心理学的传统观点。”

② 在德语中常常用一个很难准确翻译的词“*anschaulich*”。

③ 为了防止混淆，或许应该指出，逻辑实证主义者所说的“物理语言”指的是现象的而不是物理的秩序。

它们之间的关系是本书的中心问题。

1.11 重要的是，不要将“现象秩序”和“物理秩序”的差别，当作其中任何一个秩序与日常语言中“真实”世界的差别。我们所关心的，不是“表象”(appearance)和“真实”(reality)的差异，而是事件相互作用的效果差异以及事件作用于人的效果差异。的确，在我们所考察的层面上，“真实”这个词是否还有清晰的意义，是值得怀疑的[①]。无论如何，出于本研究的目的，我们并不对一件事“是什么”或者“真的是什么”这样的问题感兴趣(不管它们意味着什么)，而仅对一个特定对象或事件是怎样区别于同一秩序或语境下其他对象或事件的问题感兴趣。例如，“什么是X？”这样的问题，似乎只在一个给定的秩序内才有意义，并且在此限度内，它必须总是指同一秩序中一个特定事件和其他事件的关系。我们会看到，在此意义上心理世界和物理世界是两种不同的秩序，同样一些元素可以按不同的方式被安置在这两种秩序中。虽然，我们最终要承认心理秩序是物理秩序的一部分，但它是一个特殊的部分——心理世界在更大的物理秩序中的精确位置，永远不能确定。

1.12 从历史上看，“真实”这个概念，是在同错觉(sense deception)或其他纯粹心理缘由所导致的“幻觉”的对比中形成的。但是，借助一种感觉经验来纠正另一种感觉经验的做法(就如在揭穿某种视觉幻觉时所做的那样)，与物理科学的做法之间并无根本区别——当两个物理对象如果对我们所有的感官都相似，但是相对于其他物理对象的关系却又不同时，物理学便使用类似的程序对这两个对象

① 这些疑问还没有被W.Metzger(1941)第2章所做的对于不同种类和程度的“真实”(*wirklichkeit*)的仔细区分消除。[Wolfgang Metzger (1899—1979)曾跟随柏林格式塔学派的创始人学习(见上文，前言，第151页注②)，被认为是德国格式塔心理学的主要代表之一。20世纪30年代初，他在法兰克福大学担任Max Wertheimer的助手，并完成了他的教授资格论文。1939年，他接过Wertheimer在1933年因国家社会主义政权迫使他流亡而腾出的心理学教席。从1942年到退休，Metzger在明斯特大学任教。——编者]

加以辨别。如果说物理学的检验才是“真实”的标准，无异于说，物理学的各种概念比人们所触摸或所看见的东西更加“真实”，甚至，“真实性”这个术语只能留给我们从定义上永远不能了解的某种东西——这显然和“真实”术语原本的意义相违。由此得出的结论可能是，该术语在科学讨论中应当完全避免使用。[①]

1.13 物理秩序和现象秩序之间的关系，向我们提出两个不同但相关的问题。其中，第一个问题给出了物理科学的任务，而第二个问题给出了理论心理学的任务。物理科学的任务，是用一种更好的事件分类来替代感觉所作出的事件分类，因为后者被证明不足以描述这些事件的规律性。而理论心理学的任务恰好反过来，它要解释：为什么这些事件按彼此关系而形成的一套（物理）秩序，却在人的感觉中展现为另一套秩序。

1.14 因此，物理学的问题产生于如下事实：我们感觉相似的对象，并不总以相同的方式作用于其他对象，亦即现象上类似的事件，在物理上不一定是类似的；反之，对人来说完全不同的对象，在物理上却可能非常相似。

1.15 正是上述事实使得有必要用一个新的事件分类方式替代基于感觉效果的分类，以便建立一种能够预测事件的科学。这个新的分类方式，更符合物理对象或事件相互作用效果的异同。但是，这种用纯粹事件相互关系的秩序（物理秩序）逐步替代对事件的感觉的秩序，只能回答由于两种秩序的存在而引起的问题之一。即使完全回答了这个问题，我们还是不知道，为什么这些物理对象是（如其所是的）那样呈现在我们面前。

1.16 由于物理科学已经表明，外部世界的对象可以通过相互作用所产生的不同效果而得到辨别，同时这些对象也作用于感官而产

① 关于从儿童努力开始的科学的世界图像的逐渐演变，以及关于“真实”这个术语的使用，见M.Planck，1949年，尤其第90页和第95—105页。

生效果差异,但是这两类作用的方式往往不同。所以,我们可以合理地问:为什么外部世界以这种方式呈现给我们?实际上,该问题是理论心理学的中心问题。我们所感知的现象异同,并不对应于事件在彼此关系中所表现出来的异同,因此我们不能说,世界对我们呈现出这样的面貌是因为它本来就是这样的。从而,"世界为何这样呈现给我们?"就成为一个真问题。①

1.17 或许,心理学家一般还未充分意识到,随着物理科学的发展,解释现象世界的心理特质的秩序(qualitative order),责无旁贷地成为心理学的任务。心理学要解释的,并非仅借助所谓"内省"(introspection)的特殊方法而得知的某些东西,而是每当我们要了解外部世界时就必须体验的,并且的确可以由此理解外部世界的那些东西。这就是关于外部世界的(物理)科学理论中所没有的,也未被那种(物理)科学解释的东西——感质(qualities)。每当我们研究感质的差异的时候,我们就是在研究心理事件而非物理事件,而且我们相信,人关于外部世界的很多知识其实是关于他自己的知识。②

1.18 因此,所有心理事件所提出的基本问题是:感质并不是对外部世界性质的复制。换言之,心理学必须关注被普通人天真地当

---

① 参见K.Koffka,1935年,第75页以下。[Kurt Koffka (1886—1941)作为格式塔心理学派的创始人之一而闻名(见上文,前言,第151页注②)。他于1911—1924年在吉森大学任教。他1922年发表在《心理学通报》(*Psychological Bulletin*)上的文章《感知:格式塔理论简介》(*Perception: An Introduction to Gestalt Theory*),以及1924年英文版的《心灵的成长:儿童心理学导论》(*Growth of the Mind: An Introduction to Child Psychology*)[原版为德文*Die Grundlagen der psychischen Entwicklung: Eine Einführung in die Kinderpsychologie* (1921)]推动了格式塔理论在美国的传播。从1924年到1925年,Koffka在康奈尔大学担任客座教授,后来又在威斯康星大学麦迪逊分校任教,1927年他在马萨诸塞州北安普顿的史密斯学院担任长期职位,在那里一直待到他生命的尽头。——编者]

② 参见F.A.Hayek,1942年,第279页。

作外部世界的，然而在物理学关于外部世界的画面中又找不到位置的那些方面。

1.19 重申心理学的中心问题之所以必要，是因为下面的事实：即使物理科学取得了圆满的进步，它也只能对我们所感知的世界给出部分解释，而必定会留下一个未被解释的剩余(residue)。当我们学会按照其相互作用的效果的异同，而不管其呈现给人的异同来辨别外部世界的事件(event)后，到底是什么令事件对我们呈现为相似或不同的问题，仍然有待解决。在某些现象事件组和某些物理事件组之间建立起经验性的对应关系，并不足以回答这个问题。我们想知道，一个给定的物理情境(situation)经由何种过程被转换为某种(我们感知到的)现象图画。

1.20 由于事件的特定秩序(现象秩序)，仅在某种有机体对事件的反应中显现，而不是在这些事件的彼此关系中显现，很自然，我们要在有机体的结构特征中寻找对这种秩序的解释。我们终将发现，解释蕴含于如下事实：这些有机体能在其自身中再现(reproduce)它所在环境的事件关系(或是“为它们建立模型”)。

1.21 心理学问题是物理学问题的逆问题。这意味着，物理学把现象世界的事实作为其材料(data)，把物理世界的秩序作为其目标(quaesitum)。心理学则正好相反，它把现代物理学所提供的物理世界视为给定材料，力图重建有机体所熟知的，以感觉的秩序对物理事件作出分类的过程。换言之，心理学必须从物理学定义的刺激出发，表明感觉为何及怎样把相似的物理刺激分类为相似或不同的，以及为何及怎样把不同的物理刺激分类为相似或不同的。[①]

① 参见E.G.Boring，1942年，第120页：“今天人们先考虑某个刺激的一些维度，然后寻求它们导致的现象结果。过去曾经探索色彩的物理原因，而现在则询问单色光的效果。”

3. 刺激、脉冲和特殊神经能量说

1.22 在展开进一步分析以前，有必要更精确地定义经常用到的一些术语，特别是“刺激”(stimulus)、“神经脉冲”以及更加具体的概念，如刺激的特定“种类”(kinds)，相同或不同的神经脉冲等，各是什么意思？在这个阶段，也要顺便考虑著名的“特殊神经能量理论”(the specific energy of nerves)的含义。①

1.23 刺激(stimulus)这个术语将贯穿于整个讨论，它是指位于神经系统以外的事件（经过或不经过感受器的中介）作用于神经系统，在一些神经纤维(in some nerve fibers)②中引起了从作用点到神经系统其他点的神经传递过程。看起来，至少部分感受器不是对于任何给定刺激的恒定作用敏感，而仅对刺激的变化敏感。在神经纤维中产生并且沿着神经纤维传递，扩散的作用称为脉冲(impulse)。

1.24 如前所述，一个物理事件仅在它能对感受器施加作用的意义上才被描述为一个刺激③。关于这一点，人们在“刺激”和它的“来源”（有时描述为刺激物）之间所作的区分十分混乱。我们这里所

---

① [特殊神经能量定律指出，感官体验的差异（例如，听觉、视觉和触觉之间的差异）不是由于激发刺激本身的差异，而是取决于哪些神经被激发，以及它们将冲动传递到大脑的哪个部分。该法则最早由Johannes Peter Müller提出（见下文，1.32，第180页注①）。——编者]

② [哈耶克原本的拼写是“fibre”，此处及全书各章节均改为标准拼写“fiber”。——编者]

③ R.S.Woodworth，1938年，第451页。[Robert S.Woodworth (1869—1962)在哈佛大学跟随William James学习，1903—1942年在哥伦比亚大学担任心理学教授。他的教科书《心理学：精神生活的研究》[*Psychology*：*A Study of Mental Life* (1921)]和《实验心理学》[*Experimental Psychology* (1938)]手册成为教学和研究的标准参考书。他的志向是调和心理学的不同观点，尤其体现在他的《当代心理学流派》[*Contemporary Schools in Psychology* (1932)]一书中。——编者]

说的刺激总是最近刺激(proximal stimulus)[①]，即在引起脉冲的事件链条上最后的、已知的物理事件。然而，在有些情形（尤其是气味）中，最近刺激往往不能确切地知道，我们不得不满足于找一个较远的事件，把它当作那个未知的最近刺激的源头。

1.25 从一开始，我们就要谨防这样的假设：每一个感觉总是对应于一种特定的刺激。实际上，几个不同刺激不仅可以产生相同的感觉，而且许多情况下，似乎存在这样一种规则：几个不同的刺激作用于不同的感受器才能产生特定的感觉。[②]

1.26 由于中心问题是，不同刺激以什么方式作用于神经系统，或者说，它们是怎样被神经系统分类的，因此很显然不能把感觉对刺激所作的分类作为分析的起点。不同刺激或者不同种类刺激的辨别，必须独立于它们对于有机体所产生的效果。但这种独立永远不会是完全的，因为关于外部事件的所有知识都来自感觉经验。但是在下述意义上，它可以是独立的：我们不是按照事件对感觉的直接效果对它们分类，而是按照它们作用于其他外部事件所产生的效果来对它们分类，由此产生的效果又进而作为我们感官的刺激。这种对外部刺激事件的分类，是按照它们作用于其他事件所产生的效果进行的，而其他事件又是按照对另一些其他事件作用的效果进行分类的，当然，这也就是物理科学对于刺激的分类方式，是我们必须接受的。

1.27 比如说，我们绝不能把那些我们看起来相同颜色的光，或

---

① K.Koffka，1935年，第80页。

② C.T.Morgan，1943年，第297—298页。[Clifford T.Morgan (1915—1976)1939年毕业于罗切斯特大学，在那里接触到生理心理学。随后他在哈佛大学Karl Lashley实验室工作，后来在几所大学任教，最后在得克萨斯大学稳定下来。他的《生理心理学》(1943年)(*Physiological Psychology*)一书是他在罗切斯特和哈佛的研究和实验的成果，奠定了他在这个领域独一无二的权威地位。他的教科书《心理学导论》(1956)(*Introduction to Psychology*)是一本畅销书。——编者]

闻起来气味类似的所有物质都当作相同的物理刺激，而只是把以不同的方式同其他物理对象（通常是为此而设计的仪器）结合而产生了同样效果的光波当作相同的物理刺激。类似地，我们也只把化学组成相同的物质当作相同的物理刺激。

1.28 为了我们的目的，也有必要把那些物理上相同但作用于身体不同部位的刺激视为不同的刺激，因为，它们绝非理所当然地（或总是）引起同样的感质。那么，为什么（一般来说）相同的物理刺激作用于不同感受器会产生相似的感觉呢？这个问题其实是我们这个研究课题的最简单形式。

1.29 一个刺激，往往要经由特定感受器的选择作用为中介，才能产生神经脉冲；这些特定感受器对特定种类的刺激作反应，而对其他刺激不作反应。然而，感受器官的选择性并不完美。即便所谓的“充分刺激”（adequate stimuli）——一个给定的感受器通常对之有反应的刺激强度——也通常包含不止一个精确定义的物理刺激（比如特定频率的波），而是包含一个范围或大或小的刺激区间，例如某一频段。除此之外，一些充分刺激以外的事件，往往也能在给定的神经纤维中产生脉冲。例如，击打眼球可以在视神经中引起脉冲并产生光感。

1.30 因此，感受器官已经执行了某种对刺激的挑选或分类。在外在刺激和内在脉冲之间没有严格的一一对应关系。而且，环境中的物理事件，仅有一小部分能够作为刺激或能够被神经纤维中的脉冲所记录。例如，在连续的电磁波中，仅有一小段对人的视觉器官起作用，而很大部分并不能刺激人的神经。

1.31 因此，一根感觉神经纤维中的脉冲，可以被一组从物理上讲相似的或截然不同的多个刺激中的任何一个所激发。但是，一旦神经纤维对这些刺激中的任何一个作出反应，无论刺激的性质怎样，纤维中所传递的脉冲的性质总是一样的。脉冲效果独立于引起脉冲的刺激的类型，因而这一脉冲所引起的任何独特后果，必定取决于别的同该脉冲相关的东西，而非源于刺激本身的属性。

1.32 这就是所谓“特殊神经能量说”的主要观点。Johannes Müller[①]首次提出该理论，是为了反驳那种认为神经脉冲会把刺激的某些属性传递给大脑的观念；它旨在强调，感觉完全依赖于承载脉冲的纤维，而非引起脉冲的任何东西。然而，该理论的表述形式有些含混不清，并很快引起了新的谬误。

1.33 “特殊神经能量说”这个名称导致了对它的一种误解，使其与另一种关于感质的解释联系在一起（该解释并不比它试图取代的理论更好）。按照这种解释，特殊神经能量说被理解为：感质的差异，若非由刺激的物理属性决定，必定在某种意义上是由行进在纤维中脉冲的性质决定的。

1.34 尽管这绝不是Johannes Müller所提倡的理论的必然后果，然而事实上，人们广泛假定，不同神经纤维中的脉冲所产生的感质的异同是由脉冲的物理属性的异同决定的。这样的解释在某种程度上也为Johannes Müller自己所主张。Johannes Müller在构建理论的过程中，常常作一些不必要的假设。他在总结自己的理论时说：“感觉不是外部对象的性质或状态传达给意识的，而是由外因引起

① [Johannes Peter Müller (1801—1858)，德国生理学家，因提出“特殊神经能量定律”而闻名。他猜想，感官知觉不是由其对象本身定义的，而是由神经传递感觉信息的路径定义的。其两卷本著作*Handbuch der Physiologie des Menschen* (1833—1840)被译为英文，闻名于世。他在书中说“同样的原因，如电，可以同时影响所有的感觉器官，因为所有感官都对电敏感；然而，每条感觉神经对电的反应是不同的；一条神经认为它是光，另一条神经听到它的声音，另一条神经闻到它，另一条神经尝到电的味道，另一条神经感觉它是疼痛和冲击……感觉不是外部物体的质性或状态传导给意识，而是我们神经的质性或状态——由于受外部原因的激发——传导给意识……”（转引自E.Clarke and C.D.O'Malley, *The Human Brain and Spinal Cord—A Historical Study by Writings from Antiquity to the Twentieth Century*, 2nd ed. [San Francisco：Norman Publishing, 1996], 205页以下）。Emil du Bois-Reymond和Hermann von Helmholtz都是Müller的学生。——编者]

的**感觉神经的性质或状态**传达给意识的。”[①]而且他接着强调，就不同的感觉来说这些神经的性质是不同的。

1.35 然而，否认感质的差异源于刺激的差异，决不等于说感质的差异一定源于神经脉冲的差异。如果按照这种意义来理解特殊神经能量理论，不啻接受了一个与先前否定的理论相似的解释。实际上任一特定脉冲的效果，既不必取决于引起脉冲的刺激的属性，也不必取决于脉冲本身的属性，而有可能取决于传输脉冲的神经纤维在神经系统中的位置。[②]

1.36 我们不仅没有任何依据假定不同的神经脉冲存在着性质差异，更重要的是，很难想象不同神经脉冲物理特性的差异如何合理地“对应于”感质的差异。即便真的发现了脉冲之间有性质差异，这仍然没有回答我们的问题，因为还是需要解释，这些神经脉冲性质上的差异，怎样决定了不同脉冲相互作用所产生效果的差异（译注：即感质的差异）。尽管可以设想不同脉冲相互作用所产生效果的差异可能与脉冲的物理属性有关，但事实绝非必然如此。这里的重要观点是：单个脉冲的物理属性之间的任何差异，不可能正好解释它们的心理对等物的差异，并且，将不同脉冲所引起的感质的差异归因于脉冲之间的结构连接，比之归因于脉冲的物理性质差异，

---

① Johannes Müller，1838年，卷Ⅰ，第780和卷Ⅱ，第262页。我们所说的对特殊神经能量理论的非法阐释，后来被G.E.Müller(1896年)在他的五条“心理学公理”中的第二条明确地提出(见E.G.Boring，1942年，第89页)，并主要以H.Hering(1885年，1913年)所阐述的形式广为人知。[Karl Ewald Konstantin Hering (1834—1918)，德国生理学家，因色觉研究而知名——编者]其基本思想最近被P.Weiss(1941年)和R.W.Sperry(1945年)重新发掘。[Robert Wolcott Sperry (1913—1994)是一位神经心理学家和神经生物学家，于1981年因“脑割裂”研究而获得诺贝尔医学奖。他在芝加哥大学跟随Paul A.Weiss获得博士学位，并在哈佛大学跟随Karl Lashley做博士后研究。哈耶克提到了Sperry(1945)，但在他的原始书目中没有列出相应的标题。Sperry在1945年有两本出版物，都是相关的，哈耶克可能都参考过。它们现在作为Sperry 1945a和1945b被列入书目。——编者]

② C.T.Morgan，1943年，第298页；R.S.Woodworth，1938年，第465页。

其理由至少同样充分。这一点特别重要，因为对心理特质(mental qualities)差异提供解释，一直是持续而又徒劳地寻找所谓“特殊神经能量”背后的主要动机，同时，这个观念似乎也要对一种顽固的信念——每种感觉存在一个“纯核”(pure core)——负很大责任。[①]

1.37 事实上，我们所掌握的证据显示，不同纤维中所承载的脉冲是同质的，至少在任何单一感觉模块中如此。因此，切断两条感觉纤维，并把每根纤维的下端同另一根纤维的上端重新连接，它们仍然可以工作，只不过由每根纤维的脉冲所引起的结果相互交换了。所以，情况看来是，不同纤维中的脉冲导致不同效果的原因，不在于各个脉冲的属性，而在于纤维在神经系统中所处的位置。

4. 感质的差异是效果的差异

1.38 感质的异同并不严格对应于刺激的物理性质的异同，这一点在对于完形(configuration)或者格式塔(gestalts)的感知中已经众所周知。我们能轻易辨认出曲调高低不同的同一支曲子，也可以识别出不同大小、不同颜色的同一种结构或形状。在所有这些例子中，刺激组(groups of stimuli)中的刺激单个看来可能完全不同，然而它们组合在一起却能引起同样的感质，或者说被感觉识别为同样的格式塔。

1.39 物理上不同的刺激产生相似的感质，这一点尽管在“整体”感知中表现得最为突出，但是，当涉及更简单的或更“基本的”感觉时这种情况同样存在，且同等重要。相似的物理刺激作用于不同感官，在不同纤维中激发脉冲并引起同样的感质，如何理解这个事实是一个真问题。而另外，为什么作用于不同感受器的不同物理刺激会产生不同的感觉？甚而，物理上相似的刺激作用在不同类型的感受器上，为什么也会产生不同的感觉？如何理解这些事实也是同样性质的问题。

---

① E.G.Boring，1942年，第84页。

1.40 一般来说,同一种物理刺激作用于不同的感受器可以产生相同的感质。但是这一规则的大致成立要求满足一个条件,即这些感受器是属于同一类型的。即便如此,该规则也未必总是能成立。同样的振动,被耳朵感知为声音,但是可能被触觉感知为振动。在其他例子中,"同样的外部动因(external agent)在一种情况下引起光,而另一情况下引起温暖感"①。同样的温度作用于不同器官时,可以被感觉为热、冷或疼痛②。同样的化学刺激,作用在眼部或口腔的黏膜上,也可以产生不同的感质③。而一个电刺激似乎能引起更加多样的感觉。即使同样的刺激作用在同样的感受器上,如果同时相伴的作用于神经系统其他部分的其他刺激不一样,也会产生不同的感觉。

1.41 另外,不同的物理刺激可以引起相同的感质。有的感受器可以被几种不同刺激所激发并产生同样的脉冲。不仅如此,由不同刺激在不同神经纤维中建立的脉冲或者脉冲组,也常常引起相同的感质。经典的例子是颜色视觉,尤其是"白色"的感觉,可以由无限多样的混合光线所产生。像这种物理上不同的刺激作用在不同感受器上产生相同感质的例子还有很多。

1.42 因此,物理刺激的种类(或物理属性)及其相互辨别的维度,与它们所引起的感质的种类及其维度之间,不存在一一对应关系。不同物理刺激的差异,同这些刺激所引起的感质的差异不存在一一对应关系。物理刺激的各种变化维度,跟感质的变化维度之间,也没有精确对应关系。当我们坚持说,刺激的物理秩序与感质的现象的或心理的秩序是两种不同秩序时,就是指这个核心事实。

1.43 长久以来人们相信刺激和感质之间存在一一对应关系。

---

① E.Hering,1884年(1913年)第26页。

② H.Head, 1920年,卷Ⅱ,第807页。[Henry Head (1861—1940)是一位英国神经学家,他的研究重点是感觉的生理基础。他在剑桥大学完成学业后,在布拉格跟随Ewald Hering学习了两年。——编者]

③ R.W.Moncrieff,1944年(1946年),第32页。

例如在视觉领域，人们认为刺激的三个维度——波长、均匀性和光强度，分别对应于视觉经验的三个现象维度——色彩、饱和度和亮度；类似地，在听觉领域，人们认为刺激的物理维度频率和声强度分别对应于感觉的现象维度的音调和响度。然而，最近的研究充分表明了，在任何感觉模块之内，刺激的任一维度的改变可以影响几乎所有的感觉维度。色彩不仅取决于波长，也取决于光强度；音调不仅取决于频率，也取决于声强度。[①]

1.44 更进一步，在刺激和感觉的维度或秩序之间不仅没有一一对应关系，而且表现出普遍的性质差异。光的任一物理维度，尤其是波长（引起颜色变化的主要的，虽然不是唯一的原因）是线性变化的，而作为现象的颜色则可以排列成一个圆。其中，波长的秩序在颜色的变化中仍然得到保留，但处于光谱两端的橙红色和蓝紫色之间的缺口，可以由纯（或者独特的）红色和纯紫色来填补，虽然纯红、纯紫色并没有明确对应的波长，但可以通过几种波长的光混合得到。不仅如此，连续变化的刺激经常产生跳跃变化的感质[②]。而至少有一个例子，即从冷到热的情况，不连续变化的刺激引起连续变化的感觉。因为客观上连续的温度变化，是通过不同感受器官作用于有机体的。（译注：客观上连续的温度变化是通过不同的感受器来作用于有机体的，但是，感受器对温度的连续变化很不敏感，温度的细

① 例如，见S.S.Stevens，1934年；[Stanley Smith Stevens (1906—1973)是一位美国实验心理学家。他曾在哈佛大学与E.G.Boring一起学习，后来创建了哈佛大学的心理—声学实验室。他开发了研究感觉事件的神经方面的技术。他的《实验心理学手册》(1951年)(*Handbook of Experimental Psychology*)成为20世纪50年代的标准参考书。——编者]S.S.Stevens和H.Davis，1938年，第160页；E.G.Boring，1942年，第89，376页；Boring，Langfeld和Weld，1948年，第270—280页所引F.L.Dimmick。

② V.V.Weizsaecker，1940年(1947年)，第15—16页。[Viktor von Weizsäcker (1886—1957)是一位德国生理学家，被认为是心身医学和医学人类学的创始人。根据格式塔心理学的精神，他创造了Gestaltkreis的概念，强调“感知和运动的统一”，即精神和身体的功能相互依赖。——编者]

微变化并不能引起明显的冷或热的感觉，只有当温度的变化达到某一阈值之后，感觉才有所反应）

1.45一般来说，感觉的秩序与相应的物理秩序绝不相同，且经常有实质差别。心理学家借助各种几何图形来描述感觉秩序的组织方式和变化维度（诸如颜色八面体[①]、Titchener的触觉金字塔[②]、Henning的嗅觉棱柱[③]和味觉四面体[④]）。两种秩序虽然也有某种程度的相似性，但并不能掩盖它们是两种截然不同的秩序这一事实。

1.46 在物理秩序中说起两个事件是相似的，我们是指：它们在某些情况下产生相同的效果，而在其他情况下又产生不同的效果。显然，不同的物理事件既可以在不同程度上相似，也可以在不同的方面相似：两个事件可能都与第三个事件相似，但是它们彼此却不相似。换言之，相似性是不可传递的。

1.47 对于心理事件来说同样如此。两种感质，如果它们引起的其他心理事件或其他行为，在一切方面都是相同的，则可以说这两种感质相同。如果在某些情况下，它们引起同样的其他心理事件或行为，而在其他情况下却并不如此，则只能说，它们在某种程度上或者在某些方面是相似的。

---

① [颜色八面体——由奥地利哲学家Alois Höfler(1853—1922)提出的具有不同颜色表面的双金字塔，并被E.Hering等人用来说明颜色视觉和颜色的心理效应之间的关系。——编者]

② [Edward Bradford Titchener (1867—1927)出生于英格兰，在莱比锡跟随冯特进行了博士学习。1892年获得博士学位后，他搬到了美国，在那里成为著名的实验心理学家。从1895年到1927年，他在康奈尔大学担任心理学教授。Titchener触觉金字塔是一个具有不同结构表面的金字塔形图示，旨在说明不同触觉感质的感觉相似性，类似于借助颜色八面体研究颜色感觉。——编者]

③ [Hans Henning (1885—1946)是一位德国哲学家和心理学家，因对嗅觉感质的研究而闻名。Henning的嗅觉棱镜或气味棱镜是一个棱镜状的图形，代表了六种主要的气味（如臭味、花香味、烧焦味等），旨在说明不同气味刺激的相互作用。——编者]

④ [Henning的味觉四面体是一个三面的金字塔，其四个角代表主要的味道（甜、咸、酸、苦），旨在说明它们之间的关系。——编者]

1.48 现在读者应当更加清楚，我们说存在两种事件的秩序（物理的秩序[①]和现象的或心理的秩序）是什么意思了。一些事件可能在两个秩序中都占据确定的位置，但是它们在两种秩序中与其他事件的关系可能不同。一些物理秩序中的事件在现象秩序中并无对应事件，比如电流，在现象秩序中不存在，我们只能靠推测才能获知其存在。而现象秩序中的一些事件在物理秩序中也没有对应物，比如并非由外部刺激导致的意象(images)和错觉(illusions)。两种秩序的事件之间，尽管有某种程度的对应，但这种对应是很不完全的。

1.49 因此，我们称作“心智”(mind)的东西，是在有机体当中所发生的一整套事件的一种特定秩序，这种秩序虽然同外部物理秩序相关，但两者绝非等同[②]（译注：在这里哈耶克似乎没有把大脑仅限于人的大脑）。由心理现象的存在所提出的问题因而是，在物理秩序的一部分（即有机体）内怎样形成了一个子系统，该子系统在某种意义上（这种意义还需要被更充分地定义）反映了整个物理秩序的一些特征，能够部分地再现(reproduction)环境的秩序，从而使有机体能够对环境作出恰当的反应。为什么这个子系统的秩序在某些方面与相对应的、更广大的(more comprehensive)物理秩序是相似的？为什么两者在其他方面又是不同的？两方面都提出了需要进一步研究的问题。“秩序”这个概念的意义将在下一章作进一步解释。（见2.28—2.30）

1.50 在最近的生理心理学中，这些问题受到注意，主要归功

---

① 也许可以在这一点上明确提醒读者：在此语境下，“物理秩序”指的完全是外界刺激的秩序，不包括生理脉冲的秩序，当然，后者在更广泛的意义上也是物理秩序的一部分。脉冲的这一秩序的性质将在下一章考虑。

② 参见G.Ryle，1949年，第167页：“当说起一个人的心灵……（我们是说）……他的一些生命事件得以有序化的某种方式。”[Gilbert Ryle (1900—1976)，英国哲学家。他对笛卡尔的身心二元论提出了挑战，认为它是“机器中的幽灵”学说。他倡导一种哲学行为主义，坚持心智的运作和身体的行动相统一，把心理状态看成行为的倾向。Ryle还因其对“默会知识”(Knowing How)和“明言知识”(Knowing That)的区分而闻名。——编者]

于H.Klüver以《刺激的等价》(*equivalence of stimuli*)和《感觉的类化》(*sensory generalization*)为题的工作。Klüver对该问题原创性的表述可能仍然是文献中能找到的最清晰的陈述①。同一问题的另一面是,一个刺激所引发的反应亦能转由别的刺激引发,即所谓迁移(transfer)现象。当然,这种迁移现象是现象相似性在行为上的表现。这个问题的重要性虽然已经得到普遍承认,但是当人们谈起它时,通常只是说它是"所面临的最复杂、最费解的一个问题"②,或者"对关于习惯形成的所有简单机械的假说来说,这是一个公认的障碍"③。

1.51 等价(equivalence)、类化(generalization)和迁移(transfer),都是不同刺激具有相同效果的例子,而辨别(或区分, discrimination)是指各个刺激或者各组刺激的效果有所差异。因此,在这些现象中呈现出来的心理特质的秩序(qualitative order),就是以不同方式组合起来的刺激产生的不同效果所构成的秩序,感质可以被视为有机体对事件的反应效果的相同、相似或者不同而形成的一系列事件。因此,感质的秩序也就是在各种情形下神经脉冲所产生的效果差异的总和。如果我们能解释有机体对不同物理刺激产生不同反应的过程,就同时解释了心理特质的秩序(qualitative order)。

1.52 这种乍看起来很"行为主义"的表述(其实这并非我们的本意),当我们考察不同"效果"(effect)的类型时(见2.23—2.26),其重要性将会变得更加明显。这里只要指出,我们使用"效果"一词并不仅仅意味着,甚至主要不是意味着外显行为或者外周反应

---

① H.Klüver, 1933年,尤其是第330—332页;同作者, 1935年,第109页;同作者, 1949年,第404页。E.R.Hilgard和D.G.Marquis, 1940年,第176页也有清楚的陈述:"关于刺激等效和反应等效的基本事实,并不仅仅适用于条件反射,对反射和复杂的意愿反应来说也是对的。每一种反应不仅可以由一个刺激引起,而且可以由一*类*刺激引起。相应地,每种刺激引起的,不仅是一种反应,而是一*类*反应。"(斜体为引者所加)

② C.T.Morgan, 1943年,第514页。

③ E.D.Adrian, 1947年,第82页。[Edgar Douglas Adrian (1889—1977),英国生理学家,因研究神经纤维和人脑的电活动而闻名。1932年,他与Charles Sherrington爵士因对神经元功能的研究而共同获得诺贝尔生理学或医学奖。——编者]

(peripheral responses)，而是包括初始脉冲引起的所有中枢神经过程——尽管我们只是通过间接推测才得知其存在。

1.53 因而我们的问题是：如何从神经过程的已知事实出发，构建一个在物理刺激和外显反应之间的中介结构，以此来解释各种刺激所引起的有机体的各种反应方式，而这些反应方式的差异又恰好对应于感质的差异。我们要证明，已知的生理元素能够形成一个结构，该结构能够区分通过其中的不同神经脉冲，而且其区分的方式正好跟感觉对各种刺激的辨别方式相同。

1.54 因此，我们的问题必须以感质之间所存在的关系（相同、相似或不同等）来**表述**。为了**回答**这个问题我们只需说明：生理事件按其效果所构成的关系系统，严格等价于各种感质按其效果所构成的关系系统。（到目前为止，读者应当已经注意到，这并不意味着任何给定的生理事件——无论与其相伴发生的其他生理事件是什么——总是产生同样的效果。关于这一点以及关于狭隘理解感觉和神经秩序之间一一对应概念的一般性危险，见2.10—2.13）

1.55 这个主张意味着，如果解释了各种感质是怎样按照其效果而相互区分的，我们就达到了目的；或者说我们就说明了，感觉的秩序能够用存在于感质之间的关系来完全地加以描述[①]（或者说只包含这些关系，除此之外别无所有）。感质的问题就是不同的感质是怎样相互区分的，此外再没有别的问题了。而感质之间的差异仅体现在它们所激发的其他感质的差异，或者所引发的行为效果的差异。

5. 感觉的秩序的统一性

1.56 前面的结论意味着，感觉的秩序同物理的秩序一样，也是

① 这是对John Locke所开创的方法的一贯发展，T.H.Green清楚地看到这一点，他说(T.H.Green，1884年)，第23页："如果接受他(Locke)的说法，并从视为真实的东西中排除所有由关系构成的质，就会发现什么都没有留下来。除开关系，任何简单观念将无法同别的一些简单观念区分，被它在宇宙中的环境所侵蚀。"又见同上，第31页。［Thomas Hill Green (1832—1882)，英国哲学家，英国观念论运动的成员。——编者］

一个关系系统,尽管在人看来可能并非如此,这是因为人的心智就是组成感觉的秩序的关系总和。因此,在事件的物理秩序同人们感知这些事件的现象秩序之间的区别,并不在于前者是纯粹关系的(而后者不是),而在于相应的事件或事件组合之间的关系在两种秩序中有所不同。

1.57 感觉的秩序很难描述,不仅因为人无法明显意识到不同感质之间的关系,而只能在对感质所做的辨别中表现这些关系①,而且因为这些关系的数量和复杂性可能超过了我们曾经详尽描述过的任何东西,以及因为(如我们会看到的)感觉的秩序并非稳定不变的而是变动的秩序。然而我们在这里必须尝试描述至少该秩序的某些一般特征,以求至少解释这种秩序的类型特点(即使我们无法解释该秩序的细节)。

1.58 关于这种关系的一个主要观点是:尽管它包含很多模块,但仍然是一种统一的秩序。因为隶属于该秩序的任何两个事件,都会以某些确定的方式彼此相似或不同。任何颜色和气味,任何音调和温度,或者任何触觉如光滑、潮湿,或者关于形状或节奏的经验,都会有些东西是共同的,或者至少在某种意义上相互接近或相互对立。实验显示了这些经验的相似性比我们通常意识到的多得多。例如,即使一个人在刚开始认为这种尝试没有意义,只要他愿意尝试,就可以轻而易举地找出一个音色,其"亮度"(brightness)同丁香花气味的"亮度"相当②。

1.59 某些感质,尤其是像颜色或音调,连接成一个连续体。从Helmholtz开始,人们把这样的感质描述为一个模块。同一模块的感

---

① G.Ryle,(1945—1946年和1949年)很好地阐述了"默会知识"(Knowing How)和"明言知识"(Knowing That)之间的区分,或许与这里所讲的区分相同或密切相关。

② E.M.von Hornbostel,1925年,第290页。[Erich Moritz von Hornbostel (1877—1935)是一位出生于奥地利的民族音乐学家,在柏林从事心理声学的研究。1933年,他被迫移民,最终在英国剑桥定居。——编者]

质可能比其他感质更加紧密地相连。那些其他的感质，如压力感、疼痛感、温度感等，曾经被认为都属于触觉，但它们并不构成如上意义的模块。但是，当试图描述同一模块内不同感质的区别，比如不同颜色的区别，我们发现，常常要借助于其他模块的语言。一个颜色可能比另一个颜色"暖""重"或"高调"，而一个音调可能比另一个"亮""粗"或"厚"。这个事实表明，尽管在某些方面，一个颜色（音调）可能同其他颜色（音调）关系最密切，但在有些方面，它可能同别的模块的感质更相近。

1.60 在任何一个给定模块内，感质是连续变化的①，但是这种变化不一定沿着同一方向或维度连续进行。虽然就音调来说，如果第一个音调比第二个更高，第三个比第一个高，则第三个比第二个高，但是，不能以此类推说，因为橙色比红色黄，绿色又比橙色要蓝，则绿色因此比红色更黄或更蓝。尽管按照声音频率，音调可以被安排在一个线性的标尺中，颜色却不能在同样意义上按同一方向排列。

1.61 另外，这样的说法是有意义的：两种颜色的区别，同两个温度或重量的区别相同，或者说两个音调的差异，同两种颜色或两种触感之间的差异类似。这意味着，各个模块的感质可以沿着相似的或平行的方向或维度变化，或者说同样的差异可以存在于不同模块。例如，蓝色和红色的部分差异是，蓝色同冷联系，而红色同暖相关。显然，存在一些跨模块或跨感觉的属性，某些用来描述它们的术语，如强弱、浓淡、钝锐，往往并不专属于哪一个感觉模块。②

1.62 在我们高度发达的感觉秩序的意识层面(conscious picture)，跨感觉和跨模块的关系并不是很突出，随着概念思维的发展，尤其

---

① 最近，甚至对S.S.Stevens和J.Volkman，(1940a，1940b)，以及S. S. Stevens，C. T. Morgan，and J. Volkman(1941)提出的单个模块内质的完全连续性和感觉"量子"(quanta)的存在性，也提出了某些疑问。

② 特别地见M.Schiller，1932年，以及借用其他模块的术语的例子来描述气味，见F.W.Hazzard，1930年，第318页。注意到这一点也是有趣的：德语单词*hell*（亮）的意义原是指听觉经验的，现已转到视觉领域。

是在感觉论(sensualism)的强大影响下,它们在科学思维中越来越受排挤,甚至被完全抛弃了[①]。仅当我们试图去描述某一特定感质的时候,才意识到它们的存在。此时,我们被迫用“软”或“甜”来形容一个颜色,用“薄”或“暗”来描绘一个音调;我们把一种味道说成“热”或“尖”的,把一种气味说成“干”或“甜”的。毋庸置疑,这些似乎是比喻的说法,恰恰指的是跨感觉的属性。实验表明,至少在有些例子中,对于不同感质的配对或分组,人们表现出一致性。[②]

1.63 也可以这么说:各种感质之间的关系,转而也拥有明确的感质,而隶属于不同模块的成组的感质之间的关系,可以拥有同样的感质(译注:比如蓝—红与冷—暖可以拥有相同的感质)。这些给不同感质的关系所赋予的感质,反过来可能同单个感质相似。例如,从二度到八度音阶连续的音程,可分别描述为“沙哑”“圆润”“粗糙”“空洞”“甘美”“枯涩”及“平滑”。[③]

1.64 偶尔,跨模块的关系可能如此强烈,以至于一个感觉模块的各种感觉有规律地同其他模块的经验同时出现,就像在色听(闻声觉色)(colour-hearing)和其他联觉(synaesthesia)的例子中所显示的那样。[④]有些证据表明,这种认知上的联觉模式在心理发育早期阶段尤为显著。后来,随着思维习惯和相对抽象心态的建立,我们才

---

① 在这种情形下,非常典型的是M.Planck,1949年第87页的绝对陈述,不同感觉领域的经验“彼此完全不同,从一开始就没有任何共同点。在颜色感知和声音感知之间没有直接的桥梁。正如许多艺术爱好者假设的,在某种颜色的亮度和某种音乐的音调之间的相近关系,并非直接给予的,而是人的反思想象力在个人经验刺激之下的一种创造”。事实似乎正好相反,即复杂经验使我们忽视了对于纯真经验来说是显然的东西。

② 关于这一点以及下面的见G.M.Hartmann,1935年,第141—151页。

③ E.M.Edmonds和M.E.Smith,1923年。

④ [联觉是一种感知状况,当一种感觉模块(如听觉)的刺激自动触发第二种模块(如视觉)的感觉时,就会发生联觉,例如色听。经历这种情况的人被称为联觉者。——编者]

把颜色首先划归色觉,或者把音调首先划归听觉。[①]

1.65 比联觉更为人熟知的事实是:多数感质都有与之密切关联的情感基调(affective tones),在感觉秩序和情感秩序之间因而存在密切的关联。不同的感质被赋予的情绪价值(emotional value)是众所周知的。的确,几乎对于所有的感质,我们都会认为是愉快或不愉快的,或者更简单地说,好的或坏的。然而,感觉和情感或内驱力(drives)之间的普遍关系只能在后文考虑,这里不详述。

1.66 在感质(以及情感特质)之间存在的关联,也表现在它们所引起的预期中。红色给人以暖的印象,不仅如此,当人们得知一个红色的物体原来很冷时会相当讶异。一种气味不仅会引起某种味觉,而且,一种闻着很香的水果吃起来味道却很糟糕时,人们同样感到很吃惊。以这种方式,某些感质组合倾向于"成对出现",一些特定的感质对我们来说"预示着"其他的感质。

1.67 无论本节概述的事实能否在"所有的感觉在其归属的维度上是相似的"这个意义上支持"感觉的统一"这个主张[②],我们都可以说,所有的心理特质都是直接或间接地彼此联系的,因此,要详尽描述其中任何一个就必须涉及所有特质之间的关系。

6. 感觉的秩序并不限于有意识经验

1.68 到目前为止,我们假设读者通过有意识的经验而熟悉感质系统。但这并不是说,这种对事件的特定分类方式(译注:感质系统)只存在于主观经验(subjective experience)中。当然,我们是从主观经验来了解感质系统的。但是,正如经验所揭示的,事物彼此关系的异同与事物呈现给人的异同,两者并不总是一致。我们也知道,

① H.Werner,1948年,第86页。关于牵连感觉又见H.Kleint,1940年,第56—61页,K.Glodstein,1939年,第267页,以及关于这个主题的广泛文献的一个参考书目见F.Mahling(1926年),A.Argelander(1927年)和A.Wellek(1931年)。

② 这是E.G.Boring给予E.M.von Hornbostel的"感觉的统一"概念的阐释,1942年,第27页。

在我们看来相似或者不同的东西，在他人看来也通常如此。此外似乎很清楚，事物在人的意识和潜意识中所呈现的异同，甚至扩及呈现在动物的意识和潜意识中的异同，并非其物理的异同，而是其对于感觉经验的异同。换言之，感觉的秩序也存在于无意识领域及动物界。

1.69 当然，如果别人不能按照相同的或至少是相似的感质来感知这个世界，我们就不可能同他讨论现象世界。这意味着，他人有意识的心智正如我们自己的心智，以类似的方式对刺激分类；他人所知的感质的互相联系，同我们所知的感质的联系相似。换言之，虽然感质系统属于感知主体而不属于"客体"（或被感知对象，主客体之间的区别就是现象秩序与物理秩序的区别），在此意义上它是"主观"的，然而感质系统并不是（或不完全是）个人所特有的，而是人际共有的(inter-personal)。

1.70 感觉对刺激的分类也不仅限于有意识经验。我们知道，我们和他人都在无意识反应中对刺激分类（或者说对未意识到的刺激作出反应），其原理和有意识行动大致相同[①]。感觉的秩序因此也存在于有意识领域之外。正如我们所建议的，若把心理现象的领域界定为一个按感质（和类似的心理特质）来（对事件）进行分类的事

---

① 这一点甚至也适用于对于完形(configurations)的反应，这一事实见K.Lorenz，1942年，第323页；关于下意识的区分［"阈下知觉"(subception)］，见R.A.McCleary和R.S.Lazarus，1949年，第178页。［康拉德·劳伦兹(1903—1989)，奥地利动物学家，现代动物行为学的创始人之一。1973年，他与丁伯根(Nikolaas Tinbergen)和弗里希(Karl von Frisch)共同获得诺贝尔生理学或医学奖，以表彰他"关于组织和引发个体和社会行为模式的发现"。哈耶克回忆说，有人告诉他劳伦兹五岁时观察鹅的事情。参见Franz Kreuzer, Markt, Plan, *Freiheit—Gespräch mit Friedrich von Hayek und Ralf Dahrendorf* (Wien：Franz Deuticke, 1983), 9. 在自传体文章《我的家庭和其他动物》［"My family and other animals," in D.A.Dewsbury, ed., *Leaders in the Study of Animal Behavior：Autobiographical Perspectives* (Lewisburg, PA：Bucknell University Press, 1985), 258—287.］中，劳伦兹报道了他小时候对研究鸭子行为的热情。亦见上文，导论，第40页及以下。——编者］

件范围，则心理现象可以大大地扩展到有意识事件组成的范围以外的领域，而有意识事件只是构成更广泛的心理事件范畴的一个特殊部分。

1.71 最终，有可能通过各种实验方法弄清，不但其他人，而且多数高等动物，也按照和我们类似的感觉的秩序对刺激分类。甚至已有实验证明，某些动物，比如著名的Révész实验中的小鸡①，有着和人类同样的视幻觉。因此，高等动物的神经系统对刺激分类的一般原理，至少就其大致轮廓而言，同人类心智的运作原理相似。

1.72 虽然在导入问题时，难免要从感质的有意识的经验出发，但是现在已经清楚了，这只是更加广泛的问题的一个特殊方面。在进一步讨论中，我们把有意识的经验仅当作更一般现象的一个特例，并且，只要涉及按照类似于有意识经验所揭示的原理对事件进行排序的时候，我们都会说它们是心理现象。至于一个心理事件拥有何种特定额外的属性，才能被描述为“有意识”的问题，将留在后文考虑(第七章)。

1.73 长期以来，心理学研究对象的特点被认为是经验的“意识的”性质，没有一个独立于意识的关于心理事件的定义②，这对于心

---

① G.Révész，1924年和C.N.Winslow，1933年。[Géza Révész (1878—1955)是一位匈牙利心理学家，曾师从Georg Elias Müller(见上文，前言，第154页注①)。他于1921年移居荷兰，在阿姆斯特丹大学任心理学教授。——编者]

② 参见E.B.Holt，1937年，第41页：“每个心理学流派肯定自Herbart时代之前就已经发现，到目前为止，必须被称作‘心理的’更大部分的感觉、观念和过程，从未成为明显有意识的：它们并未被感知，也不能通过现在所知道的任何内省过程被感知。”又见Holt引用S.Freud(1918年)第9页的一段话，后者说：“心理过程本身是无意识的，有意识只是整个心灵生活的孤立活动和片段。”[Holt引用的是Sigmund Freud, *Vorlesungen zur Einführung in die Psychoanalyse*, 2nd unaltered ed. (Leipzig: Heller, 1918)。Edwin Holt (1873—1946)在哈佛大学和普林斯顿大学担任哲学和心理学教授。他主张“目的论行为主义”，在Watson的行为主义基础上，试图解释行为的目的性和目标导向性。Edward C.Tolman(见下文，1.76，第196页注①)是他的学生。——编者]也参见E.G.Boring(1948年)关于“无意识心灵”术语的用法。

理学的发展来说无疑是一种不幸。心理事件的范围显然大于有意识事件的范围；并且，没有理由证明下面两种常见的看法是正确的：一种看法是认为心理事件和有意识事件是同一回事；另一种看法是认为无意识心理事件这个名词就是自相矛盾的。[①]

1.74 虽然我们同意行为主义者对早期心理学完全集中于有意识事件的责难，但是行为主义者在努力消除意识时，自己又走向另一个极端。在有意识问题上，行为主义者企图消灭心理现象所特有的，由于心理特质的秩序(qualitative order)的存在所产生的问题。但是正如我们将看到的，即使只解释可观察的行为，这个问题也不容忽视。

7. 行为主义对本问题的否定或忽视

1.75 如果把我们的方法同另外两种方法对照，将有助于更加清晰地表述本研究问题的准确含义。这另外两种观点，相对于我们来说，分别要求对感知作出更多或者更少的解释。相应地，本节和下一节分别考察这两种观点：第一种观点或者明确地否定我们所提问题的存在，或者至少在论述时当作它不存在；第二种观点则截然相反，它大致认为，即使我们的问题获得了完满的回答，还是解决不了感质的“绝对”或“内在”本质等重大问题。

1.76 认为本问题不是一个真问题，或者至少隐含地这样认

---

① J.G.Miller，1942年，第24页以下给出了鉴别(identification)“心理”和“有意识”的几个例子。[James Grier Miller (1916—2002)，美国生物学家，与贝塔朗菲和N.Wiener一起被认为是系统科学的创始人之一。他创造了“行为科学”一词，并担任同名杂志编辑数十年。——编者]C.J.Herrick，1926年，第280页说：“这里所采用的意识的动态观点，使得如‘无意识心灵’这样的表达是不可能和自相矛盾。”H. Head，1920年，卷Ⅱ，第747页说：“感觉这个术语严格来说，要求意识的存在。”M. Planck，1949年，第66页也描述了“关于无意识的或者下意识的心灵的科学”是“用语矛盾，一种自相矛盾”。

为——这主要是(或曾经是？)经典行为主义者[①]以及一些相近学派的观点，这些学派的目标是建立严格的"客观"心理学。它们坚持认为，心理学应当完全抛弃任何基于主观经验的心理特质的知识，而应当仅限于研究身体对物理刺激的反应。

1.77 然而，所有声称仅限于观察物理事实的心理学学派，总是不可避免地在他们的工作程序上陷入前后矛盾：他们从未真正地抛弃那些根据其声称的原则必须加以抛弃的知识。他们几乎总是用感觉属性(sensory attributes)，而非物理属性(physical properties)来描述引起行为的外部刺激。他们天真地把下面的现象当作一个事实接受而未加解释：各个不同的心智把一些刺激组当作相同、相似或不同的，尽管事实上这些刺激只是对感觉来说看上去如此，在物理上并非如此。

1.78 换言之，这些学派认为这一点无须解释——被他们感觉为相似的刺激，对别人来说也是相似的。尽管已有的知识显示，这些刺激在物理上可能是很不相同的事件，并且实际上，这些事件除了能在特定的环境中作用于我们或其他人而激起同样的感觉(和/或

---

① 整个讨论所说的"行为主义"，不仅是指J.Watson的原始信条[John Broadus Watson (1878—1958)1913年的文章《行为主义者眼中的心理学》(*Psychology as the Behaviorist Views It*)被认为是行为主义的奠基之作。对Watson来说，心理学是一门纯客观的自然科学，它不寻求研究"心灵"，而只关注外部行为，避开内省。——编者]，而且指20世纪20年代和30年代早期的一些学者如E.B.Holt，A.P.Weiss，E.C.Tolman[Edward C.Tolman (1886—1959)，美国行为心理学家，受William James和K.Koffka的格式塔心理学的影响，主张一种"缓和的"行为主义，纳入对心理过程的研究，以说明刺激和反应之间的"中介"变量。——编者]，W.S.Hunter等所代表的观点，尤其是K.S.Lashley，他在1923年(第241页)给这种立场下过定义："行为主义者否认感觉、意象以及所有其他的主观主义者声称通过内省所发现的现象。"这种激进的客观主义态度近来已发生很大修正，有人可能怀疑，说如下这段话的Lashley还算不算一个行为主义者——Lashley，1942年，第304页："我开始怀疑，在刺激等效的、更一般命名的等效神经连接问题解决之前，对于神经整合的真正的理解能有任何进展。"又见K.W.Spence，1948年，第67页。

反应)以外,在物理上可能完全不同,这些学派仍然无动于衷。换言之,他们忽视了现象自身,而正是这一现象提出了心理秩序的存在问题。

1.79 因此,即使按照其自身标准,行为主义者也不够彻底和一贯。因为他们从一开始就接受了来自感觉经验的外部世界图像,而不是像他们应该做的那样,从描述世界客观属性的物理学中取得这一图像。如果行为主义者忠实贯彻其理论诉求(即完全无视感觉的秩序),就应当从研究某种物理事件(比如某种频率的光波)对于有机体的效果出发,然后向前推进,以实验的方法揭示有机体对哪些物理刺激作相同或不同的反应。换言之,在任何进一步研究之前,他们应当通过实验建立对各种刺激的分类(以排除感觉的影响)。①

1.80 然而,行为主义者并没有努力去做任何这样的事情。他们不加批判地接受了如下事实:物理上不同的事物感觉上相似,物理上相同的事物感觉上却不同,或者不同的物理事物感觉上也不同,但是感觉的差异和物理的(客观)差异之间又绝不能等量齐观。其他有机体以跟人类或同或异的方式对刺激作分类,对于这些事实,行为主义者似乎看不出有什么奇怪或不妥。

1.81 对这个重要问题的奇怪的盲点,在W.Köhler②所报告的例

---

① 参见F.A.Hayek,1943年,第34—39页。

② [Wolfgang Köhler (1887—1967) 与Kurt Koffka和Max Wertheimer(见上文,前言,第151页注②)一起,被认为是格式塔心理学的主要创始人之一。他在柏林跟随Max Planck学习,后者的量子场物理学塑造了他关于意识经验和大脑过程之间关系的想法。作为位于特内里费岛的普鲁士科学院类人猿站的主任(1913—1920),他进行了著名的黑猩猩解决问题的实验,其发现使他成为简单的华生行为主义的终生批评者。从1921年至1935年,他任柏林大学心理学研究所的负责人和哲学教授。他直言不讳地反对纳粹政权,是柏林大学教授中唯一一个公开批评解雇其犹太同事的人。1935年离开德国,在宾夕法尼亚州的斯沃斯莫尔学院任职到1955年。其《格式塔心理学》(*Gestalt Psychology*)(1929)一书是根据在美国的演讲写成,流传广泛。不过,他希望与其德国移民同伴Wertheimer, Koffka和Kurt Lewin(1890—1947)一起在美国建立一个格式塔学派的愿望没有实现,其中一个原因是他们的早逝。——编者]

子中表现得格外突出。一位行为主义者坚持把“雌性”当作对雄鸟的“一个刺激”[①]。此例中的错误，正像Köhler所说的那样，不仅在于“对于格式塔和组织的问题视而不见”，还源于忽视了如下事实：物理上不同的刺激作用于不同感受器产生相同或相似的感质，并因此被当作相同的，而与此同时，行为主义者还假装感质完全没有进入他们的考虑（在这个例子中，仅当雌性总是以同一物理刺激如某种气味，或总是通过一定的化学物质对嗅觉器官的刺激被识别时，行为主义者的说法才是站得住脚的）。

1.82 在下列例子中，同样存在着对于核心问题的忽视：当两个红色的斑点反射到视网膜的不同部位，或同样的温度作用于身体的不同部位时，行为主义者将其视为相同的刺激。通过把那些在人们看来拥有相同感质的事件当作同一种事件的做法，行为主义者已经悄悄地假设了整个感觉秩序的存在，与此同时又假装这个秩序并不存在。

1.83 在研究复杂行为时，把大多数人主观经验中获知的东西当作感觉材料(data)，这种做法的确无可避免。只是行为主义者在这样做的同时，却对其研究方法的真正性质抱有自欺欺人的看法，因此错失了心理学必须面对的主要问题。如果行为主义者在连接物理科学和心理学的努力中更加彻底一些，他们应当会发现[②]，除非先说明是什么决定了那个感质系统，否则，解释行为而不参考主观感质的做法，不可能贯彻始终。

1.84 因此，正如许多传统心理学流派一样，行为主义把心智问题当成个体对独立的或客观给定的现象世界的反应问题。而事实上，正是一个有别于物理世界的现象世界的存在，构成了一个主要

① W.Köhler，1929年，第180页：66. 另见E.G.Boring，1930年，第121页：“505毫微米的绿光可以是一个刺激，但我的祖母不是”，以及W.Metzger，1941年，第283页。

② 就像他们最终所做的那样——见上文1.76所引用的Lashley的一段话。确实可以认为，在刺激等效问题的核心重要性得到普遍承认以后——即在H.Klüver(1933)出现后不久——行为主义就结束了。

问题。行为主义自我设限，只研究人在现象世界中的行为，并因此把心智的主要表现当作论据(datum)，而不是当作有待解释的东西，因而逃避了心智问题。

1.85 虽然从来没有哪一个行为主义者一贯地坚持该学派所声称的原则，并且，即使真的有人这样做了，按照目前的知识状态，也无法触及(心理学)所感兴趣的现象，但在这里简单考虑一下一个彻底的“客观主义者”所作的行为研究是什么样的，倒也不无启发。此后就会看到，即使行为主义者成功地实施了他们的方案，心智问题仍然有待回答。

1.86 首先，我们毫无疑问地拥有很多，并非源自实验证据的知识，比如我们可能以相同的方式对产生相同感觉的不同物理刺激作出同样反应的知识，必须被严格排除在人类行为的研究之外。因此，这种彻底的客观主义立场的首要任务是，必须经由实验查明，什么是我们所有知识的起点，也就是说什么是各种刺激呈现于心智所构成的现象秩序。

1.87 假设通过逐步推进，我们最终成功地推想出感觉对于刺激所作的分类——要做到这一点尽管不太可能，但至少是可以设想的。然后，我们可以列出所有不同的物理刺激，这些物理刺激在特定条件下，作用于一些特定感受器，可以产生相同感觉(或者总是对反应施加相同的影响)，我们也可以重建几个刺激产生不同效果的所有条件(及与这些条件相关的所有方面)。换言之，我们可能从事件的物理秩序开始，通过实验来重构那些由感官再现的事件所构成的现象的秩序。[①]

1.88 对于严格遵循行为主义原则的心理学来说，这仅仅是第一

① 这不仅要求在单个刺激的一些维度和各“基本”感觉质的一些维度之间的协调——这种协调最近已经被S.S.Stevens在1934年成功地尝试了，尤其是听觉。对于同样的刺激同其他刺激的不同混合产生不同感觉的一些情形，它也要求一个相似的协调。

步。在完成这一步之后，严格的行为主义心理学至少能够建立可观察行为和物理刺激之间的直接联系。为了保持概念的高度一致，严格的行为主义心理学不仅要用严格的物理术语来定义刺激，而且要用严格的物理术语来定义行为。在这一阶段，我们尚无须深究该任务能否全部完成（后文将给出它不可能的原因）。这里我们要问：即使它能够完成，是否还遗留了某种我们所关心的问题？

1.89 完成上述任务，只表明感觉器官(apparatus of perception)对于特定刺激的反应是什么？但是仍不知道它是怎样做的？即使我们在所有可观察的刺激组合与所导致的感觉之间建立了对应关系，我们仍然不知道一种秩序（译注：物理秩序）转变为另一种秩序（译注：感觉的秩序）的机制。我们的知识还只是描述性的，因为它只不过是可观察刺激和可观察反应之间的对应。我们仍未拥有一个能推出可检验结论的理论。

8. 感觉的“绝对本质”：一个伪问题（phantom-problem）

1.90 对于我们所提出的问题，还有一种反对意见，来自一个非正式的然而流传颇广的思想流派。它在某些方面处在与行为主义相对的另一个极端。其代表人物的可能声称，即使成功地解释了不同刺激或神经脉冲的效果之间所有的差异，仍然还有一个因素有待解释，即感觉的“绝对的”或“内在的”本质。这种“绝对的”“内在的”本质并不只是效果的差异所致，也无法用效果差异来完全解释，而是必须通过体验才能知道的。

1.91 感质的绝对性质这种看法，也许是从约翰·洛克(John Locke)的“简单”观念(simple ideas)引出的。[①]这个看法的一个公开

① [John Locke(1634—1704)在其《人类理解论》(*An Essay Concerning Human Understanding*) (1690)中区分了简单和复杂的观念。洛克认为人的思想在出生时是一块白板，它通过感性经验（视觉、听觉、触觉、嗅觉和味觉）被动地获得简单的观念，并通过其区分、比较、组合和抽象的能力主动地从简单的观念中产生复杂的观念。——编者]

辩护者正是威廉·詹姆士(William James)[①]。但在我们看来,这种看法所提出的显然是一个假问题,因为这个问题甚至无法清晰地表述,也无从回答。尽管如此,这种看法仍然值得重视,不仅是因为其影响广泛,而且因为它可能是存在特殊心理实体(mental substance)这种信念的主要根源之一。

1.92 首先要指出一点,假设某种感觉我们自己不能辨别,但是有人可以做到。在此情形下,他们就这种感觉向我们提出问题,显然是可能的。比如,颜色的问题,对于一个完全色盲者来说也是有意义的。我们想说的是:任何关于感质的问题,只要是以易于理解的方式提出来的,对于那些自己不能直接体验,而只能通过他人的描述才了解这些特定感质的人来说,都是可理解的。换言之,关于感质的任何问题,原则上都能用语言来描述,并且这种描述总是要用到该感质同其他感质之间的关系。

1.93 大多数人会同意,每个人所体验的感质是否完全相同这个问题,从绝对意义上讲(有时该问题就是在此意义上提出的),是一个无法回答的,严格来说没有意义的问题。我们能讨论的问题是:不同感质相互区分的方式是否对于所有人而言都是一样的?要判断一个人是不是色盲,我们不是要在任何绝对的意义上说明“红色”在他看来是什么样子,而是要看,这个人能否从许多其他不同色调的“红”和“绿”中将“红色”辨别出来。通过这些例子,我们只能发现,一个人能否和众人一样以同样的方式来辨别给定的刺激。

1.94 换言之,一切能交流的不过是感质之间的差异,而只有能交流的才能被讨论。这种交流并不意味着各人的感质在任何绝对意义上相似。例如,有经验的音乐家拥有比普通人更强的辨别音高的能力,但是其中蕴含的科学问题,和大多数人所经验的感质差异背后的科学问题没有本质区别。

---

① W.James,1890年,卷Ⅱ,第12页。

1.95 简单地考虑如下问题将会得到启发:怎样才能给先天盲人以视力和颜色的观念？或许应首先把解释建立在他熟知的三维空间,形状和运动之上,然后试图对他解释,就像他能感知热辐射和听见远处传来的声音一样,眼睛能感知远处的某些感质。接着我们要试图解释,他不熟悉的这些感质,并非像温度那样在从冷到热在单一维度上变化,而是像声音,有明暗、强弱、粗细以及愉快、不愉快等多维变化。我们将对他指出,这些感质组合在一起可能是和谐或不和谐的,就像声音的组合一样,等等。

1.96 用这种方式教先天盲人理解不同颜色的差异到底能取得多大成功,还从来没有系统地检验过。这很大程度上是因为,用感质之间的共同维度来描述感觉的秩序(见1.62—1.67)这项工作还没有得到系统发展,同时因为我们缺乏必要的语言。但至少,盲人能学会使用颜色名称,以至于不知其为盲人的人,在得知他们的描述后可能仍然蒙在鼓里——这一点已经由Helen Keller小姐[①]及其他人的著作得到证明了。一个"勤奋好学的盲人"自以为发现了猩红色像什么, 并把它描述为"就像喇叭发出的声音",这在John Locke看来很荒谬[②]。但是今天,随着我们对联觉现象更加熟悉,这件事现在看来并不像当初那样荒谬了。

1.97 最近的一本书中有一个例证值得详细引述,因为其结论以特别清晰的方式提出了我们的问题。

"科学家对待所观察到的现象的方法,或许可以用这个比

① [Helen Keller (1880—1968)是一位美国作家和政治活动家,她在19个月大的时候就得了一种病,导致失聪和失明。由于她的老师和同伴曾在珀金斯盲人学校(Perkins Institute for the Blind)接受过培训的Anne Sullivan的支持, Keller学会了通过触摸和嗅觉体验环境和进行交流。她不仅学会了她的母语英语,还学会了法语和德语,获得了学士学位,并成为一名著名的作家和演讲家。——编者]

② John Locke,1690年,卷Ⅲ,第四章,第六节。

方来认识。假设你进了一个房间,看见一个人在拉小提琴,你马上会说这是一件乐器,它发出声音。但是假设观察者生来就是聋子,根本没有听觉,也完全不知道任何关于声音和乐器的知识,他关于世界的全部知识都是通过听觉之外的其他感觉获得的。这个耳聋的观察者进入小提琴手演奏的房间,根本无法解释所看到的现象。他看到演奏者的动作,弓在弦上的移动,还有一个形状特殊的器具,但整个事件对他来说是不可理喻的。然而,如果他是一个对现象及其分类感兴趣的科学家,不久就会发现,弓在小提琴上的运动产生了振动,这些振动可以通过物理仪器检测,并且其波形可以观察。过了一段时间,他可能会想到,弦和小提琴的振动一定传递到了空气中,并通过空气压力的变化可以观测到。然后,他能够记录演奏一段音乐时空气压力的变化,通过分析这种记录,他观察到同样一组压力变化在周期性地重复着。最终,他将获得关于音乐的全部现象的一种知识,即关于乐曲形式和不同音乐形式性质的知识。尽管如此,这种知识却无法令他接近(approach)绝对的真理,因为他对声音作为感觉的存在还是一无所知,对音乐在有听觉者的精神生活中所扮演的角色一无所知"。[①]

1.98 上面这段话——除了最后一句——为事件的物理秩序和现象秩序的区别提供了一个出色例证。然而,最后一句却存在两个问题(除了我们更愿意把作者所说的音乐"现象"说成是它相应的物理对等物之外)。第一个问题是,这句话给人的印象是,能够获得关于"音乐的整个现象的一种知识",与此同时却既不需要获得这些事件的物理属性知识,也不需要获得这些事件的感觉属性的知识,这(种印象)在某种程度上是误导的。以(作者)所建议的方式重建

① C.E.K.Mees,1946年,第59页。

音乐理论，将不仅牵涉到声音的“客观”属性的研究，而且牵涉到音乐创作者处理声音的方式的研究。比如说，这个研究必须包括如下的发现：对音乐家来说，不同频率的声波的连续统一体，被分割成分立的音级，从而所有属于某个狭窄区间的声波被认为是相似或者不可分辨的。同时，从不使用介于各音级之间的中间区段的波长。更进一步，这样确定的音符的波长，有些被认为是彼此相似的，有些以其他方式相联系，某些音符的组合在一起比其他的组合更受偏爱，某些连续音符在某些方面被视为和其他连续音符等同，如此等等。

1.99 因此，这样的音乐理论，并非真正涉及物理事件之间的关系，或者更清楚地说，并不涉及（按照物理事件作用于其他物理事件的效果异同来定义的）物理事件之间的关系，而是涉及按照谱曲，演奏或欣赏者对事件（声音）感觉的异同来定义的元素。它并非一个关于物理事件之间客观（即可以实验验证的）关系的理论，而是关于这些事件对谱曲者、演奏者或听众意味着什么的理论。

1.100 上面引用的那段话的最后一句引起的第二个问题是，它暗示存在“绝对真实”（absolute truth）——声音作为感觉经验有一种绝对的本质，是天生耳聋的人永远无法接触到的。毫无疑问，“绝对”一词，在这里是指感觉经验的某些重要方面。我们不否认，感质可能拥有一些对于耳聋者来说难以理解的属性，但我们并不认为，关于感质所具有的任何无法交流的属性能构成一个科学问题（scientific problem）。

1.101 在这个背景下使用“绝对”这个词可能要涉及这样一个事实：无论怎样努力描述或解释感质之间的差异，总还是有些区别难以穷尽（译注：比如，光和声音这两种感质，无论如何解释两者的差异，最后可能还有部分剩下来，这就是光和声音这两种感质的“绝对的”“纯质”）。这一点同后文要考虑的一种情况密切相关，即因为心智固有构造的（constitutional）局限性，我们永远无法完全详尽地解释任何特定的心理活动（mental act），而只能从原则上说明心智如何运作。对我们来说,各感质之间的差异过于纷繁多变,以至于永远也说不完。但这不等于说,我们不能研究这些差异或就这些差异提出可回答的科学问题。

1.102 同一问题的另一方面是:一组感质(如很多声音和颜色)的直接经验向我们传递的东西(将涉及在感质之间大量隐含的区别,以及它们同其他可能经验之间隐含的区别),总是多于任何描述所能传递的东西。换言之,在色觉或声觉方面,天生的盲人或聋子永远无法完全学会视听健全的人获自于直接感觉经验的东西,因为描述难以穷尽感受的所有差异。然而这并不意味着,在这些感质之间,除了相互区别之外还有什么别的东西,更不意味着,感质的任何"绝对"本质是一个真问题。

1.103 因而,任何关于特定感质的性质或特性的问题,都是该感质与其他感质的差异(或关系)问题,此外别无其他。某个感质所产生的效果同任何其他感质所产生的效果的差异,决定了这个感质的全部性质。

1.104 要求超出这一点去解释感质的某种绝对属性,如同是寻找某种东西(来作为解释感质的原因),而这种东西(根据定义)却不能表现在这种感质(而不是其他的感质)所引起的效果差异中。然而,同样由定义可知,这样的东西和科学问题无关。"绝对本质"看来不可解释,因为它根本就不存在。"绝对"一词要是有任何意义的话,只能意味着某种和科学意义无关的性质。

1.105 感质(以及心理特质)的全部属性就是该感质同其他感质的关系,而心理特质之间关系的总和就是关于心理秩序所能言说的全部东西。这个主张当然符合(或我们应该说追随了)"心智本身就是一个事件秩序"的观念。大脑自身及心理事件的所有属性就是一种复杂的关系,一旦认识到这一点,就无须诉诸任何特殊"基质"(来解释感质)。

1.106 摒弃心理特质的绝对性质这个伪问题,并承认其相对意义，具有根本的重要性。因为我们将看到，这样一来就为运用某种一般原理（来解释“感觉的秩序”）开辟了道路。而这种一般原理，早就被用来解释具有相对性的感觉经验（如空间位置）的属性了。

1.107 由心理特质的相对性也可得知，对心理特质的相互关系所做的任何讨论，必然局限在心理事件的领域之内，并永远无法架起心理事件到物理事件的桥梁。下一章将说明怎样打破这个循环。

第二章 理论的轮廓

1. 解释的原则

2.1 第一章得到的结论是：主观经验的感觉是一个自我包含的系统(self-contained system)，只要借助各种感质之间的关系，就可以描述其中任何一个感质，同时，各感质之间的关系本身也属于感觉的秩序。这意味着，若要解释感觉系统与物理世界的关系而不陷入逻辑循环，就必须从整体上去解释决定感觉系统的复杂关系。为此必须解释，在一个物理系统中（指的是神经系统），已知的力量如何相互作用，从而产生了一个相当于感觉系统的秩序。

2.2 就感质的相互关系来讨论感质，势必陷入循环。因此，打破这个循环并有望对包括感质的发生(occurrence)在内的过程提供解释的唯一方式，就是构建一个由物理元素(physical elements)组成的，同感觉系统"**拓扑等价**"(topologically equivalent)或"**同构**"(isomorphous)的系统。这意味着感觉系统是物理系统的严格再现，从而两个系统的效果是一一对应的。

2.3 格式塔学派的成员[①]也在类似的意义上使用**同构**(isomorphism)这个数学概念，但是其用法有些模棱两可，不够精确，

① W.Köhler，1929年，第61页以下，K.Koffka，1935年，第62页。关于这个概念被E.G.Boring以不同的意义使用，见下文2.10。

我不确信是不是和我们的用法相同。为此请读者记住，下文所说的同构不是指格式塔学派使用这个词的意义，而是指严格的数学意义的系统之间的结构对应(structural correspondence) ——在这些系统中，各元素相互连接形成的关系拥有同样的形式特征(formal properties)。

2.4 尤其重要的是，两个结构的同构并不(像格式塔学派的某些讨论所暗示的那样)是指它们在空间安排上的相似。虽然两个在几何上相似的三维结构也是同构的，但是这种空间相似性却并非同构关系所必需。例如，如果用连接表示相关的关系(connectedness)，我们可以想象一个由橡皮绳结成的三维网或栅格，其结点代表元素而绳代表连接。无论怎样拉伸，扭转或者揉搓这个网，同构关系仍将保持不变。在上述过程中，三维网或栅格虽然发生了空间形变，元素间的相关关系却保持不变；只要绳子没有断，没有新的结点产生，三维网或栅格的所有变化状态都是同构的。读者必须记住，每当本书提到如"大脑中的模式"的时候，"模式"(以及类似的其他术语)应在这种拓扑的而不是空间的意义上来理解。

2.5 下面的例子说明了区分同构性和空间相似性的重要意义。如果有一个系统，其中任一元素的位置由它和其他元素的连接决定，则在该系统中，两个不同元素占据同一空间位置，在我们所说的(拓扑的)意义上完全可能，而在空间意义上显然是不可能的。空间中两个不同的点，不可能跟一组其他点中的每个点，有完全相同的空间关系。但是在一个纯粹"连接的"秩序中，两个元素中的每一个，都可以跟完全相同的一组其他元素建立连接。事实上，这种情况不仅存在于单个元素，也存在于由相连的单个元素组成的亚组。这些亚组之间虽然并不同构，但是一个亚组可以与别的亚组占有相同位置，也就是说，不同的亚组可以和同样的其他元素建立连接。

2.6 因此，同构性所描述的，只是整体结构的相似性以及相应元素在结构中所处位置的相似性，但并不涉及相应元素的任何其他性质(除它们在结构中的位置之外)。组成结构的元素自身属性和两个结构是否同构毫无关系。同构性不仅存在于不同物质结构之间,甚至存在于物质结构和非物质结构之间,只要(两个结构之间)连接元素的关系具有共同的形式属性(common formal attribute)。

2.7 在把同构性概念用于心理学问题时,对于可以被认为是同构的概念(terms)或结构(structures),存在大量的混淆。现在有三种不同的结构,其中任何一对结构可能且曾经被表述为大体同构的概念(或具有显著同构关系的概念),分述如下:

(1)外部世界的物理秩序或刺激的物理秩序。出于当前目的,我们必须假设它是已知的,尽管我们这方面的知识还不完善。

(2)神经纤维的秩序,以及在这些纤维中所运行的神经脉冲的秩序。毫无疑问,它是整个物理秩序的一部分,也是属于那种我们无法直接了解,而只能靠推测重构的秩序的一部分。

(3)感觉(和其他心理特质)的心理秩序或现象的秩序。它是可以直接感知的,但相关知识很大程度上只是关于"怎么做"(knowing how)而非"是什么"(knowing that)的知识[①],并且我们可能永远无法分析清楚决定该秩序的所有关系。

2.8 我们要研究的问题部分地取决于如下事实:第一种和第三种秩序并不是同构的,即物理的秩序有别于现象的秩序。虽然说,就算这两种秩序同构(假如那是可能的),问题仍然存在,但实际上,若不是因为两者的差异,我们恐怕永远不能,或至少在很长时间内无法觉察到该问题的性质。尽管在一定程度上两者有相似性,尽管

① G.Ryle,1945—1946年。

我们能够应付物理世界要归功于这种相似性，但是正如我们已经知道的，两者远非相同。

2.9 我们所说的同构性是指第二种和第三种秩序之间，即神经的秩序和现象的秩序之间的关系。如果这是对的，并且第一种和第三种秩序并非同构，则可推知第一种和第二种秩序也不同构。（严格说来，第二种秩序是第一种秩序的一部分，由此推知，第二种秩序不可能同第一种严格地同构）

2.10 两个结构或秩序是同构的，并不意味着两者的元素可能拥有的一切属性之间都是同构的（除这些元素在结构中的位置这一属性外）。这一点需要特别强调，因为同构性这个术语，被Boring[①]用来描述各个心理事件（即第三种秩序的一部分）和各个物理事件及神经事件之间存在的对应。他谈到，从刺激经过脉冲传到感觉的过程中，某些稳定不变的结构特征被“同构传递”（isomorphic transmission）。在这个意义上，同构性观念的确正如他指出的，仅仅是缪勒特殊神经能量理论试图反对的那种天真假设的一种形式。在格式塔学派的模糊用法中，这个含义有可能和另外一种含义混淆起来了。但这和我们对同构概念的用法完全不同。

2.11 然而应当立即指出，尽管同构性这个术语在目前阶段用于说明本理论是有用的，但我们终将证明，它在某种意义上并不恰当。眼下我们关注的是两种秩序的关系：其一是一个推断的秩序（inferred order），它涉及的概念（terms）目前还不知道（因为，如果我们认为所有的心理属性都决定于关系，则这些概念目前尚未获得任何属性）；其二是一个有待建立的，存在于神经元素之间的秩序。我们最终会证明：这两种秩序不仅同构，而且就是同一个，假设心理秩序另有一套概念是多余的。但是在这个阶段的理论阐释中，我们关注的问题只

① E.G.Boring，1935年，第244页；同作者，1936年，第574—575页，以及1942年，第83—90页。

是,能否利用物理元素构造一个心理秩序的拓扑等价物。

2.12 在讨论同构性时,立刻就会遇到由“一一对应”概念而引起的另一种误解。旧的观念认为,单个刺激,单个神经脉冲固定地与特定的单一感质相关。读者很快会明白,这个基本错误一直是理解本研究问题的主要障碍,它根本不是我们所讲的同构性的意思。反过来,如果一个神经脉冲的作用依赖于承载它的神经纤维在相互连接的整个神经系统中的位置,则很容易看出,其效果将依赖于同时发生的其他脉冲。尽管在任一给定的时刻(或者在任一给定的结构之内)同时发生的任意一组特定神经脉冲将具有同样的意义(significance),但是没有理由期望,一个脉冲分别同两组不同脉冲伴随出现时其效果是一样的。

2.13 对于脉冲和感觉之间一一对应观念的这种误解,格式塔学派成员①已经在“恒常性假说”(constancy hypothesis)的名义下对其作出了不懈而成功的批判(译注:恒常性假说认为存在刺激—效果的一一对应)。他们的实验工作充分地证实了,在个别脉冲和基本感觉之间并不存在这样一种不变的联系。

2.14 与“恒常性假说”密切相关的,是一种“纯粹感觉的不变内核”(invariable core of pure sensation)观念。它假设有某种不变的内核原本以一定方式附着在神经脉冲上,不论经验或习得联系对基本的感质做出怎样的修改和增添,内核本身保持不变。例如,伯特兰·罗素(Bertrand Russell)明确地说“感觉的本质……就是它独立

① W.Köhler,1913年,第52页;K.Koffka,1935年,第85页以下;以及D.Katz(1944年)为了在“恒常性假说”和“恒常性现象”之间作了明确划分,即“不同刺激和不同刺激组合能产生相同感觉质”这一事实。[David Katz (1884—1953),德国实验心理学家,曾在哥廷根担任G.E.Müller的助手。1919年至1933年,他是罗斯托克大学的心理学教授,遭当时的国家社会主义者驱逐。在英国暂住之后,他于1937年迁往瑞典,在斯德哥尔摩大学任教。——编者]

于过去的经验”。[①]

2.15 当然，感觉的内容(experienced content)有很大一部分是以经验为基础进行阐释的结果，这早已成为心理学的常识。但是，人们一直认为这些同感质相关的决定因素(译注：也就是经验)只是修改或增添了纯粹感觉的原有内核(original core of pure sensation)[②]。而我们将主张：并非只有一部分感质，而是全部感质，都是在此意义上以个体或物种的经验为基础的“阐释”。一个仅仅受到经验修饰的，原始的感觉纯核的概念，完全是一个不必要的虚构。那些修饰和改变感质属性的已知过程，同样可以用来解释最初的(感质)辨别。

2.16 我们的观点并不意味着，那个解释感觉的秩序是如何决定的“习得”过程完全或主要存在于个体发育过程中。在这个意义上，我们在“先天论者”(nativists)与“经验论者”(empiricists)的争论中不偏向任何一方。但是它们的争论常常明确涉及一些问题，如感觉的秩序是否可以理解为种族和个体的经验总体所塑造的？或者，感觉的秩序除环境对有机体发育过程的影响外，是否还有不可解释的因素？——在这些问题上我们是“经验论者”(见5.15)。

2.17 确实，下文关于感质形成的全部理论不过是一种普遍公认的观点的延伸和系统发展，即每种感觉都是基于学习的解释，进而，所有感质都可以作如是观。我们主张，有机体在系统发育和个体发育中(phylogenetic and ontogenetic development)(译注：系统发育，也就是物种的演化过程)，通过学习建立了一个辨别刺激的系统。在这个系统中，每个刺激都被给予一定的地位，它代表这个刺激和其他

---

① B.Russell，1921年，第144页。也参见该书第174页。[Bertrand Russell(1872—1970)在其《心的分析》(1921)(*Analysis of the Mind*)的序言中感谢John B.Watson对早先的草稿提出的“许多宝贵建议”，并指出，他的书试图将行为主义心理学的“唯物主义倾向”与爱因斯坦物理学的“反唯物主义倾向”调和起来，其基础是“William James和美国新现实主义者的观点”(见下文8.38)。——编者]

② 一个对历史先驱者的介绍见第六章。

刺激的不同组合对于该有机体的意义。稍后我们将看到,在什么意义上以及在多大程度上,有机体对刺激的这种“分类”(classification,这是我们对它的命名)可被视为“再现”(reproduce)了刺激之间在物理世界中的“客观”关系。

2.18 然而需要立即指出,当我们说提供一个“解释”时,这只不过是对现象之发生“原理的解释”(explanation of the principle)(关于这一点后面还要详细讨论[①])。通过借用“原理性解释”这个概念,我们暂且将解释理解为,它不仅限于表明“如此这般的作用,存在于已知的物理作用的范围之内,或者,已知的物理现象产生了与之类似的效果”[②],而且意味着,尽管我们可以解释有关运转过程的一般性质,但是运转过程的细节是如此复杂,以致对运行过程的完整描述永远超出人类心智的能力。

2.19 因此,我们将解释限定于“原理性解释”。不仅因为,从目前心理学和神经生理学的知识状况来看,似乎主要是需要一种解释有关现象如何产生的假说,而且因为,对人类来说,要完全解释自身的思维过程是绝不可能的,因为(正如我们希望表明的)这种想法含有内在的矛盾。

2. 感觉的秩序的静态与动态方面

2.20 现在有必要更详细地考察存在于感质之间的各种“关系”的性质。正如上文指出的(见1.56—1.61),这些“关系”自身亦拥有不同的感质属性(qualitative attributes)。乍看起来,由于这一点,从已知的生理过程构建一个对等或同构的物理系统似乎是不可能完成的任务,因为在生理过程中,各元素只能按因果关系进行唯一的组

---

① 参见后文第八章。

② D.W.Thompson,1942年,第309页。另参考E.G.Boring,1946年,第178页,他主张:“如果能*以等价的方法*产生功能,以及‘如果能*获知其*(所建议的合成心理学教授的)*原理*,而不真的把他造出来,对于我们的目的来说足够了’。”(斜体为引者所加)

织。当我们指出感质的差异可简化为效果差异时，曾经触及这个困难，但是现在显然要更明确地加以考虑。

2.21 这个问题，似乎同感质系统的“静态”“动态”两个方面的区别密切相关。我们通常设想所有不同的感质（至少是潜在地）同时存在。并且，当我们提及整个秩序的“静态”方面，正是指这种想象的感质同时并存。但是正如我们力图表明的（见1.38—1.55），关于感质之间的区别，真正有意义的必然是各种感质组合对后续事件的不同效果：在一个给定情境下各种感质的出现是怎样影响我们对那一情境中其他元素的看法，等等。这就是从动态方面所看待的感质系统。我们将在后文（见2.44，3.51，5.42）看到，感质系统所对应的神经系统也与之相似：从静态方面来说，它是执行辨别的器官（apparatus）；从动态方面来说，它可以描述为各种运行过程。

2.22 即使我们把感质系统想象为某一时刻的整体存在物，也不等于说，我们拥有所有可能的感质的意象。在某一时刻把它当作整体，只不过是说，我们能游历（run through）它，从一个感质出发到达与之相似的其他感质，在所有可能的维度上一个接一个地移动，最终穷尽所有可能。因此甚至可以说，感质的“静态”系统事实上就是以复杂的因果关系连接起来的一连串意象。

2.23 感质效果的区别是唯一有意义的问题——这个说法对不对，要看我们如何给“效果”一词下定义。如果像严格的行为主义者那样，认为“效果”仅限于可观察的外部行为（外显动作或其他外周反应），上述说法肯定站不住脚。在行为主义的影响之下，仅关注外显动作已经成为心理学在过去30年中的潮流，然而这种做法并无正当理由。同一时期的心理学研究已经比以往任何时候更清楚地表明了，要是没有对“大脑中介过程”[①]（intervening process in the brain）的重构，解释外部行为是毫无希望的。

---

① C.T.Morgan，1943年，第476页。

2.24 认为反应的差异仅在于外部行为而与主观知识无关是荒谬的。不仅因为这种看法其实难以一以贯之地坚持(见1.84—1.88),而且因为,我们知道中枢神经系统正是导致外部行为不可或缺的工具——虽然目前还无法直接观察[①]。任何试图用外周反应(peripheral response)来解释感质差异的努力都注定要失败,因为刺激和反应之间并非一一对应的。我们将会看到,从刺激到反应之间存在一个多次分类的过程,从而,对某个刺激所作出的反应不但取决于该刺激,还要考虑到该刺激放在其他(内部和外部)刺激构成的情境中所具有的意义(significance)。

2.25 我们将说明(见4.35—4.41),仅仅关注外周反应也会引起误导。因为,即使有时候能够利用外周反应的差异来辨别不同的刺激,这些反应也只能经由**本体感受脉冲**[②](proprioceptive impulses)(反馈)到达中枢并影响后续心理过程。因此,起决定作用的不是肌肉运动反应(motor responses)本身,而是回馈到中枢的感觉脉冲。既然如此,至少很有可能的是,在初始感觉脉冲和它所引起的肌肉运动反应脉冲之间一旦建立直接连接后,其后续运作就不需要再有实际的肌肉运动了。

2.26 如果说,一个刺激的"效果"包括了介于刺激和外部反应之间的所有中介环节(intermediate links),那么用效果来定义感质的困难将迎刃而解。我们将发现,无论是依据生理过程,还是依据生理过程所引起的感质,各事件之间的区别就在于它们以不同的方式结合起来产生的不同效果。一个事件或一组事件能够和其他事件区别开来,在于这个事件或这组事件引发了一组特定的其他事件。因此,最终的外部反应可能经过很长的中间链条才发生。我们无法在神经过程中直接观察到这个中间链条,只能从已知的神经活动的

① C.C.Pratt,1939年,第147页。

② [在下文4.8中,哈耶克将本体感受脉冲定义为"那些不是记录外在刺激的,而是记录有机体各部位所处的状态的脉冲"。——编者]

心理对应物（译注：心理对应物，如意识、感觉等）及其所引起的外部反应来推测。

2.27 一旦把心智视为一种特殊的秩序，那么，非心理事件之间的某些关系转化为心理事件这种表面的悖论就自动消解了。如果单独考察，一个神经事件可能和其他此类事件拥有或同或异的物理属性。但是，除其自身属性外，它还由于在相互连接的秩序中所占的位置而拥有另一些属性。作为一个单独孤立的神经事件，根据它作用于同类事件所产生的效果，它将显示出一组性质并具有特定位置。但是，作为完整神经结构中的一个元素，这个神经事件可能显示迥然不同的属性。

2.28 多个事件形成的秩序不同于单个事件本身的属性，同一种秩序可以由性质迥异的不同元素所构成，这一点可以在许多领域得到证实。一群火蝇，一群飞鸟，大量的玩具气球或一队飞机可以展现同一运动模式。多种不同的材料可以制造出同一种机器，如一辆自行车，一台轧棉机，一台车床，一部电话交换机或一个加法运算器。在这些例子中，性质各异的元素在整体中发挥着同样的功能。不管这些元素其他性质如何，只要它们能够以决定机器结构的方式相互作用，它们的个别属性对于我们理解这台机器就是无关的。①

2.29 同样，构成心理秩序②的神经事件的个别特性与心理秩序无关。我们所说的这些事件的物理属性，是指当它们和其他事件被置于各种测试关系中所表现出来的属性（译注：物理的效果取决于物体之间相互作用所产生的效果，心理的效果取决于物体作用于人所产生的效果）。而这些事件的心理属性，则是仅当其作为特定结构的一部分所拥有的，很大程度上独立于其物理属性的属性。至少

① 我们在这里有意避免使用涉及心理因素的例子，尽管这样的例子很多：比如一首诗的印刷形式和朗读形式，等等，都说明一个秩序的存在，与组成这个秩序的元素无关。

② E.G.Boring，1933年，第233页。

可以设想,我们称为心智的这种特定的秩序可能用几种元素(电子的、化学的或其他的元素)中的任何一种来构建,所需要的只是这些元素以某种顺序相互激发所构成的简单关系,对应于我们所说的心智的结构。

2.30 各单独事件或对象不同于它们所构成的秩序,这一重要事实,就是讨论很多却进展甚微的"整体大于部分之和"背后的东西。当然不是说,将各个部分信手堆砌就能得到一个秩序。同样一组给定的部件,以不同方式安排将得到不同的秩序。一个秩序包括元素**及**元素之间的关系。不管是什么元素,只要能以同样的模式相互联系,便构成同样的秩序或结构。当然,构成关系的能力也是元素的性质之一(尽管这些元素还拥有其他的,与构成这种关系无关的性质)。若无具有特定的结构能力的元素,秩序几乎无法存在。反过来说,若无相互联系的秩序,单个元素也无法获得其在该秩序中才会拥有的特定意义。然而,只有在理解了元素的相互联系以后,"整体大于部分之和"才不至于沦为一句空话。在这方面,理论生物学关于结构属性不同于元素属性的含义,以及关于"组织"[①]的含义的全部看法,都可以直接用到这个问题中来。

2.31 因此,我们提出的问题是:从神经系统的已知元素构建一种能以不同反应辨别不同刺激的结构,而其辨别的方式恰如大脑实

① J.H.Woodger, 1929年,第291页以及各章节[Joseph Henry Woodger(1894—1981),英国理论生物学家和生物学哲学家。1926年,Woodger曾对维也纳的生物研究所(Institute of Biology in Vienna)进行了研究访问。他成为贝塔朗菲的亲密同事和朋友(见上文,前言,注14)。他准备对贝塔朗菲1928年的著作《发育的批判性理论》(*Kritische Theorie der Formbildung,* Berlin: Borntraeger)进行英文翻译和改编,以《现代发育理论》的名义出版。他准备将贝塔朗菲1928年的著作《发育理论》(Kritische Theorie der Formbildung)(柏林:Borntraeger)翻译成英文,出版为《现代发育理论:理论生物学介绍》(*Modern Theories of Development*: *An Introduction to Theoretical Biology* (London: Oxford University Press, 1933).)。——编者]; L.von Bertalanffy, 1942年和同作者,1949年。

际所做的那样，这一切如何可能？

3. 分类的原理

2.32 这里关注的现象，在心理学中一般以"辨别"（discrimination）为题进行讨论，但是这个术语有些误导，因为它暗含着对所辨别事件的物理差异的"辨认"（recognition），而我们真正关注的是那种差异的产生过程（译注：即感觉差异或心理差异）。多数其他现成的说法也存在同样的问题，如"归类"（sort out），"分别"（differentiate），"分类"（classify）。看来，唯一不会引起误解的术语似乎是"分组"（grouping）。①

2.33 然而为了下面讨论的目的，出于方便起见，下文将以特定含义使用"分类"（to classify）以及相应的名词"类"（classes）和"分类"（classification）这些术语。接下来的几段将专门用于厘清这些术语的确切含义。首先考虑极其简单的分类过程，尽管这种分类与切近本主题的更复杂分类过程相去甚远。在目前来说，更多地是要弄清楚分类的原理，而不是分类原理在神经系统中的运作。

2.34 我们用"分类"指一个过程。在其中，某个事件在某一情况下重复发生一定产生同样的效果；同时，某个事件在各种情况下所产生的所有效果，与任一其他事件产生的效果可能相同或不同。所有效果相同的事件属于同类事件。换言之，事件所产生的效果是对事件归类的**唯一**标准。

---

① G. H. Lewes，1879年，第三章，第33节和34节，问题Ⅲ曾在某种相似的意义上使用"分组"的概念［George Henry Lewes（1817—1878），英国哲学家，在受到Auguste Comte的实证主义影响的同时，强调在心理学研究中需要将客观方法与内省相结合。——编者］，最近的见J.Piaget，1947年［Jean Piaget（1896—1980）是瑞士发展心理学家，以研究儿童的认知发展而闻名，开创了发生认识论领域（*genetic epistemology*）。他将儿童的"分类"能力（即根据共同特征对物体进行分组的能力）作为一个基本的定义标准，区分了智力发展的四个阶段——"感知运动期（2岁以下）、前运算期（2—7岁）、具体运算期（7—11岁）、形式运算期（11岁及以上）"。——编者］。

2.35 假设建造一台用于执行这种简单分类的机器。例如，能够想象一台机器，它把不同大小的球“挑选”(sorts out)出来，分配至不同的容器中。假定任意两球尺寸都不一样，从而可以按尺寸识别每个球。我们还假定，这些球除大小之外，其他方面都是同质的。因此，若几个球被分到同一类或同一亚类，并不是因为它们的“客观”相似性，而只是根据机器的行为。分为同类的各个球之间的相似性只在于它们造成了相同的机器反应。[①]

2.36 例如可能发现，机器总是把直径为16、18、28、31、32和40毫米的球放进容器A，把直径为17、22、30、35毫米的球放进容器B，等等。放进同一个容器的球属于同一类，放进不同容器中的球属于不同类。一个球被机器放进某个特定容器，这一事实本身就构成了将球归入那一类的唯一准则。

2.37 再想象另一种执行这种最简单分类的机器。它以一种类似于上面的机器的方式，对沿着许多电线或管路传来的许多单个信号进行挑选。这里把通过一个特定电线或管路抵达的任一信号当作同一种重复发生的事件，它总是引起机器相同的动作。机器也可能对从某些不同管路或电线传来的信号做出相似反应，并且凡是引起机器同样反应的事件都属于同一类。这种机器类似一台连接着很多进线的电话交换机，每条进线都固定不变地和某一响铃联系，从而从任何一条线传入的任一信号，都会触发它所连接的铃声。所有与同一个响铃相连的进线传输的信号都属于同类。

2.38 此类机器的一个实例是某种给穿孔卡片分类的统计机器，卡片上的穿孔代表统计数据。假如把打有同样数据的卡片视为同

---

① J.Piaget，1947年，第45页：“类的概念是指，主体对客体作出反应，这种反应在心理上表现出一种同一性(identity)，成为一类。”[在英文版《智力心理学》(*The Psychology of Intelligence* (London: Routledge & Kegan, 1950), 34)中，这句话被翻译为“在心理学上，类概念只是表达了主体对他归为同类的对象的反应的共同性(identity)”。——编者]

一事件，又假如机器被如此地构造，以至于它能把多个数据卡片形成的各种不同的组，放进相应的不同容器。这样，我们就拥有了一台分类的机器。我们就是在这个意义上使用分类这个术语的。

4. 多重分类

2.39 在前述简单分类中，每个重复事件总是跟同组的其他事件分到一起，并且也只能如此划分。但是按照同样的分类原则，还能实现一种或许可以称为“多重分类”(multiple classification)的分类：在任何时刻，一个给定的事件可能被划分到不止一个类，而每一类包括不同的别的事件；并且一个给定的事件，根据伴随它而发生的其他事件，在不同场合下也许会被归入不同的类。因此，分类在几个方面都是“多重”的。不仅一个事件可以属于多个类，而且只有当它跟某些其他事件联合发生时，才能触发机器不同的反应。由不同单个事件所组成的不同的事件组，可能以这种方式激发同样的反应。于是，机器不仅对单个事件，而且对多个(同时或相继)事件所形成的组进行再分类。在后一种情况下，单个事件构成的组(或序列)将成为类的元素。

2.40 第一种类型的多重分类，可由类似于如上所述的分球机器执行。现在稍有不同的是，机器不是把球放进不同的容器，而是显示不同的信号，比如不同颜色的灯。每次一个球放进去，就会触发某种(些)颜色的灯光。如果机器对一个球作出的反应是亮红灯和绿灯，则这个球同时属于这两个类，红灯类球包括所有触发红灯的球，而绿灯类球则包括所有触发绿灯的球。或者类似于前面的第二种机器，如果一个输入信号被传递给几个不同的铃，则该信号同时属于几个类。

2.41 第二种类型的多重分类中，机器的反应不仅取决于单个事件，而且取决于事件组合。这种机器对事件组合的分类，既可能在对单个事件分类之外另行进行，也可能与其同时发生。比如一个事件单独发生时可能触发绿灯,但是当它和其他事件一起发生或者以短暂时间间隔先后出现,它触发的可能不是绿灯而是蓝灯。

2.42 后文还会涉及(见3.52—3.57)第三种多重分类:即连续的分类动作相继进行,或者在多个“层次”上进行。在这种类型中,实现前一层次分组的差异性反应,转而又被进一步分类(进一步分类也可能是上面两种意义上多重分类)。这可能是神经系统分类机制的最重要特征。但是目前我们只想提出某种一般原理,相关问题将在下一章详细讨论。

2.43 在我们感兴趣的分类系统中,单个事件是经由输入神经纤维到达神经系统各级中枢的神经脉冲。为了本书的目的,必须假设单个脉冲之间并无分别。它们一开始必须被当作逻辑学家所谓的“未加解释的一组标记”(uninterpreted set of marks)。我们的任务是表明:神经系统如何按照如同感觉的秩序那样的秩序,把这样一组未加解释的标记加以分类整理[①]。

2.44 在对分类系统的整个讨论中,非常重要的一点是要记住其结构与功能(或静态和动态)的区别(见2.20—2.31)。(解剖)结构的元素是神经纤维,(生理)过程的元素是神经纤维传导的脉冲。(个别的或成组的)神经脉冲则是分类的对象。

2.45 因此我们要表明,无差异的单个脉冲或脉冲组怎样在一个关系系统中获得某个特定地位,以至于这些单个脉冲或脉冲组的功

---

① 关于感觉质的秩序这个问题某种相似的陈述,见R.Carnap,1928年。[鲁道夫·卡尔纳普(Rudolf Carnap, 1891—1970)是一位出生于德国的哲学家,逻辑实证主义的代表人物。他坚持把语言的逻辑分析作为哲学的主要工具,拒绝形而上学的陈述,因为它们不能被经验证明或反驳,所以毫无意义。他于1926年在维也纳大学提交了他的第一部重要作品《世界的逻辑性》(*Der logische Aufbau der Welt*)作为教授资格论文。他成为维也纳学派的一个杰出人物。在维也纳,他作为编外讲师(Privatdozent)教书直到1931年,后在布拉格德国大学(German University in Prague)任职。1936年,他移民美国,首先在芝加哥大学任教,后来在普林斯顿大学(1952—1954)和加利福尼亚大学洛杉矶分校(直到1961年)任教。——编者]

能意义(functional significance)的异同,恰好对应于它们所引起的感质之异同。

5. 中心论点

2.46 我们主张,感觉的秩序产生于神经连接系统对感觉神经脉冲的分类。在该系统中,神经脉冲通过神经纤维进行传递。我们还认为,这个连接系统的形成,乃是由于在物种发育及个体发育过程中神经脉冲的同时激发而导致的。

2.47 感觉脉冲的同时激发可以建立起传递脉冲的神经连接,这是一个被广泛接受的假说。如果要解释像条件反射这样公认的事实[①],这个假说的确必不可少,尽管尚不完全清楚连接究竟是怎样建立和保持的。从论证的目的看,连接的建立是否像过去一般假设的那样涉及中枢神经系统解剖结构的变化(如“新路径形成”),或者,是否如一些新近研究所认为的是基于生理或功能上的变化,如在某些预先存在的渠道内建立持续的脉冲流,这个问题同本研究无关。[②]

2.48 在作为分类器官(或分类工具、分类装置,apparatus of classification)的中枢神经系统中,神经元之间的脉冲传递既可能存在于初级神经元之间,也可能存在于初级神经元和中间神经元(‘internuncial’neurons)之间——这些中间神经元同感受器并不直接相连(译注:初级神经元,即同感受器直接相连的,承载初始输入脉冲的神经元;中间神经元,即并不同感受器直接相连,而是同初级神经元或其他节间神经元相连的神经元)。在前一种情况下,同样的一个事件,即传入神经元中的一个脉冲,既可能作为初始的分类对象,也可能是作为对其他初始脉冲进行分类的“标记”(symbol)。但

① 最近的,感觉脉冲之间的这样一种连接的发生,由W.J.Brogden,1939年,1942年,1947年,1950年的心理学实验所建立。

② 关于这些较新的观点的介绍,见E.R.Hilgard和D.G.Marquis,1940年,第330页。

是我们将看到,几乎所有的脉冲——无论是初始的还是次级的——都要被进一步分类,因此它们既是分类的工具,又是分类的对象,这虽然使分类的情况复杂化,但是并未改变分类过程的一般性质。

2.49 下一章将详细展开关于心理特质决定的理论,该理论与当今几乎所有心理学理论[①]的区别在于:我们并不认为,感质(或其他心理特质)以某种方式附着在单个神经脉冲上或者为单个神经脉冲所固有,而是认为,感质作为一个整体是由传导神经脉冲的连接系统所决定的。因而,正是一个或一组脉冲在整个神经系统中的位置,赋予它与众不同的感质。连接系统是有机体在物种发育和个体发育过程中通过"经验"或"学习"而获得的。因此在每一个发育阶段,该系统都再现了物理环境中(那些激发冲动的)刺激之间所具有的关系。(我们将在第四章看到,中枢神经系统运作所处的"物理环境",包括了**内环境**(milieu interieur)即有机体自身——在其独立于高级神经活动的意义上;第五章将解释"经验"一词不同寻常的含义。)

2.50 上述中心论点也可以更简略地表述为:"我们不是首先有了感觉,然后被记忆保存,而是由于生理记忆的结果,生理脉冲被转化为感觉。因而,生理元素之间的连接是创造心理现象的基础。"[②]

2.51 尽管在生理心理学家的当下讨论中,隐隐约约提到了沿着这些思路建立心理现象理论的建议,但系统地应用该基本观点所得到的推论,似乎从未彻底弄清过。下文即打算对该命题的主要含义作进一步阐发。读者将发现,这个思路连贯地发展下去会得到相当重要的结论,并有助于澄清几个古老的难题。

---

① 同这里所发展起来的理论最为接近的似乎是赫布的著作(1949年),据我所知,其著作是在本书所有实质要点都已经完成后才出现的。

② 这段引文是从本书的早期德文草稿(1920年)中翻译过来的,序言中提到过这部草稿。[参见《意识发生理论浅说》,本书,第377页。——编者]

第三章 作为分类器官的神经系统

1. 生理学的知识准备

3.1 在详述第二章勾勒的理论之前，需要交代一些必要的解剖学和生理学的基本事实，作为构建分类器官的“基础”。为了当前的目的，没有必要关心中枢神经系统(central nervous system)结构和机能的细节，大致了解其各部分及其运行过程的某些一般特点也就够了。由于我们所关心的并不是该理论是否完美无缺，而是它能否解释所关注的心理事件，因此这种简化是合理的。

3.2 按照几乎普遍接受的观点，神经系统和有机体的其余部分一样由大量细胞构成。这些细胞称为神经元(neurons)。每个神经元包括一个细胞体和两种附着的突起——一个轴突(axon)和数个树突(dendrites)。尽管最近有人对“神经元理论”表示怀疑，并提出另一种关于神经纤维系统实质连续性(essential continuity)的理论[①]，我们还是按照主流观点来叙述主要的事实。因为就算上述替代性理论得到证实，也不会从根本上动摇本结论。有待考虑的主要事实可表述如下。

3.3 传入神经纤维(afferent fibres)输入来自外周感受器(peripheral

① 对于最近德国人关于这个声称的“神经系统的连续性”的工作的一个简短总结，见W.Bargmann，1947年，对此的一个批评见N.A.Hillarp，1946年。

receptors)的神经脉冲,而传出神经纤维(efferent fibres)把脉冲输出到运动器官。在传入纤维和传出纤维之间有一些“桥梁”,大脑皮层(cerebral cortex)是其中最高级和最复杂的桥梁。因此,必须把中枢神经系统(可能对皮层自身也是如此)想象为包含许多层次的等级系统。脉冲从传入(感觉)神经纤维到传出(运动)神经纤维的传递过程中,要经过各个层次。当然,多层次等级系统的概念并不意味着各个层次——无论从结构上还是从功能上来说——总是能明确地分开,也不意味着各个层次是按简单的线性秩序叠加在一起的。

3.4 中枢所包含的神经细胞的数量,远远多于(把脉冲传向中枢的)传入神经纤维和(从中枢把脉冲传出去的)传出神经纤维的数量。据估计,光是大脑皮层就有约一百亿个神经细胞,而传入和传出神经纤维的数量只在几百万的数量级;而到达皮层的不同传入神经纤维的数量,又远少于作为脉冲来源的不同感受器的数量。

3.5 一般来说,外周感受器只对有限范围的刺激敏感并产生脉冲。但是,传至神经中枢的脉冲都是相同的,脉冲与脉冲之间没有本质的区别。目前来看,单个脉冲的任何属性和引起脉冲的刺激的属性之间,或者单个脉冲的任何属性和它所引起的感质的属性之间,都没有对应关系(见1.31—1.37)。

3.6 神经纤维中传导的脉冲或激发状态(state of excitation)并非连续的流,而是一系列间隔极短的前后相随的冲击,因而往往被描述为“一列”(a train)脉冲或者(并不正确地)“一排”(a volley)脉冲。

3.7 神经纤维本身也许能双向传递脉冲。尽管如此,神经细胞体所处的位置以及整个神经细胞在神经元链条中的位置,决定了脉冲在一条神经纤维中通常只沿一个方向传递。

3.8 神经纤维传递脉冲遵循“零一原则”(all-or-nothing principle),即任一神经纤维中要么有脉冲,要么没有脉冲;而一旦有脉冲,脉冲的强度总是相等的。这意味着我们自始至终要处理一种“触发现象”(trigger phenomenon)——我们粗略地说脉冲的“传递”

(transmission),这并不意味着真正的能量传输,而是一个脉冲引发并释放了链条上相邻细胞中储存的能量。

3.9 然而,脉冲的“强度”——表现为引起其他神经元兴奋的能力——不仅在各神经纤维之间有所不同,而且在同一条神经纤维的不同区段或不同分支之间也各不相同。大体说来,脉冲强度同神经纤维的粗细成比例。尽管任一给定神经纤维所传递的脉冲强度总是不变的,脉冲的持久性(或更确切地说,一列脉冲中所包含的连续冲击数量)却可以变化。在某些方面,这种持久性变化和强度变化起到类似的作用(见3.13)。

3.10 除传递兴奋的脉冲之外,有些神经纤维似乎还传递一种镇压或者抑制兴奋的脉冲。

3.11 在某些称为“突触”(synapses)的点上,神经脉冲从一个神经元传到另一个神经元。任何解释中枢神经系统已知活动的理论,都必须假设这些“突触”并非固定不变的,而是(在神经系统运行过程中)能通过毗连神经元的同时激发而生成或被修改。如前所述(见2.47),我们实际上不知道这些突触的本质及其发生机制,甚至也不清楚,新突触的产生应当理解为解剖结构的变化(这是对“新路径形成”的通常诠释[①]),还是仅为功能的改变(如前文提及的建立某种永久的脉冲环流)。关于新连接是如何建立的这个问题,假设“脉冲的同时激发使相应神经元产生连接”是较为合理的;如果反过来假设神经元连接传递的是抑制而不是兴奋,则很难自圆其说。

3.12 连接或突触的产生是神经元同时激发的结果,这个假设又隐含了进一步的假设,即连接是双向的——如果神经元甲的脉冲经常传给神经元乙,则乙的脉冲也经常传给甲。这个假定独立于下面的两个问题:第一,相反方向的传递是否经由同一渠道?第二,相反

① 参见E.D.Adrian，1947年,第92页:“认为记忆也许同这种结构变化相联系,这一观点常因没有人用显微镜观察到变化被否定,但是做到这一点的机会过于渺茫,以至于不必认真对待这种反驳。”

方向传递的渠道是否由同一场景所建立?

3.13“零一原则”的运作受到了“叠加”(summation)现象的部分修饰。叠加现象看来有两种作用方式:空间的和时间的。在前者,几根神经纤维如果同时发生脉冲,就能激活特定神经元,尽管其中任何一个单独脉冲不足以做到这一点。在后者,某神经纤维中一列持续时间较长的脉冲能够激活特定神经元,但是持续时间较短的脉冲的强度不足以做到这一点。

3.14 看来在很多情况下,对几个感受器的刺激,有时候或许是对几种不同感受器的刺激,才能在多个不同传入神经纤维中引起脉冲并产生特定的感质。①

2. 为讨论运行原理所作的简化假设

3.15 在以上关于中枢神经系统主要机能特征的介绍中,有意忽略了某些事实,因为它们对于简化解释分类器官的运行来说是不必要的。尤其是,忽略了许多对于刻画脉冲时序(temporal pattern)来说重要的事实。虽然这种时间结构无疑很重要,但是描述它将牵涉过多的生理学细节,不利于清晰地概述理论。再者也是因为目前这方面的知识还不够。②

3.16 即使忽略了神经事件的时间秩序,神经系统的结构对脉冲的分类问题仍然包含很多方面。为了清晰描述其原理,逐步逼近现实乃是明智之举。因此,我们首先采取一些简化假设,然后逐步放松。本章讨论的简单模型只为阐明这个复杂分类过程的某些突出特征。

3.17 暂时采用的第一个简化假设是,只考虑某一个传入脉冲抵达高级中枢后,如何在那里被归类,或者如何与其他类似的脉冲相

---

① C.T.Morgan,1943 年,第 297—298 页。

② 现今可参见D.O.Hebb,1949 年。

区分。这当然是人为的假设，因为实际上在任何时刻抵达中枢的脉冲绝不可能只有一个。更加值得怀疑的是，即便真的有一个孤立的脉冲到达中枢，它能否引起感觉。

3.18 暂时采取的第二个简化假设可能更激进，更不符合现实，即完全集中于由感觉神经元之间的连接而产生的秩序，而忽视感觉神经元和运动神经元的连接。感觉和运动或行为之间的关系问题，将在下一章考虑。

3.19 暂时采取的第三个假设同第二个密切相关，即忽视中枢神经系统的等级结构。换言之，考虑如果感觉神经元之间的连接只存在于一个中枢或只在同一层次，它们将如何产生秩序。这是讨论的起点。

3.20 当然，后两个假设意味着，作为初步近似，将忽略对于神经系统的实际运作来说十分关键的两个事实。（最终）我们不能把感觉机制和运动机制分开，而应将其当作感觉—运动系统来考虑，这已经恰当地成为神经生理学的共识。不过，本章仅考虑由感觉脉冲之间的连接所产生的秩序，而把感觉脉冲和运动脉冲的互动放到下一章，这个安排有意同普遍做法形成对比。我们认为，近来感觉脉冲和运动脉冲之间的直接连接被强调得有些过头了，以致对感觉领域(sensory sphere)内部连接形成的秩序认识不足。

3.21 在本章，感觉神经脉冲的“效果”是指这些脉冲在中枢所产生的效果，具体表现为激发两类神经脉冲：一是激发那些也可以由初始脉冲(primary impulse)激发的神经元，以产生新的脉冲；二是激发一些“中间”神经元来引起脉冲，这种中间神经元的脉冲可能只担任传入脉冲的分类标志或记号。

3.22 为了当前的目的，将继续忽略一个主要的困难，尽管它对于完整的研究来说是必须面对的。这就是在感觉的秩序形成过程中系统发育和个体发育的区别。如前所述（见2.49），可能有些连接形成于物种发育，它们直接植入中枢神经系统的结构；而其他的（连接）将在个体的生命过程中建立。鉴于目前所做的只是提供一个大致的理论框架，我们将忽略这种区分，仿佛连接系统从无到有地形成于有机体个体当中。虽然该有机体具有能形成连接的器官，我们假定它在一开始并无任何连接。

3.23 由于缺乏足够的知识，另一个不得不存而不论的问题是：同时接收传入脉冲的神经元之间所形成的连接，究竟是这些神经元之间直接相连，还是通过专门作为中介的其他细胞连起来的。从皮层神经元的数量远超过传入传出神经纤维的数量（见3.4）这一点来看，通过中介细胞连接(third-cell connexions)的情况显然存在。大脑皮层中很大一部分神经元同感受器或效应器(effector organs)并无直接联系，它们可能起中介的作用。

3.24 最后应记住，在下文的全部讨论中，当说起“连接”的时候，包括“潜在连接”和有效连接(effective connexions)。潜在连接是指甲乙两神经元之间有如下关系：甲的脉冲单独发生，不足以引起乙的兴奋，但是如果甲的脉冲和其他神经元的脉冲同时到达并叠加，则可以引起乙的兴奋。而有效连接是指甲的脉冲自身就足以引起乙的兴奋。

3. 分类的基本形式

3.25 现在转向考虑如下事实的意义——皮层中各感觉神经元将与其他神经元建立多种多样的连接。很明显，若两个（或更多）神经元，其中每一个都与完全相同的一组其他神经元形成连接，因而这些神经元中的任何一个产生的脉冲，将传递到相同的一组其他神经元中，那么这两个（或更多）神经脉冲的效果将是一样的。这些神经元在整个连接系统中占有的位置相同，它们的功能意义完全相同（见2.5）。

3.26 由一些神经元拥有完全相同连接这个极端例子，我们马上想到相反的极端，即几个神经元之间拥有完全不同的连接（也就是说它们没有与任何相同的神经元形成连接）。在这两个极端之间可能有无数种中间状态：几个神经元之间拥有或多或少的共同连接。因此可以说，不同的神经元在整个连接系统中的位置有不同程度的相似性。

3.27 各神经元在整个连接系统中的位置相似性，不但程度有别，而且类型有别。如果三个神经元a，b，c分别跟等量的其他神经元连接。a与b之间拥有的共同连接数量，跟a，c拥有的共同连接一样多，则意味着（至少假定在这些连接的强度也相同时），a，b之间的位置相似性和a，c之间的位置相似性，在相似性程度上是一样的。但是这些相似性可能属于不同的类型，因为a，b所拥有的共同连接和a，c拥有的共同连接，可能有一部分乃至全部不同。自然，这意味着尽管a在整个连接系统中的位置分别与b，c是相似的，但是b，c位置相似性可能小得多甚至完全没有。简而言之，相似性是不可传递的（见1.46）。

3.28 有些刺激总是或几乎总是同时发生。因此，同相应感受器相连的神经元，在连接系统中的位置相似度可能很高。当这些感受器不仅对同类物理刺激敏感，而且彼此位置又很靠近时，这种情况最可能发生。

3.29 如果能表明，引起同样感质的传入脉冲如何可能传导到同一组后续神经元，而产生相异感质的传入脉冲怎样传导到不同的后续神经元，那么就在最简单的形式上回答了本研究的问题，即解释了发生于不同神经纤维的脉冲的等价(equivalence)。有几个明显的理由使我们相信，在分类过程中，脉冲在多大程度上被视为等价取决于它们同时激发的相对频率之高低。

3.30 首先，大体上，对（物理上）相似刺激敏感的几个感受器同时兴奋的可能性较大。由此推测，在继承相应脉冲的中枢神经元之间会形成特别密切的连接。如果物理刺激是沿着一个或几个维度连续变化的，那么相近的物理刺激很可能同时发生。例如，各种频率的光或各波段的声音经常一起发生,频率越接近就越如此。据此可认为,不仅(比如说)所有光波(或声波)引起的脉冲将发展出(或“导致”)一些共同连接,而且,物理上越接近的光波(或声波)刺激所引起的脉冲之间的共同连接就越多。

3.31 当一些感受器彼此紧邻时,其相应脉冲由此而产生的连接可能最密切。但是也可以预期,对一个有机体来说,它对同一物理刺激敏感的所有感受器(receptor),经常同时被激活,从而在与之相对应的中枢神经元之间会形成相当厚密的连接网络。类似地我们预期,在邻近感受器所服务的神经元之间也会形成相当紧密的连接,因为这些邻近感受器对发自同一物理对象因而频繁地相伴出现的刺激(如压力和温度,同时刺激口鼻的化学物质,等等)敏感。

3.32 对任一刺激来说,它可能经常跟一些刺激同时发生,而较少跟另一些刺激同时发生。这种不同刺激之间同时出现的相对频率,会反映在与刺激相对应的中枢神经元之间的连接上。如前所述,同一类的物理刺激所引起的不同脉冲之间有特别密切的连接,这个规律也适用于经常一道发生的不同类刺激所引起的脉冲之间。尽管这些刺激不像各种光波那样在物理上很相似,但至少像运动和声音那样时常同时出现,因而两者所激发的脉冲之间更容易建立起密切的连接。

3.33 在很多情况下,某些刺激在有机体自身处于特定的平衡状态或者活跃状态时,有可能同时作用于该有机体。这可能是因为这种刺激经常存在于导致有机体那种特定状态的条件下,也可能是因为某刺激发生的周期性与有机体身体节律碰巧吻合。那么,记录外部刺激的脉冲将与来自本体感受器(proprioceptors)的记录有机体自身状态的脉冲之间产生共同连接。

3.34 上述各过程将在神经元之间建立一个连接系统,记录有机体的生活史中来自内部,外部的各种刺激同时发生的相对频率。每一个或一组脉冲的出现,将引发过去经常与之相伴的刺激的对应脉冲。我们将把每一个初始脉冲(primary impulse)通过获得性连接所引发的次级脉冲(secondary impulse),称为该初始脉冲的跟随脉冲(following)。正是其跟随脉冲的全部或部分相同,才使得几个初始脉冲被划分为同一类①。

4. 分类的复杂形式

3.35 即使按照上节的简单分类方式,一个脉冲也不只归于一类,而是同时被划分到许多不同的类。一个脉冲属于多少个类不仅取决于它的跟随脉冲的个数,也取决于其跟随脉冲可能的组合数量(两个,三个或四个一组,等等)。只要一个脉冲的跟随脉冲与其他脉冲(组)的跟随脉冲之间有一部分是共享的,该脉冲与该其他脉冲(组)便归于一类。因此,这是稍显复杂的第一种"多重"分类。(见2.39—2.40)

3.36 在此应注意一个后文才能详细讨论的情形(见3.52以下),即分类反应(classificatory response)同被分类的对象(object of classification)是同类事件,这是神经分类过程同先前所讲的机器分类的一点重要区别。由此导致,一个事件可能既是被分类的对象也是执行分类的行为。一个外周(peripheral)刺激所产生的脉冲,可以通过引发一些其他脉冲而被"归类",而这些被引发的其他的脉冲或许也可以直接由另一些外周刺激所产生(译注:这个"其他的脉冲"既可以作为外周刺激的初始脉冲,也可以作为初始脉冲的跟随脉冲)。我们将看到,正是这些分类脉冲(classifying impulses)和被分类脉冲之间关系的结果,使得分类过程能够为刺激之间极其复杂的关系建立

---

① 只有更加深入地研究相关的生理学问题才能仔细研究下面的问题:作为任一初始脉冲的跟随,一组连接的脉冲,能否在下面的意义上形成相对稳定的聚合体——通过其各个脉冲相互激发,从而在刺激停止之后,这些脉冲自己仍然能够维持一段时间。看来,这个看法似乎支持D.O.Hebb,1949年使用的"细胞结集"(cell assembly)概念。

“模型”(models),并再现任何可以设想的结构。

3.37 根据神经元之间“有效连接”和“潜在连接”的区别(见3.24),也必须区分一个脉冲的跟随脉冲中两个不同部分。其中一部分总是随着那个脉冲的出现而出现,而另一部分只是“潜在的”,即仅有被激活的趋势,只有当获得其他一些潜在脉冲的支持时它们才会真正被激活。

3.38 在极端的情况下,某类神经元中的任一个和该类中的所有其他神经元具有完全相同的跟随脉冲,因而每个神经元在整个连接系统中的位置及其功能意义也完全一样——这种情况虽然有可能发生但并不常见。我刚开始思考这些问题时,自认为发现了一个例子,能够说明作用于不同感受器的刺激可能导致难以辨别的感觉,这就是相对的牙齿所感受到的压力。现在我已经没有条件验证这一点了。就我的直接经验来说,两颗牙齿的压力是很难通过直接的感受辨别的,要辨别只能求助于进一步的感觉经验,比如用手指逐个地触摸牙齿,才能确定感觉来自哪颗牙齿。当然,这个例子也符合两个刺激几乎总是同时出现这一条件。

3.39 肯定还有别的例子也能说明,尽管一些刺激激发了不同的神经纤维,但仍然无法相互辨别。但是,通常会发现,即使不同感受器上的刺激所产生的感觉非常相似——难以通过其他方法辨别——至少能通过这些感觉发生的不同位点的意识,或者借助于过去所称的感觉的“部位记号”(local sign),把它们辨别开来。如果要解释脉冲效应之间的这些差异——产生相同的感质但“部位记号”不同,除说明它们有共同的跟随脉冲以解释其相似的感质外,还要说明其跟随脉冲的差异以解释这些脉冲的空间点的区别。

3.40 若通过视觉来研究这个问题,就会发现,我们正在试图加以一般化的那个理论解释,曾被用来回答一个特殊问题——空间视觉秩序。自从Berkeley主教[①]以来，记录视网膜上的视觉刺激的视觉脉冲和记录聚焦眼球的肌肉紧张的动觉脉冲[②](kinesthetic impulses)之间的连接，就被用来解释感觉（视觉）的空间秩序。两个视觉脉冲同其他视觉脉冲的连接也许一模一样，因而包含同样的感质，但是它们可能与不同的动觉脉冲相连，并因而具有不同的感质。

3.41 虽然我们也将采用上述事实，但在两个方面我们的解读不同于Berkeley-Helmholtz-Mach的空间视觉理论。[③]首先我们认为，记录肌肉紧张状态的脉冲本身并不产生感觉，而只是一些由视觉刺激所引起的，与之相关的，并辅助其产生特定效果的生理事件。

3.42 其次我们认为，同视觉脉冲相连的不是眼部肌肉的实际运动，而是中枢神经系统中记录该肌肉运动的感觉脉冲。但是，即使在没有眼部肌肉运动的情况下，这些记录脉冲也可能由视觉脉冲连带地激发而产生。因此如果有人说，传统理论所称的眼部肌肉运动并未实际发生，这种说法对我们的解释并不构成有效的反驳。

3.43 空间视觉理论在这里仅仅是解释感觉的空间秩序的一个例子。这个例子的重要性在于它可以普遍化，即特定的感觉往往要有特定的身体姿势伴随才能产生某种特定的感质。对此下一章将作更深入的考察（见4.35—4.44）。

3.44 在此，已经难以继续人为地区分“感觉脉冲之间的连接”

---

① [George Berkeley主教(1685—1753)提出了这样一种理论——不仅Locke所认为的物体的第二性质（如其颜色、味道或气味），而且其第一性质（如其重量、大小或运动）都只能被主观地感知，只作为思想存在于头脑中（“esse est percipi”）。在他的《走向视觉新理论的论文》(1709) (*An Essay Towards a New Theory of Vision*)中，他认为视觉是关于对光和颜色的感知，而不是对物质对象本身的感知。关于空间视觉，他认为我们不是通过感官本身来感知物体的距离，而是基于我们对大小和距离之间关系的体验。——编者]

② [术语“动觉”是指一个人对其身体运动的意识。从位于肌肉、肌腱、关节和内耳的运动感受器中，神经冲动向大脑传递关于身体各部分相对位置的信息。——编者]

③ [参见哈耶克下文7.13中对Helmholtz的引用。——编者]

和“感觉脉冲和运动脉冲的连接”。我们已不得不考虑经常伴随着感觉的**运动反应**(motor responses)——可能是由中枢神经系统的一些较低层次所指挥的运动反应，这些运动反应又转而引起了动觉脉冲和其他本体感受脉冲，而这些脉冲都将成为初始感觉脉冲的跟随脉冲(的一部分)。然而，这些问题只能留到后面进一步讨论。

3.45 空间感[①]乃是全部感觉的秩序的一部分，在这里只是作为各感觉脉冲间复杂多样的关系的一个例子。正是这些感觉脉冲之间的关系构成了感觉的秩序。一个感觉神经元所获得的连接或者跟随连接几乎能以无限方式——从完全相同到完全不同——区别于其他神经元的跟随连接，并且各神经元所拥有的跟随连接的每一点区别都具有特定的功能意义。

3.46 如上所述，神经元连接的不同兴奋状态可传达不同的功能意义。同时不要忘了，神经元连接除了能传导兴奋，还能传导抑制(见3.10)。这样，神经元通过连接进行功能辨别就有了更多的可能性。不管这种抑制性连接起初是如何获得的，其后又是如何转移的，抑制性连接的存在扩展了任一脉冲在整个连接系统中功能变异的范围：它使得不同的脉冲拥有完全相反的效果成为可能。在这样一种情况下，某一给定脉冲的出现对其他脉冲的正常激发，现在有可能被同时发生的另外一些脉冲所阻止。由于跟随脉冲差异决定的脉冲的功能分殊范围因此得以扩展：从相等到各种程度的相似和差异，到不同程度的对立，直至完全相反。

3.47 各神经元所获得的跟随连接的差异，其意义体现在不同情况下跟随脉冲的效果差异上。新脉冲将修饰现有的神经系统激活状态，同时，新脉冲的效果与其他同时发生的脉冲效果相叠加，这

---

① 对于我们的目的来说，重要的是，这个共同空间秩序扩展的范围，仅限于同样物理事件刺激不同感觉，以及，例如William James所指出的，口腔对于大小的感知，理所当然地并未同视觉刺激协调起来，因此口腔对于大小的感知并不是视觉经验的空间秩序的一部分。

种修饰和叠加的方式都取决于各脉冲的跟随脉冲。任何一束脉冲链条的后续运行路线，取决于它所引起的每一个后续脉冲的跟随脉冲，以及取决于这个跟随脉冲同其他同时运行的脉冲相叠加的方式（即加强或者抑制）。（见5.53）

3.48 在同时运行的许多脉冲链的相互作用中，如果几个神经元所拥有的跟随脉冲之间有较大部分相同，那么其中每一个神经元的单独激发，在大多数情形下会产生相同或相似的结果。而所有神经元的同时激发，则倾向于加强其跟随脉冲的共同部分。

3.49 在这样一个系统中，一组事件(A)中的每个成员都同许多其他事件以某种方式相联系，以至于它们(A)中任何一个或一部分的发生将引发（或有助于引发）某些其他事件。显然，这个系统所做的就是前文定义的"分类"。如果一些脉冲或脉冲组能引发同样的其他脉冲的脉冲或脉冲组，则属于同一个"类"，因为它们有共同的效果。当然，每个脉冲或脉冲组几乎总是属于很多类，也就是我们所说的第一种多重分类（见2.40）。

3.50 由于几个脉冲都能引起相同的其他脉冲，从而被划分为同一类。因此似乎可以说，被引起的共同脉冲代表了这类成员的共同属性——其实说共同脉冲"构成了那个属性"可能更准确些。分类是通过激发某些其他脉冲来实现的，而被激发的脉冲仿佛是代表那个类的"记号"或"标志"；因此，最近生理心理学中常见的"大脑的表征过程"(representative processes in the brain)，用于描述这些记号或标志也是合适的[①]。

3.51 如前所述（见2.20—2.31），正在考虑的机制既能被"静态地"看作执行分类的器官，又能被"动态地"看作分类的过程。在上文中，有时候用的是前一种意义，如当我们说到可以传递脉冲的神经元之间的连接时；有时候用的是后一种意义，如当我们提到互相

① 参见C.T.Morgan，1943年，第467，476页。

激发的脉冲时。同一现象的这两个方面，对应于我们曾经讨论过的感质系统的两个方面（译注：第二章第2节：感觉的秩序的静态与动态方面）。现在应当明白，只有动态方面是真正相关的，静态方面只是为了描述系统的潜在功能而采用的权宜说法。

5. 类间关系的再分类

3.52 没有理由认为，上文所讲的神经元连接只存在于初始感觉脉冲之间，或者说只存在于经由传入神经纤维抵达较高级中枢的脉冲之间。很显然，由初始脉冲所引发的，作为初始脉冲的类别表征的一些后续脉冲之间，也能以类似的方式形成连接。任一脉冲（如*a*）可能是另一个或另几个脉冲（如*b*）的跟随脉冲（如*C*）的组成部分，当跟随脉冲（*C*）被引发时，它（*a*）会获得（或强化）与该跟随脉冲（*C*）中其他成分（如*d*）的连接（译注：*a*, *d*由于同时被引发而建立连接）。这样的连接也可能在下面两个脉冲之间形成——作为初始脉冲它们很少（即使有过）同时发生，但它们在不同情况下分别与第三个脉冲建立了连接，并因此都属于第三个脉冲的跟随脉冲。（译注：本句话需要一点想象，也就是说，*a*, *b*作为初始脉冲不同时发生，因此难以建立连接，但是*a*与*c*在一些情形下可以同时发生，因此*a*, *c*可以建立连接；类似地，*b*与*c*在另一些不同的情形下同时发生，*b*, *c*建立连接；*a*, *b*都是*c*的跟随脉冲之一部分，因而*a*, *b*之间也将建立起连接）

3.53 这种由于次级或派生的脉冲同时发生而建立的连接，对于大脑皮层神经元来说特别重要。它们并不直接接受来自感受器的脉冲，而似乎专门担任感觉神经元之间或者感觉与运动神经元之间的中介。皮层神经元只有作为其他脉冲的跟随脉冲时，才会被激活并获得连接。不过，一旦皮层神经元在连接系统中获得了这样一个地位，它就拥有了自己的跟随连接。这些皮层神经元的脉冲本身就是初始脉冲的跟随脉冲，它的跟随脉冲因而也是初始脉冲的跟随脉冲。

3.54 在高级中枢中，无疑有大量的脉冲发生，这些脉冲并不唯一地对应于特定感受器的特定的激活状态，而只是代表初始脉冲的共同性质(common qualities)；初始脉冲的分类表征，随后又转而成为进一步分类过程的对象；它们所代表的类将进一步被归类，而且这一过程可以在多个层次上一再重复。当然，这些"层次"之间不一定能清楚地分开，同一个脉冲也可能同时成为几个不同"层次"脉冲的跟随脉冲的一部分。

3.55 因此，正在考虑的分类过程，不仅在前文的两种意义上(见2.39—2.43)是"多重"的，而且在如下第三种意义上也是如此：分类可以相继发生于多个层次或阶段，一个脉冲所属的类型进而又成为继续分类的对象。绝不要把第三种意义上的多重分类同第二种多重分类(见2.41)相混淆。第二种多重分类指的是：同时发生的几组脉冲，如(a, b, c)，(e, f, g)，(i, k, l)，按照组间同时发生的情况，对组与组进行分类；组被当作类的成员。而第三种多重分类是指，类A[其中，单个脉冲a，b，c，或成组脉冲(a, b, c)，(e, f, g)等，为其成员]，类B[单个脉冲m，n，o，或成组脉冲(m, n, o)，(p, q, r)等，为其成员]以及相似的类C，甚至代表类A，B，C的一些"符号"，通过获得共同的跟随，成为更高一级类别的成员。

3.56 这些不同形式的多重分类，有必要在概念上加以区分。但在实际发生时，它们当然是交织在一起的。因此，几乎存在无限多种对单个或成组脉冲进行分类(或相互辨别)的可能性。不同的脉冲对整个神经过程的影响，从完全相同，不同程度的相似直至完全不同。上百万个脉冲的效果差异，足以构建一个极其复杂的关系系统。

3.57 分类(classification)这个词，没有充分传达出这样一个器官所执行的，按照几乎无限多种类和等级(对事件)加以辨别的丰富意思。因为，这不仅是一个脉冲属于或不属于一个类的问题，而是它在多大程度上属于一个类的问题；这取决于该脉冲与分类脉冲(classifying impulse)之间的连接是“有效的”或只是“潜在的”，若是后者，则需要或多或少的支持，连接才能成为“有效的”（见3.24和3.37)。这些复杂的过程用“评定”(evaluation)来表述可能更恰当。我们将偶尔使用“评定”代替“分类”，意在强调这个过程既能作出类型上的辨别，又能作出程度上的辨别。

3.58 各种多重分类的混合，为脉冲秩序的进一步组织提供了新的可能。因为隶属于不同类别的脉冲在整个分类系统中所占位置的差异本身，借此又成为分类的对象，并因而获得各自不同的特质。

3.59 前已指出(见3.17)，追踪一个单独的传入脉冲的效果，仿佛该脉冲是单独发生的，仿佛脉冲的位置将在一个(除该脉冲外)静止不动的系统中等待决定，这种人为假定的做法有些误导。即使这样一个孤立脉冲真的发生过，它能否产生感质也值得怀疑。很可能只有成组的脉冲才能在整个系统中获得明确的位置，从而产生感质。而且大量生理学证据认为，可能不同脉冲之间的所谓“梯度”(gradients)而非单个脉冲才是关键[①]。因此必须更加充分地考虑如下情况：是某些脉冲组而非单一脉冲获得了明确的跟随脉冲(第二种意义上的多重分类)，结果这个特定的跟随脉冲代表了这些脉冲组的类型。只有当该类型中任一整组脉冲发生时，跟随脉冲才会被引发。

3.60 有些脉冲只有组成脉冲组，并整组同时发生时，才会引发跟随脉冲的某些成分。因此，该脉冲组中各个脉冲，与该跟随脉冲的成分之间所形成的，必定是我们称之为“潜在”连接的关系。最简单的例子如：几个初始脉冲，都与相同的次级脉冲之间形成了“潜在”连接关系，那么只有这几个初始脉冲同时发生(或很快地相继发生)时，才会引起那个次级脉冲的发生。显然，若几个脉冲组有相同的跟随脉冲，则后者成为前者的分类标记或表征(因此执行的是第

① 参见E.D.Adrian，1947年，第82页，尤其是V.von Weizsäcker，1947年，各章节。

二种多重分类)。这个标记脉冲或次级脉冲,其自身又可能(通过第三种或者相继的多重分类)成为一个新的,更高一级的脉冲类的成员,这个更高级的类表征了由许多脉冲组所组成的许多类。然后,这个更高一级的类会被标记脉冲所组成的类的标记脉冲所表征,如此等等。

3.61 由于各种多重分类的交织,显然有可能发生如下情况:一些脉冲分成不同的类,各个类又进一步组成“类组”或“类对”(pairs or groups of different classes of impulses)。当类组(类对)中属于不同类的成员同时发生时,这些同时发生的脉冲将被归类为相似的事件——或者说被当作不同的事件,但是彼此有相似的联系。由于在这种情况下,同样一个或多个分类脉冲将被不同的成对(或成组)脉冲所引发,而这些脉冲对(或脉冲组)单独来看并不属于同一类,所以可以合理地说这是对第一种分类的类间差异(或关系)的再分类。

3.62 为了清晰地说明上述对类间差异(或关系)再分类的意义,让我们考虑如下几种说法的不同含义:“对不同脉冲作不同反应”“对不同的脉冲对(pairs of impulses)的反应显示同样的差异”以及“对脉冲之间的差异作出反应”。当然,这些说法中的“反应”(respond),并不一定涉及有机体的外周反应,而是指中枢神经系统的标记或分类反应。因此,“对不同脉冲作不同反应”对应于我们所说的简单分类。“对在其他方面属于同类的几对脉冲的反应,呈同样差异”可以用下面的例子说明:脉冲a和b在大多数方面属于同类,相似地,脉冲e, f也在大多数方面属于同类,但a和e引起的后续脉冲至少有一个是一样的(译注:假设两者都引发脉冲g),同样, b和f两者至少也有另一个后续脉冲是一样的[译注:假设两者都引发脉冲h。在这里脉冲对分别为(a, b)和(e, f)。a与b, e与f之间的差异都能用g, h之差来表示]。最后,“对一个差异作反应”意味着,类A的任何一个成员和类B的任何一个成员同时发生时,将产生一个同样的反应。如果类E和类F的任何一个成员的同时发生,也能引起这个同样的分类反应(译注:如引发脉冲X),相似地,类K和类L也能引起这个同样的分类反应,那么可以说类(或感质)A,B之间,类E,F之间与类K,L之间的差异或关系是相同的。

3.63 进而,这些表达类间关系的脉冲也将获得其自身的跟随脉冲,并因此拥有独特的功能意义:由它们共同的跟随脉冲所代表的感质,将被赋予初始脉冲之间的关系而不是初始脉冲本身。换言之,脉冲之间关系的不同类型本身,又可以彼此区分(归类),因而成为后续脉冲链条的起点。

3.64 正如对脉冲或脉冲组所采取的分类方式一样,脉冲之间的关系以及脉冲类之间的关系,也可被组织为一个系统或者说被分类。严格地说,只有到这里,我们才能充分地讨论脉冲之间的各种关系(见1.56—1.61和2.20)。现在读者可以看出,借助于脉冲连接的多层组织结构,我们仅从某种简单的"关系"(即2.20中提到的脉冲之间的因果连接)出发,层层推进,直至建立了包含多种元素且元素间存在着多种关系的复杂结构。

3.65 初始脉冲分类所依据的关系,接着又成为分类对象。显然,这个过程可以在许多层次上重复。不但脉冲之间的关系,而且脉冲之间关系的关系,等等,都可以获得自身的跟随脉冲,并因此成为新的分类起点。

3.66 通过这种关系的多样性所建立的秩序,实际上能够无限复杂。给定高级神经中枢内神经元的数量,以及它们之间可能的连接数量,这些神经元在整个系统中可能的位置差异的数量如此巨大,以致本心智不足以彻底弄清这种秩序的复杂程度。确实,这样一个系统看来可以再现任何可想象的关系秩序或结构。

3.67 因此,脉冲组之间的功能差异或感质差异,尽管可能独立于作为组成员的单个脉冲的功能差异,但是两者的性质是类似的,并可诉诸相同的原理来解释。虽然脉冲组的分类过程和单个脉冲的分类过程从原则上讲是相互独立的,同时实际上重要的可能只有脉冲组的分类，而单个脉冲的分类可能极少发生，但是各个层次的分类显然可以互相交织。

3.68 因此，有充分理由认为，单个脉冲组成脉冲组将有利于组中各个成员脉冲获得清晰的功能；同样地，单个脉冲的功能越清晰，它所在的脉冲组的功能也越清晰。这是同一过程的两个方面，不能说哪个方面更加基础。它们都以同样的方式对组织整个感觉系统作贡献。正是由此形成的全部复杂秩序，决定了单个脉冲和脉冲组在其中特有的位置。

3.69 基本感质（被认为对应于初始脉冲）和不同感觉组(groups of sensations)的某些抽象属性（如图形，曲调，节奏或抽象概念），都能引起相同的后续过程（或联想），这个现象往往被视为用生理过程解释心理过程不可逾越的障碍[①]。采用我们的方法，就没有这种困难："相似"的刺激复合体(complexes of stimuli)的等价问题，同"拥有同一种基本感质的不同脉冲为何能获得相同的联想"这个问题并无原则差异。两个问题基本相同，并可运用同一原理加以解释。

3.70 一旦某个给定初级脉冲(*a*)同其他一些初级脉冲(*b*, *f*, *g*等）获得了共同的跟随脉冲(*c*)，前者(*a*)所获得的任何新连接(*d*)，也将连接到它(*a*)的跟随脉冲(*c*)上，并且因此新连接(*d*)将也能被其他初级脉冲(*b*, *f*, *g*等）所激活，尽管那些其他初级脉冲(*b*, *f*, *g*等）可能从来没有和*d*同时发生过；*b*, *f*, *g*等只是通过*a*间接地与*d*连接起来。如果说不同脉冲的各种共同感质都由这些脉冲所共有的某些标记脉冲所代表，并且所有拥有该感质的脉冲的跟随脉冲都含有这个共同的标记脉冲，那么就不难理解，联想完全可能以这种方式

① 例如参见G.F.Stout，1915年，第88页和E.D.Adrian，1947年，第82页；"神经系统对于刺激之间的关系作出反应，并同可利用的运动系统的任何部分一起执行恰当的任务。我们不能将其描述为一系列在事件地图上运行的机器，除非加入很多装置来补偿这个根本的差异。在感觉这方面，必须有某些东西把一个模式的重要元素抽象出来，而在运动方面恰恰相反，把抽象转化为具体运动。"

附着在各脉冲的共同感质上(而非各单个脉冲上)(译注:因为说到底,各脉冲的共同感质的生理本质仍是一些脉冲,而联想附着于脉冲之上这件事本不足奇)。学习当中的迁移和类化现象(transfer and generalization)(见1.50)就是如下事实的直接结果:相同的生理脉冲表征着同样的心理属性。

6. 分类过程的普遍性质:格式塔现象和抽象概念

3.71 感觉情境(sensory situation)的各个部分单独看来可能很不相似,然而它们之间的关系可能被认为是相似的。这一事实当然就是格式塔问题的最一般的形式。当初由于格式塔学派的工作,这个现象的意义才为人察觉;现在几乎所有心理学派都承认这一点。在感知时我们所做的不仅仅是把给定感觉的基本要素相加;复杂的感知拥有的某些属性,不能从单个部分的可感(discernible)属性中派生出来,这是几乎所有最近的心理学发展强调的结论之一。

3.72 已经看到,由不同刺激导致不同的脉冲,单个地看,在感觉系统中占据完全不同的地位,然而组合起来却可能在感觉系统中拥有相似的地位。要解释这一现象并不比解释下述现象更加困难:为什么不同的物理刺激引起的脉冲却能在感觉系统中拥有相似的感质?格式塔感知问题之所以被挑选出来作为一个特殊问题,很大程度上是因为人们仍然普遍相信在基本的神经脉冲上,以某种无须解释或者不能解释的方式,原本就附有某些"基本"感质。甚至在格式塔学派兴起以前,一些心理学家就反对"马赛克心理学"(mosaic psychology)——这种心理学把复杂现象看成由对应于特定生理元素的心理元素构成的[①]。然而,只要**所有**感质的纯粹相对性质未得到承认,这种反对注定无法成功。

---

① 参见W.McDougall,1923年,第10页,在此处James Ward,F.H.Bradley,Dawes Hicks和G.F.Stout作为反对"马赛克心理学"的主要人物被提及。也可以列举出那个时期的相似的德语作者的名单。

3.73 关于更加复杂的感觉现象，本理论确实得到了同格式塔学派非常相似的结论。然而之所以如此，是因为我们就一切感质，甚至是那些被预设为最“基本的”感质，提出了和格式塔学派的“完形”（configurations）相似的问题。一旦能用这里描述的原理解释过去常被认为是“简单的”或“基本的”感质，格式塔现象和“抽象”（abstractions）现象也就不难理解了。

3.74 由于格式塔学派的工作，人们已普遍承认感质绝不能被看成不可进一步分割的“原子”事实，而是决定于“场组织”（organization of the field）。这意味着，这里所发展的感质的决定理论，可以为有些模糊的“场组织”概念赋予明确的意义。与此同时，通过阐明下面两方面的问题而将整个方法或思路向前推进几步：首先，“场组织”是基于生理脉冲之间的因果连接，并在原则上也能按照该因果连接而得到解释；其次，场组织并非外在于（如大多数关于“感知组织”（perceptual organization）的讨论仍然隐含的）任何“原子”感觉的东西，毋宁说，正是场的结构决定了个别脉冲或脉冲组特有的功能意义，也就是它们的感质。

3.75 “组织场”（organized field）概念，往往指属于特定感觉或特定模块的一些感质所组成的系统。出于我们的目的，有必要对其含义作更广义的理解，即不仅包含同一模块各种感质的关系，而且包含不同模块感质的关系（见1.56—1.67）。整个感觉系统在这个意义上必须被认为是一个统一的组织场，然而这并不妨碍我们偶尔把范围较小的场当作整个系统的子系统。在子系统内部，元素之间通过更加稠密和更复杂的关系来加以区分。

3.76 通过把所谓的基本感觉和复杂感觉当作同一过程的不同案例，并诉诸相同的原理加以解释，我们得出如下结论（再次与格式塔学派一致）：在“感觉”和“知觉”（perception）活动之间并无实质区别，两者本质上是相似的。而且我们将看到，它们都是更广泛的过程——中枢神经系统的分类（或评定）活动——的不同阶段。因而，我们此后采用“感知”和“**知觉行为**”（perceiving）这些术语的普通含义，既包括“基本的”感觉经验，又包括对形状、物体等的感知。[①]

3.77 后文将表明（见6.44—6.50），用于解释这些现象的原理也可以解释所谓“高级”心理过程，如抽象概念的形成和概念思维。当然，我们更习惯于把那些现象理解为分类过程。不过应当指出，虽然所谓抽象物很自然地被当作对分类的再次分类，但它们并不一定总是次级的，即并不一定总是从先前意识到的经验中派生出来的。对于一个情境的抽象特征的感知，有可能在某些方面独立于对构成该情境的“具体”元素的感知（见6.40）。

3.78 后文将联系构造连接系统的整个过程，进一步考察在各相继层次上的分类和再分类过程以及相应的“高级”心理过程（第五、六章）。然而在此之前，必须考虑迄今一直被忽略掉的另一个分类来源。

① 我们用经验来解释格式塔感质的形成，这种做法同格式塔学派的观点有明显不同，参见下文第270页5.16。

第四章　感觉和行为

1. 感觉和有机体

4.1 前几章所述的脉冲分类器官看起来似乎是一个中性的，自足的(self-contained)，集中化(centralized)的系统。它只能被动记录外界刺激同时激发的脉冲，从而反映刺激在这个系统所处环境中的意义。虽然这样一个被动的记录装置无疑是可能的，并且对它的考察引出了本书的一般原理，但它与神经系统这个分类器官还有很大的距离。它只能记录刺激在环境中的意义，却不能反映这些刺激对于包含该装置的生命体所具有的特殊意义。

4.2 我们在前文仅仅关注由感觉脉冲连接所产生的秩序，这是有意为之(见3.18)，是为了突出全景的某个方面，某个在行为主义的影响下曾被忽视的方面。上一代学者更强调可观察的**外周反应**(peripheral response)，而对高级神经中枢的作用弃之不顾，仿佛在考虑刺激和反应之间的整个关系时，高级中枢不存在似的。前面的章节走到了另一个极端，即只考虑感觉脉冲在中枢的效果而忽视了所有其他的方面。事实上，神经系统运行于一个有生命，能行动的有机体中，该有机体在一定范围内也表现出不受高级神经中枢控制的适应行为和调节行为。对这些事实暂时的忽视，现在要明确地加以纠正。

4.3 因此，这一章不仅要研究感觉对于运动过程的影响，而且要更加关注各种体内过程所产生的感觉脉冲，即对于中枢神经系统所处的有机体体内环境（*milieu intérieur*）所产生刺激的记录。中枢神经系统将被当作位于一个完整生命体之上的控制装置，而非本身自足的，完全中心化的结构。

4.4 上一代学者在当前讨论的领域取得了巨大的进步和丰富的积累——或许正因为他们对本书主题采取了相对忽视的态度——对此我们没有什么要补充的。我们也不打算对这个领域的基本事实进行哪怕最粗略的概述。本章的唯一目的是想说明，关于感质决定的理论怎样嵌入逐渐浮现的“神经系统整合行动”（integrated action of nervous system）的画面。

4.5 应当说，这项工作很需要坚实的生物学理论来做支撑，然而有关的理论仅处于初级阶段。要想充分解释中枢神经系统行为的高度目的性，需要一个普适的，切中适应性和目的性过程本质的生物学基础理论，然而这样的理论在目前尚不可得。

4.6 对感觉和运动过程内在联系的考察，也需要更加明确地注意到中枢神经系统的层级结构。我们将看到，各层级中枢对于感觉和运动过程之间的所有连接的组织，以及相应的等级化的，越来越综合的层级中枢的存在，对于理解感觉的秩序是最重要的。

4.7 在某种程度上与神经系统的层级结构相关的是，系统发育与个体发育过程的区别问题，或者说哪些连接是遗传的，哪些是个体后天获得的。然而受限于现有的知识，我们在这个问题上说不出太多。我们将大体上继续忽略这种差别，并将描绘感觉秩序逐步建立的过程，仿佛它的建构都是发生在个体发育的历程中。

4.8 必须辩证地考虑感觉过程和运动过程之间的关系，即感觉脉冲的复杂性怎样影响行为，而行为反过来又怎样影响感觉。讨论后一方面必须考虑内感受脉冲（interoceptive）和本体感受脉冲（proprioceptive）——这二者不是记录外在刺激的，而是记录有机体各部位所处的状态。

4.9 为了更加系统地讨论感觉和运动器官之间的连接，也必须考察传出（运动）神经脉冲自身是如何组织以产生协调的动作模式的，以及传出神经脉冲束是如何跟传入本体感受脉冲相互作用的；正是这些本体感受传入脉冲把传出脉冲所引起的运动反映到中枢。然而，在这方面我们只能给出一个最简单的梗概，作为进一步探究的指引。

4.10 在研究本体感受脉冲的意义时，不仅要简略地考虑与感知有关的，记录姿势和动作的脉冲对感觉辨别的效果，还要考虑刺激在不同皮层下水平(subcortical levels)上所引起的反应的报告脉冲(back-reports of responses)的作用，还要特别考虑各种"维持生命过程所必需的"(biogenic)脉冲的意义。这种维生脉冲是由有机体的植物性调节过程产生的，与各种本能冲动(urges)，内驱力(drives)，欲望(wants)密切相关。当然，这些本能的欲望和冲动对于解释有目的行为是至关重要的。

2. 中枢神经系统的演化和层级秩序

4.11 我们称之为生物体的这种复杂结构之所以能持续存在，是因为它们能够通过结构或者行为的调整对某些外界影响作出反应，以保持或恢复其生存所需的平衡。尽管对个体学习（不同于个体遗传选择的过程，因为学习能使个体表现出适当的调整）的本质知之甚少，但我们知道，即使是最原始的生物体，这种调整也涉及对不同的物理刺激做出不同反应的能力，并且或许涉及某些"学习"能力[①]。

4.12 事实上，对不同的外部作用作出不同反应的能力并非生物体所独有，而只是不同原因产生不同结果的一个例子。然而生物体

---

① 参见H.S.Jennings，1906年。[Herbert Spencer Jennings(1868—1947)，美国微生物学家、动物学家和遗传学家，因其对原始动物的实验研究，对其行为和对刺激的反应的研究，以及对单细胞生物的遗传学和进化的研究而闻名。——编者]

的独特之处在于，它们能以一种保持自身存续的方式对特定刺激作出反应，还在于它们演化出了一些特定的器官，不仅可以用来辨别不同的刺激，而且即使当同一刺激伴随其他刺激以不同组合的形式出现，或者在有机体自身处于不同状态下出现，这些器官也能使有机体作出不同的反应。

4.13 也许值得强调，远在生物体针对外部对象采取有目的的行为之前，它就有必要针对变化进行有目的的调节了。“是什么在后来导致了（或什么是）生物的目的性(purposiveness)”，同“是什么在起初保证了有机体的持续存在”，这两个问题实际是一回事。此类问题之源于有机体的正常功能和生长，新陈代谢和损伤修复，正如它也源于有机体的各种动作——我们通常称之为行为。

4.14 如前所述，从某种意义上说，在缺少一个完善的能解释相对简单的目的性行为的生物学理论的情况下，要解释由于高度发达的中枢神经系统的存在而可能出现的高度复杂的目的性行为，时机可能还不成熟。许多被认为是心理现象特有的问题，其实远在大脑出现之前就已经出现了。这里不可能重述生物学在这些问题上的最新进展，除了提及W.B.Cannon的稳态概念[①](homeostasis)以及其他作者对这个概念的发展，尤其是冯·贝塔朗菲晚近所做的富有前瞻性的工作。他提出了关于在稳定状态(Fliessgleichgewicht)下“开放系统”的理论。在这个理论中，“等效终值”(equiginality)将是普遍现象，因为最终平衡从某种意义上来说独立于系统的初始状态，这个理念似乎对于目的性问题的回答提供了极大的帮助[②]。对于目的性的深入讨论将留到下一章(见5.63—5.76)。

4.15 这里，除那些通过中枢神经系统而影响的调节功能以外，

---

① [Walter Bradford Cannon(1871—1945)创造了“稳态”(homeostasis)一词，以描述一个开放系统，如一个生物体，通过自我调节机制维持其平衡的能力。——编者]

② 参见W.B.Cannon，1932年；L.V.Bertalanffy，1942年，1949年[关于贝塔朗菲，见上文，前言，第157页注②。——编者]；J.H.Woodger，1929年。

我们不直接讨论生物体的其他调节功能。只要始终意识到：这一中枢神经系统在一个生物体内运行，而生物也能独立于中枢神经系统对外部动因做出适应性和目的性反应——一种通过神经—化学调节系统来完成的反应。我们的讨论开始于：当躯体神经系统(somatic nervous system)（译注：负责在躯体和中枢之间传递感觉和运动信息）使得生物对不同的刺激组合能够做出不同的反应，特别是当学习成为决定行为的支配因素之时。

4.16 有机体在演化的过程中，演化出了一套只对很窄范围内的刺激敏感的，特殊的感受器官。不要把这一事实与感觉的秩序和感质的出现相混淆。我们假定，感觉的秩序和感质的出现与有机体对不同刺激作出不同运动反应的能力发展相配合。即使一个有机体演化出了灵敏的感受器，能够在高度发达的中枢神经系统中产生不同的感质，也不能说它是按照我们所熟悉的，类似的感质系统在进行辨别。（译注：仅仅发展出能够接受不同刺激的感受器不能决定感觉的秩序或者感质，还需要运动器官的配合）

4.17 如前所述，尽管这样一个有机体能够进行最简单的分类(见2.35—2.38)，但它无法进行多重分类，而感觉系统正是多重分类的产物。每个引起感质的刺激，单独发生时均会产生不同的效应，但是这些效应之间的区别不同于那些感质的区别。

4.18 感觉的秩序的本质特征在于：在这个秩序中，一个刺激或一组刺激并不拥有一个由特定反应所代表的独特意义，但是当这些刺激与无数来自外部世界或有机体内部的其他刺激结合起来同时发生时，或者说当它们根据无数种来自外部世界或者有机体内部的其他刺激加以评定时，它们就获得了独特的意义。

4.19 这种秩序意味着，一个记录了特定刺激的脉冲并不固定地与一个运动反应相联系，而是由某个器官进行调节，与同时运行于中枢神经系统的其他脉冲的效果相结合。换言之，不同的感觉脉冲所引起的效应将以某种方式相互调整和结合，在此之后才能确定它们的联合效应。

4.20 但是这并不排除，某些单个传入脉冲或它们所组成的脉冲组在低层次上与特定的传出脉冲相关联，以至于前者一旦发生时，就会立刻引起特定的动作。此即传统理论中的理想简单反射(ideal simple reflex)。在目前的讨论中，这些反射性的反应(reflex response)的重要性主要在于本体感受脉冲会将其反映到更高级的中枢。结果，激发该反射的初始外感受脉冲(exteroceptive impulses)到达神经中枢，与之同时到达（或者快速跟进）的还有有机体对外部刺激无意识反应的一个报告。这样一来，记录外部刺激的脉冲就被打上引发特定反应的"标记"(marked)。

4.21 必须假定这种关系是相继重复发生或者多阶段重复发生的：某个初始感觉脉冲在第一阶段（在脊髓中），产生了一个运动反应和一个导向更高级中枢的传入脉冲。然后，该传入脉冲将连同在较低层次上产生的运动反应的报告脉冲，记录其他外部刺激的感觉脉冲以及与该其他刺激相伴的特定反应的报告脉冲一起到达更高层级。在这一阶段，这些脉冲组合可能又会产生一个运动反应，因而在更高级的层级上，到达那里的报告脉冲束将包含更大范围的外感受性神经脉冲。当层级越来越高时，作出反应需要考虑的外部刺激的范围越来越大，在较低层级已作反应的数量和需要向较高层级报告的反应数量将越来越多。

4.22 不难看出，随着有机体感受器针对不同刺激的"特化"，有必要对同时发生的刺激所引起的反应进行协调。倘若有机体对广泛的刺激仅能作出收缩扩张等少数简单反应，还不需要专门的协调器官，但是一旦特定的反应与特定类型的刺激相关联，那么根据刺激的组合对反应进行调节就是必需的了。

4.23 特定的反应和特定的刺激一一对应，以及所有的反应无差别地取决于所有的刺激，这是两种极端情况，在它们之间当然有多种可能性。对于有机体来说，它可以同时采用多种方式。然而现实是，对于某个刺激作出某个反应的适当性，会受到其他刺激不同程度的影响，因而需要不同程度的调节（译注：如S1→R1，但S2，S3均会影响R1的适宜性，但是相对于S3而言，S2与S1同时发生时，有机体更有必要或更容易对反应作出调节）。可能要假定，在演化的过程中，一些特定刺激和特定反应之间原本保留着直接联系，但后来又附加了一些控制机制。当直接反应——考虑到其他同时发生的刺激——已经变得不适当的时候，这些控制机制能够抑制或修正它们。

4.24 刺激与其他刺激的组合越来越复杂，导致了对这些刺激的评定越来越复杂。相应地，有机体的运动反应的组织方式也越来越复杂：简单的肌肉运动，逐渐被更加复杂的整体行为模式所取代。而激发一套动作模式的脉冲组，可能只是由少数几个代表性的中枢脉冲所激发（见4.48—4.51）。

4.25 我们不得不以很简略的方式阐述这些问题，但是不要误以为这些关系本身真的很简单。既不要错误地假定，简单的刺激模式自然产生简单反应，只有复杂的刺激才能引起高级中枢的整合行动，也不要认为，运动反应就是由单个刺激所引起的肌肉运动以一种简单累加的方式而造成的。情况很可能是：正如一般要求有多个传入脉冲才能产生一个“简单”（或清晰的）感觉那样的东西，单一的传出脉冲一般只能引发相当弥散的运动，而只有许多传出脉冲的叠加才能导致明确的肌肉动作。[1]

4.26 正如已看到的，对刺激越来越精细的辨别，以及与之伴随的，对刺激组合所作的越来越多样化和复杂化的反应，要求代表这些刺激的脉冲以特定方式加以汇合并在相互作用中体现其关系。越是综合的调节，就要求中枢神经系统以越复杂的方式超越刺激—反应的简单对应。

---

① V.von.Weizsaecker，1947年，第48页。

3. 从特定反射到类化评定

4.27 脉冲由某条传入神经传递到某条传出神经纤维，这样极端理想的简单反射弧是否重要——甚至是否存在——是值得怀疑的。另一种极端情况是：有机体“自主地”或者“有意识地”对刺激作出反应。位于这两个极端之间的情况是刺激—反应连接的连续体，其中发生的分类过程，多少类似于感质的决定过程。这些中间类型中一个最简单有趣的例子是：一组感觉脉冲中的每一个都与某一特定的运动反应相连，从而任何一个感觉脉冲将被传递到那个运动神经纤维并产生特定反应。这是我们所说的刺激分类中最简单的分类。

4.28 这种简单分类是一些条件反射实验和“类化”(generalization)现象中所常见的。人们发现，当一个刺激建立了某种条件反射后，其他“相似的”刺激也可能引发相同的反应[①]。在这些例子中，某些脉冲由于相似而聚组，可以使得其中一些脉冲的跟随脉冲，也成为同组中其他脉冲的跟随脉冲。

4.29 当几个反应脉冲都可能与某一给定感觉脉冲组中的每一个脉冲相连时，其中的哪一个反应将被一个特定的刺激所激发，取决于那个给定脉冲组以外的其他感觉脉冲，这是更高层次的选择和分类。在这种情况下一种刺激究竟会产生何种反应，取决于同时发生的其他刺激。同时，任何特定的感觉脉冲既能与其他脉冲产生相同的效果，也能产生不同的效果，取决于它当时所处的背景。

4.30 因此，在这种相对简单的，以准反射连接为主的低层级上，

① E.R.Hilgard和D.G.Marquis，1940年，第46页——条件反射通常被当作一个相对较近的发现，但是其原始事实很早就被认识到了。M de Montaigne(蒙田)在《随笔录》(1580，第一册，第20章)“论想象之力量”一章中曾加以描述。一个人长期用手测试用于灌肠的水的温度，他后来发现实际灌肠已无必要，因为每当他把手放进水中并摆出灌肠姿势的时候，就产生了期望的效果。

业已存在某种对感质的组织和辨别。但是，这种辨别在两个方面受到了极大的限制：一是特定感受器受到刺激后，反应类型只有少数几种；二是只能对少量的刺激组合作出反应。

4.31 尽管在较低层级上特定反应和功能辨别可以很精细，但是它的作用仅限于一组具体的反应以及较小范围的刺激，在此意义上，这种辨别乃是特定性的。例如，在一个非常著名的实验中，去首的青蛙仍然能够用腿去擦拭滴在背上的硝酸液。酸液所激发的信号足够使机体辨别出“事发地”在哪，然后精确地指导腿部动作。但是，这个例子所展示的刺激的定位反应可能是特殊的，即只对这类特定的反应才有效。

4.32 在少数感觉和运动神经纤维之间建立连接的次级中枢中，所发生的可能就是这种有限的分类。随着脉冲传到具有更广连接的较高级，较综合的中枢，进行更复杂的辨别成为可能。这不仅由于反应的范围扩大了，而且协助确定何种潜在反应会真正发生的刺激的种类也变多了。

4.33 在较高层级，来自不同部位的感觉神经纤维之间建立连接的机会越来越多。相应地，这些连接形成的网络的广度(comprehensiveness)也在增加。这并不是说，在高级中枢每种刺激如同在低级中枢那样都被表征为独立脉冲，也不是说低级中枢中的连接仅限于相同的感觉模块[①]；这只是意味着，在较低层级，因为某些感觉脉冲与对特定刺激的解读最直接相关，或者说最经常地与特定的刺激联系在一起，因而能够修饰对一个特定脉冲作出的反应。而

① V.von.Weizsaecker，1947年，第55页指出，例如，在脖子以下的皮肤上，超过四百万个点都能产生不同的感觉，这些点对应着的神经纤维最多有五十万条，传导远自脊髓水平一些刺激所产生的脉冲。尽管如此，这些单个刺激能够被区分开来，这一事实被假定是，由于伴随着任何作用于皮肤的刺激的报告，也抵达了这些刺激所引起的低层级反射的报告，这些反射可能对不同刺激而不同，这些刺激的直接报告通过相同的最后的路径抵达大脑。

在较高层级,更大范围的,间接相关的其他因素也会起到修饰作用。类似地,层级越高,连接越具广度,但这并不是说参与连接的脉冲数量更多,而只是说参与连接的脉冲代表着更多种类的刺激。

4.34 因此,在较高层级,对刺激的反应更可能受到来自其他方面脉冲的修饰。从简单反射到有意识行为,逐渐有更多种类的刺激加入连接以共同决定某个反应。有意识行为所涉及的刺激的广度是最高的。虽然我们只熟悉导致有意识行为的刺激分类,但很大部分观察到的行为可能是由介于简单反射和有意识行为之间的中间过程所引导的。

4. 较低层级反应的本体感受

4.35 感觉脉冲能引起多层次连续反应,这一事实极大地影响着它们在较高层级上的辨别。由于感觉脉冲在较低层级上引发反应,当它到达较高层级时,就伴随有记录这些反应的本体脉冲。结果,高级中枢在收到关于特定外部刺激报告的同时,也收到了身体对于该刺激的自发反应的报告。一道亮光不仅产生一个视觉脉冲,而且也产生一个报告瞳孔收缩等动作的脉冲。对高级中枢来说,自主动作的有机体应被视为其生存环境的一部分。

4.36 由于行为主义者的过分强调,某些关于外周反应的误解仍然很流行。所以,有必要仔细考察外周运动在神经活动的结构中所起的作用。首先要强调的是,只有当外周反应被报告至中枢时,它才能影响后续的中枢神经过程。因此,既不是动作本身,也不是传出的运动神经脉冲,而是记录这些动作的本体感受脉冲,影响了进一步的神经过程。(理论上,源自中枢的每一传出神经脉冲在离开中枢之前可能产生分叉,以代表由中枢发出的动作信号。但因为没有证据,这里不予考虑)。(译注:可能分叉的一支代表传出神经脉冲,指导行动,另一支为本体感受脉冲,报告这次行动的发生)

4.37 这不仅意味着,即使当一个刺激产生了清晰的运动反应,对我们的目的而言重要的仍然是(本体感受的)感觉脉冲而不是运动脉冲本身；而且，一旦某种外周反应成为一组刺激的常规结果，刺激就可以通过连带的方式激活外周反应报告脉冲，甚至不需要外周反应的实际发生。因此，行为主义者对实际动作的强调，寻找"内隐言语"以及类似的努力，都是误入歧途。实际的动作并不是必需的，而且即使这些动作存在，也无助于回答是什么构成了思维这类问题。[①]

4.38 然而不可否认，我们所关心的感觉的秩序，既是身体运动的结果，又是身体运动的起因。其中行为扮演了双重角色：它既是高级神经中枢活动的输入，又是其输出。独立于高级中枢而发生的行为，协助建立了抵达中枢的感觉脉冲的秩序，而感觉脉冲的秩序又决定了由中枢指定的动作。

4.39 评定到达最高中枢的感觉脉冲，就好比一个人乘车欣赏沿路的风景，或者是飞行员在自动驾驶飞机上对飞行状况进行判断。乘客或飞行员看到各种事件并预期汽车或飞机的反应，并逐渐认识到特定事件会引发特定的反应，就像刺激引发身体自发反应一样。如看到一辆迎面开来的车，意味着车靠右行驶；看到红灯，意味着车要减速(译注：乘客在看环境，同时也在预期汽车即将作出的反应)。不久，乘客就不再注意对于环境刺激的正常反应，而只注意特殊情况，即当汽车应做出正常反应时，它却没有这样做。(译注：如前面有障碍物本应该减速的时候车子没有减速，就会引起乘客的警觉)

4.40 在这方面，最高中枢的作用有点像军队的指挥官(或其他等级组织的首脑)，他知道部下将对各种事件以特定的方式做出应对，通常也能够通过部下的反应和自己的直接观察来了解事件的性质。还有，从指挥官更全面综合的视角看来，只要下属根据某个局部的具体信息作出的决定似乎是合适的，指挥官就不需要干预；只

---

① 参见C.T.Morgan，1943年，第476页。

有当某个只有他知道而部下不知道的事情使得部下的常规反应变得不恰当时,他才会发出特殊指令否决后者的决定。

4.41 一艘战舰的舰长可能更多的是通过战舰的反应,而不是通过他的直接感知来识别所观测到的物体的性质。类似地,大脑可能只接收到少数的刺激脉冲,但它仍能根据同时收到的,来自较低中枢的身体反应脉冲来识别刺激的性质。与此同时,低级中枢对某些特定刺激的反应也可能没有上报给高级中枢。在这种情况下,这些反应可能受到高级中枢下达的一般性“指令”的控制(我们将很快看到,决定对一个特殊刺激采取何种反应的整个有机体的“定势”(set),可能反过来又是由最高中枢的活动所决定的,或者是皮下神经调节的结果)。

4.42 对于较高中枢而言,一个给定的外部刺激组合(译注:即某些外部刺激同时发生),不仅预示某些外部事件即将发生,而且意味着某些有机体本身的调节正在进行。寒冷刺激皮肤,不仅意味着某种行动将要发生,而且意味着身体的某些反应将自动产生——不仅仅是要报告外部刺激,还要报告大范围的身体状态的变化。

4.43 尽管总的来说,更有可能的是:通过最低级中枢所作出的反应是先天性的,也就是说,在物种演化过程中所获得,而高级中枢执行的反应更多的是基于后天性经验,但是这并非普适的规则。也许有些先天性反应是由高级中枢作出的,而有些习得的反应经过多次重复可能变得几乎完全自动化,从而可以由低级中枢产生。

4.44 还要指出,当有机体对特定刺激作出反应时,受到同时存在的其他刺激对该反应的修饰,该修饰作用的大小,并不严格对应于该反应可被个体经验改变的程度:一个习得反应可能仅由某个刺激唯一决定,而一个先天反应也可能会由于环境变化而发生相当大的调整。

5. 与感知相连的姿势或动作

4.45 在对感官刺激作出的运动反应中，首先必须进一步考虑的是那些直接协助感知，并几乎可认为是感知活动的一个成分的肌肉运动反应。前面已经提到过一个与眼睛聚焦关联的动觉的经典例子。我们所熟悉的眼球移位(displacing the eyeball)，或者交叉手指定位(cross finger localization)，其效果属于同一类。越来越清楚的是，它们只是普遍现象中的一些特例，并且，由身体的姿势和动作所产生的本体感受为恰当地评定刺激提供了不可或缺的背景。

4.46 对感觉和动作关系的最新研究表明，它们之间的连接比一般设想的要更加密切，并且实际上几乎所有的感觉脉冲都是根据同时发生的肌肉活动进行评定或者被修正的。通过V.von Weizsaecker，我们获取了关于这个问题的大量知识，他以相当充分的理由谈到感觉和动作之间的"交织"（英文，entwinement，德文，Verflechtung）。[①]这既包括根据同时发生的本体感受脉冲来评定外部刺激，也包括根据经常伴随的外感脉冲来评定本体感受脉冲。例如向下伸腿意味着我期待触到地面，而舒展整个身体意味着我期望能够比蜷缩姿势更快地散热，等等。本体感受脉冲从与之相连的外感脉冲获得意义，在同等程度上外感脉冲也从本体感受脉冲获得意义。

4.47 因此，每一种感觉情境都意味着，不同的动作将可能产生这样或那样的效果。（在某一时刻）同时发生的外感受和本体感受脉冲共同组成了背景。在此背景之下，单个的脉冲的意义才能被有效评定。因此甚至可以说，每个感觉脉冲都可能有多种意义，都能

① V.von Weizsaecker，1947年；K.Goldstein，1939年；E.G.Boring，1942年，第563页："在20世纪，人们清楚地认识到有机体先有行动，此后才有感觉——恰如James关于情绪所说的那样。"

产生各类不同的感觉。而它实际上引发何种感觉，要取决于与之同时发生的其他脉冲。

6. 运动反应的模式

4.48 复杂的行为模式是由许多同时发生的或者相继发生的动作所构成，那么一些单独的运动神经脉冲是怎样通过相互协调来产生复杂行为模式的呢？在这里，只能对这个问题进行非常简略的讨论。必须假定，这些复杂的行为模式能以整体的形式被高级神经中枢所发出的一些信号所激发，而且因此，我们要在运动方面处理一个“集束”(bundling)现象，在某些方面它刚好是感觉分类过程的逆过程。正如在感觉方面，高级中枢内少数“表征脉冲”就代表了复杂的脉冲组合；在运动方面，高级中枢的少数脉冲也足以引发产生复杂行为模式的运动神经脉冲束，此后执行这个行为的特定方式可能是由低层级上的感觉和运动神经脉冲的相互作用所决定的。

4.49 然而，这些行为模式绝不能设想为固定不变的，相反它们是高度可变的。正如在高级中枢中引发某个特定反应的不是某个特定的感觉脉冲，而是一类脉冲组合中任意一个组合；高级中枢所发出的某个运动信号，也不是为了执行一个特定的动作模式(coordinated movements)，而是为了执行一类动作模式中的某一个。这样一类动作模式包含动作的不同组合，在不同的条件下将产生特定的结果。至于这些模式中的哪一个会被激发，则取决于整体的感觉状态。

4.50 因此，在高级中枢中越来越多的，不是个别刺激和个别反应之间的连接，而是刺激的类型与反应的类型之间的连接，以及刺激类型的类型与反应类型的类型之间的连接，如此等等。因此，最高中枢所给出的，应对某个特定情境的指令，可能是关于行为模式类的一般“指令”。行为模式类是由许多行为模式组成，可以在不同情形下产生所希望的结果。只有在低层级上，某个适当的反应才会从某一行为模式类中被挑选出来。

4.51 随着神经中枢层级的不同，它们根据感知的情形对行为模式加以调节的程度也不同。有理由相信，一些固定的或者“机械的”模式，比如飞翔或奔跑的动作模式，是在低级中枢决定的。即使是在这些低层级上，动作的执行还是不断地被来自动觉感受器和(内耳的)半规管的感觉信号所控制和修改。在高级中枢，动作模式具有更大的可变性。

4.52 此处仍然忽略：行为模式在多大程度上对个人来说是先天性的，以及先天的和后天习得的行为模式是怎样互动的问题①。毫无疑问，即使相当复杂的行为模式或者行为模式类(在实际情形中要根据整个感觉状态从中选择一个执行)，也可能通过遗传获得并可由简单刺激所激发。一个广为人知的例子是，老鼠的母性行为可以被特定的化学刺激所引发。②

4.53 从行为模式类中选择一个特定模式的过程绝不能认为是一蹴而就的。一种行为模式的选择，以及此后对它的持续控制，修正和调节，是一个多方面因素连续作用以达成最终结果的过程。有机体并不是完全机械地遵循预先确定的行为模式，而是要在执行的过程中不断地调整，以确保相应结果的产生。

4.54 外感脉冲和本体感受脉冲之间的相互作用以及“反馈”原理的运作③，对于在动作进行过程中的持续调整有着特殊的意义。

---

① K.Lorenz，1942年，各章节。

② C.T.Morgan，1943年，第411页。

③ N.Wiener，1948a和1948b[Norbert Wiener(1894—1964)，美国数学家，被称为控制论的创始人。控制论是对反馈控制系统的研究，或者用Wiener(1948a)的话说，“对动物和机器的控制和交流的科学研究”。——编者]；W.S.McCulloch，1948年[Warren Sturgis McCulloch (1898—1969)，美国神经心理学家，因其在神经网络建模和控制论方面的工作而闻名。——编者]；W.R.Ashley，1947a和1947b，以及1948年和1949年[William Ross Ashby(1903—1972)是一位英国精神病学家，他的工作对控制论的发展有很大影响。——编者]。

首先,环境的感觉表征,连同在此环境下可能的目标,将引发一个指向目标的一般性的动作模式。但是,动作模式的启动不一定一步到位。当前的感觉报告——正在发生什么——将与预期相比较,其差异将作为下一步的刺激,指导需要的矫正。可以说,在动作执行的过程中每一步的结果都将与预期结果对照,两者的任何差异都将作为矫正的依据。

4.55 在此过程中,最高中枢的干预可能只限于给出大体方向,而执行和实时调控都留给低级中枢去完成。确定了“大方向”之后,期望和实际的差异将作为矫正刺激,自动纠正偏离。期望和实际差异的调节反应,仅是如下两个原则的实例:其一,对任何新刺激的反应都是由既有(pre-existing)感觉状态所决定的;其二,神经系统有能力以特定的方式,不仅对单个脉冲作出反应,而且还能对脉冲种类的关系作出反应。高级中枢的这两个特点,即既有兴奋状态的支配地位,以及对期望和现实之间的差异作出反应的趋势,将在下一章更深入讨论。

7. 生理需求（needs）和内驱力（drives）

4.56 我们仍然没有关注有机体活动的最主要源头,即由于营养生长(有别于生殖生长)过程而周期性出现的,身体构造或平衡状态方面的变化,以及有机体为了生存所需而采取的行动(译注:指饥渴等生理需求)。由于强调感觉组织(sensory organization),目前为止讨论的主要是有机体对环境变化的一种适应。但是,比“为什么有机体在不同环境中行为不同”这个问题更重要的是,为什么在同一环境下的不同时间段有机体的行为不同。

4.57 和前面相比,这里的讨论必须预设更多的理论生物学和生理学方面的知识。在4.13中已经指出,在“有机体内部有目的的运转”和“有机体对环境的有目的行为”之间唯一的区别是:后者提出了综合秩序的问题,即外部刺激如何组合及相互修饰彼此的效果,这也包括——为什么内部刺激可以导致有机体在不同时刻对同一组外部刺激作出不同的反应。

4.58 对我们的目的来说，这里重要的并不是决定饥、渴等状态的生理过程的准确性质，而是与这些生理状态相应的“态度”(attitudes)，“倾向”(dispositions)或者“定势”(sets)等如何影响有机体对其环境的反应。由于各种“需求”或“内驱力”可能是由内脏器官，腺体或一般的新陈代谢过程所产生，可以方便地称其为“维生需求”(biogenic needs)。[①]

4.59 需要立即指出的是，这些在身体的生长过程中自发产生的“需求”，当然和另外一类态度或定势——如恐惧或者愤怒——是紧密相连的，有时实际上是密不可分的。后者虽然通常是由某些知觉所引起，但也包含了一定范围或者类型的行为倾向。在狭义上这些“情绪”(emotions)或“感觉”(feelings)所提出的一些问题，和生理需求所提出的问题非常相似(译注：这里的“问题”是，为什么有机体在不同的时间对相同的外部刺激的反应不同)。在这个意义上，很难辨别由某种感觉印象所激发的性欲到底是一种“需求”还是一种“情绪”(emotion)。与之类似，在并不感觉饥饿的情况下，食物的气味也可引起食欲；或者，即使没有任何引发恐惧的外界刺激，体内的一些变化也能引起恐惧感。

4.60 尽管我们首先应考虑需求和欲望(wants)的固有的意义，把任何关于情绪更特别的讨论留到下面几个部分，但是下面关于“需求”的大多数的论述也同样适用于情绪。两者都不仅涉及有机体趋于某一类行为的倾向，而且也涉及对某些类型刺激的特殊接受能力。由于有机体的特定的平衡态，会使其变得“喜欢”或“不喜欢”某些特定种类的刺激。后面要结合“注意力”更深入地讨论这种“预兴奋”(excitatory preparedness)状态的本质是什么。

---

① C.T.Morgan，1943年。

4.61 或许，将“定势”（set）[1]和“预期”（expectancy）两个名词加以区分是有益的。定势是指有机体针对某类行为的准备状态，而预期则表示有机体对引起特定反应的一类刺激的警觉。但两者的区别本质上是刺激—反应之关系的感觉方面和运动方面的区别，它们绝非彼此割裂的。重要的是它们之间的密切联系：有机体倾向于以特定的方式对某类刺激的任何一个作出反应。

4.62 在目前这个阶段，甚至还不能概要地回答：这种需求状态——刚开始可能只是引起无目的动作——如何被逐步导向有目的地寻找特定种类的刺激？比如动物寻找食物或性伴侣，一旦发现目标，将引发其满足欲望的活动。这个问题现在讨论还为时过早，我们将把它留到下一章。

4.63 现在仅仅是要说明，某些刺激除与其他刺激有规则地联合出现，而获得了对于有机体来说某种“客观”的意义之外，它们也将通过满足有机体某种需求的能力而获得一个特别“主观”或“实用”的意义。这些赋予刺激以主观意义的连接不仅表现为，在有需求的条件下某些刺激导致特定行动，而且表现为某些内在的需求使得有机体主动去寻找特定刺激（译注：前者是被动的，后者是主动的）。根据瞬时需求（momentary needs）所决定的目标对刺激作出评定，将在研究环境表征如何使得有机体“有目的”地行动这个一般问题时作进一步的探讨。（见5.64及以下）

8. 情绪和詹姆士-兰格（James-Lange）理论

4.64 另一种倾向是情绪。情绪是对某类行为的倾向——尽管有机体在状态变化之初未必马上采取这类行为，但是该类行为的倾向是适于不同环境条件的反应之综合。恐惧和愤怒，悲伤和愉快，是对于环境的不同态度，尤其是对同一物种成员的态度。这些情感

---

① 参见J.J.Gibson，1941年。

起先逐渐跟许多不同类型的刺激联系起来，后来就由这些刺激有规律地引发。

4.65 这意味着，外部事件或有机体自身状况，可能引发某种态度或倾向。当这些态度或倾向持续存在时，会影响对任何外部事件的感知，反应或者说给它们“着色”(colour)。在事件的心理秩序中，或者说在外部刺激对后续心理过程和行为的影响中，这些情绪状态拥有的地位在许多方面同感质的地位很相似：任何一个情绪的出现都能修改一个感知情境的结果，正如一个新获得的感觉经验会影响感知那样。

4.66 因此，情绪可以被称为“情感特质”(affective qualities)，与感觉特质(sensory qualities)相似，都是心理特质(mental qualities)的一部分。当然，情感特质同感觉特质有所不同，必须被看作心理秩序的一个单独的子系统。情感特质和感觉特质之间的关系，某种程度上类似于感觉系统中不同感觉模块的关系，因为各感觉模块也构成了感觉系统的子系统。

4.67 感觉特质和情感特质这两种秩序之间最明显的区别是，感觉特质是以其空间关系作为主要的排序原则之一，而情感特质并无此特点。它们并不反映特定事物的特质，而是代表一段时间的总体情况。它们并不指涉一个期望的外部位置，而是指对外部情境做出特定类型反应的暂时的倾向(bias)或偏好(preference)。

4.68 尽管感觉特质和情感特质之间有这种重要区别，却并不能否定决定二者的一般原理是相同的。在这两种情况下，不同刺激产生相似反应，都是由于不同神经脉冲引发了同样的跟随脉冲。相似的情感如同相似的感觉，就是那些能够引发相同跟随脉冲，在功能上等效，因而被划入同类的神经脉冲。感觉特质和情感特质的主要区别是：在心理秩序的感觉特质子系统内，分类连接主要是表征其他感觉刺激的脉冲；而在情感特质子系统中，分类连接主要是代表特定行为类型的脉冲。

4.69 但是,尽管情感特质的秩序构成了一个更综合的心理特质系统的子系统(子系统意味着同属此子系统的脉冲之间的连接更紧密,而它们与更大的系统的其他部分的脉冲的连接相对少一些),这并不妨碍这个系统协助对感质差异进行辨别,反之亦然。那些按不同方式组织起来的情感特质,通过与感觉特质建立连接,似乎成为感觉的秩序的一个附加的维度。类似地,不同感质之间的差异,与不同的情感特质联合,也有助于丰富情感差异的多样性。

4.70 这里对情感特质的决定过程的解释,与人们所熟知的詹姆士-兰格的情绪理论[①]相符。如同前面提到的贝克莱的空间视觉理论(见3.40—3.42),詹姆士-兰格理论可以被认为是心理特质理论的一个例子。为了使詹姆士-兰格理论适合我们的阐释,需要对其作一定的修改——类似于前文对本体感受脉冲在决定空间感知中的作用的修改。事实上,同感质的决定类似,一个刺激的情感价值(affective value)并不是由它造成的身体感受决定的,而是由记录身体状态的神经脉冲的跟随脉冲决定的。

4.71 因此,我们不赞成威廉·詹姆士所说的——情绪是"对于运动和器官的一组感觉"(译注:1884年美国心理学家威廉·詹姆士提出情绪变化是对自身身体变化的感知的理论,认为情绪只是对于一种身体状态的感觉。1885年丹麦生理学家卡尔·兰格也不约

① [William James和丹麦心理学家Carl Lange(1834—1900)各自独立发展了一种情绪理论, James在《心理学原理》(*The Principles of Psychology*, 1890, vol. 2, pp. 449—450)中将其要旨总结如下:"我的理论是……身体的变化直接伴随着对现有事实的感知,而我们对该变化的感觉就是情绪。常识告诉我们,我们失去了财富,感到遗憾而哭泣;我们遇到了熊,受到惊吓而奔跑;我们受到对手的侮辱,感到愤怒而攻击。此处的假设是,这种顺序是不正确的……更合理的说法是,我们感到遗憾是因为我们哭泣,愤怒是因为我们攻击,害怕是因为我们颤抖。"James-Lange理论的早期批评者是上面(4.14)提到的Walter B.Cannon("The James-Lange Theory of Emotions: A Critical Examination and an Alternative Theory," *American Journal of Psychology* 29 [1927]:106—124)。——编者]

而同地提出了基本相同的理论，认为情绪是一种内脏反应。后来人们把两人提出的理论合称为詹姆士-兰格情绪学说）。我们仅主张，记录身体状态变化的脉冲连接网络赋予某些中枢脉冲以特殊的地位，而这在整个心理事件系统中就对应于情感特质。

4.72 因此，如果詹姆士－兰格的情绪理论（正如贝克莱的空间视觉理论）努力把心理事件各种维度的特质简化为脉冲之间的关系将会更令人信服（感觉就是对这些关系进行充分评定的结果）（译注：评定隐含与其他的脉冲连接分类，充分的评定意味着更多的其他脉冲，评定的含义见3.57）。但是，詹姆士－兰格和贝克莱的理论都未能真正解决心理特质问题。因为他们都试图用一种假定为无须解释的基本特质来解释其他特质，这实际上只是转移了问题。由于这两种理论都只关注单一特质，这种转移看来是不可避免的。但是，如果继续推广这两种理论的一般原理，则显而易见，不存在所谓给定的特质。我们不得不把整个心理特质系统用一个由原本无差异的元素所构成的关系系统来取代（译注：即神经系统），而这两个关系系统应是同构的。

第五章　心理秩序的结构

1. 前感觉经验或“链路”（linkage）

5.1 根据前述各章给出的理论框架，神经脉冲原则上能以一种类似于心理秩序的方式组织起来。现在我们试图在这个框架内填充该秩序的大致形成过程及其一般特点。

5.2 这个关于心理秩序形成的说明仍将是极其概括性的。我们只对该秩序建立的可能途径作普遍说明，并不涉及任何特定的有机体。同时，对于在心理秩序建立过程中，哪些阶段发生于个体发育进程中，哪些发生于系统发育进程并且在有机体个体诞生（或成熟）时就内置在其结构中这个问题，继续存而不论。

5.3 目前可让我们作出上述这种区分（即区分心理秩序中哪些部分由遗传构造决定的，哪些部分由后天经验习得的[①]）的相关知识仍旧是寥寥无几。但是，我们关心的是心智本身的创生（genesis），因而对个体来说，哪些是遗传而来的，哪些是经验性的就相对不重要了。实际上，至少存在这种可能性：对某个物种或者某个发展阶段是经验性的东西，对于其他物种或其他阶段可能是先天内置的。重要的是，决定心理秩序形成的原理可能在个体发育和系统发育过程中都起作用。当然，关于类似过程既发生于物种的演化也发生于个

① 仍然参见K.Lorenz（1943年）对此问题所做的重要贡献。

体发育的假设，不应理解为对颇有争议的演化机制做先入为主的判断。

5.4 因此下面将假定，个体生命伊始，中枢神经系统结构已完全形成，但是还没有因刺激同时发生而导致的神经连接。这实际上意味着，我们将忽略高级中枢内由适应环境而建立的神经连接代际遗传的可能性。我们将把这个（建立连接的）过程当成发生于个体发育过程中，尽管实际上它可能很大程度上发生于系统发育过程中。在考虑最高中枢的时候，这个假定在某种程度上是正当的，但它显然不适用于对于分类过程来说必不可少的较低层级上的连接。

5.5 在这样一个系统中，一个首次到达高级中枢的传入脉冲同其他类似脉冲之间尚无任何连接，即尚未在脉冲的秩序中获得确定的位置，或者说没有明确的功能意义。但是每次脉冲组合的发生，都会促进一个连接网络逐渐形成并越来越密集，每个神经元将逐渐在这个连接系统中获得越来越清晰的地位，以及与该地位相应的，有别于其他脉冲的明确的功能意义。

5.6 在某种意义上可以说，不同脉冲的意义之间累积而成的质的差别是通过“经验”建立的。然而必须注意，我们是在特殊意义上使用“经验”这个词的。由于首批脉冲在感觉的秩序中尚未占据确切位置——彼时甚至连感觉的秩序尚不存在——因而这些脉冲的发生还不能被称为常规意义上的经验；它们还不是心理事件，而是纯生理事件，因为它们还不具备任何属于心理秩序或感觉秩序的特质。

5.7 因此，“经验”这个术语在此处有些模糊和误导，因为它暗示着感质的存在，而我们正在关注的是一种前感觉(Pre-sensory)[①]的

① 前感觉经验(pre-sensory experience)这个概念一定不要跟F.R.Bichowsky(1925年)和R.B.Cattel(1930年)所用的“前感觉”(pre-sensation)相混淆了，他们是借此来描述“首次的意识效果能被记录成为刺激，这些刺激还不具有空间或时间的性质，即是说，首次的意识效果并不能感到空间或时间的存在，或者并不具有通常关联于感觉的确定性质和关系”。(Bichowsky，1925，第589页)

现象。只有通过“前感觉经验”建立了相应的器官(apparatus),感质的辨别才成为可能。为了避免“经验”一词的误导,权且用更加中性的技术术语——链路(linkage)——来描述同时发生的传入脉冲之间新连接的形成。

5.8 “链路”可以理解为一组刺激作用于中枢神经系统所导致的普遍而持续的效果。链路意味着外部事件对中枢神经系统产生了生理效果。但是,假如外部事件对于有机体已经具有了明确的意义,它的发生就未必导致这种效果(因为先前已经有了“链路”)。链路是(在任何辨别成为可能之前)一个学习如何辨别的过程。此时,一个初次出现的“经验”对于有机体而言尚不具有任何意义,直到后来当同样的刺激再次发生时,它可能才具有明确的意义。

5.9 产生“链路”的事件不必是心理或感觉事件,当然更不必是有意识的。切记,在这里使用的“心理”一词包括了意识,但是比意识的范围更大(见1.67—1.73)。产生链路的事件甚至不必在心理秩序当中拥有一个位置,也就是说甚至不必是广义的心理事件。

5.10 新术语“链路”略显牵强,某方面讲不如旧术语“印象”(impression)。但“印象”这个术语又充满了心理经验的意味,最好还是避而不用。而且,选择的术语最好能明确表达下面的意思:所有能产生记忆的经验,必定牵涉建立生理事件的连接。并且,因为所有的记忆都体现在两个或多个事件的联系中,看来最好用一个表示建立联系(links)的术语来描述其产生记忆的作用。

5.11 所有(最广义)的经验引起了表征刺激的生理事件之间的连接,而所有的记忆都基于这些连接而产生——这听来似乎是老生常谈,然而仍有必要强调。因为还有一种不同的观点,正因为它很少被明白地说出来而有着很大的影响,并且是“存在一种特殊的心理物质”这种观念的主要支撑之一。这就是被称为“存储论”(storage)的记忆理论。它主张,每一次经验的发生都有一些新的表征感觉或者印象的心理实体(entity)进入心智或大脑,留存在那里,直到适当的时候被调出。

5.12 当然,这种观念同感质的绝对性理论密不可分,跟特殊神经能量说的一种错误阐释也有关联。根据这种错误阐释,不同神经纤维中所发生的过程的性质决定了感质。我们反对这些观点。应当记住,生理机制除能保留不同事件之间的连接关系外,并不能保留任何其他东西。因此,任何用生理术语来表述的心智理论,必须在"链路"的意义上使用"经验""记忆"这些词。

5.13 从而,此处发展的理论假定,所有感质的产生都以预先存在的脉冲链路为前提,但这些脉冲可能尚未被分类到某个特定的"质"组中去。即使在相对简单的,执行某些分类的连接形成之后,连接系统仍然会被新的"链路"继续修改。但是当既有连接变得越来越复杂,越来越牢固地嵌入神经系统时,新链路要改变其一般特征就会变得越来越困难。

5.14 在生理链路和感觉经验之间此种关系的一个重要结果是,在所有的感觉经验当中,都暗含着某些被早先链路所决定的关系(即外部世界过去对有机体的影响),而这些早先的链路(在经验这个词的通常意义上)从未成为感觉经验的对象(译注:早先的链路决定后期的经验,但是这些早期链路本身从未被感受过)。而且感觉的秩序会被尚未感觉到的脉冲之间的新链路持续地修改。关于这个事实的认识论意义将在最后一章考察(见8.1—8.27)。

5.15 本节所讨论的术语问题跟如下问题有关,即感质决定理论是否可以被称为"经验论"的。看来,经验论和先天论的争论其实涉及两个不同的问题。第一,对于个人来说,感觉的秩序是天赋的还是个人通过经验获得的。对这个问题大概不可能有一般性的答案。第二,整个感觉的秩序是否可以被看成是通过物种或个体的经验建立起来的,即感觉是不是外部世界施加于有机体的作用之间的联系的保存(retention)。在后一问题上我们无疑是经验论者(见2.16)。

5.16 初看起来,我们理论的经验论性质似乎同强烈反对经验论的格式塔学派难以相容，而在另外某些方面我们同格式塔学派又是非常接近的。有一种经验论认为，格式塔感质是由来自感觉经验的“基本元素”“堆砌”而成的。格式塔学派反对这种经验论解释。然而，本理论把所有感质——不论是基本的(elementary)还是格式塔的——都追溯到前感觉时期基于非心理元素“链路”而构建的连接网络(译注：非心理元素，在这里即生理元素，此时尚无心理含义)。我并不确信，格式塔学派是否也会像反对前一种经验论那样反对我们的经验论。

2. 环境事件类间关系“地图”的逐渐形成

5.17 不同脉冲通过“链路”以形成连接(connection)，显然会再现(或复制，reproduce)作用于有机体的外部刺激的某种规律性。这些连接网络所再现的不是任何单个刺激的属性(这些单个刺激的特征唯一地决定于它们激发一个特定的感觉神经纤维或一组神经纤维的能力)，而是任一刺激和其他刺激过去同时作用于有机体的关联性。在个体(或物种)发育过程中，该记录将会再现刺激之间由物理差异决定的某些关系，但它显然不会巨细无遗地复制刺激之间的所有“客观”关系。

5.18 第一章已经看到(见1.14—1.19)，用物理的术语来描述刺激，其实就是按照它们之间的客观关系来对其分类，并忽视有机体对这些刺激的反应的异同。仅把刺激在与其他刺激的关系中显现出来的那些差异，当作是存在于物理世界中的差异(或当作构成宇宙的物理秩序的差异)，而把刺激作用于有机体而显现的效果异同归因于这些有机体的组织，这种方法看来是符合一般科学程序的。现在的任务是，借由前文概述的过程来阐明有机体可能发展起来的分类方式或将刺激有序化(ordering)的方式。

5.19 因此，心理秩序的逐渐演化涉及对外部刺激秩序的逐渐趋近。正是这些刺激在中枢神经系统中引起了“表征”(represent)它们的脉冲。但是，尽管概念化思考(conceptual thinking)长期以来被视为对现象世界(假定为不变的)基本元素的不断重新排列或组织以使其完美地符合经验，我们的结论却是：构成现象世界特质的元素以及整个感觉的秩序，都处于连续的变化之中。因此，没有理由认为在直接的感知和更加抽象的思维之间有截然分明的界线①。必须假定，感觉和理智(译注：或者感性和知性 senses and intellect)的运作都是基于中枢神经系统中的分类(或再分类)，是同一连续过程的不同部分。大脑中的微观宇宙经由此一过程逐渐趋近于外部世界的宏观宇宙。

5.20 出于某些原因，链路在中枢神经系统中逐渐建构的秩序不仅不完美，而且在某些方面是对物理刺激之间关系的绝对错误的呈现。第一，接受物理刺激并产生脉冲的感受器，在以下几方面缺乏完善的选择能力：仅对部分(而非全部)外部刺激敏感；不能精确辨别刺激的物理差异；不同的物理事件可能刺激相同的感受器，并产生相同的神经脉冲；相同的物理刺激作用于不同的感受器，可能被记录在不同的感觉模块(见1.39)。感受器记录什么外部事件，以及怎样记录外部事件，取决于演化过程塑造的有机体结构。

5.21 第二，对特定有机体来说，物理刺激的种类，以及不同刺激同时出现的频率，同外部世界整体情况并不一致，而仅取决于有机体所在的特定环境。因此，有机体对环境刺激的关系的再现仅仅是对外部世界某个局部而言，非对整体而言。

5.22 第三，已经看到(第四章)，中枢神经系统接收信号(产生链

---

① 参阅H.Margenau，1950年，第54页；和H.Werner，1948年，第222—225页，第234—236页。[Henry Margenau(1901—1997)，生于德国，从1950年起担任耶鲁大学物理学和自然哲学教授，直到1986年正式退休。Heinz Werner(1890—1964)，发展心理学家，由于犹太人的身份被汉堡大学开除，于1933年被迫离开德国。他在美国找到了避难所，任教过多所大学，最终在马萨诸塞州伍斯特市的克拉克大学任教，该大学的发展心理学研究所已更名为Heinz Werner发展心理学研究所(Heinz Werner Institute of Developmental Psychological Research)。——编者]

路）的最重要来源之一就是有机体的内环境。由于有机体的内部协调以及同外部环境的协调，在一定程度上独立于高级神经中枢，这些（相对独立于高级神经中枢的事件的）关系必将在高级中枢秩序形成中扮演重要角色。

5.23 第四，没有理由认为，所有高级中枢所拥有的，在同时激发的神经元之间建立连接的能力都是一样的。很可能，给定的解剖结构有利于某些连接的形成，而其他连接很难或不可能形成。连接的结构将因此被进一步扭曲，或者说，即便在初始脉冲如实反映了物理刺激的条件下也可能导致（连接）无法再现物理刺激之间的真正关系。

5.24 第五，由于脉冲在各个层次上被连续分类（见4.33），到达更高的或更综合性的中枢的信号通常并不代表单个刺激，而是代表在较低层级形成的具有特定功能意义的刺激组或类。因此，高级中枢进行的任何进一步分类，将受到较低层次上既已形成的所有扭曲的影响。至于扭曲的原因已如前述。

5.25 在讨论如此形成的连接网络与它再现的外部事件结构的关系时，采用地图的比喻有时是很有用的。地图以类似的方式呈现了物理世界一个局部所存在的关系。此处人们很自然想到地图[①]，因为它跟一种简单的关系指示图(arrow diagram)相类似，这种指示图是表示一个由存在因果关系的多个元素构成的复杂动态系统结构的最容易理解的方法。

5.26 在中枢神经系统中，“链路”将逐渐导致一个关于外部世界各种事件关系的“地图”。这个地图不仅很不完善，还缓慢而连续地变化。它给出的不仅是外部世界的关系，还附加了一些不同于外部世界客观关系的关系，而且它呈现的不是一成不变的而是不断变化着的结构图。

① 地图概念的相似用法，参阅E.D.Adrian，1947年，第16—18页，和E.C.Tolman，1948年。

5.27 在不同大脑中据此所形成的地图是相似的，因为决定它们的外部原因相似。但是各大脑的地图不会完全相同。完全相同的大脑地图不仅要预设个体具有完全相同的历史，而且要求大脑具有完全相同的解剖结构。对于每个个体来说其地图在不断地变化，这个基本事实实际上排除了在任何时刻两个个体的大脑地图完全一样的可能性。

5.28 要理解在不完全相同的几个关系系统之间“相似性”的概念——比如这样两幅地图的“相似性”——是颇不容易的。而要理解不同程度的相似性的概念，以及在相似的关系系统中的相似位置，就更加困难。我们在考虑各种感质或格式塔之间的相似程度的时候，也遇到同样的困难。不过，地图的比喻可以表明相似性是什么意思：不但容易看出同一地区两幅地图之间的相似性，而且能识别出两幅地图中相对应的地点，尽管它们可能是按照不同的投影(projections)绘制的，包含不同的细节，代表不同的日期。使用同一地区的不同地图讨论同一行程的两个人，一般来说可以毫无困难地彼此理解，尽管各自路线上特定的点可能对他们具有不同的意义。

5.29 在我们所关心的“地图”上，各点的相关关系并不是空间关系，而是脉冲传递的路径。它是拓扑图而非地理图。它更像那种铁路路线示意图，其中的直线只是代表连接而并不代表准确的距离。它可以表示任何给定运动引导我们去何处，仅在这种意义上它才像一幅地形图。

5.30 如上所述，有机体通过链路逐渐建立了刺激之间关系的地图。然而，为描述这个过程，我们很快发现地图这个比方是不够用的。因为我们所研究的分类，正如所见，是在许多相继的层级上进行的。必须把整个连接系统想象为许多子系统的垂直叠加，各子系统在某些方面是独立运行的。每个子系统构成环境的局部地图；在较低层级形成的地图负责指导小范围的反应，同时作为一个传向更高级中枢的脉冲过滤器或者前置筛选器(preselectors)；而对于高级中枢而言，低层级上的地图又构成了环境的一部分。

5.31 通过有意识经验所感知的对于感觉脉冲充分的，详细的分类即感觉的秩序，主要形成于最高中枢。但是必须假定，一些局部的分类已经以类似方式在较低层级上发生，尽管没有意识经验与之相伴。通过意识经验所知的心理秩序乃是其最高级的形式，该秩序同时以初级的形式存在于较低层级上，尽管我们对此没有直接的知识。我们只能尝试推想其存在形式，进而去理解以有意识心智为顶点的分类器官的整个层级结构。我们有很大把握猜测，在低级中枢也存在着对感觉脉冲的分类秩序，且与我们通过有意识经验所了解的秩序相似；而对它的确证，则只有通过无意识反应的特征来进行。

5.32 我们已经讨论了中枢神经系统层级结构的意义，以及脉冲分类对于其整体运作的意义（见 4.11—4.26），至于某些高级中枢神经活动的“有意识”特征，这个问题留到下一章讨论。现在也可以看出（本章稍后详细讨论），普通而言的“机械”过程和“心理”过程之间只有程度的区别而无本质的区别。而且，一个过程在多大程度上带有“心理”特征，其实取决于介于刺激与反应之间的分类过程的复杂性，或者不如说，是介于感觉器官的激发状态和作为其结果的行动之间的分类过程的复杂性，因为“刺激—反应”这个术语在这个阶段已经有些不恰当了。

3. “地图”和“模型”

5.33 现在必须考虑，在一个给定的网络结构中，任意时刻行进的诸多脉冲之间相互影响的方式。到目前为止，我们只考虑了同时（或几乎同时）抵达的新的传入脉冲对彼此的效应。然而，这些脉冲到达的中枢总是处于激活状态。在高级中枢，新的传入脉冲较少引起特定的反应，而较多的是在给定场景下修改和控制行为。所谓给定的场景，不仅取决于同时到达的其他脉冲，也取决于高级中枢对环境的记忆，即高级中枢对近期收到的刺激的某种记录。

5.34 当一个传入脉冲传向更高层级时，它将发出越来越多的分支。这些分支将会在越来越大的范围内潜在地加强或者抑制其他脉冲。每条脉冲链不断增加的分叉，通过连续的传递上升到高级中枢。这意味着，在任何时候，整个神经系统的总体激活状态将越来越少地取决于当下接收到的新脉冲，而越来越多地取决于过去某段时间由刺激所引起的脉冲链条的连续进程。结果是，反应更多取决于已有脉冲在整个神经网络中的分布，而新脉冲的影响会越来越小。

5.35 既有的神经激活状态的影响不断增强，由此可以推论，新刺激的作用主要是改变对后来的刺激以特定方式作出反应的倾向，而它引发特定反应的作用越来越小。换言之，任何新刺激产生的脉冲，其效果中更主要的部分是建立一个控制将来反应的“定势”(set)，只有较少部分会直接影响当前反应。当到达更高中枢，脉冲分类将因此更少专门化于特定功能，而变得更加普遍化，即针对某类刺激产生某类反应的倾向。

5.36 随着分类趋于“普遍化”(而非“具体化”)，分类事件(classifying events)也越加显著地成为中枢过程，它同外周反应的关系就越来越疏远和迂回。当新脉冲传入更高级，更综合性的中枢时，其效果主要是修改中枢神经过程，而不是引起外周反应。连绵不断的中枢神经过程将成为主要思考对象，它被时时传入的新脉冲所修饰，并时时“溢出”部分脉冲以产生外周反应。

5.37 所以，在任意时刻，高级中枢中所有脉冲的总体(totality)决定了对于新传入脉冲的反应。该总体可以被当作当前环境的表征或图像。对新脉冲的反应将据此加以调节，因此有理由把它(脉冲总体)称为一种导向器(apparatus of orientation)[①]。通过再现有机体当时所在环境，中枢神经过程调节着对(其所表征的)环境中的那些元

① H.Kleint，1940年，第40页。

素的反应。

5.38 在高级中枢，很可能有些表征外部刺激的脉冲，在刺激停止作用之后，还要以某种方式在神经纤维中继续流动一段时间，借此指示外部对象的存在，尽管该对象不再作为一个刺激。这可能是由表征某时刻整个感觉情境的那些脉冲产生的，这些脉冲彼此相联并互相引发，导致了滞留效应。直到有一个新的对象占据了原先对象的空间位置后，滞留脉冲才被新刺激抹去（见3.15—3.34）[①]。

5.39 为什么以及在何种情况下，一组表征脉冲会导致有机体生存环境的稳定预期，或者说产生持续的环境图像？这很难回答。对此可能的解释是，某些脉冲群(constellations of impulses)相互支持，或者通过某种环流的方式再次引发其自身而不是表征不同环境的其他脉冲群。与不同脉冲或脉冲组相连的脉冲链条(chains of association)之间的互动，将从复杂的环境图像的若干元素所激发的无限可能性中作出某种选择。

5.40 无论上述解释是否属实，我们都必须区分任何一个刺激的作用所留下的，两种不同的生理“记忆”或痕迹：一是，连接网络或路径结构的半永久性变化，正如前文论及，它们决定脉冲链可能行进的路线；二是，在任意时刻行进着的激活脉冲(active impulses)模式，该模式是新近接收到的刺激的结果，或者只是永不间断的，即使没有外部刺激也持续存在的中枢脉冲流的一部分。

5.41 任何时刻，在给定的半永久神经网络中的脉冲模式(pattern of impulse)可以被看作有机体关于当时所处环境的模型(model)，这个模型可以让有机体在它的所有活动中纳入环境因素。这种在任意时刻由激活脉冲所构成的“模型”，绝不能跟前面所说的“地图”相混淆。“地图”这种半永久的连接，代表的不是当下的环境，而是

① 由于充分的讨论尚需要一个关于生理细节更详尽的考虑，而不像本文中那般简略就足够的，因此，这个重要的观点在此处仅仅被提到了一下。在此方向上做出重要详述的，参阅D.O.Hebb，1949年。

有机体整个生命史中遭遇的事件种类。由于没有更恰当的术语，只好继续分别称之为“地图”和“模型”，两者都是对外界事件的关系的反映，但是两者的区别如此重要，有必要作进一步的阐释。

5.42 半永久性的“地图”是一个连接(connexions)的网络，脉冲经由这个网络在神经元之间传递，它仅仅是分类的或定向的工具。在新脉冲到来的时候，它进入工作状态，但它并不依赖于某给定时刻在其中运行的特定脉冲[①]。它代表了有机体在过去所处的环境类型，或者对该有机体已经获得了意义的各种刺激，但是它本身没有提供关于有机体此刻所处的特定环境的信息。这就是我们所说的分类器官的静态方面(见2.21)，即使中枢神经系统在某时刻完全休眠(如果可能的话)，“地图”还继续存在。

5.43 这个半永久的结构提供了一个框架，任一时刻在该框架中(或在该框架辨别的范畴中)行进的脉冲将被评定。它决定了任一特定脉冲群将会引起什么样的后续脉冲，而且代表了系统已知的类型或“感质”，但是它并不决定在某时刻什么样的特定事件会被记录。这个结构本身也可以被其中行进的脉冲所改变，但是相对于总是在变化的脉冲模式来说，它可以看作是半永久的。

5.44 在这个路径的结构框架内，任一时刻流动的脉冲将构成另一个模式，它的意义取决于它在路径结构中的位置。这一由运动着的脉冲形成的“模型”，或者分类器官的运作所形成的“模型”，展示了分类器官的动态方面。当然，它的性质受限于结构“地图”所提供的可能性即既有的连接网络或渠道；但在此限度之内，它的性质将决定于激活脉冲的综合效果。

---

① 这种陈述差异的方式仅仅在如下假定基础上是正确的，即，连接包括结构的变化，而且不仅仅是“功能性的”(functional)，例如，是由某些如连续的脉冲回路所产生的连接(2.47)。如果这些连接不应该是基于结构变化而是基于后者所说的功能性变化的话，这可能不影响以上所做的区分的大原则，但是将会使得对于机制的描述更加困难。

5.45 因此，对任何新的感觉脉冲的反应，不仅取决于半永久的，由连接网络形成的“地图”，而且取决于在那一时刻网络中的脉冲激活模式。正是激活模式在网络中的位置，决定了新脉冲的意义。因此，一个完整的导向器是一个结构或“模型”，它被激活的部分是“模型中的模型”，小模型（激活模式）的意义取决于它在大模型（连接网络）中的位置。导向器对新刺激所引起反应的调节，不仅是根据该类刺激在任何情况下所拥有的一般意义来进行，而且要根据该刺激在当时情境下所拥有的特定意义来进行。

5.46 “模型”和“地图”之间的关系，类似于用人偶在地图上玩一种战争游戏(kriegspiel)时人偶的行动路线和地图本身之间的关系。又如九子棋游戏[①](Nine Men's Morris)中，人物（棋子）之间的相对位置只有相对于棋盘才有意义。为了比喻更加贴切，假想棋子除在地图或棋盘上的位置不同外，没有其他区别，并且在任意时刻，除由于前面对弈而存在的一些棋子外，一些新的棋子可以出现在特定的位置，最终这些移动的棋子所留下的痕迹将逐渐改变地图或棋盘的模式。在这些例证中，重要的是，棋子的移动所构成的模式之所以有意义，不是由于其空间形状，而仅仅源于它跟另一个模式（译注：即棋盘）之间的关系（见2.5）。

5.47 在某些方面更加类似的例子是一个管线系统，某种流体在其中流动。假定该系统在多点连接着输入管，因而可从外界接收新的流体，同时有多点连接着输出管，让流体从系统排出。假定在每一个接头处可以分流[②]，并且在这些接头处相遇的流体所产生的压力的方向将决定它下一步一起流向何方，这样就有了一个近似模

---

① ［九子棋游戏(Nine Men's Morris)是一种两人策略游戏。它也被称为Mill（德语叫Mühle；法语叫Jeu de Moulin；意大利语叫Mulino；等等）。——编者］

② 任何此种机制模型都错误地暗含着物质或能量的传递，然而，在神经脉冲的传递中，当然不得不解释“触发行为”(trigger action)的例子，即，神经元间的连接仅仅只引起单个神经元所储存的能量的释放(3.8)。

型。我们甚至可以让这个比拟更加完整,比如说,假定这个管线系统的管道是某种高度可塑的物质构成,相邻管道中的压力也许会挤压出新的通道,新通道开始时细窄,后来就变得畅通。这样,流体物质在管线系统中(或相对于该管线系统)所形成的模式,对应于神经脉冲在一个神经连接网络中(或相对于该网络)所形成的模式。

5.48 “模型”和“地图”之间的关系,在某些方面也可以比作一些复杂的几何结构和它们所处的坐标系之间的关系。几何结构的特征可以用方程来描述,而方程可以参照不同的坐标系确定。同样的方程放在不同坐标系(如笛卡尔坐标系或者极坐标系),代表不同的结构。对我们的“模型”来说,重要的不是脉冲之间的空间关系,而仅仅是它们与连接网络的关系,此种关系对应于一个给定结构通过方程在解析几何中表达出来的那种关系。

5.49 一旦对环境的持续表征在最高中枢中得以维持,感觉脉冲的主要作用就变成了保持这个导向器的更新,令其参照整体情境决定对特定刺激的反应。从而,对脉冲的分类将不再具体于特定的功能,而是变得一般化,即任一脉冲按照其在整体模式中的位置,实际上对任何反应都施加一定的影响。对于任何新刺激导致的行动来说,或者对于任何由过去刺激的连续叠加效应导致的行动来说,在任何时刻已被分类的激活脉冲代表了此前(引发了这些脉冲的)环境的意义符号。

4. 关联脉冲的相继激发过程（associative processes）

5.50 神经网络中由神经脉冲所形成的模式当然是时刻变化的。脉冲作为环境的表征,通过引发其他脉冲来获得意义。每个代表环境刺激的脉冲,都将引发诸多脉冲的链条。在这些链条中,前后相继的脉冲代表在有机体过去的生活经历中发生并获得联系的那些事件。如果每个链条有机会按照其路线行进,不受由其他脉冲激发的类似链条的影响(可能是初始脉冲引起的链条的一部分,也可能是新刺激引起的),它们将展现初始刺激带来的各种可能的后果,而不是关于那个环境的一幅确定的图画。(译注:单个脉冲链只能表征多种可能的结果,而只有其他脉冲参与,才能使前者得到评定,从而从多种可能结果中确定一个结果)

5.51 因此,在连接网络中形成的脉冲激活模式,通过反映环境的真实状态和对环境变化的预期,起到了导向器的作用。当然,这并不是说,事物的各种不同状态的表征可以同时存在,而只是意味着,表征当前环境各个部分及其整体的脉冲的意义是从它们可能导致的结果的"半影"(penumbra)中所获得的:赋予整体情境中每个或每组元素感觉意义的是表征它们的各种潜在效果的跟随脉冲(following)。

5.52 此处,尤其重要的是,不要重蹈传统的单一脉冲观念的错误,即认为特定脉冲与特定的心理特质一一对应,或者认为脉冲链条当中的生理元素与心理单位一一对应。生理脉冲之所以拥有心理特质,是由于它引起其他脉冲的能力。并且,产生不同心理特质的过程,跟决定脉冲在心理秩序中的地位的过程是同一过程:它能拥有某种特质只是因为它可以引起某种关联脉冲(associated impulses)。换言之,关联脉冲并不是心理特质现象之外的某种东西,也是不作用于心理特质之上的东西,而正是心理特质的决定因素。

5.53 因此,在关联脉冲相继激发过程中,前后相继的心理特质并不对应于生理连接的单元。更确切地说,心理图像(或再现)(mental images or reproductions)的序列是多重脉冲流互动加总的结果。每个被激发的新的心理特质,不仅要归功于此前已经得到充分评定的脉冲,也要归功于仅对当前评定作出贡献的脉冲,还要归功于因未获得足够支持而没能成功引发其他脉冲的脉冲。即使一个最简单的心理特质序列,看上去似乎是直接相互激发的,其实更可能是诸多脉冲链条相继激发并汇聚的结果。

5.54 必须假定,为使一个脉冲获得明确的跟随脉冲,从而在心理秩序中拥有一个明确的地位，它通常必须得到其他脉冲的支持，而且两者的跟随脉冲之间有紧密的重叠。满足这个条件的脉冲将（在形成感质时）占据最醒目的位置。但那些没有获得充分支持的脉冲，尽管没有完整意义上的跟随脉冲，也会对进一步的激活过程产生某些影响。虽然只有作为“前景”(foreground)的脉冲流才能被充分评定，但是它的效果仍有赖于不那么显眼的背景。

5.55 这意味着，对于意识中的连续图像而言——这是我们谈起相继激发过程时首先想到的——后续的图像不仅依赖于先前的有意识图像，而且依赖于很多无意识的东西。在下一章将更清楚地看到，有意识和无意识事件之间的区别，其本质就是有没有在最高中枢得到充分评定。在所有这些例子里，某级中枢中一个明确事件所产生的效果，不仅取决于该事件本身，而且取决于构成该事件基础和背景的，那些未被清晰辨别的事件的子结构(substructure)。

5.56 单个脉冲引发的各个不同的链条往往并不归于一致，甚至彼此冲突。至于同时发生的一组脉冲各自所引发的链条就更是如此。对一个情境来说，并非其所有的表征（或者说所有各部分的跟随脉冲）都能同时实现，或者就算能实现，也未必能产生显著的新的激活模式。因为从连接的神经纤维所组成的结构的每个元素出发，脉冲可以多个方向传递，如果各跟随脉冲的叠加没能从诸多可能路径中选择出某些路径的话，初始的脉冲流将会耗散消解掉。

5.57 路径选择是这样进行的：若表征环境不同部分的脉冲，其跟随脉冲相互重叠，则对应的脉冲就会通过叠加效应相互加强（见3.13)，其联合效果将激活后续脉冲。假如没有这种叠加，后续链条就只能处于潜伏状态；而如果各元素产生发散的甚至是冲突（互相抑制）的趋势，则脉冲流就会彼此中和，抵消。

5.58 因此，对环境的表征或者模型化总是领先于实际情境。对于当前环境可能结果的表征，当然要受到表示环境变化的新脉冲的检验和纠正。反过来，这些新到达的脉冲也总是以既有脉冲模式所建立的预期为背景而得到评定。

5.59 从而，引导行为的环境表征（译注：即脉冲链），不仅是真实环境的表征，而且是对环境预期变化的表征。所以，必须把"模型"看作是：它总是试探可能的发展，并根据行动可能导致的后果来决定行动。

5.60 第六章当我们考虑有意识思维时，以及在最后一章考察解释的性质时，将继续探讨这个脉冲相继激发过程的特点。在此只强调，这一类似于通过有意识思维所熟知的联想过程，必须被假定在前意识(pre-conscious)阶段已经发挥了相似的作用。我们所说的分类过程，既决定有意识的反应也决定无意识的反应，它通过同时发生的元素的预期联合效果实现对复杂情境的分类；反过来，这涉及通过脉冲激活模式对一定范围的预期结果进行表征，正如以类似模式对实际环境的表征。

5.61 实际上，对既存情境的表征同对其可能结果的表征无法分割，要是没有后者，前者也就没有意义了。即使在前意识层次，有机体也生活在一个预期的世界，正如它生活在"事实"(fact)世界中一样。并且，对于一个给定刺激，可能必须利用模型对各种替代行动方案的预期结果进行"试探"(trying out)，在这个复杂过程之后才能决定作出何种反应。因此，对于刺激的反应通常隐含着对于该刺激预期结果的期待①。

5.62 我们必须假设，正是从给定的事件表征到其预期结果的符号化表征的诸多链条，构成了"大脑符号化过程"——生理心理学

---

① 参阅R.Dodge，1931年[Raymond Dodge(1871—1942)，美国实验心理学家，在卫斯理大学和耶鲁大学任教。他曾在德国哈雷-维滕贝格大学跟随Benno Erdmann（见7.14，第310页注④）学习并完成博士论文。他与Erdmann一起出版了一本关于阅读实验心理学的书，广受好评(*Psychologische Untersuchungen über das Lesen auf experimenteller Grundlage*, 1898)。——编者]；V.von Weizsäcker，1947(1940)年，第136页。

据此假设[①]来解释复杂的适应性反应，解释在无意识层次由刺激到反应的延迟，以及解释"无刺激反应"（刺激未被意识到）。

5. 机械行为和目的性行为

5.63 单个脉冲在中枢神经系统中传输的原理，可以描述为"机械的"（在"机械"一词最普通的意义上）。然而，在整合的神经系统中这些传输的交互结果清楚地显示，它跟通常以为的"机械的"意义有着很不相同的甚至截然相反的特点。因此，有必要明确地列举多重分类过程的运作方式跟通常所说的"机械"方式的区别。

5.64 我们用"机制"（mechanism）或"机械过程"来理解由活动部件组成的复合体。该复合体拥有一个唯一地决定其运作的稳定结构，所以它总是以同样的方式对同样的外部影响作出反应，在同样的外部条件下重复同样的动作，而且仅能执行有限数量的动作。给定相同的外部条件，这个机制无法"有目的地"调整其操作以产生不同的效果；在它能够执行的操作中，究竟执行哪个完全取决于外部的环境。从这个意义上讲，它本质上是"被动的"。

5.65 在所有这些方面，按本书描述的原理组织起来的系统的都呈相反的特点。由于该系统本身运行的结果，它将连续地改变其结构及其能够执行的操作范围。在同样的情境下它很少重复完全相同的反应。而且由于"经验"的结果，它能执行全新的行动。它的行动呈现自我适应性和有目的性，并且，一般来说，在任意时刻其运行既取决于外部影响，也取决于系统内部过程的既有状态，从这个意义上讲它是"主动的"。

5.66 由于神经系统内的连接结构会被外部世界每一次新的作用所修改，也由于外部刺激并不独自作用，而总是与（系统内）先前已经存在的兴奋状态所引起的过程联合作用，很显然，在两个不同

---

① 参见C.T.Morgan，1943年，第112页。

的情境下对相同刺激组合的反应不可能完全相同。因为正是有机体的全部历史决定了有机体的行动，新的因素将会对其后的决定起作用，而对此前的不起作用。如果不是把某个单独的肌肉运动，而是把有机体的整体协调动作当作一个反应的话，我们发现，不仅同样的外部刺激并不总是引起同样的反应，而且可能出现全新的反应。

5.67 这样一种新的行为方式是环境作用的效果，前文已经谈到过（见4.25—4.49），即高级中枢传出的单个运动脉冲并不是特定动作的信号，而是某类动作的信号；而特定动作的发生，是许多这样的一般“指令”的联合效果。例如，表征特定肌肉动作的信号可能被诸如指示“尽快完成并避免发出声音”的信号修饰。因此，做出一个特定的动作，需要高级中枢发出不同的“特质”信号，并且这些不同的行为“特质”与外部世界事件的特质紧密交织。

5.68 有机体适应性和目的性的行为，可以用脉冲模式在神经系统中构建起来的关于环境的“模型”来解释。模型代表了现有情境可能导致的各种情境，这就意味着，有机体的行为受到各种行为期望结果的指导。如果模型可以预演或预测不同行动方案的效果，并且能在各种可能的效果之间预选（pre-select）出那些对于有机体目前来说是“合意的”（desirable）效果，则有理由认为该模型能指导有机体从各种已经筹划的行动方案中选择特定方案[①]。

5.69 为了使“合意的结果”（desirable result）成为决定行为的原因，它必须被实际环境的再现或内驱力或冲动的呈现所激发，或者说成为其跟随脉冲的一部分。环境表征的元素引起了相继激发的脉冲链条，并通过这些链条体现其意义，而“合意的结果”必须表征

---

① 关于此问题及详述，参阅K.J.W.Craik，1943年，第51页以下。[Kenneth James William Craik（1914—1945），英国哲学家和心理学家，他充满希望的职业生涯因一场道路事故而过早结束。在《解释的本质》（*The Nature of Explanation*）一书中，他提出了“心智模式”（mental models）概念，作为解释和预测的“工具”。——编者]

相继激发链条的汇聚所导致的各种可能结果的诸多组合。一个“合意的”结果将被从现有情境下诸多可能结果中挑选出来,因为它不仅要形成环境的跟随脉冲的一部分,还是对某类结果的“欲望”或者“驱动力”的跟随脉冲的一部分。因此,某些结果似乎从现存外部情形看是可能的,而从有机体的状态看又是合意的,这种结果的表征就会由两股脉冲流的汇聚而加强,获得更大的强度和明确性并将对后续行为产生决定性的影响。

5.70 对于当下情境可能结果的表征,由于看上去是合意的而得到加强,但这仅仅构成了目的性行为的第一步。其一,多数情况下,有许多可能的行动路线,这些路线在过去已经跟目标的实现关联在一起。从这个意义上,它们都会导向合意的目标,而其中只有部分行动路线在目前情况下是合适的。其二,一般来说,存在不止一个可能的期望目标,并且对任何一个目标来说总有多个途径可以实现。所以,目的性行为的决定,包括从各种能够满足初始欲望的行动路线中作出进一步选择的过程。

5.71 把行进脉冲的模式解释为环境的模型,以试探那个环境可能的发展,这为上面两个难题提供了答案。我们首先考虑剔除不合适的行动的机制,即如果引起反应的环境特征单独存在,这些行动会产生合意的结果,然而由于环境中其他元素的阻碍,导致该行动方案无法完成。

5.72 以上这种情况在神经系统中对应着,表征环境不同部分的脉冲倾向于激起相互矛盾的,不相容的脉冲链条,导致其彼此消解。对于环境中可能发生的变化的表征,只有当其成为有序的环境图像的一部分,才有意义。所以,对一个复杂情境的各元素所激发的各个脉冲链条来说,只有当它们符合表征的普遍秩序,才能产生有意义的结果。比如,表征的普遍时空秩序要求某件东西必须在给定的地方,或者一个物体要么静止要么运动,等等。一旦环境表征的不同部分所激发的链条导致冲突的结果,比如说,两件不同的东西同时占据同一空间点，或者把两个不相容的属性赋予同一事物，则这些趋势将互相抵消，无法产生进一步的激发过程[①]。

5.73 因此，在当前环境表征的各部分可能引起的众多表征序列中，只有一部分会产生有意义的结果。同样，这种剔除机制也必须防止在任何时刻不止一个行动路线被充分表征，尽管该模型可能相继地尝试不同的行动路线。那么，在各种有望产生合意结果的行动路线中，模型如何决定实际选择哪一个？

5.74 首先要注意的是，一个特定结果的合意性(desirability)，并不是在这种情况下起作用的唯一情感因素。大多数备选的行动路线，以及这些不同的行动路线经由的各大部分中间阶段，也拥有情感“特质”，即它们在不同程度上要么是有吸引力的，要么是受排斥的。尤其是，各行动路线所要付出的努力，往往表现为痛苦，或者是让人想避免的东西。除非它们被更有吸引力的结果所补偿，否则就要与痛苦或令人厌恶之物的表征相关联。最终，所有这些力量互相作用的结果是，在众多可能的路线中具有“最小阻力”的路线将会被选择，而所有那些能产生同样结果却过于痛苦的路线将被避开，还有那些可以导向替代结果但是需要更大努力的，也将被排除。

5.75 在这样一个能够呈现，试探给定情境的各种可能性的模型的指导之下，能产生各种程度的有目的行为。比如，按这个原理可以制造出具有目的性行为所有特征的机器(有些实际上已经被制造出来了，如高射炮的预报器，或飞机的自动导航控制器)。然而，这样的机器同中枢神经系统相比，还是比较原始，并且只能在狭窄范

① 参阅K.J.W.Craik，1943年，第57页：“由于这样交互的或者关联的过程，当A，B，C是表征外部事物或者过程的中枢神经模式的时候，我们可能认为$A=B$，$B=C$，$A=C$。这些模式很明显不能保持同时兴奋；这种不一致便意味着在交互的模式之间存在着冲突”。

围内运作[①]。与中枢神经系统处理的事件数量相比，这些机器只能处理其中极少一部分，而且缺乏从经验中学习的能力。尽管出于这些原因这些机器不能称为大脑[②]，但是从目的性角度来看，它们同大脑的差别只是程度上不同而已[③]。

5.76 讨论目的性行为而不采用表示有意识心理状态的术语，这种困难是众所周知的。然而，目的性行为本身并不需要像人类的有意识经验那样精致的心理秩序，更不需要预设意识本身的存在。一定程度的目的性，可以由某种比建构心理秩序的结构（大脑）简单得多的结构来实现。但是，即使像大脑那样复杂的刺激—反应组织的目的性，其本质也是一样的。

6. 模型—对象关系

5.77 通过构建一个假想的，极其简化的模型，据此阐释模型—对象关系的性质，并说明在某个复杂结构的局部之内"再现"该结构某些特征的可能性，对于进一步的讨论是很有益的。为了充分满足我们的目的，这个超级模型系统应该用严格的物理术语来构建，即构成该系统的元素都按照该元素与系统中其他元素之间的明晰关系来定义，而不包含任何现象的或感觉的属性。但由于这样一个纯粹抽象的模型不便于想象，因此有必要多多少少地借助于视觉图像。

5.78 尽管出于上述目的而使用了"模型"一词，我们却要避免

---

① 见W.G.Walter，1950年。[William Grey Walter(1910—1977)是一位出生于美国的英国神经生理学家，因建造了一些最早的自主机器人而闻名。他关于机电乌龟的文章《生命的模仿》(*An Imitation of Life*)指出："虽然只拥有两个感觉器官和两个电子神经细胞，但它们表现出'自由意志'"(Walter 1950，42)。——编者]

② C.Sherrington，1949年。

③ K.J.W.Craik，1943年，第51页。也见N.Wiener，1948a和1948b以及W.S.McCulloch，1948年。

由其原意引起的暗示，即认为模型是一个心智思维的建构物。既然引入此概念的初衷是为了显示在某种意义上人类心智本身如何可以被设想为宏观宇宙的模型，而心智本身只是宏观宇宙的一部分，那么就必定不会有这样三个词：对象、模型及建模者。更确切地说，我们的任务是回答，在何种意义上下述情况是可能的：在宏观宇宙的某些局部形成一个特定的微观宇宙，而这个微观宇宙再现了宏观宇宙的某些方面，由此使包含该微观宇宙的子结构（译注：即有机体），能够以某种有利于其自身持续生存的方式行动。

5.79 为此，设想一个独立的系统或者宇宙。这个宇宙由粒子的云团构成，这些粒子之间唯有根据它们在不同组合或聚群中相互施加的效果的差异才能加以区别。关于该宇宙，假定我们像拉普拉斯妖[①]那样了解每个粒子与其他粒子之间的所有关系，因此可以借助于在所有可想象的情况下某个粒子所产生的效果来识别它。相同种类的粒子则意味着，它们在所有可能的情况下可以彼此替代而不改变事件的走向。

5.80 当然，严格说来，甚至不应该试图在空间中来感知这个粒子的"云团"(cloud)，而应该仅仅通过粒子之间特定的相互作用方式来描述它们的关系。但由于必须求助于感知术语来表达，我们不能抛弃熟知的空间秩序。同时为了让宇宙秩序可视化，设想每个粒子具有可感知的身份标记——比如不同的颜色——表示它们属于不同类别，是很方便的。

---

① ［"拉普拉斯妖"(Laplace's demon)一词是指法国数学家和天文学家Pierre-Simon Laplace(1749—1827)在其1814年的《概率论》(*Essai philosophique sur les probabilités*)序言中提到的假设的"智者"："我们可以认为宇宙的现状是其过去的结果和其未来的原因。一个智者在某一时刻会知道使自然界运动的所有力量，以及组成自然界的所有物品的所有位置，如果其智力足够庞大，可以将这些数据进行分析，他将在一个单一的公式中包含宇宙中最伟大的物体和最微小的原子的运动；对于这样一个智者来说，没有什么是不确定的，未来就像过去一样呈现在他眼前。"这段话作为严格的物理决定论的经典定义而闻名于世。——编者］

5.81 各种粒子所具有的最重要的属性之一是，它们具有跟其他同种或异种粒子结合形成或多或少稳定结构的能力，并且，这样的结构也能和粒子或其他结构形成独特关系。结构的稳定性是指，当环境对它们发生作用时，它们能够持续存在的可能性。从这个意义上讲，该宇宙中由粒子组合而成的所有可能的结构都有其存在的环境条件，对某些结构来说这些条件几乎总是能够满足，对其他结构来说可能很少能满足。总的来说，结构越复杂，能毁灭它的外因就越多，它留存所需要的环境就越特殊。

5.82 有的结构得到留存，并非因为其粒子的结合能抵抗大多数外部作用力，而是因为它们及时避开了作用力。在我们熟悉的世界里，一滴水银能保持凝聚，是因为它善于“逃离”可能粉碎它的物质；而一片树叶避免被强风撕裂，是因为它采取了风阻最低的姿态。当然，导致这些结构留存的这些“行动”中，并无“目的论”的成分。如果破坏因素按照最大力量作用或作用足够长的时间，本足以造成结构的毁灭，只不过，它的作用所导致的结构的反应，消解了其自身的破坏力。

5.83 一般来说，如果任一复杂结构的留存所需要的条件并不总能在其生存环境中得到满足，那么，此结构若要保存下去而非转瞬即逝，唯有能够对某些事件做出恰当的反应，甚至能以某种方式预测那些事件的发生，即当预示有害事件迫近的某些(先导)事件发生时，要尽快做出恰当的反应。可以想象(尽管不大可能)，某些结构得以保存是因为它们碰巧对所有的或大部分的毁灭性事件的前兆做出了上述反应。

5.84 如果一个给定结构不只是碰巧对有害或有利的事件及其征兆作出反应，而是拥有一种记忆影响事件与其征兆之间的联系的能力，从而它能通过“学习”对那些信号作出恰当的反应，这将大大增加该结构的生存机会。相对复杂的结构，如果没有这种能力就难以长期存在，相反，它若拥有这种能力，就能获得相当大的稳定性。

5.85 对环境事件的正确预期,很少是基于单个事件作出的,而是通常要考虑当前诸多事件的组合。因此,这就要求根据各个事件及事件组合将会产生的不同结果作出不同反应。如果一个结构中存在这样的机制,使它能根据外部事件的不同效果对其作出不同反应,那么就意味着,在这个结构的内部有一个由外部环境所引起的事件之间的关系系统,该系统在结构上等价于外部事件之间的关系系统。这样一种重现了外部事件的某些关系的内部结构,我们称之为模型。

5.86 可以想象,如果一个结构拥有了存储经验连接的能力,它可以逐个学习如何对大多数可能事件的组合作恰当的反应。但是如果它只能对单个事件进行分类,分别学习对每一事件组合如何作出反应的办法来对付环境的复杂性,则模型的复杂程度和建模所需的时间将会十分巨大,以至于该结构对复杂多变的环境进行学习并适应的程度只能是非常有限的。

5.87 正是在这种情况下,我们描述过的多重分类过程,以及由此而成为可能的“迁移”(transfer)和“类化”(generalization)现象,极大地扩展了由有限元素构成的模型的预测能力。每当分类机制把任何一组事件当成相似的,或者在特定情形下当成相似的,那么,它就能把该组中与任何一个事件相关的经验迁移到其他所有的事件上去。学习过程因此大大简化,应对给定的环境变异所需的工具复杂性就大为降低。

5.88 例如,有三组事件($a_1, a_2, a_3, \cdots, a_k$),($b_1, b_2, b_3, \cdots, b_m$)和($c_1, c_2, c_3, \cdots, c_n$)。从各组事件中任意抽取一个事件进行组合都会产生效果 X,那么就有 $k{\cdot}m{\cdot}n$(若k=m=n=10,就是1000)种可能的不同事件组合,如果单独学习就需要学习 $k{\cdot}m{\cdot}n$ 次。但是一旦知道在所有其他方面,每组成员都是等价的,如类 $A(a_1, a_2, a_3, \cdots, a_k)$的成员是等价的,用符号 o 代替它们;同样,用符号 p 代表类 B 的所有成员,符号 q 代表类 C 的所有成员,那么,若已有 $o+p+q$ 能产生效果 X 的经验，就足以预测 *m.n.k* 种事件组合的结果。

5.89 多重分类过程就是这样建立了模型。以前说的“地图”这种半永久的分类器官，提供了不同的类别(generic elements)，各种特殊情境的“模型”是在这些类别的基础上建立的。“地图”这个术语有一种环境简图的意味，这在某种程度上是一种误导。分类器官所提供的，更像是一份构成世界的事件类型的目录清单(inventory)，是一个关于世界如何工作的理论而不是它的图像。最好把分类器官描述为一套组件(construction set)，它为建构特定情境的模型提供了零件。

5.90 在这样一个分类器官的基础上建构模型，通过两种途径简化了任务，并扩展了适应范围：其一，它从复杂环境中挑选出一些同预测事件相关的因素，而预测对于结构的留存至关重要；其二，它把挑选出来的元素当作事件类型的实例来处理。以这种方式，一个建模器官（尤其可以通过学习而不断改进的建模器官）相对于任何更机械性的装置（可能只包含典型情境下少数几个固定模型），具有高得多的效率。尽管如此，这样一个微观宇宙对宏观宇宙中重要因素的再现仍然存在明显的局限性。

5.91 从这个角度上看，尽管宏观宇宙中不同事件之间并不完全相互依存，但通常可以基于从事件总体中挑选出来的一部分来预测其他事件——这只是一个幸运的意外。如果不能出于实用的目的而隔离准独立的子结构，若非这些子结构所包含的重要成分的数量不超过（分类器官的）再现（或者说，有机体内的元素对子结构进行点对点的匹配或表征）能力，那么预测和有目的的适应是不可能的。尽管，为了大多数目的，必须加以考虑的关系的复杂性很有限，以至于通过结构来再现它们是可能的，但显然情况并不一定如此。我们将在最后一章考虑下述事实的意义，即任何这种自身内部含有指导其行动的模型的逻辑一致的结构，必定比它所包含的任何模型都具有更高的复杂度，因此，也比它能够再现的任何对象更加复杂。

第六章　意识与概念思维

1. 有意识与无意识的心理过程

6.1 我们用“心理”这个术语指按照有序特质对事件进行分类的一切过程，它类似于主观感觉经验，但不同于事件的物理秩序。这样理解的“心理现象”的范围远不止意识现象，它还包括许多显然是无意识的事件。由此定义出发，我们提出了心理秩序的决定问题——假如行为主义被贯彻到底的话，本应提出类似的问题。我们知道，一个至少类似于我们从意识经验中所得知的秩序不仅显现于低等动物的行为中（对于动物没有理由假设这样有序组织的事件总伴随着任何可称之为意识经验的东西），而且——当原始刺激未引起任何意识经验时——显现在我们自己的身体反应中。（译注：conscious，意识的，或者有意识的，后面译文中，有意识事件或者意识事件，有意识经验与意识经验，有意识的经验与意识到了的经验，意识行为或有意识行为，实际是相同的。有时只是为了强调有意识的意思，而加上了“有”字）

6.2 到目前为止，除了偶然提到部分有意识心理事件，我们关注的主要是一切心理特质（qualitative order of all mental events）的共性，不管它们是有意识还是无意识的。前文已表明，“心理”这个术语既包括意识事件也包括有意识事件，这个用法是合理的，虽然它曾受到心理学家的公开批评（见 1.73）。不过，现在要讨论，将意识事件和无意识事件区分开来的那些额外的特点或属性。

6.3 尽管所有的特质辨别都暗含了心理秩序的存在，但这并不意味着我们总是“有意识的”（conscious）或“有觉察的”（aware）。在此处，意识（consciousness）和“觉知”（awareness）作为同义词①，仅属于部分而非全部心理事件。尽管我们知道“意识到”或“知道”某种经验意味着什么，但是要准确地阐述有意识心理事件的特性还是十分困难。

6.4 也许不可能对意识“是什么”给出一个令人满意的定义，或者更准确地说，这个问题就像感质的绝对性质一样是个虚幻的问题。为避免这种困难，我们不问意识“是”什么，而问意识“做”了什么。换句话说，我们只关注意识行为和无意识行为的差异，即哪些行为是有意识心理过程产生的，哪些是无意识心理过程产生的。在详细考察这个问题之前，需要同意如下三个命题。

6.5 第一，似乎很清楚，尽管有意识和无意识原是指发生在我们自身的两种过程，但也能用它们来描述他人的行为。主观经验告诉我们，“有意”控制的行为和无法这样控制的行为有差异，并能据此识别他人相应行为的差异。尽管尚无确定的标准，但我们十分熟悉这两种行为，并有相当把握判断以特定方式行动的他人是否处于有意识状态。

6.6 第二，几乎没有疑问的是，尽管完全的有意识和完全的无意识心理事件的差异十分清楚，但是在两个极端之间还存在着许多中间状态（的心理事件），从而，这两者的差异更多是一种程度的而非种

① J.G.Miller，1942年，第43页，把“辨别的意识”（awareness of discrimination）作为意识的定义（或者，更确切地，没有意识到辨别unawareness of discrimination，作为无意识的定义），该定义是Miller在所列的关于意识的十六个定义中的最后一个，他把该定义描述为“对那些接受内省证词的有效性的人，该词的绝佳意义”，后来（第294页）把它描述为对许多行为主义者的“意识的基本含义”。但是，尽管这种意义上的区分，由于“觉察”（aware）在这种意义上似乎仅仅是“意识到”（conscious）的同义反复，从而很难对意识进行定义。

类的差异。显然，意识有不同的强度，在清晰的有意识和清晰的无意识状态之间还有许多很难归类的半意识事件[①]。

6.7 第三，不难同意，有意识事件最充分地体现了心理过程的属性。这体现在：有意识反应有很强的可调节性和鲜明的目的性，各种有意识事件之间紧密联系，同时有明确的区分；而且，相比于其他心理现象之间的区分，意识事件的区分带有更多的"普遍性"和更少的"特定性"（这里的"普遍性"，"特定性"同前文的用法相同）（见5.36，5.49）；它们比无意识心理过程更可能导致完全新颖的复杂行为。

2. 意识的标准

6.8 那么，意识行为的特殊性是什么？是什么把它同那些看上去也是协调的和有目的的，但未被行动者"意识到的"行为区分开来？无意识行为的发生，要么是因为此人的注意力被其他事件占据，要么是因为他完全处于无意识状态，就像在梦游或被催眠时那样。有意识行为和无意识行为存在三种表面上的差异，我们权且描述为：在有意识行为中，一个人 *a.* 能对他正在做或已经做的事情给出"解释"；*b.* 能将他当下所意识到的，其他同时发生的经验纳入"考虑"来决定行动；*c.* 在很大程度上，他不仅受当前感知的指导，而且受到由当下情形所引发的，其他情境的图像（images）或再现的指导。

6.9 当我们说一个人能对他自己的心理过程提供"解释"，意思是说他能就此用"符号"（symbols）这种行动方式和他人进行交流。该符号被接收者所感知，并在其心理秩序中占据一个位置，同它在发送者的心理秩序中所占的位置相似，因而符号对双方具有相似的含义。

6.10 人际交流的可能性不仅显示了意识的存在，而且表明，有

---

① J.G.Miller，1942年，第166页。

意识经验之所以格外地清晰和精确，符号化可能是重要原因。感觉脉冲与人类高度发达的表达器官之间的连接，无疑极大地扩展了分类手段，并且可能是人类形成抽象思维的最重要的原因。符号化特别重要还因为，通过学习人类的符号系统，个体不仅能利用他本人的经验，而且多少也能借鉴种族的经验来协助分类。

6.11 尽管交流（或至少是通过语言本身交流，有别于用手势，表情等其他方式交流）通常是有意识过程的结果，并对有意识过程“给出解释”，但这只不过意味着，交流本身一般是有意识行动，并同所有其他意识过程联系在一起（或受其影响）。因此，“能对意识过程给出解释”这一标准（译注：即上述第一条标准），只不过是上述第二条标准——即在意识行动中能“考虑”所有其他的意识过程——的特例。

6.12 同样的道理也适用于另一个意识的标准——该标准经常被提到但我们还未涉及——即意识到的经验能被记忆下来，当它们再次发生时可被认出曾经历过。在这里，“记忆”或“再认”(recognition)只不过意味着，以前曾经有意识经历过的东西，连同该意识经验相关联的情境一起在意识中重新浮现。若无其他理由支持的话，这不是一个有用的标准，因为似乎有这样的情况——我们有时能以这种方式“记起”在初次发生时并未意识到的感觉经验。而且，在学习的一般意义上，记忆明显也可以发生于前意识层次[①]，因而，记忆和再认意识经验的可能性只是意味着在意识领域发生的那些事件可以再次发生，但并未说明有意识现象同无意识现象有什么区别。它只不过是说，在某种意义上，所有意识现象都属于同一个领域，因而任何有意识经验可以在其他有意识经验的伴随下出现。

6.13 因此，“给出解释”和“记忆”意识到的事件的可能性只是

① 参考上文的(5.10—5.12)和J.G.Miller，1940年。

告诉我们:在所有同时意识到的事件之间存在特别紧密的联系。我们曾说过,一个人在意识过程中能"考虑"在同一时刻意识到的其他事件,也表达了相似的观点。

6.14 这种存在于**所有**有意识事件之间的紧密联系通常被叫作"意识的统一性",可以认为是意识事件的一个显著特征。无意识心理事件似乎没有这种特征。尽管同时发生的无意识心理过程也**可能**彼此影响,但并不总是如此。即使它们同时发生,也大都彼此独立(也许在不同的次级中枢)而并不影响彼此的进程。换言之,在任何个体中,有不止一个"无意识"(或无意识心理事件的有序系统),而只有一个意识。

6.15 这里要提到另一个关于"意识的统一性"的常见事实,即所谓"意识的狭隘性",或者说,在任一时刻仅有很小范围的经验能被充分意识到。尽管意识的焦点可能从一个对象飞快转移到另一个对象,但这通常意味着,已被充分意识到的过程暂时退居半意识或下意识状态并保持在那里,随时准备重新进入有意识状态。

3. 共同的时空框架

6.16 "意识的统一性"首先意味着,所有意识事件都在同一个时空秩序中拥有明确的位置,即拥有相对于其他意识事件的"时间"和"地点",并且,所有"进入意识"的感觉和情感事件,连同这些经验的再现和印象一起,都属于同一个秩序或经验体系。这意味着,在意识领域,事件的分类或评定已经达到了最高限度的"一般性"(有别于"特异性",见5.34和5.49)——有意识事件之间区分的根据,不再局限于特定的反应,而是扩及意识指导下的一切反应。有意识事件关系系统的包罗性(comprehensiveness),即每个有意识事件都同其他所有有意识事件相关联并排序,可能是它最独特的性质。

6.17 在意识层面上显著的,最大的包罗性并不等于说,所有低层脉冲记录的刺激都能在高层获得明确的位置(见4.53),甚或也不意味着，在最高层发生连接的脉冲数量一定大于在较低层连接的脉冲数量。我们所说的包罗性，更确切地说是在一个等级秩序中，最高层次是一个整体，即所有属于最高层次的元素都是相互联系的；而较低层次的许多元素只有以较高层次为中介，才能跟同一层次上的许多其他元素相连。可能是因为所有位于最高层次的脉冲类型组成了一个统一的秩序（而不是因为所有单个刺激的符号表征都能到达最高层次），才导致最高层次拥有了特殊的包罗性，从而把该层次的关系系统（同其他层次的）区分开来。

6.18 最高层发生的每个事件都在共同的时空框架内被赋予了一个确定的位置。这个框架的存在意味着，所有过去事件或可能事件的表征或图像，都在该框架内被联系到“此时”和“此地”的经验，并且所有事件相对于这个共同参考点形成的普遍联系构成了一个连续统一体，即“我”。只要意识清醒，这个共同框架就一直存在；它预设了一个最抽象的表征即时空的轮廓，所有被意识察觉的或想象的对象都安置在其中。

6.19 在意识状态下，这个代表环境时空结构的最抽象的心理内容并不总能被人认识到。这可能由于一种偏见：具体感知总是领先于更抽象的心理内容。然而几乎没有疑问的是，特定现象的清晰而有意识的图像总是嵌入（或者被包围于）一个半意识的或朦胧的周遭环境的轮廓之中；虽然这个环境轮廓和有意识图像同时存在，但远不如后者那样清晰和丰富。

6.20 如果我们记得一种普通的经验即“踏空”的感觉——某些意识图像预设为存在的东西被发现并不存在——就会承认：对于环境的表征有一部分是下意识的，然而对于清晰觉察到的那部分则是有意识的，两者共存。如果我们假定自己身处一个封闭的房间里，并在此基础上解释有意识的感觉——然后发现身后的墙不见了；或者，走在看来是平坦的地上却突然下坠，这甚至会改变我们对原先完全有意识的那些事情的看法。在所有这些例子中，经验预设的下意识背景的消失打乱了有意识事件在下意识预设框架内的确切“定位”(placing),往往使我们感到头晕眼花和方向错乱。

6.21 因此,意识经验建构于更广泛的半意识或下意识的环境背景图像上,正是后者赋予前者位置和意义(就像一个感觉脉冲的跟随脉冲决定其感质一样)。在这个方面,意识经验完全可以比作云层之上的山峰。尽管能见的部分只有山峰,但它预设了看不见的山体,而正是山体决定了山峰的相对位置。

4. 注意力

6.22 在更明确地界定意识经验的属性之前,必须考虑另一个现象。该现象同意识的关系如此紧密,以至于必须被当作一种特别高度的觉察(awareness),这就是“注意力”(attention)①。我们对那些“投射了注意力”的事件的觉察程度肯定不同于(译注:高于)对仅仅是“同时意识(co-conscious)到的事件”的觉察程度,正如对“同时意识到的事件”的觉察程度不同于(译注:高于)对其他意识经验的觉察程度。

6.23 相对于同时觉察到的经验来说,我们能更充分地辨别和感知注意力所指向的经验。后者比那些仅仅位于意识边缘的经验呈现得更清晰,受到的关注更多。同时,我们也更充分地准备着对后者作出反应。

6.24 注意力的特征还有,注意力只对在某种程度上期待着的事件发生作用。无论如何刻意保持注意,一件完全出乎意料的事还是令我们措手不及,就像完全未曾留心一样。因而,注意力总是有指

① 参阅E.G.Boring,1933年,第231—232页:“意识是注意的,注意是选择的;意识是选择的。注意和意识几乎是同义的,选择是两者的基本原则。”

向性的[1]，或者说总是被限定在某类事件上——由于对这类事件正留着神，因此当它发生的时候，我们能更清晰地感知。

6.25 注意力的这些特征非常符合我们对于知觉(perception)过程的解释。当感知某事即将发生，或觉察到某物图像时，该事物即构成了此感知或觉察的跟随脉冲的一部分，并处于生理上的兴奋准备状态。当该事物真正发生时，这种兴奋准备状态有利于对其展开评定：由该事物刺激引起的兴奋将传导得更远，决定其地位的关系网络将更广泛地被激活，相应的感觉脉冲将获得更完整的辨别。

6.26 这些脉冲或脉冲组的全部或部分跟随脉冲更完整地被激活，是因为新脉冲将得到一个同向的预期脉冲流的支持，使对它的评定比对同时存在的别的脉冲更加充分，所获得的感觉在强度和清晰度方面也胜出一筹。

6.27 某类感觉脉冲的局部跟随脉冲的预兴奋状态意味着，我们不仅更充分地准备感知对应的刺激，而且准备从特定的角度或"观点"去感受它。有机体将按照在那一时刻倾向的反应类型对刺激作出更充分的辨别。我们曾在"目的性"部分讨论过的"倾向"或"定势"(见4.60—4.63)实际上是该过程最一般的表现形式，而"注意力"只是其中一个特例[2]。

6.28 值得指出，类似注意力的现象在半意识或者下意识层级上

---

① 参阅W.Stern，1938年，第474页。[William Stern(1871—1938)是德国著名的心理学家，对人格和智力心理学做出了重大贡献。他是汉堡大学的创始人之一，与Heinz Werner(见5.19，第272页注①)一起指导心理学研究所。他也是德国心理学协会(Deutsche Gesellschaft für Psychologie)和《应用心理学杂志》(*Zeitschrift für angewandte Psychologie*)的共同创始人。作为一个犹太人，他在1933年被解除了学术职务，先是逃到荷兰，然后又逃到美国，在杜克大学任教，直到1938年去世。1909年，他(与Sigmund Freud和Carl Gustav Jung一起)被授予克拉克大学的荣誉博士学位——该校也是Heinz Werner在1933年离开德国后的庇护所。——编者]

② 参阅J.G.Miller，1942年，第159页："跟注意力紧密相关的，或许是注意力的一个外在的展示，就是预感(set)的现象。"

也能观察到。一个人可能对寻找某物感兴趣或关注特定事件——尽管没有去想它,然而当该对象呈现给感觉时,他能立即观察到,只因其心智对此有所准备。催眠状态下的提示(suggestions)可能也是基于同样的道理,当某些情况出现,这些提示就会被执行。这种对于某些行动的准备状态,对应于特定冲动或者驱动力的定势或倾向,就像注意力本身一样,可能必须被设想为由所指向对象对应脉冲的跟随脉冲的兴奋准备状态决定的。

5. 意识的功能

6.29 注意力现象对于理解意识特别重要,因为在"注意"或"意识"的情况下,一个特定的刺激(或一个脉冲)能否受到注意或成为有意识的,并不能仅凭该刺激本身的性质(或该脉冲在连接网络中的位置),除此之外还需要高级中枢的预激活状态。预定倾向(predisposition)(或定势),将决定对新脉冲评定的充分程度,新脉冲能否得到有意识的感知以及对新脉冲作出何种反应。

6.30 很可能的是,最高中枢的有意识过程需要源自神经系统内部某处脉冲的连续支持。比如,已有很多生理学证据[①]表明存在一个"唤醒中心"(wakefulness centre)。如果这是事实,那么似乎也有可能,正是这些强化脉冲在既存(pre-existing)环境所引发的预期的指导之下布置了背景,决定充分意识和注意力的"探照灯"聚焦到哪些新脉冲上。因此,得到加强的脉冲流能够支配最高中枢过程,并从完全意识中排除或屏蔽掉那些不属于注意对象的感觉信号,以及那些自身较弱(或跟背景环境的对比不够鲜明)因而未能吸引注意力的感觉信号。

6.31 因此,在中枢神经系统中似乎有一个最高级的,最具综合性的中心。在该中心,任一时刻只有一组有限的有序过程获得充分

① 参阅C.T.Morgan,1943年,第283页等。

评定，所有过程都参考同一个时空框架，各个对象被安置在由“抽象”或类别关系紧密编织而成的秩序中。另外，该中心同交流工具（译注：即语言官能）的紧密连接，不但提供了更深入、更强大的分类手段，而且使个体参与社会的或传统的共享世界表象成为可能。

6.32 在意识的这些特征中，“抽象”特征的优势地位值得进一步讨论。在接下来的两节，我们把它同对抽象思维的进一步考察结合起来。

6. “具体”和“抽象”

6.33 尽管被有意识地体验的心理特质的“意识”，暗示了这些特质相互之间有紧密联系，但是决定这些特质的关系本身并不是有意识的。这些关系决定了不同的意识经验怎样相互作用或相互影响，但它们只是以“隐含的”(implicit)形式存在于意识之中而未被明确体验。

6.34 由于决定心理特质之性质的关系本身并不能被意识直接体验，而只能显示在不同心理特质所产生的各种效果上，因此，这些效果在我们看来就是绝对的和不可还原的意识材料（译注：体验过的心理特质产生的效果，也就是头脑中的印象。意识材料，data of consciousness，是指各种意识到的东西所组成的图像，声音，符号等）。这一点通常表述为：感觉经验使我们熟悉“具体”现象，而高级心理过程则从那些直接材料中“抽象”。

6.35 这种在直接经验的“具体”性质和“概念”的“抽象”性质之间的区分，在几个方面都是令人误解的。这种区分与某种旧有的信念密切相关——感质在某种意义上是对外界物体相应属性的复制，也与知觉的马赛克理论有关——该理论认为所有心理事件都由固定的感觉“元素”建构而成。

6.36 如果感知必须被当作一个分类的行动，我们所能感知的，从来就不可能是单个对象的独有属性，而总是这些对象与其他对象所共有的一些属性。因此，感知(perception)总是一种阐释(interpretation)，总是试图把某事物划分到一个或多个对象的类。一个从未发生过的，全新种类的事件，在它激发的脉冲第一次抵达大脑时是不可能被感知的。[①]

6.37 因此，所有能感知的外部事件，只能是这些事件作为某些类的成员所具有的属性，而这些类是由过去的“链路”(linkages)形成的。我们赋予经验对象的特质，严格说来根本不是那些对象本身的性质，而是神经系统对那些对象进行分类[②]所依据的一套关系，或者换句话说，关于世界我们所知的一切都具有理论的性质，而一切“经验”所能做的，只是去改变这些理论[③]。

6.38 这也意味着，在外部世界中所感知的东西，从来就不是特定对象客观拥有的全部属性，甚至也不是这些对象在物理上的确具有的部分属性，而仅仅总是某些侧面(aspects)，也就是某类对象共同拥有的，相对于其他类型对象的关系。这往往可能包含一些客观来说根本不属于该特定对象的关系，但是由于过去偶然的情境搭配(collocation)，导致我们把该对象当作某类的成员而赋予它这些关系。

6.39 因此，无论从什么角度去对比我们感知的外部对象属性同它们的物理属性或客观属性，都必须说所有的感知都是“抽象”的。它总是选择给定情境的某些特征或方面。现在应该看到，假设存在一个不同于现象世界的物理世界，暗含了这样的假设：物理世界具有无法直接感知的属性，乃至一些我们不知道的属性。甚至是所谓

---

① 参阅H.Henning，1924年，第304页。

② 参阅E.G.Boring，1933年，第30页：“这本书的主题是，没有事物是被‘直接观察’的，每个事实就是一个推论(implication)。”很令人惊讶的是，持有这种观点的作者依然自称实证主义者。

③ 我把这种表达方式归功于我的朋友K.R 波普尔，然而，他可能不完全同意我的用法。[关于波普尔对《感觉的秩序》的回应，见《导论》中的评论，上文，36页及以下。——编者]

的基本感质，在这个意义上都是“抽象物”，因为它们取决于多组关系，而我们已学会将这些关系赋予物理属性相同或相异的刺激。

6.40 我们已经一再强调，意识的直接材料实际上并不是由基本感觉以马赛克的方式建造起来的。我们直接把复合体(complexes)当作完形(格式塔)来感知(译注：只感知其整体外形，结构，而不感知其个别组成元素)，并且几乎没有疑问，我们经常只感知一些格式塔特质，而没有意识到“基本”的感觉(如一些颜色)，而格式塔特质一度被假设是由这些基本感觉构造的[①]。至少有可能的是，无论在每一特定情况下格式塔是由什么元素构成的，我们甚至能在前意识层面对它们的某些“抽象”特征作出类似反应。

6.41 因此，意识的直接材料从双重意义上讲是抽象的：它们从来都只能向我们传递感知对象的类(generic)“属性”，而且它们只能反映感知对象可能拥有的类属性的一部分。如果说，我们通常较少注意到当下感知(current perceptions)的局部性或不完整性，这可能是因为当我们身处其中时，通过把注意力投向特定方面来加以补充。

6.42 通过注意力的指向来“弥补”原先未能感知到的细节，这种可能性构成了当下感知和记忆图像之间的主要区别之一(尽管有些头脑印象异常清晰的人似乎能回忆起栩栩如生的图像，来发掘其中一些在当初并未注意的细节)。但是记忆图像并不一定总是比当下感知更抽象。如果一个感知情境常常只有某些抽象特征能被记住，这可能是由于起先只感知到了这些抽象特征。

6.43 因此，尽管没有什么正当理由在感官知觉(sensory perception)提供的“具体”图像和高级心理过程从具体图像提取出来的“抽象物”之间作任何清晰的划分(或者，在由“感官”从固定元素建构起来的特定情境的完整图像和由“智力”从这幅被认为未

---

① J.von Kries，1923年，第99页。

经任何抽象的图像中挑选出来的抽象特征之间作出清晰的区分)(参阅5.19),但仍然存在一个真实的感觉,使我们在任何时刻都能区分意识的直接材料和在意识层次上对这些材料的进一步整理和再分类过程。

7. 概念思维

6.44 我们已经看到,感官基于习得的连接系统对刺激进行分类。该系统部分地,不完美地再现了相应的物理刺激之间的关系。由此得到的关于物理世界的"模型"只是对于外部世界关系颇为扭曲的再现(见5.20—5.24)。感官对这些事件的分类经常被证明是错误的,即产生了并不符合事实的预期。

6.45 然而,尽管有意识的心智只能按照由早期经验构建出来的分类来认识外部世界,而且尽管所有意识经验都是指涉这些给定的类型元素而非指涉单个的对象,但是,对意识材料的体验是改进初始分类的基础。进一步的经验将表明,感官认为相似的场景元素,由于伴随情境的不同,必须加以区别。心智将在初始感觉经验基础上进行再分类,分类对象不再是原始刺激,而是由前意识感觉机制所形成的类型元素。

6.46 有些分别看来相似的对象,当它们都作用于同一类对象时,作用方式不同;还有些看起来不同的对象,在所有其他方面作用方式相同。上面两方面的经验将会导致新类型的形成——新类型取决于各元素之间被明确意识到的关系。这些由感觉对象的重新安排所形成的新类型,通常叫作抽象概念。

6.47 因此,抽象概念的形成实际上是决定感质差异的分类过程在较高层级上的重复[①]。我们不得不一再重复分类过程,因为我们发现,根据感觉对对象和事件所作的分类,只是对物理对象之差异的

① 参阅H.Margenau,1950年,第54—56页,以及H.Werner,1948年,第222,224页。

粗糙的，不完善的近似，而不是那种能让我们正确预测其行为的精确再现[1]。感觉的再现是近似的，这源于演化过程中的偶然性，生理能力的限制以及个体和物种满足实用目的的需要。

6.48 也许可以更进一步，把概念思维和推断过程也当作分类过程在更高层级上的重复。对概念推理原理的分析，开始于类的形成和类与类之间的关系，这可能不是巧合。现在应当清楚了，在逻辑上发展起来的类和类间关系的理论，可以直接应用到我们正在研究的，多重分组或分类的生理过程中。分析表明，这个过程在更高层级上产生了有意识心理，而不难设想，正是类似的过程在前意识层级制造了意识运行的材料。

6.49 在这里，我们不打算进一步区分这种一再重复的分类过程的不同层级，而必须满足于这样的结论，即所有“更高级”的心理过程都可以基于同样的一般原理，而我们正是用这个原理来解释基本感质系统的形成。我们通篇都是在处理前面描述过的不断重复的分类过程的问题。

6.50 在各种心理过程的背后，都有着本质上统一的生理机制。得出这个理论阐释，意味着达到了本研究的目标。然而，还有两个补充性的任务，是余下两章所要完成的。下一章要考虑，对于本理论可能会发现什么样的支持或反对的经验证据。最后一章考察从这个理论得出的某些哲学推论——这些推论跟本章及前面各章略有触及的某些话题密切相关。

① 参阅F.A.Hayek，1942年，第271页等。

第七章　理论的确证与检验

1. 本理论可以解释的事实

7.1 本理论的价值体现在多个方面，它既能解释已知的现象，消除某些伪问题，还能表明某些旧理论不过是普遍原理的特例，最后，它还给出一些有待实验检验的新命题。在所有这些方面，我们的理论似乎都得到了一定数量的**表面**证据来支持它。

7.2 本理论的宗旨是，各种心理现象，如辨别，对不同刺激的相同反应，类化，迁移，抽象和概念思维，都能解释为一个传递神经脉冲的连接网络所执行的分类过程，或者说是该分类过程的不同表现形式。分类取决于个别脉冲或脉冲组在复杂网络中所处的位置，并贯穿整体等级结构的各个层级。由此可以得出一些重要结论，说明生理或解剖变化会如何影响心理功能。这里仅指出其中一些与观察相符的重要结果。

7.3 按照本理论，脉冲或脉冲组所产生的心理事件或特质，并不依赖于这些脉冲自身的任何属性，而是依赖于它们在整个连接网络中的位置，这意味着各种心理功能并不局限于皮层中的特定区域。

7.4 一般来说[①]，一个外部刺激必须通过传入纤维到达中枢才能

① 然而，根据以前谈到的(4.37—4.42)关于低层级反应的作用，假使特定感觉纤维的皮质末梢被破坏，由记录短弧反应的本体感受神经来代理其功能也并非完全不可能。

产生感质，但是没有理由认为特定感觉能力与皮层的特定部分一一对应。相反，看来更可能的是（而且实际上已经发现了），局部皮层的破坏将引起大多数或全部心理功能的弱化而非特定能力的丧失。[①]

7.5 类似地，有理由假定，某种心理功能并不完全依赖于特定的神经连接，而是也可以由替代性通道产生。如果决定脉冲心理特质的全部分类依赖于大范围皮层的多重连接，那么对任一特定的效果而言，没有哪个连接是必不可少的。基于连接束的局部分类常常能够代偿性(alternatively)地产生足够的辨别并维持特定效果。

7.6 这意味着，要么，正常情况下基于某些神经脉冲而发生的心理过程，在这些神经纤维遭到破坏以后，可以利用别的纤维重新学会，要么，该过程由几条替代性的连接束有效引发，从而即使当其中的一条断裂了，剩下的通路还是能产生同样的结果。这种效果已经被观察到并被称为"功能代偿"(vicarious functioning)或"等位性"(equipotentiality)。[②]

7.7 既然从神经脉冲到心理事件的转化是一个分类过程，有理由预测，这个过程不仅要消耗可观的时间，而且可以在多个连续阶段上观察到该过程，每个阶段上分类过程或评定均有不同程度的发展。这个预测已经得到充分的观察证实。从对刺激的无意识反应以及更加无意识的"潜知觉"(subception)[③]，到"前感觉"(presensation)[④]和不同程度的清醒感觉状态，[⑤]再到知觉(perception)，统

---

① 参考K.S.Lashley，1929年和较早的J.von Kries，1898年。

② K.S.Lashley，1929年。

③ R.A.Mccleary和R.S.Lazarus，1949年，第178页。["潜知觉"(Subception)或"阈下知觉"(subliminal perception)描述了这样一个事实：一个刺激可能太弱，以至于一个人无法有意识地感知它，但还是会受到它的影响。一个突出的例子是阈下知觉广告，然而对这种现象的研究产生了有争议的结果。——编者]

④ F.R.Bichowsky，1925年，第589页以及R.B.Cattell，1930年。[关于"前感觉"(presensation)概念，见上文，《感觉的秩序》，5.7，第268页注①。——编者]

⑤ H.Henning，1922年，第71页。

觉[①](apperception)，以及判断和概念形成，明显存在一个事件链条，心理特质的充分评定在这个链条上逐渐展现出来。

7.8 从关于感质决定的解释还将得出，同样一些脉冲或脉冲组引起的感质并不总是相同的，而是随着情境的不同而不同。因此，同样的刺激作用于同样的感觉器官，可能由于不同的伴随刺激而产生不同的感质。

7.9 如前所述(见4.45—4.47)，这种预测也得到了实验的充分证实。许多刺激仅在正常条件下才能被“正确地”感知，而在非正常情况下会产生不同的感觉。[②]

2. 作为特例的旧理论

7.10 本研究消除了一些伪问题，这里无须赘述了。我们转而讨论本理论所涵盖的一些特例，它们曾是为了解释特定现象而提出的。其中有的例子在前文谈过，现在略述即可。

7.11 第一个例子，早前提到过(见3.40—3.45)，就是贝克莱的空间视觉理论以及在此基础上发展的一般空间感知理论，即用各个感觉模块和运动知觉的协调来解释对空间秩序的感知。显然，该理论只不过是感质决定理论的特例之一。

7.12 另一个类似的例子是关于特定领域中的预期——情绪，这就是詹姆士－兰格理论。前面已经讨论过(见4.70—4.72)，这个理论如果被仔细加以重述，也可以作为本理论的特例。

7.13 至少对von Helmholtz而言，经验在决定感质过程中的作用远不止产生感觉的空间秩序。或许主要是因为他的影响，直到今天人们还广泛认为“看待外部事物的方式，有时受到经验的压倒性

① [“统觉”(apperception)是一个心理过程，通过这个过程，新的经验被有意识或无意识地整合到已有的心理框架中。——编者]

② 关于这一点，目前可参阅W.Metzger于1941年和V.von Weizsäcker于1947年撰写的德语著作。

的影响”，以及“常常很难决定哪些视觉经验直接由感觉决定，哪些由经验或者实践来决定”①。他的“无意识推断”②概念认为，未意识到的刺激通过无意识推断仍可用于复杂位置的知觉，这一点同本理论非常接近。然而von Helmholtz(就像所有后来沿着这条路线的作者一样)未能得出：在感质决定方面，他所认为的“压倒性”的因素(译注：即上文说的经验)可能是决定感质的唯一因素。他坚持认为，没有任何感觉可以确定来自经验③，从而在实际上给感觉的纯核(purecore)概念以支持。

7.14 同样的情况发生在沿着这条思路走得最远的一组思维理论上，Erdmann，Dodge，Henning和Schumann等人的表征心理学(reproduktionspsychologie)强调“剩余”(residua)决定了感质，这跟我们的立场很接近，但是他们仍然纠缠于“刺激成分”“剩余成分”之间的区分，前者还是对应于感觉的“纯核”。④

7.15 本理论同格式塔学派之间的关系，与上面的例子稍有不

① 目前，我不能追索该引注的来源，但相似论述能在Helmholtz(1925年，卷Ⅲ，第12页)等的许多段落中找到。[哈耶克可能想到的说法出现在Helmholtz 1925, III的第10页(2001年电子版，宾夕法尼亚大学，http: //psych.upenn.edu/backuslab/Helmholtz)：“因此，可能很难说我们由视觉得出的统觉(*Anschauungen*)有多少是直接由感觉引起的，而有多少是由于经验和训练引起的。”——编者]冯特的“同化”(assimilation)理论，在这种连接中也应当涉及，其本质是这些思想的一种发展。

② H.von Helmholtz(1925年)，卷Ⅲ，第4页。然而，“*unbewusster Schluss*”被不适当地翻译为“无意识的结论”，正确的翻译“无意识推理”是E.G.Boring建议的。

③ H.von Helmholtz(1925年)，卷Ⅲ，第13页。

④ B.Erdmann，1886年，1907年，特别是1920年的第7页，16页，18页，63—64页，74—75页和127页；R.Dodge，1931年的第126页；H.Henning，1917年的第198页，1924年的第303—304页；F.Schumann，1909年，卷Ⅱ的第19页，1922年的207页，216页。或许值得提到的是，这个观点的最充分的阐释见Erdmann的《表征心理学的基本特征》(*Reproduktions-psychologie*)，1920年，当时本理论的初稿已经完成。[Benno Erdmann(1851—1921)，德国哲学家和心理学家。他曾与H.Von Helmholtz一起学习，是著名的康德专家和康德作品的编辑。《表征心理学的基本特征》是他对感知和认知心理学的总结。另见上文，5.61，第283页注①。——编者]

同,前文也已讨论过(见3.70—3.79)。如前所述,本研究或许可以这样来看:格式塔学派只提出了针对完形(configuration)知觉的问题,而我们以同样的提问方式对一切感觉经验提出类似的问题。至少在某些方面,本理论可以看成是对格式塔学派的方法的坚持和发展。[①]

7.16 另一个迄今未明确讨论的例子,也涉及一种熟悉的早期观点,即本理论与以前的联想心理学(association psychology)之间存在明显的关联。联想主义者将所有心理过程追溯到经验在某些元素之间所建立起来的连接,我们对此当然认同。但与之不同的是,我们认为在其间建立联系的元素本身在性质上不是心理事件,而是物理事件。这些物理事件仅通过那些连接被安排在一个新的秩序中,并在其中获得了特定的,具有心理事件特征的意义。(见5.52)

7.17 James Mill[②]几乎迈出了这一步,他曾简略地提议:"类似"("类同")可以用"联想原则"(principle of association)来代替,并可以还原为同时发生的"概率法则"的一个"特例"[③]。然而,这个很有希望的开始,被他的儿子(译注:即英国学者J.S.Mill)附在该段后面有点费解的评论所打断,后者把这种简要建议描述为"或许是在该著作中发现的,在心理现象法则的简化和类化方面最不成功的尝

① 这特别适用于由K.Koffka(1935年)作出的基本问题的表述。

② [James Mill(1773—1836)在其两卷本的《人类心灵现象分析》(*Analysis of the Phenomena of the Human Mind*, 1829)中提出了一种联想主义的认识论,认为观念的顺序来源于感觉的顺序,其联想的强度是"生动性"和"频率"的函数。复杂的观念被认为是简单观念以合成的方式形成的。——编者]

③ J.Mill, 1829年(1869年),卷Ⅰ,第111页。

试”。[①]对这个想法唯一的进一步发展可以在最后一位老联想心理学家G.H.Lewes的著作中找到，然而从未得到过应有的注意。[②]

7.18 最后要重申的是，就我所知，在本理论的框架内，那些属于心理的而非有意识的事件的概念首次获得了明确的意义。从而，本理论为各种有价值的无意识理论提供了系统定位。

3. 建议进行的新实验

7.19 本理论不是那种通过单一判决性实验就能证实或证伪的理论。它的价值在于，为可能产生有趣结果的实验指引方向。一个可能通过实验证实的主要论点是：感质可以通过在感觉脉冲之间建立新连接来改变。如果这个中心论点是正确的，那么在原则上有可能将有意识的感质连接到过去无意识的感觉脉冲上，也有可能在从前感觉不到差异的脉冲之间建立差异（译注：由于有意识感质被连接到了从前不具有意识涵义的感觉脉冲上，这些脉冲之间可以通过意识来辨别），甚至创造以前从未体验过的全新的感质。

7.20 大量的证据表明，感觉辨别能力可以通过练习得到极大发展。盲人的触觉、听觉和嗅觉通常十分敏锐[③]；味觉、嗅觉、视觉以及触觉在一些职业品尝师和样品检查员那里得到高度发展，如葡萄

---

① ［John Stuart Mill（1806—1873）1869年重印了他父亲的《人类心灵现象分析》（*Analysis of the Phenomena of the Human Mind*），并作了大量评论。哈耶克在这里引用的是第111页的脚注35，其中第一句话是这样说的：“作者将相似性联想（association by resemblance）视为接近联想（association by contiguity）的一种情况所给出的理由，也许是该作品中对心理现象的规律进行概括和简化的最不成功的尝试。”——编者］

② G.H.Lewes，1879年。

③ 除早期J.N.Czermark（1855年）的经典调查和许多近期作品如J.T.Willianms（1922年）和M.von Senden（1932年）外，还可以参考E.von Skramilk近期的总结（1937年，173页），虽然也有相反观点，但似乎未得到主要证据的支持。

酒[①],白酒,烟草,巧克力,香水,羊毛[②],奶酪[③]等行业;医生和药剂师发达的嗅觉[④],音乐家发达的听觉[⑤],画家和染色工的色感[⑥],都是人们熟悉的例子,尽管尚未得到充分的研究。

7.21 在更近的时期,很大程度上由于格式塔学派的影响,经验和练习对于所谓的"感知组织"(perceptual organization)的作用得到了很多重视。看来已无疑问的是,对许多完形(configuration)和复合体(complexes)的感知可以由经验深刻地改变[⑦]。这个事实同我们的问题密切相关,并且可以扩展到甚至连最基本的感质都是有可能被经验改变的——尽管对这最后一点尚无直接的证据。(如果格式塔学派和本理论的主张是正确的话,感觉(sensation)和知觉(perception)其实没有本质区别)

7.22 然而,多数关于感觉组织(sensory organization)的讨论——包括格式塔学派的很多工作,尽管它们是反对"恒定假设"(constancy assumption)的——仍然受到这样一个根本信念的损害,那就是:感觉组织问题是一个关于给定的感觉(sensation)怎样"被组织起来"的问题,就好像存在着没有得到组织的感觉材料(sensory data),某种如

① H.Henning,1924年,第55页。

② H.Binns,1926年。

③ G.W.S.Blair和F.M.V.Coppen,1939年。

④ R.W.Moncrieff,1944(1946)年,第9页,第76页。

⑤ F.L.Diminick,1946年,第19页。

⑥ E.G.Boring,1942年,第339—340页。

⑦ K.W.Braly,1933年;R.W.Leeper,1935年;K.Duncker,1939年。

James的“纷繁而嘈杂的混乱”[①](blooming buzzing confusion)那样的东西存在于新生儿的心智中,正是这些初始的固定的感官材料,被知觉(perception)组织为某种模式[②]。除非承认感觉组织和单个感质的决定其实是同一个问题,否则这种仍然流行的旧的“马赛克理论”的残余难以最终消除。

7.23 同经验对感觉组织的影响相关的是,经过手术获得视觉的先天盲人(以及在黑暗中饲养的动物)[③]是如何学会感知视觉对象的。Senden[④]在这个问题上收集的丰富材料清楚地表明,尽管有些感觉的排序只能逐步学会,但是被调查者似乎从一开始就能分辨颜色。不过,好像没有全盲的人是通过这种方式[⑤]获得视觉的,所有经由白内障手术复明的人,术前就能够辨别光线的明暗甚至颜色,因而这些信息对于我们的目的来说直接用处不大。

7.24 或许在这个领域最重要的实验发现是Stratton, Ewert和更近期的Erismann等人在长时间佩戴各种眼镜的效果方面的广泛研究

---

① [James在《心理学原理》(1890年)(*The Principles of Psychology*)第462页提到,婴儿对世界的印象是“一大片纷繁而噪杂的混乱”。哈耶克在他的文章《抽象的首位性》(*The Primacy of the Abstract*)中对这一概念进行了评论:“James谈到了婴儿对其环境的感觉体验的‘纷繁噪杂的混乱’。这大概是说,婴儿可以完全感知诸如彩色斑点、特殊声音等特殊事物,但对他来说,这些特殊事物是无序的。我倾向于相信,在婴儿和高等动物的情况下,情况几乎完全相反,即他们体验到一个结构化的世界,不过其细节非常不明确”(F.A.Hayek,《市场和其他秩序》(*The Market and Other Orders*, ed. Bruce Caldwell, vol. 15 (2014) of *The Collected Works of F.A.Hayek*, 322)。——编者]

② 由于R.S.Woodwortn正确地指出了关于形式的概念(1938年,第624页):“经验主义理论的目标,就是需要最小数量的概念:它仅仅使用了基本感觉的一种纯马赛克概念和通过经验建立的联合概念。联合是具备以下功能:(a)能把要素结合成形式;(b)给予这些形式以客观意义”。

③ A.H.Riesen,1947年。

④ M.von Senden,1932年。

⑤ J.B.Miner,1905年,第103页。

（这些眼镜要么引起视觉的颠倒，要么扭曲视觉[①]），以及P.T.Young所做的对应的实验“假声器”（pseudo-phone）（一种影响两耳之间听觉定位的装置[②]）。所有这些实验表明，一个模块的不同刺激相对于另一个模块刺激的意义或位置可以被改变，如果它们（译注：两个模块的刺激）被有规律地安排以新的组合方式发生的话。

7.25 心理学较早期的论文包含了关于练习对于感觉辨别的效应的大量讨论。例如，William James在一段题为“通过练习改进了辨别”的论述里，甚至明确地将如下事实当作“经验改进了辨别”的必不可少的第一原因：“将被辨别的概念（terms）与全然不同的伴随物结对，有助于把这些概念区别开。”[③]

7.26 然而，在这个问题上几乎没有什么系统性的工作，甚至连感觉辨别“练习”（practice）这个概念的含义，以及新的或改进的“辨别”这个概念的含义，都还是有些模糊的。实际上，对练习的效应至少给予了一定关注的早期心理学家们，倾向于将其认为是一种令人

---

① G.M.Stratton，1897年［George Malcolm Stratton（1865—1957）是美国实验心理学家，1894—1896年在德国莱比锡的冯特实验心理学研究所（W.Wundt's Institute for Experimental Psychology）学习并获得博士学位。——编者］；P.H.Ewert，1930年和1936年；T.Erismann，1948年。［Theodor Erismann（1883—1961）是一位瑞士心理学家和哲学家，他从1926年在因斯布鲁克大学任教，直到1956年退休。在那里他与Ivo Kohler一起进行了视觉实验。见上文，原版导言，第167页注①.——编者］

② P.T.Young，1928年。［Paul Thomas Young（1892—1978）是一位美国心理学家，曾在E.B.Titchener手下获得博士学位。1926年，他在柏林与Köhler, Wertheimer和Lewin一起度过了一个休假年。——编者］

③ W.James，1890年，卷Ⅰ，第508页和510页。对于其他相似的早期参考查看O.Külpe 1895年，第42，302，340页；L.J.Martin and G.E.Müller，1899年，第128页以下；E.B.Titchener，1905年，卷Ⅰ第ii部分第57页；E.L.Thorndike，1913年，第152页；F.Krüger，1915年，第95—96页［Felix Krüger（1874—1948），德国心理学家和哲学家，1917年成为冯特创办的莱比锡实验心理学研究所的所长（见上文，前言，第153页注②）——编者］；J.von Kries，1923年，第144页。H.L.Kingsley（1946年，第265页）对感觉能力或者感觉的敏锐所作的、明确地和直截了当地否定，是相当例外的，并且显然和普遍的反对观点一样，基于几乎不准确的信息。

讨厌的效应——在严肃的实验工作开始之前必须加以消除——而不认为其本身就是一种值得研究的现象。

7.27 这个领域最早并且在很长时间内也是唯一的系统实验，是近百年前由A.W.Volkmann①所做的关于皮肤表面两点之辨别阈值的练习效果实验（译注：此处阈值指触觉仍能区别的皮肤表面两点之间的最小距离）。后来的实验②充分地证实了他的发现，即不仅短期的练习可以把这一阈值从50毫米降低到0.5毫米，而且在身体一侧的局部皮肤上的触觉刺激的练习，也能类似地降低身体另一侧对称部位对应点之间的辨别阈值。

7.28 在较近的时期，该领域中几乎仅有的系统性工作，是一些主要对于音乐教育有兴趣的研究者所做的，关于练习对于听觉辨识音调之效果的大量研究，但研究结论尚不确切③。这些研究对我们来说用处不大，因为它们重点放在练习能否提高辨别度的问题上，而不是在什么条件下会产生这种作用。从中得到的一个似乎普遍正确的重要观点是：仅靠重复并不能改进辨别，只有同时对辨别练习的效果予以反馈时，才能导致改进。

7.29 在该主题上令人不满意的知识状态或许在很大程度上是因为，在讨论中，练习这个概念的意义不够确定。尽管“练习”的含义通常被当作显而易见的（有时明确地说出来④），但是在讨论感觉辨别的问题时，它是不是指通过重复来提高一种现有的“能力”（在其他领域练习的含义大致如此）？答案并不清楚。

7.30 要理解为什么任何特定系列动作的重复可以让我们后来

---

① A.W.Volkmann，1858年。

② 参阅V.Henri，1898年，以及在C.L.Friedline，(1918年)关于F.B.Dressler、G.A.Tawney和L.Solomons的著作总结。

③ H.T.Moore，1914年；J.F.Humes，1930年；A.A.Capurso，1934年；E.Connette，1941年；C.H.Wedell，1934年；R.Wyatt，1945年；B.L.Riker，1946年。

④ 例如，B.J.Underwood，1949年，第118页。

完成得更快、更稳定、更流畅，或者换一种说法——更有效，这并不困难。但是，为什么经过数次尝试以后，就能学会辨别从前无法辨别的两种刺激，其理由就不那么明显了。对该问题的整个思路似乎还局限于那种相当空洞的观念，即在某种隐蔽的意义上，不同的感觉总是“在那儿”，问题只不过是学着去注意这些虽然“过去没注意到”，然而必定一直同感觉脉冲相伴的感觉。

7.31 对任何一种动作(movement)，练习肯定意味着某种记忆效果，并且就像已经看到的（见5.10—5.12），除连接或关系的留存之外，很难说“记忆”还有什么其他的意义。尽管此观念可直接解释新动作系列的习得，有助于理解诸如为什么刚开始需要有意识的努力才能完成的一系列动作后来逐渐自动化，但是——至少按照传统的观点——感觉的特性不能这样来解释。

7.32 获得新的感觉辨别能力，不仅仅是通过学习把以前能做到的事情做得更好，它还意味着做某种全新的事情。它不是说对两个刺激或刺激组辨别得更好或更快，而是说辨别原来根本不能辨别的刺激。如果感质（像我们主张的那样）是主观的话，那么新的辨别意味着一种新感质的出现。这么说是毫无意义的：如果药剂师辨别出了两种从来没人能加以辨别的气味，他只不过学会了辨别两种早已有之的感质。因为，这些感质在药剂师学会辨别它们之前压根不存在。

7.33 当然，这种“新”特质也不可能是全新的，因为要被识别为一个明确的特质，它必须以某种方式联系到已知的特质上，或与之相似或与之不同。只有在所有特质构成的秩序中获得特定位置时，它才能成为一个新特质，而所有特质构成的秩序则只能被逐渐延伸和更加精细地再分。因此，尽管大多数“新”特质只是既有梯度或等级(gradation or scale)上一个新台阶，同已有特质不乏共同属性，但是它们仍是“新”的。

7.34 在所有这些问题上普遍缺乏反思的态度。使问题更加严重的是，“辨别”（discrimination）这个术语似乎意味着对刺激之间客观差异的“辨认”（recognition）（见2.32），因此似乎属于前一理论阶段[1]。该想法或许源于一种仍然广泛存在的观点，即练习所影响的只是对“给定”感质或材料的“解释”。目前，对整个问题的大多数处理方式，似乎认为感质的差异可以被解释为感觉器官生理敏感性的差异——某种有待“开发”的生理“能力”，同时设定了辨别能力能够改进的“生理极限”。但是，这里的“能力”和“生理极限”概念就像练习概念本身一样模糊不清。

7.35 在这里，辨别（更好地说是分类）不仅指学习对不同的物理刺激做出不同的反应，也指学习对不同的或相似的物理刺激作类似的反应，以及学习在不同情境下对同样的刺激作出不同的反应。为了做到这些，显然必须假定不同的刺激在不同感觉纤维中激发出脉冲（或者在同一根纤维中产生不同类型的脉冲，尽管这不大可能）。唯一的“生理限制”就是：不同脉冲若以相同方式影响同一接收器官（receptor organs），在同等条件下必定产生不可辨别的效果。

7.36 抛开对特殊神经能量理论的不合理阐释（见1.33），有理由认为，人可以学会将不同感质赋予由相同物理刺激引起的，同一感觉模块的神经纤维中的脉冲。当然，我们已经知道一些例子，其中相同的物理刺激作用于不同感觉模块的感受器产生了不同感觉（如“冷幻觉”（paradoxical cold），振动和声音，以及相同的物理刺激作用于眼部和口腔黏膜所产生的不同感质——见1.40），但是原则上同样有可能，位于身体不同部位的相同感受器也能产生不同的感觉。

7.37 从当前探讨所遵循的整个方法可得出结论：学会辨别不同的单个刺激，只能意味着把不同的效果联系到这些刺激上，而不管

---

① 很有意思的是，E.G.Boring曾经把意识定义为辨别（1933年，第187页），后来却得出如下结论：“可能最好是放弃‘辨别’这个词，因为辨别暗示着一个自由行动的、有意识的观察者；同时最好仅使用关于连续区分的描述性术语及其关系。”（1937年，第451页）

这些刺激在客观上有什么区别。学会辨别并不意味着更好地再现刺激的物理秩序，而仅仅意味着在现象秩序中产生新的差异。如果新差异是由于某个特殊时期非重复性的，偶然的或人为刺激组合的结果，那么它后来的确有可能非但不能帮助，反而会阻碍适应和恰当的行为。

7.38 为使这样的辨别在较高层级上成为可能，必须预先假定在某个较低层级上就已经产生了不同的过程（至少在感受器上）。也就是说，如果不同刺激有可能在高级中枢获得不同意义，有机体必须首先以某种方式对这些刺激作出不同的反应（即使只是一些脉冲在不同纤维中首次被激发）。只有这种意义上，才能把通过练习提升感官辨别能力看作对已有能力的一种“发展”。在多数情况下，在高级中枢学会辨别那些脉冲之前，对不同神经纤维中的那些脉冲的不同反应，有可能已经在一个本能反射或者脊髓的层级上发生了，因为接受不同物理刺激的各种感受器的发育过程，可能是与对刺激的不同反应交织在一起的。

7.39 看来存在三种主要的方式，通过在到达高级中枢的感觉脉冲上附加新的连接而产生新感质：①以前未能引起明显感觉的脉冲现在引起了感觉；②不同物理刺激产生的不同脉冲以前导致同样的感质，而现在导致不同的感质；③相同的物理刺激作用于身体不同部位的相似感受器上所产生的脉冲导致了不同的感质。

7.40 在所有这些例子中，实验的任务是弄清楚，我们能否觉察到以前意识不到的感觉脉冲？或者，以前相同的因而不能辨别的脉冲，能否被赋予不同的感质？通过将两组不同连接分别附加到两个相同的脉冲上，有可能验证这一点。

7.41 看来在任何这样的实验中，必须依赖于被试对象的口头报告，因此动物实验达不到目的。在实验开始之前，有必要确定，被试对象意识不到刺激，或者意识不到不同刺激的效果有任何感质差异。而且，尽管可以教动物作出某些反应以辨别不同的刺激，还是无法确定，到底是动物在以前就有的感觉上增加了一种新的反应，还是它真的获得了一种新的辨别能力。即使仅仅是像动物是否有颜色视觉这样的问题[①]，要确认也很困难，考虑到这一点，动物实验似乎应排除在外。

7.42 至于人类被试，实验成功的机会在不同的感觉模块之间可能有极大的差别。像视觉这样高度发达的并被人类密集使用的感觉，多数情况下练习可能已经如此之充分，以致既有的秩序根深蒂固，可能要花很长时间才能看到额外练习的效果。然而应当注意到，正如von Kries曾指出[②]，在另一种意义上，这个最高度发达的人类感觉能力是最不完善的：视觉刺激的物理差异和感质差异之间的对应，可能不如其他感觉那样紧密。多数情况下，每种颜色除可由均匀同质的单色光构成之外，还可以由不同波长的多种可见光组合产生。我们不知道这种刺激的多种组合的等效性，是由外周机制（比如接收器）还是由中枢机制决定的。如果是后者，则通过学习把原本看似相同的不同光波组合辨别为不同颜色就是有可能的。

7.43 要取得更好的实验结果，机会可能在于那些练习较少的感觉模块，尤其是（比如）嗅觉，在人类发展早期比在文明生活中用得更多，因此其辨别刺激的生理潜力如今可能远未充分发掘。一位颇有能力的研究者已经指出，在这个领域“练习的影响如此之大——特别是刚开始——以至于有人在接受实验的第二天的阈值大大小于第一天的阈值，并能轻易地解决头天看来不可能解决的感质分析问题。”[③]

7.44 文明人锻炼嗅觉的机会较少，因而嗅觉具有很高的可塑性，但是与这种有利条件相对的是，我们对嗅觉近端刺激（proximal

① G.L.Walls，1942年，第472页。

② J.von Keris，1923年，第80页。

③ H.Henning，1927年，第745页。

stimuli)[1]的性质以及感受器官对这些刺激的敏感度知之甚少。不过，我们还是要概述一些关于嗅觉的可能的实验，因为就我们的目的来讲，这个感觉的实验是最有希望成功的。

7.45 实验的任务是，试图在原本无法辨别的刺激之上附加尽可能多的，有差别的其他感觉刺激和情感状态。当然，跨感觉联想(intersensory associations)的可能性已经由最近在条件感觉(sensory conditioning)方面的研究所证明了[2]。现在的问题是，通过将截然不同的联想附加到原先不能分辨的刺激上，能否产生新的辨别。

7.46 实验最好从"熟练者"能辨别而生手不能辨别的某些刺激开始。不但要弄清楚，重复暴露在刺激之下能否让人学会辨别这些刺激，而且要研究，如果不同的刺激被安排在完全不同的伴随情境下，能否显著加快辨别过程。当然，有必要安排平行对照实验，对照组和实验组的刺激作用条件应当一致。

7.47 为了这样的实验，最好能够改变刺激发挥作用时所处的整个周遭环境及有机体的状态。比如说，两个刺激中的一个，可以在一天的某个特定时间有规律地呈现(如早晨醒来)，从而同身体节律保持同相，该刺激发生后总是立即提供食物，并总是伴随着固定的颜色，音调等因素的组合，而此时身体正处在一种休息，温暖和不活跃的状态。另一个刺激应当有规律地安排在同刚才所描述的完全相反的情境中呈现。比如，在傍晚前，室外，身体相当活跃和愉快时，神经兴奋，又冷又饿的状态下，并总是伴随着一套完全不同的视觉和听觉感知。

7.48 在使用感觉的联系辅助刺激辨别时应当小心，不要同已经牢牢确立的不同感质的联觉关系(synesthetic relations)对着干。然而，两个不同感觉模块的等级或维度之间的联觉关系，有可能被用于把

① 请参阅L.H.Beck和W.H.Miles最近工作的报告(1947年)。

② W.J.Brogden，1939年，1942年，1947年，1950年。

一个模块所拥有的细微等级差别传递给另一模块。由于现阶段关于嗅觉刺激性质的知识不够，无法针对嗅觉采用差别阈值(differential thresholds)方法。但是，就像在颜色和声音之间(的联觉关系)一样，完全可以对有色听能力(capacity of colour hearing)的人加以测试——通过有意地让两种感官的连接甚至更加紧密——以了解他们在某一种感觉上更强的辨别能力能否传递给其他感觉。

7.49 很明显，这种感觉训练可能有相当大的实用价值，因此，甚至撇开其理论意义，也应当加以研究。当然，在实验过程中很可能会发现这里所建议的粗糙的方法是不够的，并且，在这个方向上能取得较大成就之前，需要获得关于感觉秩序的本质——也就是关于不同感觉模块维度之间的相互关系——的更多知识。

7.50 除训练辨别那些原本被有意识地感知到，但不能加以区别的刺激外，还有一种可能性也不容忽视，即把一些意识价值(conscious value)附加到从前没有这些价值含义的脉冲上。就此而言，或许作用于身体内部的刺激是一个最有趣的领域，而深部加热(deep heating)新技术看来打开了一扇值得探索的大门。并且，以这种方式扩展已知感觉范围的可能性也不容忽视。尽管可见光的限度以及可闻声的波段很可能是由感受器官的生理局限所决定的，但也可能部分地由中枢决定，若果真如此，则它们是可以通过训练加以改变的。这些极限有着相当大的个体差异，在一定程度上也暗示了上面的猜想可能是事实。甚至如一个盲人获得了嗅色[①]能力这种报告也不应被当作绝不可能而忽视。

7.51 完全有可能，人拥有大量的“反射性感觉”，如半规管(译注：semi-circular canals在内耳中)在控制平衡方面的作用已得到充

① J.T.Willians，1922年，第1333页。这值得检验，特别对于Beck和Miles在近期结论中关于嗅觉刺激的分散特点。

分描述[1]，这种作用是身体对某些在较低层级上激发了特定反应的刺激的敏感性，但由于这些刺激没有足够有规律地与特定的其他刺激相伴随，从而未被赋予明确的意识特质。在这种情况下，通过有意把特定的跟随脉冲附着到这些（译注：即反射性感觉）脉冲上，有可能把后者提升到意识层次，而在自然环境下这些脉冲本没有机会获得这些特定的跟随脉冲。

4. 实验反驳的可能性

7.52 我们将概述一些主要的替代性理论，若这些替代性理论被证实，则本理论将被证伪。这么做有助于进一步澄清主要论点。

7.53 对所有假设了某种心灵物质（译注：灵魂）存在的，从而几乎在定义上就是无法验证的理论——如平行论(parallelism) ——我们将不加理会。这里要提到的第一种替代性理论是关于“细胞—记忆”(cell-memory)，或者关于单个细胞中的印象“存储”的理论，如Semon的“记忆痕迹”概念所隐含的理论[2]。这种概念当然暗含了一种假设，即无论那些因此而被存储的是什么，它自身都拥有不同的属性，不同的感质就是通过这些属性来辨别的。虽然很难想象这个假设如何验证，但一旦它被证实，就能否定我们的理论，并且实际上消除了我们打算解决的问题。

7.54 对本理论的另一个更加直接的反驳是：假如发现了不同神经纤维中所传递的脉冲的物理属性之差异，对应于这些脉冲所产生的感质之差异——也就是说，如果前文提到过的特殊神经能量理论的（不恰当的）阐释（见1.33）被证明为正确的，即构成了对本理论的有效反驳。这种过去广泛持有的理论观点建议我们去寻找各个脉冲之间的生理差异，从而提出了一个生理学问题。但如果我们的观

---

① E.Cyon，E.G.Boring引用，1942年，第544页。

② R.Semon，1904年和1909年。

点是正确的,这个问题是没有答案的。

7.55 该理论的一个特殊的现代版本是韦斯(P.Weiss)[①](为传出神经脉冲)所发展的共振理论。该理论表示,并非脉冲沿着特定路径的传播,而是神经纤维中脉冲的特性,导致了远端的相似脉冲被激活。如果这个观点对于传入脉冲是正确的,也将否定本理论的大部分。同样,现代格式塔主义认为:脉冲发生在哪些特定纤维中并不重要,真正起作用的是这些脉冲构成的空间完形[②],而非脉冲组在连接网络中的拓扑位置——如果这个看法是对的,也是对本理论的有效反驳。

7.56 最后,还要提到一种设想的替代性理论,尽管有没有人将其贯彻到底还值得怀疑。此观点是说,感觉辨别完全由外周运动事件所决定。我们当然不想贬低运动反应在中枢神经系统的等级结构中各个层级上的重要性,但是运动竟能完全取代中枢的"符号化"(symbolic)或者分类过程则令人难以置信,而这些分类过程的功能恰恰是我们主要关心的。

① P.Weiss,1941年。

② W.Köhler和R.Held,1949年。

第八章　哲学意蕴

1. 前感觉经验和纯粹的经验主义

8.1 如果我们关于心理特质决定过程的解释是正确的，那么就意味着，向外部世界学习所使用的工具本身就是一种经验的产物（见5.1—5.16）。它是由生活环境中的主要条件所塑造的，代表着对我们所经历的环境类型关系的再现。对于任何新的环境事件，我们都是根据过去的经验加以解读的。如果这些结论是正确的，它必将引出某些重要的哲学问题，本章将对此作出评论。

8.2 上述结论主要是由前感觉(pre-sensory)经验或"链路"(linkage)在感质决定中的作用而引出的。尤其是，我们消除了感觉"纯核"或"基核"假说——根据这些假说，感觉的纯核不依赖于以往的经验，它要么来自外部对象属性的直接传递，要么是不可再分的心理原子或元素。消除了这些含义空洞的假说，因而也就消除了由它们引起的种种哲学难题。

8.3 根据传统的观点，经验始于接收拥有固定特质的感觉材料，这些特质要么反映所感知的外部对象的对应属性，要么与物理世界的元素属性一一关联。心智接收这些原始感觉材料，并学着以多种方式加以排列。在这一观念中隐含了一个基本的划分，即认为感觉对给定特质的感知与理智加工感觉材料以达到对现象的理解是两回事。本书挑战了这个划分。（见5.19和6.44）

8.4 根据本理论，感质的特征属性，或感知过程对事件的分类，并不是事件本身带有的，并通过某种方式“传递”给心智的属性。感质的特征属性完全存在于有机体的“辨别”反应中，正是这种辨别反应产生了特质的分类及事件的秩序。我们还主张，这种分类的基础是神经系统中由过去的链路(linkage)产生的连接网络(connection)。因此，每一种感知，即使是最“纯粹”的感知，都必须被看作是根据个人或物种过去的经验对一个事件的解读。

8.5 因此，经验并非始于感觉或知觉，而是必然早于感觉或知觉：经验作用于生理事件，使其具有一种结构或秩序，而这个结构则是这些生理事件所具有的“心理”意义的基础；感质之间的区别——凭此有意识的心智可以学习外部世界的任何事物——是前感觉经验的结果。或者说，经验不是心智或意识的一种功能，相反，心智和意识是经验的产物(见2.50)。

8.6 因此，关于外部事件的感觉经验的属性(或与其他感觉经验的区分方式)，在该外部事件本身可能并无对应物。感觉经验的“属性”是逐渐习得的，是有机体基于某类事件过去与他类事件的联系而赋予该类事件的意义。因此，只有当神经系统学会把某一特定的刺激当成事件类别的成员时——此时所有同类事件的脉冲都跟同一些他类事件的脉冲之间有连接——一个事件才能被真正地感知，即这个事件才能在感觉系统里获得一个独有的位置。

8.7 我们意识到的经验似乎就是建立在不同感质之间的区别上，但是，如果不同感质的差别本身又取决于前感觉经验(链路)，那么，关于经验和知识的关系的整个问题就呈现一个崭新的面貌。就狭义的经验即有意识的感觉经验而言，把我们所知道的一切都归结为经验显然是不正确的。只有在更广义“链路”意义上的经验产生了感觉的秩序，并由此决定了意识经验中的各种成分的特质之后，有意识的经验才成为可能。

8.8 也就是说，感觉经验预设了一种累积“知识”，即感觉脉冲基于它们过去同时发生而获得的秩序。尽管这种知识也基于(前感觉的)经验,但感觉经验绝不能与之矛盾,是它决定了感觉经验的可能形式。

8.9 从而,如果感知的本义是指有意识的感觉经验的话,约翰·洛克著名的经验主义基本原则——只有之前感知过的,现在才能被认知(nihil est in intellectu quod non antea fuerit in senus)——就是错误的。这一原则也不能证明所有我们知道的(quod est in intellectu)都能由感觉经验证实或证伪的说法。从我们对感觉的秩序形成的解释可以看出,存在某些普遍的所有感觉经验必须服从的原理(如两种不同的颜色不能处于相同位置),即经验的各部分必须满足某些关系。

8.10 因此,在任一时刻我们所知晓的关于外部世界的知识,至少有一部分不是从感觉经验学来的,而是隐含在获得感觉经验的手段中,这就是由前感觉的链路所建立的分类器官的秩序。凡是有意识经验到的外部事件的特质,都是由未意识到的然而隐含在这些特质辨别之中的关系所决定的,这些关系影响着对经验的一切反应。

8.11 所以说,一切能感知都决定于感觉的秩序。感觉的秩序提供了"范畴"(categories)——感觉经验只能在这些范畴中发生。尤其是,意识经验所指的事件,总是用它们与该经验之外的其他事件的关系来界定的[①]。

8.12 由于关于现象世界的某些"知识"以这种方式隐含在一切感觉经验当中,所以对一切感觉经验而言它必定正确。但这并不意味着这种知识对物理世界也一定正确,也就是说,它不一定符合引起感觉的刺激的秩序。尽管那些让感觉成为可能的条件——将感觉辨别为相似或相异的分类器官——必然影响所有的感觉,但是没有理由认为该分类器官也支配物理世界的事件秩序。

---

① K.Lorenz,1942年,第352页。

8.13 我们习惯性地假定：从经验所习得的一切都必定符合外部(物理)世界[①]。需要一点刻意努力才能摆脱这一习惯的束缚。但是，由于从经验中学到的一切都是各类事件的普遍概括(generalization)，又由于再多的个例也不能证明普遍概括，因此完全基于经验的知识可能全都是错的。如果某一组刺激所获得的意义，完全来源于它们(某一组的刺激)过去与其他特定刺激联合发生的规律性，则这种情况未必能使我们(在未来)作出合理分类并据此进行准确的预测。此前(见5.20—5.24)，已经给出了一系列原因来说明，为什么感官对外部事件的分类，并不严格对应于外部事件基于相互作用的异同所作的分类。(译注：后一种分类即科学的或物理学的分类)

8.14 在心智中一切都是过去链路的结果(尽管，或许链路不是由个体，而是由物种获得的)，然而基于过去链路的分类不一定总是有效的，如不一定能导致成功的预测，失败的经验迫使我们修改分类(见6.45—6.48)。再分类时，不仅能在固定参考框架内建立给定材料之间(即给定类的元素之间)新的关系，而且还能修改决定类别关系的框架本身。

8.15 每当由现存分类所产生的预期落空，或者每当所持的信念被新的经验所否定，就会发生重新分类，或者说，要打破那些体现在感质辨别中的内隐关系所形成的分类，并用由外显关系定义的一些新类取代旧的分类。这种经验冲突的直接效果是：在关于外部世界的模型中出现了不协调的元素，只有通过把原来被视为同类的某些元素分到不同的类中，不协调性才能被消除(见5.72)。

8.16 于是，心智所进行的重新分类过程，类似于学会大声朗读一门并非按照发音进行拼写的语言(译注：非拼音语言)时所经历的

---

① H.Von Helmholtz，1925年，卷Ⅲ，第14页："看上去，*经验到的都是真实的*。但是仍须解释自相矛盾的经验以及源于经验的的幻觉。在这件事上必须记住，正如上面暗示的，通常在感官受到刺激的时候，产生的感觉就已包含某种解释。"(斜体为引者所加)

过程。我们得学会根据与其他不同符号的组合，来赋予相同符号以不同的含义(values)（译注：如汉字中的多音字），并学会越过单个符号的区别而把不同的符号组视为等价的（译注：如汉字中的同音字）。

8.17 尽管重新分类的过程涉及参考框架的改变，或者是涉及（参照那个“参考框架”而定义的对象的）**先验**(a priori)为真的所有论述的改变，但是重新分类过程只是改变了所有论述的特定前提，而没有改变如下事实——前提必须隐含在所有可能的论述里。事实上，**先验**的(a priori)的要素非但并未减少，而且由于重新分类过程中对象越来越多地通过其外显(explicit)关系被定义，先验的要素倾向于增加。

8.18 新的经验作为重新分类或定义对象的契机，进入对象的新分类或新定义之中，并成为进一步学习关于这些对象的任何知识的前提，所以关于对象的任何新知识都不能与之矛盾。因此，在每个层面或每个领域都有一部分知识——它虽是经验的结果却不受经验之控制，因为它构成了领域的组织原则，凭借它才能区分该领域内被指涉的各种对象。

8.19 随着这一过程引导我们离直观感质越来越远，根据直观感质进行界定的元素将逐渐退场，由根据意识经验的关系进行界定的新元素取代，从而按照定义必然正确的那部分知识将越来越多。与此同时，知识中受经验控制的那部分也相应地变少。

8.20 努力调整元素分类从而使关于这些元素的陈述为真，必然导致知识中具有套套逻辑(tautological)性质的部分逐步增加。对此我们别无选择，只能要么接受感官的分类，并因而不能正确预测如此定义的对象的行为，要么基于它们可观察的互动行为的差异来重新定义它们。而后者的结果是，不仅对象的差别必然同分类一致（因为它就是分类的基础），而且我们越来越没有把握根据感觉来辨别对象所属的新理论类型。（译注：即分类越来越脱离对象给我们的感觉，而越来越依赖对象相互之间的关系）

8.21 如果只是按照关系来重新界定某一个特定的对象，那么这一困难不至于过分严重。但是，当继续这种重新分类的过程，别的对象也必须以相似的方式被重新界定。在此过程中，我们很快被迫不仅考虑一个给定的对象和实际观察到的与之相连的其他对象之间的关系，而且还要考虑这个给定对象与其他对象之间过去已经存在的关系，甚至要考虑只有在假想条件下才能描述的关系，即在某些从未存在过的情形下该对象与其他对象之间可能观察到的关系，或者某种情形一旦发生对象的特征就会被改变。

8.22 例如，几种化学物质只要保持在给定状态，就无法由感觉辨别。化学把它们区分为不同物质的原因是，在某种环境下，与某些其他物质的组合中，它们将发生不同的"反应"。但是，大部分的化学反应涉及物质特性的改变，因此，一定量的某物质被用于测试反应以确定其类型。然而，通过化学反应来确立某物质所属类型不能不改变其数量特征。因此，只有借助一个无法证实的假设，即从中抽取样本的一定数量的物质是完全同质的，关于样本作出的发现也适用于剩余的物质——只有借助这个假设，才能得出结论：某一特定的感觉对象乃是属于某个类别。

8.23 因此，感觉材料或对象的感质被进一步稳定地向后推。当通过外显关系而非通过感知差别中固有的内隐关系定义了所有对象之后，那些感觉材料就完全从系统（译注：基于显性关系的分类系统）中消失了（或失去了重要性）。最后，外显定义所组成的系统，变成了一个无所不包(all-comprehensive)且自我封闭的循环系统。这一领域中的所有元素都是通过相互之间的关系来定义的，同时，关于该领域的一切知识都包含在定义中。我们将获得一个自我包含的模型，它虽能再现在外部世界观察到的所有事件的组合，却很难说清外部世界的特定事件对应于该模型的哪个特定部分。

8.24 因此科学必然趋向一个终极状态，其中，所有的知识都体现在它所涉对象的定义中。所有关于这些对象的真值判断，因而都是分析性的或同义反复的，不能被任何经验证伪。如果某一对象没有表现其本该表现的行为，只是意味着它并非我们曾经以为的那种对象。随着所有感觉材料从这一系统中退场，定律（或者理论）于该系统中将不复存在，留下的只有对象的定义，因而它永远也无法被证伪。（译注：因为没有人类感官参与的可能性，因此永远无法证明或证伪）

8.25 这样一个关于外部世界的完全同义反复或自我封闭的知识系统是有用的。它构成了一个物理世界模型，能让我们了解世界中什么事件是可能或不可能的。借助该模型，基于特定感觉对象较为完整的历史，可以相当有把握地断言，该特定对象在模型中有且仅有一个合适的位置，并因而很可能以某种方式行动于模型所描述的类似环境中。但该模型永远无法使我们完全肯定地把特定感觉对象归属于模型的特定部分，或者完全肯定地预测该特定对象在给定环境中将怎样行动。

8.26 只有当把大脑工作模型也囊括在物理世界模型中，从而获得完整的世界模型的时候（见5.77—5.91），也就是说，如果能详尽地解释感觉对刺激进行分类的方式——只有到那时，关于世界的理论模型与感觉领域特定事件的严格的一一对应才有可能。然而，正如本章第六节将要表明的，这是我们自己的大脑（译注：包括在物理世界模型中的大脑）永远不可能完成的任务。

8.27 在总结这一节时，或许应当强调，如果我们的某些论点与传统经验主义相反，这并非因为双方的出发点不同，相反，是因为我们更加彻底和一贯地坚持了传统经验主义的基本思想。正是因为所有的知识——包括对世界的感觉经验的最初秩序——都来源于经验，它必定包含了一个无法由经验来推翻的成分。知识必须总是指涉元素所组成的一些类别，这些类别是通过与其他元素的某些关系来界定的，并且只有在假设这些关系确实存在的情况下，知识才是有效的。基于经验的类化必定涉及对象或事件的类别，只有当这些类别被认为是给定的，与命题本身无关的时候，这种类化才是与世界相关的。因此，感觉经验(sensory experience)预设了一个经验对象(experienced object)的秩序，这一秩序先于那个经验之前，且不能被该经验反驳，尽管该秩序本身也来源于其他更早的经验。

2. 现象主义和感质的不稳定性

8.28 如果感觉对于外部事件的分类被证明是不“真实”的，即不能充分描述世界的规律性，并且，如果感觉赋予事件的属性并非事件的客观属性，而仅仅是由感觉指派给事件的类属关系，那就意味着，没有理由认为现象世界在任何意义上比科学建构(construction)更“真实”：必须假设存在一个客观的世界（或不如说，假设存在一个事件的客观秩序，而我们则在其现象世界中体验它的存在），现象秩序只是对这个客观秩序的第一次逼近(approximation)。而科学的任务就是不断尝试更好地再现客观秩序——它只能通过以新的分类替代事件的感觉的秩序来实现此目标①。

8.29 我们说“存在”一个不同于现象世界的“客观”世界，意思仅限于，有可能构建一个不同于感觉所呈现的新的事件分类秩序，从而对世界上各种事件的行为给出更加一致的解释。换言之，它（秩序或分类）意味着，关于现象世界提出的一些问题，只能通过改变关于世界的感觉图像——即通过改变对世界的元素分类——来得到答案。上述做法的可能性和必要性，实际上是对世界进行科学解释的所有努力背后的一个基本假设。

8.30 因此，对科学任务的任何纯粹现象主义的解释，或者认为科学的任务只不过是对于现象世界的完整描述，必然是错误的。因为感觉对事件的分类方式决定了被感觉为相似的事件并不总是以同样的方式来运动。如果采取“现象”这一术语的严格意义——即

---

① 参阅M.Planck，1949年，第108页。

事物呈现给我们的模样——那么现象主义(及实证主义)的基本论点“所有的**现象**都服从于不变的规律”显然是错误的。

8.31 从而,实证主义者从现象主义方法得出的结论——即科学的理想是完整地描述现象——是不可能实现的。其实,科学在于不断寻找新的分类或“建构物”(constructs)以达到如下目的——按这些建构物的定义,就其中元素所提出的一般命题都普遍、必然为真。出于这种目的,不能按照个人的感觉特征来对特定事件进行分类,而必须按照该事件与其他事件的关系来分类。

8.32 一个事件的类型不能由它自带的任何感觉属性来定义,而应由它与其他类型事件的关系来定义。这种做法不仅限于这个事件,甚至也不仅限于当时情境下的所有事件。在定义中所参照的那些事件,也要通过相似的纯粹“关系”的方式来界定。此过程的最终目标是摆脱事件的感觉属性,而仅以事件之间相互关系的形式来定义它们的类型。这个观点可以很好地表述为:“在科学中,一个对象在与其他对象可能的关系总和中表达自己”[①]。已经看到(见8.24—8.25),这样一个完全的解释系统必然是同义反复的,因为它的所有预测都必然来自它所指涉的特定对象的定义。

8.33 如果这里概述的理论是正确的,那么就存在一个对任何彻底的现象主义科学观的更加根本的反驳。如果按照感觉属性来定义外部事件,问题不仅在于它们不遵循固定的定律——因为对感觉呈现为相同面貌的情况也会产生不同的结果——而且在于现象世界(或用以建构现象世界的感觉的秩序)本身也不是固定不变的。正是那个为了解释现象世界而必须进行的再分类过程将在一定程度上改变现象世界的面貌。

8.34 正如已经论证过的,“更高级”的心理活动同感质的初步辨别之间并无实质区别,只不过是分类过程在更高层级上的重复。

---

①《基础数学》,1948年,第一章,第92页。

如果我们的观点是正确的,那么几乎不可避免的是,这一再分类过程也将在一定程度上反过来影响作为其起点的感质辨别。感质差异被决定过程的本质,意味着感质是保持变化的,感质之间的差异有可能被新的经验所修改。这意味着现象世界自身并非固定不变,而是不断变化的以便更精确地再现物理世界中的关系。如果说在此过程中,感觉材料自身的特征发生了变化,纯粹描述性科学的理想就是完全不可能的。

8.35 因此,附属于特定物理事件的感质本身在原则上是可变的[①],这一点非常重要。尽管在个体生命历程中,相对于抽象思维赖以进行的,不断变化的分类方案,感质几乎肯定是相对稳定的。但是,我们仍将不得不超越习惯认真考虑已经由日常经验充分证实的一点,即随着在解释世界过程中取得进步,我们"看"世界的方式也发生了变化;我们不仅要认识关于给定现象之联系的新定律,还要看到这些事件本身所呈现的模样也可能改变。

8.36 当然,对于给定事件的感质变化,永远不能通过直接对比过去和现在的感觉来确定,因为关于过去感觉的记忆图像,也会发生与当下感觉同样的变化。只有通过前一章(见7.38—7.51)建议的那些辨别实验才能检验该结论。

8.37 可能值得一提的是,虽然本理论最初由Ernst Mach在《感知的分析》等处所概述的心理学观暗示过,但是该理论的系统发展,最终反驳了Ernest Mach及其他现象主义哲学:它粉碎了把基本,稳定的感觉作为世界的终极成分的构想,恢复了对不同于感觉呈现给

① 感质的易变性显然已被Protagoras认识到。据Sextus Empiricus说，Protagoras教导感觉"随着生命时期和所有其他身体条件而发生转变。"《皮浪学说概要》(*Outlines of Pyrrhonianism, translation* R.G.Bury, *Loeb Classical Library*, I, Book I, p. 218.)

我们的客观物理世界的信念的必要性[①]。

8.38 类似的考虑也适用于由William James和John Dewey[②]及美国现实主义者在这些问题上详细解释的，并由Bertrand Russell发展了的一些观点。根据Bertrand Russell的观点，“世界的物质”(the stuff of the world)是由“无数瞬态片段”(innumerable transient particulars)——例如一个“既属于物理的又属于心理的”色块——所组成。这个观点实际上明确地基于下面的假设：“感觉是那种心理和物理世界所共有的东西”，并且，感觉的本质是“独立于过去的经验”。看来这种“中性一元论”(neutral monism)完全建立在靠不住的心理学概念上。[③]

8.39 本理论的另一个有趣的推论是，如果一个刺激同其他刺激的相伴发生没有任何规律性，它就无法被感觉到(见6.36)。这意味着，我们只能认识那些与其他事件在伴随发生的关系上表现出一定规律性的事件，并且无法认识以一种完全无规律方式出现的事件的任何性质。因此，我们认识的世界好像是一个完全有秩序的世界，这似乎仅仅是对世界的感知方式的结果。能被感知的每件事，都必然被感知为遵循某种规律的事件类的成员。就这种意义而言，不存在没有规律性的事件类型——假如没有规律性，就没有任何理由将其作为一个类型了。

---

① 参阅K.Koffka，1935年，第63页：“马赫是一位优秀的心理学家，他看到了许多最基础的心理学问题。在整整一代人后，许多心理学家仍然不能理解那些问题，与此同时，他的哲学观使他不可能对这些问题提供富有成效的答案。”

② [John Dewey(1859—1952)深受William James(见上文，前言，第153页注③)实用主义的影响，并受到Charles Darwin的自然选择理论的启发，主张以自然主义的方法处理知识理论，将知识视为有机体适应其环境中可能事件的产物。从日常知识到科学理论知识，其有效性或“真实性”的检验标准都被认为是它为解决问题的行动提供的工具性指导。——编者]

③ B.Russel，1921年，第144页。

3. 二元论和唯物主义

8.40 因为这里利用了与在物理世界所观察到的同样的操作过程，来解释心理特质是如何决定的，所以这一心理特质的决定理论有可能被描述为“唯物主义”理论。这个说法本身倒不要紧——要不是它涉及和唯物主义相关的某些错误观念的话。而这些错误观念不仅会使一些人对本理论产生偏见，更重要的是，这些错误观念暗含的某些结论几乎和本理论的实际结论完全相反。就“唯物主义”这个词真实的意义而言，甚至可以说，本理论比那些假设有一种独特的心智“物质”存在的二元论更不像唯物主义。

8.41 二元论是某种习惯的产物。人类在对自然的早期研究中倾向于假设，观察到的某个特定过程必定是由于某个特定的物质存在而导致的。若能识别这种特定的物质，该过程就得到了充分的解释。

8.42 奇怪的是，虽然在自然领域，人们通常已不再把找出能产生特定现象的特定物质作为对现象的充分解释，但是当涉及心理事件的时候，仍然求助于这个古老的习惯。仿照各种物质导致了各种物理现象的假设，人们也形成了心智的“材料”(stuff)或“实体”(substance)的概念。这是“身心二元论”(hylomorphic)这种思考方式的结果(这里按照“身心二元论”的字面意义或本义来使用这个古老的术语)。不管以何种方式界定物质，把心智当成一种物质就是赋予心理事件某些属性。然而没有证据表明这些属性存在，我们只是类比物质现象的属性而假定其存在[①]。

8.43 因此就有关术语的严格意义而言，拒绝采用心理物质的观

① 在我看来，情况确实如此，尽管C.D.Broad(1925年)努力给“实体”(substance)一个独立于它的物质内涵的意义。关于心灵实体(mind–substance)的理论，今可参见G.Ryle, 1949年。

念来解释心理现象的做法和唯物主义是相反的，因为它拒绝把我们所熟知的物质属性赋予心智。我们主张把心智看作一个特殊的事件秩序，它虽不同于物质世界中事件的秩序，但决定心智秩序的力量和统治物质世界的力量是一样的，确实可以说这是独一无二的非唯物主义（心理）理论[①]。

8.44 表面上，这里陈述的理论和所谓的大脑—身体关系的"一体两面论"(double-aspect theories)之间似乎存在着紧密的联系。然而这是误解。那些被认为是这一双面体的"物理面"的东西并非一些单独的神经过程，而是所有神经过程的完整的秩序，但是如果彻底了解了这种秩序，就会明白它不是心智的另外一面，而就是心智本身。我们无法直接观察这一秩序是怎样由它的物理元素所形成的，只能作出推测。但是，如果能由其元素出发从理论上重构该秩序，并忽略掉所有与这个整体秩序无关的元素特性，就得到了心智秩序的一个完整描述——正如在描述一台机器的时候，可以忽略其组成部件的诸多特性，比如颜色等，而只考虑机器作为整体运行所必要的那些部件属性（见2.28—2.30）。

8.45 于是，我们叫作心智的秩序是一种在物质宇宙的特定部分中起主导作用的秩序——那个特定的部分就是我们自己。这种秩序需要通过某种不同于认识物理秩序的方式来"认识"。我们试图说明：在外部世界中已经发现的规则性，在原则上也能被用于建立心智的秩序。这种子秩序(sub-order)能在外部世界的秩序中形成，但这并不意味着我们必然能解释，构成心智的特定秩序是如何被安置在那个更大的秩序中的。为了解释这一点，必须特别参照人类的心智，完整重构其所涉及的模型—对象(model-object)关系，前文曾

① 参阅W.Metzger，1941年，第23页："事实上，从'唯物主义者'观点上看来，这……在心理学上仍然是当代的一个障碍：在大众心理学当中，这几乎是一个根深蒂固的观点，即，物质是第一位的，而心灵是第二位的，后者存在于人体内并与个体生命紧紧'相连'……"

概述过该方法的一般原则(见5.77—5.91)。

8.46 尽管本理论否定任何彻底的二元论，即那种认为有两股力量分别支配着物理世界和心理世界的看法，然而它同时让我们认识到，出于实用的目的，将不得不一直采用某种二元论观点。这在本理论中表现为：任何有望获得的，任何关于心理现象的解释，都不足以“统一”所有的知识，因为无法在不改变含义的条件下用特定物理事件(或物理事件类)的命题代替关于心理事件的命题。(译注：根据一元论的观点，所有的知识是统一的，关于心理事件的陈述可以完全转换为关于物理事件的陈述)

8.47 在这个特殊意义上，我们永远不能填补物理和心理现象的缺口。为了实用的目的，包括为各门科学制定必须的适宜程序，我们永远不得不满足于一个二元论的世界观。然而这又引起了更进一步的问题，对此必须在本章剩余部分更系统地考察。

4. 解释的性质

8.48 现在剩下的工作是，简略地重申前面概述的理论所要解释的是什么，以及在解释特定心理过程上，该理论有望走多远。尤其相关的是，要更精确地说明什么是“解释”，因为“解释”本身也是本理论要解释的心理过程之一。

8.49 此前已经提出过(见5.44—5.48)，解释就是在大脑中形成待解释事件组的“模型”，该模型的各部分凭借在一个更广大的关系结构中占据的位置而获得定义，由关系结构所构成的半永久框架也给事件的表征赋予意义。

8.50 当然，假定大脑有能力构建此类“模型”的观念已经被经常被用于这个方面[1]，其本身并不能帮助我们走得很远。确实，如果像通常那样认为“模型”是关于待解释现象的单独模型，那么它的

---

① 尤见K.J.W.Craik，1943年；K.Lorenz，1942年，第343页和第351页。

意义是完全不清楚的(译注:大脑中每个现象的模型只有放在综合系统中才有意义,不可以单独分离出来)。也不能将其比作一个机械模型——一个机械模型的意义来源于:模型的各个部件的属性都是已知的,并且在某些方面对应于它所再现的现象的属性,正是从关于部件属性的知识派生出了这些部件的特定组合将如何工作的知识。

8.51 一般说来,要构建一个可以解释任何事物的模型,首先要有一些已知其行为特征的元素,且这些元素不管用在什么模型里,其行为特征不变。在一个机械模型中,各个部件的物理属性是假定为已知的。在一个"数学"模型中,各部件的"属性"由函数定义,这些函数显示这些属性在不同的情形下的取值,并且这些函数能结合成不同的方程组以表达不同的模型。

8.52 使用常规的模型概念说明解释过程的弱点在于,该概念并没有解释而只是预设了用以建立模型的,不同心理实体的存在。它没有解释在何种意义上或以何种方式,该模型的各部分对应于原始对象的各个部分,或者说没有解释用以建立模型的元素属性是什么。

8.53 只有在成功解释了构成模型的各部分不同属性之后,大脑中所形成的模型这个概念才有用。前面章节描述过的感质(或其他心理特质)的决定过程已经提供了这个解释:过去的经验在大脑中形成一种高度综合的全面的半永久关系结构,即世界的"地图",不同的感质(或其他心理特质)取决于它们在这个关系结构中的位置。正是某个脉冲在神经纤维网络中的位置决定了当该脉冲和其他脉冲一起发生时将产生某些进一步的脉冲。因此,某个模型的形成仅仅表现为一组脉冲的联合分类或同时分类过程的一个特定例子,而这组脉冲中的每个脉冲除加入特定组合形成模型以外,还各自拥有确定的意义。

8.54 可以把产生模型的联合分类过程示意如下:用来建立模型

的元素或心理特质，是一些脉冲类，我们称之为A，B，C等类，类的定义是这样的：脉冲 a（A的成员），当它的发生伴随着o，p，...时，可以产生 x（或许还有一些其他脉冲），但是当 a 的发生伴随着 r，s，...时，将产生v，z，...（译注：原文如此，疑为y，z）。类似地，可以界定B，C等类的所有成员。当然，在这种定义中，任一给定类别的脉冲，可能既以"初级"身份出现，即作为类的一个元素，将由该类的任何一个元素都能引发的脉冲来定义，也可能以"次级"身份出现，即作为一个被激发的脉冲，决定其他脉冲所属的类（见3.38，3.55及下文）。A类的脉冲将不仅出现在像"如果(a, o, p)，那么 x"以及"如果(a, r, s)，那么(y,z ...)"等陈述中，而且也出现在像"如果(b,c,q)（译注：原文如此，疑为b，c，t)，那么(a，t)"等陈述中。

8.55 给定这样一种类脉冲意义的决定方式，可以得出，脉冲的任一给定组合将引起代表其他类的脉冲，这些脉冲又转而引起其他脉冲，等等，其过程如图8.55所示。

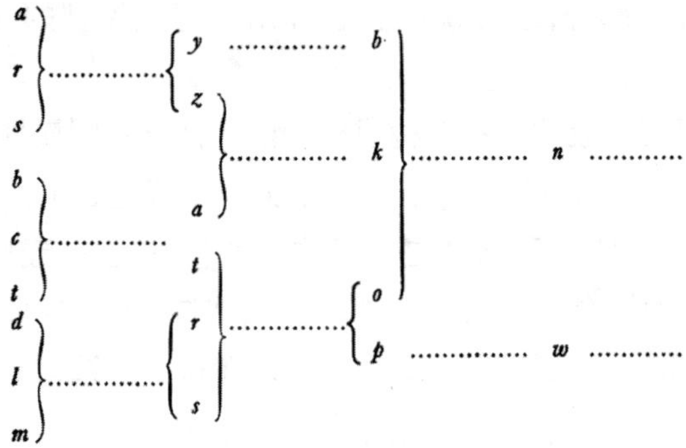

图8.55

8.56 簇群(constellation)中某些元素同时发生导致了特定的效果。假如了解群元素的激发状态，就能预测其结果。一旦形成了这样一个模型，我们就可以说出所观察到的结果取决于其中的哪些元素，以及如果其中任何一个元素发生变化，观察到的结果将如何改变；这就是解释让我们能够做到的事。

5. 原理性解释

8.57 由至今关于解释的说明可知，解释总是针对事件的类，它只能解释某类元素所共有的属性。解释总是关于类型的，即它总是关于某类现象的共同特征，它并不能对一组事件中任何被观察到的东西都提供巨细无遗的解释。

8.58 尽管所有的解释都必须涉及某类现象的共同特征，但对特定事件集合的解释显然可以有不同程度的一般性，或者说有不同的详细程度。某个模型可以再现大量现象的少数共有特征，或可以再现少数现象的大量共有特征。一般来说，模型越简单，它所再现的那个方面涉及的现象范围就越广，模型越复杂，其所适用的范围越受限制[①]。在这方面，模型与对象之间的关系类似一个概念的内涵与外延之间的关系（译注：内涵越多，外延越少）。

8.59 我们所熟知的大多数解释（或理论），都旨在揭示大量事例的某个共同原理，而这些事例在其他方面可能极不相同。此前（见2.18—2.19）已经把这样的解释当作"原理性的解释[②]"。当然，这种"原理性解释"与更详尽的解释仅在一般性程度上有所不同，严格地讲，所有的解释都是原理性解释。然而，保留"原理性解释"作为较高程度的一般性解释的名称，并与详尽解释相对照，这样更方便一些。

8.60 在上述意义上，通常给出的解释——如对时钟机构运作的

---

① 参阅M.Petrovitch，1921年，各章节。

② 另见F.A.Hayek，1942年，第290页。［今可参考F.A.Hayek, *Studies on the Abuse and Decline of Reason*, ed. Bruce Caldwell, vol. 13 (2010) of *The Collected Works of F.A.Hayek*, 106f., 112f。——编者］

解释——只是原理性的解释。它只展示了被称作时钟机构的那种现象是怎样发生的：一对指针能够以某种方式匀速旋转，等等。以同样的“一般性”，大多数人熟悉蒸汽机、原子弹，或某些简单有机体功能原理，然而不一定能对其中的任何一个给予充分详尽的解释，达到能制造它或准确预测其行为的程度。即使能制造某个物品——比如时钟——也只能利用原理性的知识预测其运转的某些一般方面。比如，在制造它之前永远无法精确地预测它将运转得多快或在某一时刻它的指针将指在哪个位置。

8.61 我们一般不太注意原理性解释和详尽解释之间的区别，这是因为对原理性解释加以详细阐释，使之任意地逼近特定情形，这么做通常并不困难。通过增加模型的复杂程度，通常能够准确再现任一感兴趣的特征。

8.62 普遍适用的原理性解释和适合于特定现象的详尽解释之间的区别，反映在我们熟悉的“理论科学”和“应用科学”之间的区别上。“理论物理学”，“理论化学”或“理论生物学”分别涉及对一切物理，化学或生物现象的共同原理的解释。

8.63 当然，严格地讲，除非知道解释某类现象的某些共同原理，否则根本没有资格谈论该类现象。比如，原子结合成分子的不同方式，是所有化学现象的共有原理。完全有可能，一个观察到的现象被假定是化学现象，如物质颜色变化了，但是经过调查发现它属于另一类现象，如照到该物质上的光线的变化引起的光学现象。

8.64 的确，只有在发现了一类现象的各个成员都遵守的普遍原理——也就是能够再现所有成员共同特点的高度一般化模型——之后，关于该现象的理论类型才能被确立。但是也有这样一些现象：它们看来在某方面类似，因此我们期待找到一个普遍的解释原理，尽管尚未找到。这种表观的(prima facie)或经验性的类型，与由共同原理而导出的理论的类型之间的区别是：前者局限于实际观察到的现象，而后者使我们得以界定那一类现象的可变范围。

8.65 在这个意义上，称作“心理的”那类事件，到目前为止整体上还是经验类型的(译注：局限于观察到的现象)。本书所做的就是尝试概述“理论心理学”，就像理论物理学或理论生物学那样。我们已经尝试了一种原理性的解释，它可以解释通常称作心理现象的所有过程的共同特性。现在的问题是，在心理过程领域，能在多大程度上把原理性的解释发展成为更详细的解释，特别是使之成为能预测特定心理过程的解释。

6. 解释的限度

8.66 获得了某类现象的原理性解释，并不必然意味着能由此进一步达到更具体的详尽解释。有些领域中，实际的困难妨碍了将已知的原理性解释进一步发展到能预测特定事件的程度。当现象非常复杂时——如在气象学或生物学里——经常就是这样。在这种情况下，必须考虑的变量数目超过人类心智能力范围。比如说，即使完全掌握了水面上波浪形成和传递的机理，也或许永远不能预测在特定时间和地点海浪的形状及其运动。

8.67 然而，除这些对解释的实际限制外(实际限制可望不断地被突破)，还存在一个人脑的解释方式永远无法突破的绝对限制——它是由解释工具自身性质所决定的，并与解释特定心理过程的努力尤其相关。(译注：参见8.69)

8.68 如果我们对解释过程的说明是正确的，那么任何执行这种操作的工具或有机体必须具有由待解释事件的属性所决定的某些特征。如果解释涉及那种被我们描述为“模型—构建”(model-building)的多元素联合分类，解释主体和解释对象之间的关系从形式上讲也必须满足任何分类器官和被它分类的各个对象之间的关系。(见5.77—5.91)

8.69 我们试图提出的命题是，任何分类装置都必须比被它分类的对象拥有更复杂的结构，因此，任何解释主体的解释能力限于解释比它结构更简单的对象。如果这是对的，它意味着任何解释主体都不能解释它自身所属种类的对象（译注：相当于它的同类），或者说，不能解释和它自身复杂程度一样高的对象——因此，人脑永远不能完全解释它自身的运行。也许这个论点看起来很合理，然而它如此重要并有着深远的影响，我们必须尝试给出更严格的证明。

8.70 我们先将这个论点用在单元素分类的简单过程，再应用到我们称之为模型—构建的联合分类过程。首要任务是，必须弄清楚分类对象和分类装置的"复杂程度"到底指什么。我们要衡量这种复杂程度，并给出量化的表达。

8.71 首先要记住，鉴于当前目的，我们不关心一个被分类的物理对象在客观意义上可能拥有的所有属性，而只关心这些对象分类所依据的那些"属性"。为此，某个对象的完全分类就是对它自身的完全定义，该定义包含了我们关心的这个对象的所有方面。

8.72 那么，分类对象复杂程度可以通过它能归入多少个不同的类别，或者说它拥有的"标题"(heads)的数量来衡量。这个数量表达了，分类装置对这一对象作出的反应与它对其他对象所作反应相比，两者差异的最大可能值。如果正在讨论的对象被划入n个"标题"之下，则该对象能够以n种不同方式显著区别于被同一分类装置分类的任一其他对象。

8.73 为了使分类装置对在n个标题之下的任意两个对象作不同反应，即将其分到不同的类，该分类装置辨别类型的能力显然要远超于n。若每个对象可以属于或不属于$A, B, C, \ldots, N$等n类中的任意一类，而任意两个对象只要有一个类的隶属关系不同，它们就被视为不同类型，那么根据简单组合分析定理，对象所构成的类型数量——也就是分类装置能作出的不同反应的数量——将会达到2^{n+1}。

8.74 于是，分类器官能做出的不同反应（或反应的类）的数量，或者说它能形成的类型数量，相比任一被分类对象可能归属的类型数量,肯定在更高的量级上。当一个特定对象所属的各类之间存在相互排斥或分离时,比如它属于A_1, A_2, A_3……中任意一类,以及属于B_1, B_2, B_3……中任意一类等,此时上述结论仍然是正确的。如果在这种情形下,有 m 个可变属性将 A_1 的元素与 A_2 的元素, A_3 的元素(以及将 B_1 的元素与 B_2, B_3 的元素)加以辨别,并且,这 m 个可变属性中每个属性都可取 n 个不同“值”,那么,即使任一元素至多属于 m 个不同的类,分类装置必须作出不同反应的属性的组合数量仍将多达 n^m 。

8.75 我们已经用一个元素所能归属的类的数量来衡量该元素自身的复杂度。同样地,可以用分类装置必须对其作出不同反应的类的数量,来衡量该工具的复杂度。显然,这个数字表明了,对于一组给定的元素来说其分类方案的多样化程度,即一种分类方案与另一种分类方案有多少种可能的差异。这种对各种可能的分类方案进行再分类的方案,转而必定比任何一个可能的分类方案(译注:它的分类对象)拥有高得多的复杂度,正如后者的复杂度要高于任何一个被分类的元素的复杂度一样。

8.76 显然,被分类的元素的复杂度和分类装置的复杂度之间的那种关系,同样适用于那种我们称之为“模型—构建”的联合的或同时的分类。这种联合分类与对单个元素分类的区别仅仅表现在,元素组群之间可能的差异范围,已经要比单个元素之间可能的差异范围在更高的数量级了。因此,能对所有可能的元素组群进行建模的工具,必须具有更高数量级的复杂度。

8.77 如果一个工具能在其内部建立起不同元素组群的模型,则该工具在上述意义上必须比这些元素的任意一个特定群(对每个群,该工具也能建模)具有更高的复杂性。因为,分类装置不仅要表征每个元素如何在特定环境中行动,也必须表征其如何在许多其他环境中行动。分类装置之所以能预测元素的特定组合的“新”结果,源于它能预测组合中每一元素在各种条件下的行为。

8.78 如果用具有相同或相似原理的一些例子来阐述，那么上述这些抽象论述的意义将变得更清晰。最简单的例子可能是，根据一些可变属性挑选出特定物体的机器。显然，这个机器必须能够辨认的（或者能作出不同反应的）特性的数量，要多于被挑选物体属性的数量。例如，如果把机器设计成根据长度来挑选物体，任一物体只能有一个长度，而这台机器则必须能对许多不同长度作出不同的反应。

8.79 计算器能执行的不同运算的数量大于它所能显示的最大数字，也体现了类似的关系。如果计算器显示的数字限制是999,999,999，因此，给定999,999,999为结果，两个不同数字相加，就有500,000,000种组合；给定999,999,998为结果，就有499,999,999种组合，等等；因此，数字两两相加所形成的不同的组合数（译注：类似不同要素的组合的数量），要远超过机器能显示的数字（译注：500,000,000+499,999,999+…… 999,999,999）。更进一步，计算器所能进行的各种计算的数量，还必须加上多于两个数字的加法，以及这台机器能执行的其他所有不同运算。因此机器能够运算的不同计算的数量，显然比它能显示的最大数字位于更高的数量级。

8.80 将上述一般原理运用于作为分类器官的人脑，似乎意味着，即使能概括地理解大脑的运作方式（*Modus operandi*），或者换一种说法，即使可对其运行作出原理性的解释，运用同样的（译注：即同等复杂度）大脑，也永远无法获得它本身在特定环境中如何运行的详尽解释，或者说无法预测它运转的结果是什么。为了达到这点，可能需要一个基于同样工作原理但复杂程度更高的大脑。这个更复杂的大脑或许能解释我们大脑中发生的所有东西，但依此类推，它同样不能完全解释它自己的运行。

8.81 因此，只要还是运用人脑自身作为分类的工具，就不可能对人脑机能作出足够详尽的解释，达到用物理术语的描述来代替心理特质的描述的程度。但是这种不可能性不适用于基于相同原理，但拥有更高复杂度的大脑，而且——听上去可能自相矛盾——它也不排除这样一种逻辑上的可能性，即基于大脑运行原理的知识，也许能制造一个完全复制大脑行为，并能预测大脑在不同环境下如何行动的机器。

8.82 一台由人类心智设计的机器，却能“解释”心智在不借助它的情况下所不能解释的东西，这个构想并不是自相矛盾。但如果说心智直接解释它自身的运行，那就是矛盾。构建这个机器，在原理上和构建一台计算机没有什么不同，计算机能使我们解决以前不能解决的问题。严格地说，我们并不能预测它的运行结果，只能说它必须同设定的原理一致。在上面两个例子中，我们都只有关于机器运转原理的知识。机器将使我们得到某些结果，但是在它输出这些结果之前，我们只知道这些结果会满足某些条件，却不知道结果具体是什么。

8.83 初看起来，不可能对心理过程作出完全解释这个判断，似乎只适用于作为整体的心智，而不适用于特定的心理过程。若能对特定心理过程作出完全的解释，就可以用一个完全等价的，关于一组物理事件的论述，来代替对一组心理过程的描述。如果这种关于特定心理过程的完全解释是可能的，它一定不同于我们所讲的“原理性解释”（只是部分解释），且比之更加深刻。

8.84 然而，为了对哪怕只是一个特定心理过程提供完全的解释，该解释也必须完全用物理术语表述，并且不能参考任何其他不能用物理术语加以解释的心理事件，而这是不可能的。因为心智作为一种秩序，就这一术语严格的意义而言，是一个“整体”——心理实体及其运行模式的独特特征，取决于这些心理实体与其他心理实体的关系（或者某心理实体在其他心理实体组成的系统中的位置）。因此，若不能同时解释其他所有心理实体或者决定它们特征的整体关系结构，就不能解释它们中的任何一个。

8.85 只要不能把心智当作一个整体来解释，那么任何解释特定心理过程的尝试，就不得不参照其他心理过程，并因而不能完全还原为物理术语的描述。因此，要把对一组事件的描述，从心理语言完整翻译成物理语言，预设了一套两种语言之间的完备的“对应规则”①，或者说预设了对两个世界秩序的完整解释。

8.86 这一结论或许有另一种表达方式：只有当我们能表明，一个心理过程在整个心理事件的秩序中所占的位置，与一个物理事件在有机体的物理秩序中占的位置完全等同——只有当这时，一个心理过程才能等同于（或“还原为”）一个特定物理过程。一个心理过程之所以是一个心理过程，因为它在心理过程的整个秩序中占据了一个特定位置（即它以特定方式影响其他心理过程或被其他心理过程影响），并且，只有在表明一个等价的秩序可由物理元素建立起来之后，心理秩序中这一位置才能用物理术语解释。只有实现了这点，才能用物理世界特定部分的秩序的陈述，来代替关于心理事件的知识。

7. 科学与“自由意志”的划分

8.87 因此，本书推出的结论是：对我们来说，不仅是作为整体的心智，而且所有个别的心理过程，都必将永远保持为一类特殊的现象；尽管它们也是由我们所知的物理世界的运行原理而产生的，但是我们永远不能用物理定律完全地解释它们。那些喜欢这个结论的人也许会说，就某种最终意义而言，心理现象“只不过是”物理过程而已。然而，这并不能改变这一事实：在讨论心理过程时，永远无法完全抛弃心理术语，并永远不得不满足于一个实用的二元论。这种二元论并非断言两类事件存在客观差异，而是说人类心智的力量存在明显的局限，无法完全理解两类事件所属的统一秩序。

8.88 我们只能获得决定心理事件秩序的“原理性解释”。由此

① H.Margenau，1950年，第60，69，450页。

也可以得出，我们永远达不到所有科学的“统一”，因为“统一”要求所有现象都能用物理术语表述[①]。特别地，在研究人类行为时，必须以人类关于各类心理事件的直接知识为出发点。对我们来说，这些事件是不可再还原的实体。

8.89 有一条永久的鸿沟恰好把通常认为是一个整体的心理学领域分割开来，一边是我们关于物理世界的知识，另一边是我们关于心理事件的知识。由于这里所概述的理论心理学，绝不可能发展到这个程度——即它能使我们用特定物理事件的描述来代替对特定心理事件的描述的程度——因此它对于特定类型的心理事件也说不出更多，而仅限于描述能够产生各类心理过程的种种物理过程的类型。因此，任何超越“原理性解释”的，关于心理事件的详细讨论，都必须从直接经验所知的那些心理实体开始。

8.90 这并不意味着，我们全然不能在任何意义上“解释”某些特定的心理事件。它只是说，在物理科学中追求的那种解释，并不适用于心理事件。我们仍能用关于心理事件的直接（“内省”）知识去“理解”，甚至从某种程度上预测心理过程在特定环境下将导致的

① “物理的”这一术语，在这里必须就它在第一章已经被定义的严格意义来被理解，不要与（例如）纽拉特［奥图·纽拉特（1882—1945）曾与Joseph Schumpeter和Ludwig von Mises一起，参加过著名的庞巴维克（Böhm-Bawerk）研讨会。他是维也纳学派的领导人物，强调实证主义和社会主义之间的内在联系（见B.Caldwell, introduction to F.A.Hayek, *Studies on the Abuse and Decline of Reason*, ed. Bruce Caldwell, vol. 13 (2010) of *The Collected Works of F.A.Hayek*, 17f.）。正如哈耶克（*Hayek on Hayek* ［London：Routledge, 1994］, 50）所回忆的，正是纽拉特的极端“物理主义”和“幼稚的经济学”使他无法加入维也纳学派，尽管他与圈内的几个成员有密切的联系。——编者］或者卡尔纳普所说的“物理语言”相混淆。就我们的意义而言，他们的“物理语言”，由于涉及现象或物体的感觉的质，根本不是“物理的”。反而，他们对这个术语的使用，暗示在最终的“现实”里，有一个形而上学的信念，以及一个恒常的现象世界，对此，几乎没有正当的理由。参阅O.Neurath，1933和R.Carnap，1938。［纽拉特与哈恩（Hans Hahn）、卡尔纳普一起，于1929年发表了所谓的“维也纳学派宣言”——《维也纳学派的科学观》（*Wissenschaftliche Weltauffassung. Der Wiener Kreis*）。——编者］

一些结果。但是，这种内省心理学，作为同鸿沟另一边的物理科学相对的那部分心理学，将总是不得不以人类心智的直接知识作为出发点。它将由其他心理过程的知识，得出另一些心理过程的陈述，但是它无法架起心理领域和物理领域之间的桥梁。

8.91 然而，这种始于心理过程给定知识的理解心理学(*verstehende* psychology)，绝不能解释为什么我们必须这样思考而不是以其他方式思考，以及为什么会得到特定的结论。因为这样的解释要求我们掌握达到不同结论所需的物理条件。我们声称能解释自身的知识，这个断言也隐含了一种信念：我们在任一时刻既能按照某些知识行事，又能掌握这些知识的应用条件和如何被决定的额外知识。"心智能解释其自身"的整个思想是一个逻辑矛盾——就其字面而言是毫无意义的，它是"必须能够用处理物理事件的同样方式来处理心理事件"这样一个偏见的结果[①]。

8.92 特别地，"知识社会学"这一学科的整个的目的——旨在解释为什么人们由于特定物质环境的结果而在特定时刻持有特定观点——从根本上看来是错误的。知识社会学的目的，恰好就是从物理事实出发来提供一个关于心理现象的特定解释，我们已努力证明这是不可能的。在这一领域，有望达到的只是原理性的解释，比如知识的一般理论或认识论所进行的尝试。

8.93 顺便注意到，这些思考也跟关于"自由意志"的古老争论有一些关联。即使我们可能知道由物理过程决定所有人类行为的一般原理，也并不意味着可以把一种特定的人类行为归结为一组特定的物理环境的必然结果。对我们而言，人类决策行为总是整体人格——即一个人的心智整体——的结果。正如我们所见，它不能被

① 关于此处及下一段的主题，参阅F.A.Hayek，1944年，第31页等。[今可参阅F.A.Hayek, *Studies on the Abuse and Decline of Reason*, ed. Bruce Caldwell, vol. 13 (2010) of *The Collected Works of F.A.Hayek*, 150ff。——编者]

还原为其他东西[①]。

8.94 为了理解人类行为，必须以我们所熟悉的心理实体为最终决定因素，并且不能指望用物理事实来代替它们。认识到这件事，当然对所有致力认识和解释人类行为的学科都是至关重要的。尤其是，它意味着自然科学发展的那些工具——其目的是用物理术语描述的世界来代替用感觉或现象术语描述的世界[②]——在研究可理解的人类行为中失去了存在的理由(raison d'être)。

8.95 然而，把所有科学知识完全“统一”进一个包罗一切的物理科学的不可能性，对理解物理世界的意义丝毫不亚于它对研究人类行为后果的意义。在物理科学中，我们已经看到，如何通过打破已知的，感质的分类，并代之以事件的相互关系所界定的分类，来建立外部事件联系的模型，以及随着这个物理世界模型变得越来越完善，它对感觉世界中特定现象的作用如何变得越来越不确定。(见8.17—8.26)

8.96 如此构建的物理世界的模型，与感觉产生的现象世界的图景，两者之间的明确协调，需要通过一种与物理学的典型研究程序(见1.21)相反的操作，来完成物理科学的任务：我们应该能够展示心智以何种方式对物理世界模型的各个部分进行分类。换言之，要想对我们所知的外部世界作出完整的解释，也必须以对感觉和心智的全面解释为前提。如果后者不可能，则前者也不可能完成。

8.97 若这一科学任务得以完成，我们就能详尽解释关于外部世

---

① 也要提及的是，虽然这与此处主题没有直接的关联，由于“自由”这一单词已经被构造来描述一个特定的主观经验，并且除了参考那种经验，它很少被定义，所以至多可以被断言为，这个术语是无意义的。但是这使得对自由意志的存在的任何否定，就像与这种断言一样是无意义的。

② 这一观点的更详细的讨论见F.A.Hayek，1942年，第290页以下。[今可参阅F.A.Hayek, *Studies on the Abuse and Decline of Reason*, ed. Bruce Caldwell, vol. 13 (2010) of *The Collected Works of F.A.Hayek*, 113ff。——编者]

界的感觉图景如何表征存在于世界各部分之间的关系。这又将意味着，对于世界的再现不得不包括那个再现的一个再现（或一个关于模型—对象关系的模型），而那个再现又必然包括那个再现的那个再现的一个再现，等等，无穷无尽(ad infinitum)。因此，完全解释心智形成的外部世界的任一图景都是不可能的，也就是说，我们永远不能完全解释外部“现象”世界。科学任务的最终完成，这个概念是术语的矛盾。因此，对于科学的追求本质上是一项永无止境的工作，在这一工作中，每向前一步都必然产生新的问题。

8.98 因此，结论势必为，对于我们来说，心智必须永远保留一个它自己的领域。对于该领域，我们只能通过直接经验来认识，但是永远无法完全解释它，也无法把它“还原”为其他东西。即使我们可能知道，我们所经历的心理事件，可以由支配自然界其余部分的同一种力量所产生，但是我们永远也说不准，究竟哪些特定的物理事件“对应于”一个特定的心理事件。

参考文献

除了在正文中引用的文献，这里的参考文献包括现在我能记起的，在本理论的形成之初对我产生过影响的著作(标记星号的)，还有一些在正文中没有明确提及，关于感官学习的附加的一些文献。那些与原文日期不同的翻译或版本的参考文献，原文的日期标在前面，翻译或编辑的版本标在后面括号里。

Adrian, Edgar Douglas, 1947, *The Physical Background of Perception*, Oxford: Oxford University Press.

Argelander, Annelies, 1927, *Das Farbenhören und der synaesthetische Faktor in der Wahrnehmung*, Jena: Gustav Fischer.

⋆Ashby, W. Ross, 1945, 'The physical origin of adaptation by trial and error', *The Journal of General Psychology*, 32, pp. 13–25.

⋆——, 1946, 'Dynamics of the cerebral cortex: The behavioral properties of systems in equilibrium', *American Journal of Psychology*, 59, pp. 682—89.

——, 1947a, 'Principles of self-organizing dynamic systems', *Journal of General Psychology*, 37(2), pp. 125–28.

——, 1947b, 'Dynamics of the cerebral cortex: Automatic development of equilibrium in self-organizing systems', *Psychometrika*, 12, pp. 135–40.

——, 1948, 'Design for a brain', *Electronic Engineering*, 20, pp. 379–83.

——, 1949, 'Critical Review, The facts and methods of cybernetics', (Review of N. Wiener, *Cybernetics*) *Journal of Mental*

Science, 95, pp. 716–24.

Bargmann, Wolfgang, 1947, 'Das Substrat des nervösen Geschehens', *Universitas*, 2, pp. 57–65.

★Becher, Erich, 1911, *Gehirn und Seele*, Heidelberg: Winter.

★Bechterew, Wladimir Michailovic, 1913, *Objektive Psychologie*, Leipzig: Teubner.

Beck, Lloyd H., and Miles, Walter R., 1947, 'Some theoretical and experimental relationships between infrared absorption and olfaction', *Science*, 106, p. 511.

Bertalanffy, Ludwig von, 1942, *Theoretische Biologie*, 2, Berlin: Julius Springer.

——, 1949, *Das biologische Weltbild*, 1, Bern: A. Francke A.G.

★——, 1950a, 'The theory of open systems in physics and biology', *Science, New Series* 111(2872), pp. 23–29.

★——, 1950b, 'An outline of general system theory', *British Journal for the Philosophy of Science*, 1(12), pp. 134–65.

Bichowsky, F. Russell, 1925, 'The mechanism of consciousness: Pre–sensation', *American Journal of Psychology*, 36, pp. 588–96.

Binns, Henry, 1926, 'A comparison between the judgments of individuals skilled in the textile trade and the natural judgments of untrained adults and children', *Journal of the Textile Institute*, 16, pp. 615–41.

★——, 1937, 'Visual and tactual "judgment" as illustrated in a practical experiment', *British Journal of Psychology*, 27, pp. 404–10.

Blair, George William S., and Coppen, Flora Margaret V., 1939, 'The subjective judgment of the elastic and plastic properties of soft bodies; the "differential thresholds" for viscosities and compression moduli', *Proceedings of The Royal Society of London*, 128, pp.

109–25.

★——, 1940, 'The subjective judgment of the elastic and plastic properties of soft bodies–reproducibility in complex systems', *British Journal of Psychology*, 31(1), pp. 61–79.

Boring, Edwin G., 1930, 'Psychology for Eclectics', in Carl Murchison (ed.), *Psychologies of 1930*, Worcester, MA: Clark University Press, pp. 115–27.

——, 1933, *The Physical Dimensions of Consciousness*, New York: The Century Co.

——, 1935, 'The relation of the attributes of sensation to the dimensions of the stimulus', *Philosophy of Science*, 2, pp. 236–45.

——, 1936, 'Psychological systems and isomorphic relations', *Psychological Review*, 43, pp. 565–87.

——, 1937, 'A psychological function is a relation of successive differentiations of events in the organism', *Psychological Review*, 44, pp. 445–61.

——, 1942, *Sensation and Perception in the History of Experimental Psychology*, New York: Appleton–Century–Crofts.

——, 1946, 'Mind and Mechanism', *American Journal of Psychology*, 59(2), pp. 173–92.

Boring, Edwin G., Langfeld, H. S., and Weld, H. P. (eds.), 1948, *Foundations of Psychology*, Hoboken, NJ: Wiley.

Braly, Kenneth Walter, 1933, 'The influence of past experience in visual perception', *Journal of Experimental Psychology*, 16(5), pp. 613–43.

Broad, Charlie D., 1925, *The Mind and Its Place in Nature*, London: Kegan Paul.

Brogden, Wilfred J., 1939, 'Sensory pre–conditioning', *Journal of Experimental Psychology*, 25(4), pp. 323–32.

——, 1942, 'Test of sensory pre-conditioning with human subjects', *Journal of Experimental Psychology*, 31, pp. 505–17.

——, 1947, 'Sensory pre-conditioning of human subjects', *Journal of Experimental Psychology*, 37, pp. 527–39.

——, 1950, 'Sensory pre-conditioning measured by the facilitation of auditory acuity', *Journal of Experimental Psychology*, 40, pp. 512—19.

Cannon, Walter B., 1932, *The Wisdom of the Body*, New York: Norton.

Capurso, Alexander A., 1934, 'The effect of an associative technique in teaching pitch and interval discrimination', *Journal of Applied Psychology*, 18, pp. 811–18.

Carnap, Rudolf, 1928, *Der logische Aufbau der Welt*, Berlin: Weltkreis Verlag.

——, 1938, 'Logical Foundations of the Unity of Science', *International Encyclopaedia of Unified Science*, Chicago: University of Chicago Press, 1(1), pp. 42—62.

*Carneri, Bartholomäus von, 1893, *Empfindung und Bewußtsein. Monistische Bedenken*, Bonn: E. Strauss.

Cattell, Raymond B., 1930, 'The subjective character of cognition and the presensational development of perception', *British Journal of Psychology, Monograph Supplements*, 14.

Connette, Earle, 1941, 'The effect of practice with knowledge of results upon pitch discrimination', *Journal of Educational Psychology*, 32, pp. 523–32.

Craik, Kenneth John William, 1943, *The Nature of Explanation*, Cambridge: Cambridge University Press.

Czermák, Johan N., 1855, 'Weitere Beiträge zur Physiologie des Tastsinnes', *Sitzungsberichte der Kaiserlichen Akademie der Wissenschaften*, Vienna, XVIII.

Dimmick, Forrest L., 1946, 'A color aptitude test, 1940 experimental edition', *Journal of Applied Psychology*, 30, pp. 10–22.

——, 1948, 'Visual Space Perception', in Boring, E. G., Langfeld, H. S., and Weld, H. P. (eds.), *Foundations of Psychology*, pp. 297–312.

Dodge, Raymond, 1931, *Conditions and Consequences of Human Variability*, New Haven, CT: Yale University Press.

Duncker, Karl, 1939, 'The influence of past experience on perceptual properties', *American Journal of Psychology*, 52, pp. 255–65.

*Edinger, Ludwig, 1909, 'Die Beziehungen der vergleichenden Anatomie zur vergleichenden Psychologie', *Bericht des 3. Kongresses für experimentelle Psychologie, 1908*, Leipzig.

Edmonds, E. M., and Smith, M. E., 1923, 'The phenomenological description of musical intervals', *American Journal of Psychology*, 34(2), pp. 287–91.

Erdmann, Benno, 1886, *Die psychologischen Grundlagen der Beziehungen zwischen Sprechen und Denken*, Leipzig: Reisland.

——, 1907, *Wissenschaftliche Hypothesen über Leib und Seele*, Vorträge, gehalten an der Handelshochschule zu Köln, Köln: M. Dumont-Schauberg'sche Buchhandlung. [哈耶克在7.14节,(本书第310页)注④参考了(Erdmann 1886)和(Erdmann 1907),但在参考文献中未列出相应篇目。在Erdmann1907年发表的若干作品中,此处所列者最有可能是哈耶克所指的。——编者]

——, 1920, *Grundzüge der Reproduktionspsychologie*, Berlin: de

Gruyter.

Erismann, Theodor, 1948, 'Das Werden der Wahrnehmung', *Kongress der deutschen praktischen Psychologen*, I., pp. 61–86.

Ewert, P. Harry, 1930, 'A study of the effect of inverted retinal stimulation upon spatially coordinated behavior', *Genetic Psychology Monographs: Child Behavior, Animal Behavior, and Comparative Psychology*, Worcester, MA: Clark University Press, 7(3/4), pp. 177–363.

——, 1936, 'Factors in space localization during inverted vision: I. Interference', *Psychological Review*, 43(6), pp. 522—46.

*Exner, Sigmund, 1894, *Entwurf zu einer physiologischen Erklärung der psychischen Erscheinungen*, Leipzig and Vienna: Deuticke.

Friedline, Cora L., 1918, 'The discrimination of cutaneous patterns below the two–point limen', *American Journal of Psychology*, 29, pp. 400–419.

Fundamental Mathematics, 1948, Prepared for the general course Mathematics I in the College by the College Mathematics Staff: E. P. Northrop, Chairman and others, 3rd ed., Chicago: University of Chicago Press.

Gibson, James J., 1941, 'A critical review of the concept of set in contemporary experimental psychology', *Psychological Bulletin*, 38, pp. 781–817.

*Gilbert, G. M., 1941, 'Inter–sensory facilitation and inhibition', *Journal of General Psychology*, 24, pp. 381–407.

Goldstein, Kurt, 1939, *The Organism. A Holistic Approach to Biology Derived from Biological Data in Man*, New York: American Book Company.

Green, Thomas Hill, 1883 (1884), *Prolegomena to Ethics*, Oxford: Clarendon Press.

Hartmann, George Wilfried, 1935, *Gestalt Psychology, A Survey of Facts and Principles*, New York: Ronald Press.

Hayek, Friedrich A. von, 1942—1944, 'Scientism and the Study of Society', *Economica*, N.S., 9 (Aug. 1942), pp. 267–91; *Economica*, N.S., 10 (Feb. 1943), pp. 34–63; *Economica*, N.S., 11 (Feb. 1944), pp. 27 - 39; reprinted in F.A.Hayek, 1952, *The Counter–Revolution of Science. Studies in the Abuse of Reason*, Glencoe, IL: Free Press, pp. 17–182.［今重印于F.A.Hayek, *Studies in the Abuse and Decline of Reason, Text and Documents*, ed. Bruce Caldwell, vol. 13 (2010) of *The Collected Works of F.A.Hayek*, Chicago: University of Chicago Press; London: Routledge, Part I, pp. 75–166.——编者］

Hazzard, Florence W., 1930, 'A descriptive account of odors', *Journal of Experimental Psychology*, 13(4), pp. 297–331.

Head, Henry, in conjunction with W. H. R. Rivers et al., 1920, *Studies in Neurology*, London: H. Frowde, Hodder & Stoughton.

Hebb, Donald O., 1949, *The Organization of Behavior: A Neuropsychological Theory*, New York: Wiley.

*Helmholtz, Hermann von, 1879, *Die Thatsachen in der Wahrnehmung*, Berlin: Hirschwald.

——, 1925, *Helmholtz's Treatise on Physiological Optics*, 3 vols., transl. by James P. C. Southall from the third German edition, 1909. Vol. III: *The Perception of Vision*, Rochester, NY: The Optical Society of America. (German original: *Handbuch der physiologischen Optik*, 1867, Leipzig: Voss.)

Henning, Hans, 1917, 'Versuche über die Residuen', *Zeitschrift für Psychologie*, 78, pp. 198–269.

★——, 1919, 'Experimentelle Untersuchung zur Denkpsychologie. I. Die assoziative Mitwirkung, das Vorstellen von noch nie Wahrgenommenem und deren Grenzen', *Zeitschrift für Psychologie*, 81, pp. 1–96.

——, 1922, 'Assoziationsgesetz und Geruchsgedächtnis', *Zeitschrift für Psychologie*, 89, pp. 38–80.

——, 1924, *Der Geruch. Ein Handbuch für die Gebiete der Psychologie, Physiologie, Zoologie, Botanik, Chemie, Physik, Neurologie, Ethnologie, Sprachwissenschaft, Literatur, Ästhetik und Kulturgeschichte*, Leipzig: J. A. Barth.

——, 1927, 'Psychologische Studien am Geschmacksinn' and 'Psychologische Studien am Geruchsinn', in Abderhalden, E. (ed.), *Handbuch der biologischen Arbeitsmethoden*, vol. VI, Part A, pp. 627–740, and pp. 742—836.

Henri, Victor, 1898, *Die Raumwahrnehmungen des Tastsinnes*, Berlin: Reuther and Reichard.

★Hering, Ewald, 1870, *Über das Gedächtnis als eine allgemeine Funktion der organisierten Materie*, Vortrag gehalten in der feierlichen Sitzung der Kaiserlichen Akademie der Wissenschaften in Wien, 30.5.1870, Leipzig: Akademische Verlagsgesellschaft.

——, 1884, *Über die spezifischen Energien des Nervensystems*, Lotos, NF, vol. 5, Prag; English transl. 1913 in *Memory: Lectures on the specific energies of the nervous system*, 4th ed., Chicago: Open Court Publishing Co.

Herrick, C. Judson, 1926, *Brains of Rats and Men*, New York: Hafner.

★Hilgard, Ernest R., Campbell, Albert A., and Sears, W. Norman, 1937, 'Conditioned discrimination: The development of discrimination with and without verbal report' , *American Journal of Psychology*, 49(4), pp. 564–80.

Hilgard, Ernest R., and Marquis, Donald G., 1940, *Conditioning and Learning*, New York: Appleton–Century.

Hillarp, Nils–Ake, 1946, 'Structure of the synapse and the peripheral innervation apparatus of the autonomic nervous system' , *Acta Anatomica*, 2, Supplement 4.

Holt, Edwin B., 1937, 'Materialism and the criterion of the psychic' , *Psychological Review*, 44(1), pp. 33–53.

Hornbostel, Erich M. von, 1925, 'Die Einheit der Sinne' , *Melos, Zeitschrift für Musik*, 4, pp. 290–97. Engl. transl. 1926, 'Unity of the Senses' , *Psyche*, 7, pp. 83–89.

*——, 1931, 'Über Geruchshelligkeit' , *Pflüger's Archiv für die gesamte Physiologie des Menschen und der Tiere*, 227, pp. 517–38.

*Hull, Clark Leonard, 1943, *Principles of Behavior*, New York: Appleton–Century–Crofts.

Humes, John F., 1930, 'The effect of practice upon the upper limen of tonal discrimination' , *American Journal of Psychology*, 42, pp. 1–16.

*Humphrey, George, 1923 (1932), *The Story of Man's Mind*, rev. and enl. ed., New York: Dodd, Mead and Co.

James, William, 1890, *Principles of Psychology*, London: Macmillan.

Jennings, Herbert Spencer, 1906, *The Behavior of the Lower Organisms*, New York: Columbia University Press.

*Jodl, Friedrich, 1916, *Lehrbuch der Psychologie*, 4th ed., Stuttgart and Berlin: Cotta.

Katz, David, 1944, *Gestaltpsychologie*, Basel: Schwabe.

*Kenneth, John H., 1927, 'An experimental study of affects and associations due to certain odors', *Psychological Monographs*, 37(2), pp. 1–64.

Kingsley, Howard L., 1946, *The Nature and Conditions of Learning*, New York: Prentice Hall.

Kleint, Herbert, 1937–1940, 'Versuche über Wahrnehmung', *Zeitschrift für Psychologie*, 140, pp. 109–38; 142, pp. 259–90; 143, pp. 299–316; 148, pp. 145–204; 149, pp. 31–82.

*Klüver, Heinrich, 1931, 'The equivalence of stimuli in the behavior of monkeys', *Journal of Genetic Psychology*, 39, pp. 3–27.

——, 1933, *Behavior Mechanisms in Monkeys*, Oxford: University of Chicago Press.

——, 1936, 'The study of personality and the method of equivalent and nonequivalent stimuli', *Journal of Personality*, 5(2), pp. 91–112.

——, 1949, 'Psychology at the beginning of World War II: Meditations on the impending dismemberment of Psychology written in 1942', *Journal of Psychology*, 28, pp. 383–410.

Köhler, Wolfgang, 1913, 'Über unbemerkte Empfindungen und Urteilstäuschungen', *Zeitschrift für Psychologie*, 66, pp. 51–80.

*——, 1920, *Die physischen Gestalten in Ruhe und im stationären Zustand*, Braunschweig: Vieweg.

——, 1929, *Gestalt Psychology*, New York: Liveright.

Köhler, Wolfgang, and Held, Richard, 1949, 'The cortical correlate of pattern vision', *Science*,110, pp. 414–19.

*Koffka, Kurt, 1928, 'On the structure of the unconscious', in: *The Unconscious: A Symposium*, New York: Knopf, pp. 43–68.

——, 1935, *Principles of Gestalt Psychology*, New York:

Harcourt Brace and Routledge Kegan Paul.

Kries, Johannes von, 1898, *Über die materiellen Grundlagen der Bewußtseinserscheinungen*, Freiburg i. Br.: Lehmann.

——, 1923, *Allgemeine Sinnesphysiologie*, Leipzig: F.C.W.Vogel.

Krüger, Felix, 1915, *Über Entwicklungspsychologie, ihre sachliche und geschichtliche Notwendigkeit*, vol.1(1) of the series *Arbeiten zur Entwicklungspsychologie*, ed. by F. Krüger, Leipzig: W. Engelmann.

Külpe, Oswald, 1895, *Outlines of Psychology*, London: Swan Sonnenschein and Co. Ltd. Translation by E. B. Titchener of the German original *Grundriss der Psychologie*, Leipzig, 1893.

Lashley, Karl Spencer, 1923, 'The behavioristic interpretation of consciousness', *Psychological Review*, 30(4), Part I, pp. 237–72; Part II, pp. 329–53.

——, 1929, *Brain Mechanisms and Intelligence*, Chicago: University of Chicago Press

*——, 1934, 'Learning: III. Nervous mechanisms in learning', in: Murchison, C. (ed.), A *Handbook of General Experimental Psychology*, pp. 456–96.

——, 1942, 'The problem of cerebral organization in vision', in: Klüver, Heinrich (ed.), *Visual Mechanisms, Biological Symposia*, 7, pp. 301–22.

Leeper, Robert W., 1935, 'A study of a neglected portion of the field of learning—the development of sensory organization', *Journal of Genetic Psychology*, 46, pp. 41–75.

Lewes, George Henry, 1874–1879, *Problems of Life and Mind*, London: Truebner.

Locke, John, 1690, *An Essay Concerning Human Understanding*, London: Scolar Press.

Lorenz, Konrad, 1942, 'Die angeborenen Formen möglicher Erfahrung' , *Zeitschrift für Tierpsychologie*, 5(2), pp. 235–409.

Mach, Ernst, 1886, *Beiträge zur Analyse der Empfindungen*, Jena: G. Fischer. Engl. Transl. 1897, *Contributions to the analysis of the sensations*, La Salle, IL: Open Court Publishing.

*—— , 1905, *Erkenntnis und Irrtum*, Leipzig: I. A. Barth.

Mahling, Friedrich, 1926, 'Das Problem der "Audition colorée"' , *Archiv für die gesamte Psychologie*, 57, pp. 165–301.

Margenau, Henry, 1950, *The Nature of Physical Reality*, New York: McGraw–Hill.

Martin, Lillien Jane, and Müller, Georg Elias, 1899, *Zur Analyse der Unterschiedsempfindlichkeit: Experimentelle Beiträge*, Leipzig: I. A. Barth.

McCleary, Robert A., and Lazarus, Richard S., 1949, 'Autonomic discrimination without awareness: An interim report' , *Journal of Personality*, 18(2), pp. 171–79.

McCulloch, Warren S., 1948, 'A recapitulation of the theory, with a forecast of several extensions' , *Annals of the New York Academy of Science*, 50, pp. 259–77.

McDougall, William, 1923, *An Outline of Psychology*, London: Methuen.

*McGeoch, John Alexander, 1936, 'The vertical dimensions of mind' , *Psychological Review*, 43, pp. 107–29.

Mees, C. E. Kenneth, 1946, *The Path of Science*, New York: Wiley.

Metzger, Wolfgang, 1941, *Psychologie: Die Entwicklung ihrer Grundannahmen seit der Einführung des Experiments*, Wissenschaftliche Forschungsberichte: Naturwissenschaftliche Reihe, 52, Dresden:

Theodor Steinkopff.

Mill, James, 1829 (1869), *Analysis of the Phenomena of the Human Mind*, a new edition by J. S. Mill, London: Longmans Green Reader and Dyer.

*Miller, James Grier, 1939, 'Discrimination without awareness', *American Journal of Psychology*, 52, pp. 562—78.

——, 1940, 'The role of motivation in learning without awareness', *American Journal of Psychology*, 53, pp. 229–39.

——, 1942, *Unconsciousness*, New York: Wiley.

Miner, James Burt, 1905, 'A case of vision acquired in adult life', *Psychological Review Monograph*, 6(5), pp. 103–18.

Moncrieff, Robert Wighton, 1946, *The Chemical Senses*, New York: Wiley. (First published 1944, London: Hill.)

Moore, Henry Thomas, 1914, 'The genetic aspects of consonance and dissonance', *Psychological Monographs*, 17(73), pp. 1–68.

Morgan, Clifford Thomas, 1943, *Physiological Psychology*, New York: McGraw Hill.

Müller, Georg Elias, 1896, 'Zur Psychophysik der Gesichtsempfindungen', *Zeitschrift für Psychologie und Physiologie der Sinnesorgane*, 10, pp. 1–82.

Müller, Johannes Peter, 1833–1840, *Handbuch der Physiologie des Menschen für Vorlesungen*, 2 vols., Koblenz: Hölschen.

Neurath, Otto von, 1933, *Einheitswissenschaft und Psychologie*, Vienna: Gerold.

*Northway, Mary L., 1940, 'The concept of the "schema"', *British Journal of Psychology*, 31, pp. 22—36.

*Noyes, Charles R., 1950, 'What kind of psychology does economics need?', *Canadian Journal of Economics and Political*

Science, 16(2), pp. 210–15.

★Ogden, Robert Morris, 1926, *Psychology and Education*, New York: Harcourt, Brace and Co.

★Peak, Helen, 1933, 'An evaluation of the concepts of reflex and voluntary action', *Psychological Review*, 40, pp. 71–89.

★Peterson, Joseph, 1933, 'Aspects of learning', *Psychological Review*, 42, pp. 1–27.

Petrovitch, M. Michel, 1921, *Mécanismes communs aux phénomènes disparates*, Paris: Félix Alcan.

★Piaget, Jean, 1942, *Classes, Relations et Nombres: Essai sur les Groupements de la logistique et sur la réversibilité de la pensée*, Paris: Vrin.

——, 1947, *La psychologie de l'intelligence*, Paris: Armand Colin. Engl. transl., 1950, *The Psychology of Intelligence*, London: Routledge & Kegan Paul.

★——, 1949, *Traité de Logique: Essai de logistique opératoire*, Paris: Armand Colin.

★Pitts, Walter, and McCulloch, Warren S., 1947, 'How we know universals. The perception of auditory and visual forms', *Bulletin of Mathematical Biophysics*, 9(3), pp. 127–47.

Planck, Max, 1925, *A Survey of Physics*, transl. by R. Jones and D. H. Williams, London: Methuen.

——, 1949, 'The Meaning and Limits of Exact Science', in: *Scientific Autobiography and Other Papers*, New York: Philosophical Library, pp. 80–120. (A lecture delivered by Max Planck in November 1941; translated from German by Frank Gaynor.)

Pratt, Carrol C., 1939, *The Logic of Modern Psychology*, New York: Macmillan.

★Renshaw, Samuel, 1930, 'The errors of cutaneous localization and the effect of practice on the localizing movement in children and adults', *Journal of Genetic Psychology*, 38, pp. 223–38.

★Renshaw, Samuel, Wheery, R. J., and Newlin, J. C., 1930, 'Cutaneous localization in congenitally blind versus seeing children and adults', *Journal of Genetic Psychology*, 38, pp. 239–48.

Révész, Géza, 1924, 'Experiments on animal space perception', *British Journal of Psychology*, 14, pp. 388–414.

★Ries, G., 1922, 'Untersuchungen über die Sicherheit der Aussage', *Zeitschrift für Psychologie*, 88, pp. 145–204.

Riesen, Austin H., 1947, 'The development of visual perception in man and chimpanzee', *Science*, 106, pp.107–8.

★——, 1950, 'Arrested vision', *Scientific American*, 183(1), pp. 16–19.

Riker, B. L., 1946, 'The ability to judge pitch', *Journal of Experimental Psychology*, 36(4), pp. 331–46.

★Robinson, Edward Stevens, 1932, *Association Theory Today: An Essay in Systematic Psychology*, London: Century/Random House.

Rosenblüth, Arturo, Wiener, Norbert, and Bigelow, Julian, 1943, 'Behavior, purpose, and teleology', *Philosophy of Science*, 10(1), pp. 18–24.

Russell, Bertrand, 1921, *The Analysis of Mind*, London: Allen & Unwin.

★——, 1927, *The Analysis of Matter*, London: Kegan Paul.

★Ryan, T. A., 1940, 'Interrelations of sensory systems in perception', *Psychological Bulletin*, 37(9), pp. 659–98.

Ryle, Gilbert, 1945–46, '"Knowing How" and "Knowing That": The Presidential Address', *Proceedings of the Aristotelian Society, New*

Series, 46, pp. 1–16.

——, 1949, *The Concept of Mind*, London: Hutchinson's University Library.

Schiller, Paul von, 1932, 'Die Rauhigkeit als intermodale Erscheinung', *Zeitschrift für Psychologie*, 127, pp. 265–89.

★Schlick, Moritz, 1918, *Allgemeine Erkenntnislehre*, Berlin: J. Springer.

★Schnabel, R., 1881, 'Beiträge zu der Lehre von der Schlechtsichtigkeit durch Nichtgebrauch der Augen', *Berichte des naturwissenschaftlich-medizinischen Vereins in Innsbruck*, 11, pp. 32—59.

Schumann, Friedrich, 1909, *Beiträge zur Analyse der Gesichtswahrnehmungen*, vol. 3(1) of *Psychologische Studien*, 1904–23, ed. by F. Schumann, Leipzig: Barth.

——, 1922, 'Das Erkennungsurteil', *Zeitschrift für Psychologie*, 88, pp. 205–24.

Semon, Richard Wolfgang, 1904, *Die Mneme als erhaltendes Prinzip im Wechsel des organischen Geschehens*, Leipzig: Engelmann.

——, 1909, *Die Mnemischen Empfindungen in ihren Beziehungen zu den Originalempfindungen*, Leipzig: Engelmann.

Senden, Marius von, 1932, *Raum-und Gestaltauffassung bei operierten Blindgeborenen vor und nach der Operation*, Leipzig: J. A. Barth.

★Sherrington, Sir Charles, 1933, *The Brain and Its Mechanism*, Cambridge: Cambridge University Press.

★——, 1940, *Man: On His Nature*, Cambridge: Cambridge University Press.

——, 1949, 'Mystery of mysteries: The human brain', *New York Times Magazine*, December 4.

Skramlik, Emil von, 1937, 'Psychophysiologie der Tastsinne', Supplement 4, *Archiv für die gesamte Psychologie*.

★Spence, Kenneth W., 1944, 'The nature of theory construction in contemporary psychology', *Psychological Review*, 51(1), pp. 47–68.

——, 1948, 'The postulates and methods of "behaviorism"', *Psychological Review*, 55(2), pp. 67–78.

Sperry, Robert Wolcott, 1945a, 'The problem of central nervous reorganization after nerve regeneration and muscle transposition', *Quarterly Review of Biology*, 20(4), pp. 311–69.

——, 1945b, 'Restoration of vision after crossing of optic nerves and after contralateral transplantation of eye', *Journal of Neurophysiology*, 8, pp.15–28.

Stern, William, 1938, *General Psychology from the Personalistic Standpoint*, New York: Macmillan.

Stevens, Stanley Smith, 1934, 'The attributes of tones', *Proceedings of the National Academy of Sciences*, 20, pp. 457–59.

★——, 1935a, 'The operational definition of psychological concepts', *Psychological Review*, 42, pp. 517–27.

★——, 1935b, 'The operational basis of psychology', *American Journal of Psychology*, 47, pp. 323–30.

★——, 1936, 'Psychology: The propaedeutic science', *Philosophy of Science*, 3, pp. 90–103.

★——, 1939a, 'Psychology and the science of science', *Psychological Bulletin*, 36, pp. 221–63.

★——, 1939b, 'On the problem of scales for the measurement of psychological magnitudes', *Journal of Unified Science*, 9, pp. 94–99.

★——, 1946a, 'On the theory of scales of measurement', *Science*, 103, pp. 677–80.

*——, 1946b, 'The two basic mechanisms of sensory discrimination', *Federation of the American Society of Experimental Biology, Proceedings*, 5(1), Part 2, p. 101.

*——, 1948, 'Sensation and psychological measurement', in: E. G. Boring, H. S. Langfeld, and H. P. Weld (eds.), *Foundations of Psychology*, New York: Wiley, pp. 250–68.

Stevens, Stanley Smith, and Davis, Hallowell, 1938, *Hearing: Its Psychology and Physiology*, New York: Wiley.

Stevens, Stanley Smith, Morgan, C. T., and Volkman, J., 1941, 'Theory of the neural quantum in the discrimination of loudness and pitch', *American Journal of Psychology*, 54, pp. 315–35.

Stevens, Stanley Smith, and Volkmann, J., 1940a, 'The quantum theory of sensory discrimination', *Science*, 92, pp. 583–85.

——, 1940b, 'The relation of pitch to frequency: A revised scale', *American Journal of Psychology*, 53, pp. 329–53.

*Stöhr, Adolf, 1917, *Psychologie*, Vienna: Braumüller.

Stout, George Frederick, 1915, *Manual of Psychology*, 3rd rev. and enl. ed., London: Clive.

Stratton, George M., 1897, 'Vision without inversion of the retinal image', *Psychological Review*, 4(4), pp. 341–60; 4(5), pp. 463–81.

Thompson, D'Arcy Wentworth, 1942, *On Growth and Form*, a new ed., Cambridge: Cambridge University Press.

Thorndike, Edward L., 1913, *The Psychology of Learning, Educational Psychology*, vol. 2, New York: Teachers College, Columbia University Press.

Titchener, Edward B., 1905, *Experimental Psychology: A Manual of Laboratory Practice*, New York: Macmillan.

*Tolman, Edward Chace, 1932, *Purposive Behavior in Animals* *and Men*, New York: Century.

——, 1948, 'Cognitive maps in rats and men', *Psychological Review*, 55, pp. 189–208.

★——, 1949, 'There is more than one kind of learning', *Psychological Review*, 56, pp. 144–55.

★Troland, Leonard T., 1928, *The Fundamentals of Human Motivation*, New York: D. Van Nostrand & Co.

★——, 1929, *The Principles of Psychophysiology: A Survey of Modern Scientific Psychology*, New York: D. Van Nostrand & Co.

Underwood, Benton J., 1949, *Experimental Psychology: An Introduction*, New York: Appleton–Century–Crofts.

★Urbantschitsch, Viktor, 1888, 'Über den Einfluss einer Sinneserregung auf die übrigen Sinnesempfindungen', *Plügers Archiv für die gesamte Physiologie der Menschen und der Tiere*, 42.

★Verworn, Max, 1907, *Die Mechanik des Geisteslebens*, Leipzig: Teubner.

★——, 1920, *Die Entwicklung des menschlichen Geistes, ein Vortrag*, 4th ed., Jena: G. Fischer.

Volkmann, Alfred Wilhelm, 1858, 'Über den Einfluss der Übung auf das Erkennen räumlicher Distanzen', *Berichte über die Verhandlungen der Königlich Sächsischen Gesellschaft der Wissenschaften zu Leipzig*, 10, pp. 38–69.

Walls, Gordon L., 1942, *The Vertebrate Eye and Its Adaptive Radiation*, Bloomfield Hill, MI: The Cranbrook Institute of Science.

Walter, William Grey, 1950, 'An imitation of life', *Scientific American*, 182(5), pp. 42—45.

Wedell, Carl Havelock, 1934 'The nature of the absolute judgment of pitch', *Journal of Experimental Psychology*, 17(4), pp. 485–503.

Weiss, Albert Paul, 1925, *A Theoretical Basis of Human Behavior*, Columbus, OH: R. G. Adams & Co.

Weiss, Paul Alfred, 1941, *Self-differentiation of the Basic Patterns of Coordination*, vol. 17(4), (88) of *Comparative Psychology Monographs*, Baltimore, MD: Williams and Wilkins.

Weizsäcker, Viktor von, 1940 (1947), *Der Gestaltkreis. Theorie der Einheit von Wahrnehmen und Bewegen*, 3rd ed., Stuttgart: Georg Thieme.

Wellek, Albert, 1931, 'Zur Geschichte und Kritik der Synästhesie-Forschung', *Archiv für die gesamte Psychologie*, 79, pp. 325–84.

*Werner, Heinz, 1926a, 'Mikromelodik und Mikroharmonik', *Zeitschrift für Psychologie*, 98, pp. 74–89.

*——, 1926b, 'Untersuchungen über Empfindung und Empfinden: Die Ausprägung von Tongestalten', *Zeitschrift für Psychologie*, 101, pp. 159–81.

*——, 1930, 'Untersuchungen über Empfindung und Empfinden: Das Problem des Empfindens und die Methoden seiner experimentellen Prüfung', *Zeitschrift für Psychologie*, 114, pp. 152—66.

——, 1948, *Comparative Psychology of Mental Development*, rev. ed., Chicago: Follet Publications Co.

Wiener, Norbert, 1948a, *Cybernetics: Or Control and Communication in the Animal and the Machine*, New York: Wiley.

——, 1948b, 'Time, communications, and the nervous system', in: L. K. Frank (ed.), *Teleological Mechanisms, Annals of the New York Academy of Sciences*, 50, pp. 197–278. (See also Rosenblüth, Wiener and Bigelow, 1943.)

Williams, Thomas J., 1922, 'Extraordinary development of the tactile and olfactory senses compensatory for loss of sight and hearing',

Journal of the American Medical Association, 79(16), pp. 1331–34.

Winslow, Charles Nelson, 1933, 'Visual illusions in the chick', *Archives of Psychology*, 153, pp. 5–83.

Woodger, Joseph Henry, 1929, *Biological Principles*, London: Kegan Paul.

Woodworth, Robert S., 1938, *Experimental Psychology*, New York: Henry Holt.

*Wundt, Wilhelm, 1902—3, *Grundzüge der physiologischen Psychologie*, 3 vols., 5th ed., Leipzig: Engelmann.

Wyatt, Ruth F., 1945, 'Improvability of pitch discrimination', *Psychological Monographs*, 58(2), (No. 267). Evanston, IL: American Psychological Association.

Young, Paul T., 1928, 'Auditory localization with acoustical transposition of the ears', *Journal of Experimental Psychology*, 11, pp. 399–429.

备注

在这个参考书目中增添自1950年年中以后出现的各种相关的英美著作并无意义，因为那时这本书业已定稿，尽管如此，我还是想提请特别注意下面这篇德语文章中报告的关于感官学习(sensory learning)方面的一些有趣实验的完整记录(以前我仅通过T.Erismann 1948年的初步叙述略知这些实验)：

Kohler,Ivo,1951,'Über Aufbau und Wandlungen der Wahrnehmungswelt. Insbesondere über bedingte Empfindungen',*Österreichische Akademie der Wissenschaften, Philosophisch-Historische Klasse, Sitzungsberichte*, 227(1),pp.1—118.

关于理论心理学基础的其他著作

意识发生理论浅说①

这项研究试图通过考察最简单的意识经验，尤其是感觉经验，并运用熟知的生理学法则加以解释，为意识现象的一般生理学解释提供基础。此处所说的解释是指提出一个理论，它能够借助公认的规律，重建"意识"概念所包含的各项功能。目前，心理学已试图将"基本心理过程"作为解释意识的基础，而本研究将努力说明，在这些基本过程的底层，一些简单的生理过程如何转化为指示某种外部刺激的特征性标识(characteristic markers)。在这个问题上，笔者的观点与流行的"教条主义式的原子论的感觉概念"正好相反，也与任何基于意识事件与大脑过程之间具有明确的原始关联(a primal, clear-cut association)的观点正好相反。本研究聚焦于那种使有机体的经验成为不同感质(Sensory qualities)来源的效果是怎样产生的。

① [原始的德文打字稿，题为"Beitrage zur Theorie der Entwicklung des BewuBtseins,"写于1920年11月，保存在Hoover Institution Archives, Friedrich A.Von Hayek Papers, box 93, folder 1。该论文直到2006年才收入德文版的《感觉的秩序》，见Friedrich A.von Hayek, *Die sensorische Ordnung—Eine Untersuchung der Grundlagen der theoretischen Psychologie*, Übersetzt und mit ergänzenden Beiträgen herausgegeben von Manfred E. Streit (Tübingen: Mohr Siebeck, 2006). 199—226. 英文译稿由Grete Heinz博士完成。——编者]

我的解释，将仅仅以构成联想过程(association process)之根本的生理过程为基础，而不依赖于任何特定的心理能力(psychic capacity)，也不依赖于任何特定的生理学假说[如细胞记忆(cell memory)]。我希望通过这种方式把解释限定在与自然科学相容的公认的生理学规律之内。本研究的第二部分也试图将这个解释应用于其他的基本意识现象(情感)上，并对某些更加复杂的意识过程(联想、识别、概念化、抽象)得出适当的结论。笔者无意在本研究中正面处理哲学问题，不过，如果本研究的假说——主观感质(sensory qualities)来自外部事件所触发的客观分组(objective constellation)，感官知觉、概念化和思维之间并无根本对立——能被证实的话，对于认识论可能具有深远的意义。

1. 对感觉概念的批判

通过设置心理和生理现象之间的平行关系，传统的心理学绕过了心理现象的整体的一个共同的关键问题，即一种生理刺激如何转化为意识实体(consciousness entity)的问题。大脑中靶神经细胞的生理兴奋，是外部刺激最终引起感觉(在本研究的第一部分，我们将仅限于讨论感觉)这一过程的最后一个可观察的方面。从那一点之后，直到外部的刺激作为一个感觉呈现在我们的意识之前，尚属知识空白。心理—生理平行论通常认为，抵达大脑的刺激的转化是一个位于所有意识现象背后的、深奥莫测的基本过程，对此无法做进一步的调查。平行论认为，在诱发的意识变化(常常被命名为特殊的“心理元素”)和激活的生理过程或生理元素之间存在平行关系；心理内容不能与生理元素相脱离，并且根本上与生理元素相关联，这一观点具有重大的意义。[①]此处心理元素被视为无法改变的质性实体(qualitative entities),是构建所有意识现象的单元。其他心理学家将心理和生理过程视为相互依赖的,或者把心理过程当作生理过程的产物,并作出特别的努力,将单个生理元素对意识的特定效应归因于其代谢过程的差异[特别是马克斯·弗沃恩(Max Verworn)[②]]。这一方法未能澄清所讨论的过程,仍未摆脱隐含在平行论中的教条——各生理元素的刺激和意识实体之间存在原始关联——的束缚。

在更进一步地对评估(uptake,德文*Auffassung*[③])(译注:指某事

---

① 这种解释的典型来自Wilhelm Jerusalem的畅销书*Lehrbuch der Psychologie*, 4th ed. (Vienna and Leipzig: Braumüller, 1907) p. 18的一段话(尽管作者并非严格意义上的平行论者):"当兴奋扩散到大脑,它以一种难以说明的方式转化为心理状态,或者在简单刺激的情形下,转化为感觉。"并且,"简单和纯粹感觉是基本的心理过程,我们可以通过分析加以阐释"(出处同前,第34页)。[这里以及在本文的剩余部分,德文的引用以英文形式呈现。——编者][Wilhelm Jerusalem(1854—1923)是奥地利哲学家和心理学家,在莱比锡的冯特(见前文,《感觉的秩序》,前言,第153页注②)心理学研究所从事过研究。他受到威廉·詹姆士的影响(见前文,《感觉的秩序》,前言,第153页注③),Jerusalem将詹姆士的《实用主义》翻译成德文。Jerusalem以其聋—盲人教育的研究而特别著名。他和Helen Keller有通讯(见前文,《感觉的秩序》1.96,第202页注①)。——编者]

② Max Verworn, *Die Entwicklung des menschlichen Geistes*, Lecture, 4th ed. (Jena: Fischer, 1920), p. 21:"迄今,我们对每一单独类型的神经的特定效应之奥秘这件事情完全不能理解。这里我们所能做的一切就是说明这一事实,并接受在每一个类型的细胞中存在一个特定代谢过程的微薄真相。但是,单个神经元代谢中的特定差异仍旧是一个谜,因为我们甚至不能够获得单个细胞类型的完整代谢过程功能的粗略概念。"也见于他的*Die Mechanik des Geisteslebens*, 3rd ed. (Berlin and Leipzig: Teubner, [1907] 1914a) p. 41。[Max Verworn(1863—1921)是德国生理学家,*Zeitschrift für Allgemeine Physiologie*(《普通生理学杂志》)的创始人,以神经细胞的基本生理过程和功能的研究而著名。——编者]

③ [由于英文中不容易找到准确对应,原德文词附在括号里,下同。——编者][译注:uptake的中文意思包括吸收、吸纳、接受、接入、接纳、摄入、摄取等,文中多根据德文注解(Wertung or *Auffassung*)并联系哈耶克《感觉的秩序》译为评估,接近于前文的脉冲的following(跟随脉冲),但在译文后标注英文uptake,读者注意领会。]

被整合进意识之中）过程进行审视之前，我们必须试图理解“意识”这个词的真正含义。它首先是指，我们知道某事，也就是我们在将来能够记得它。因为记忆的行为自身仅仅是指摄入(an uptake)种种意识中去，也就是一种再评估(re-uptake)，因而，记住一个印象(impression)的能力，可以视作为印象存在于意识之中的一种标示。（译注：Impressions是文中的一个重要概念，有压痕、印象、印迹、感觉的意思，在后面的定义中，还有刺激，效应，效果的意思。在不同地方意思有别，这里多般译为印象，也有刺激的意思，因此在译文后面附上英文）但是，仅仅指出它可被再次评估的可能性，并未抓住首次意识评估与它的（译注：印象的）再评估所共享的独特特征。当一个印象成为有意识的，我们对自己行为的控制也不能告诉我们更多，因为“控制”某事与“意识到”某事恰好是同义词。当我们说，正是一个印象对一个行为施加的特定影响——执行一个行为的“意义”——构成了意识实体的独特特征，我们离解释更近了一步。尽管变得有意识的行为(the act of becoming conscious)包括更多，即一种与认知主体的整个存在(apprehending subject's entire being)的联系[①]，特别是，最近获得的印象和所有先前获得印象之间的一个特定

---

① 参阅Bartholomäus von Carneri, *Empfindung und Bewusstsein. Monistische Bedenken* (Bonn：E.Strauss, 1893), p. 17：“如果现在问，感觉经由何种方式成为有意识的，我们会认识到，这预设了将感觉与他自己关联起来的个体的存在。这要求有一个具有神经系统的个体——如上面提到的那个个体——在其灰色的大脑物质中，所有的感觉活动在一整套连接的帮助下被统一组合起来。这种中心化代表了整个个体，对他来说，所执行的任何感觉都表征它自己，或者说都成为一种表征，因为部分所体验的感觉成为整体的感觉。”也参见来自下面对Riehl（脚注42）和Jodl（脚注9和15）的引述。[Bartholomäus von Carneri (1821—1909)是奥地利哲学家和政治家，倡导进化伦理，主张人的意识是“中心化生物”(centralized organism)的一种功能。Alois Riehl(1844—1924)是奥地利哲学家和新康德主义者，在几所大学任教后，他于1905年接替威廉·狄尔泰(Wilhelm Dilthey)担任柏林大学的哲学教授。Friedrich Jodl (1849—1914)是德国哲学家和心理学家，主张实证主义心理学和自然主义伦理。——编者]

的关系,在这种关系里,最近获得的印象被纳入一个由它们之间相互关系所定义的感质系统(a system of qualities)里面。所有这些印象之间相互关系以及印象与行动之间的相互关系,组成了它们(译注:这些印象)对主体的意义。这些印象的多种多样,使它们在每个个体中引发出独特和不可预测的反应,我们因此可以恰当地说,意识到(becoming conscious)意味着把一个印象整合进预先存在的意义之网——一个质性系统,正是这个过程,我们应该将之表示为纳入意识中或在意识中加以评估(英文uptake into consciousness,德文Wertung 或 Auffassung)。

从生理元素开始,我们只需为一个熟悉的生理过程的后续阶段建立模型,以获得一个类似的图景:大脑中两个神经节细胞的同时激发,会在两个细胞之间建立一个永久的连接(connection),因而以后当一个细胞被激发,也会刺激另一个细胞。这一现象被称为接通作用(facilitation)或贯通(smoothing)。我们这里并不关心如何解释这一现象,因为它的存在看起来无可置疑。记住,有机体从来不是仅仅受到一个刺激的冲击,而总是接受多个刺激,这些情况就会不断地在神经节细胞之间创建链路(linkage)。我们认为在一个人整个生命周期中,这些细胞中的每个几乎都在连续不断地获得新的链路并加强原有的链路。并且,根据引起刺激的来源,那些其刺激源可能同时发生的一些元素尤其如此(译注:每个细胞获得新链路,旧链路得到加强)。因此,每个神经节细胞就拥有了数量巨大的独特链路,从而在这些细胞之间形成了一个链路网,其排序方式(ordering)反映了链路的相对强弱。

只要一个细胞被刺激,它将根据链路的强度,立刻把这个刺激传递到与之直接相连的细胞,并依次传递到其他细胞。因为每个细胞在与之连接的一组跟随细胞中的位置,间接地,因为在一个由感知事件组成的秩序之中的位置,以及类似地(直接和间接地),因为它们与情感和运动过程中的元素的关系,每个细胞或者细胞组,都会获得一个特定的并且经常是唯一的特征，使之区别于所有其他的细胞。与此同时，它在由效应和意识组成的一般网络中获得一个位置。我要说，这总结了意识的所有的不可或缺的特征。为了澄清这些概念，我们可以设想中心电话交换台的一个类似过程。在交换台那里，先前的连接对各条电话线路具有重大的影响：从某条电话线路发出的呼叫，将自动重建该线路与其他线路先前的连接。对于每条线路上的每通电话，我们都能获得一个特定的特征簇群(constellation)，它不仅以非常具体的方式刻画了该条线路，而且也显示了该条线路对于机制的激活必不可少的特征——即它同其他线路的关系。尽管这些空间类比不够恰当，但应该有助于澄清大脑中的生理元素转化为意识属性(attributes of consciousness)的过程。在两种情况下，一个给定元素对整个系统运作的特殊性质和意义都取决于它所激活的许多其他元素，而被激活元素该给定元素在整体中的功能。这里，正如我们在定义意识的概念所看到的那样，对实体系统(system of entities)而言也存在一个类似的注入物(comparable insertion)。因此，我们可以认为两个过程是同一的，仅仅只是从两个不同的角度看。我们因此能够将评估(Wertung)的概念用于上述过程中，并将其他元素指定为被评估元素的跟随或者它的评估域(field of uptake，德文Wertungsfeld)①，通过前者激活，后者被整合进感质的秩序(qualitative order)并因而转化为意识。

然而，如果我们否认将意识的属性归结为孤立的生理过程——如同我们在这里所做的那样，并且，如果我们认为生理过程转化为意识是它们所获得的评估域的一个效应，那么，我们必须一劳永逸地放弃平行论的基本信条，即生理事件和意识属性存在原始的一

① 关于这一点，特别参见冯特的同化理论，他在*Grundriss der Psychologie*, 3rd ed.(Leipzig: Körner,[1896]1918)p. 284注释道："在普通的感觉中，(同化的)直接因素占主导地位，以至于再生(reproductive)因素通常被忽视，尽管它们实际上总是存在的，甚至常常对把握对象具有重要意义。"

对一的联系(linkage)。正如兰利(Langley)[①]、唐德斯(Donders)[②]和杜布瓦雷蒙(Du Bois-Reymond)[③]所证明的,生理刺激是彼此相同的,它们之间不存在共享的原始感质(original quality)。因此,一个完全孤立的元素,作为人工构建的意识发育的基础(在现实中这样一个过程不可能存在,因为元素之间的链路可能是部分遗传的),不可能反映在意识的评估中。这样的评估要求这个元素和一系列其他元素相连接。[④]正如一个元素在发育之初首次获得评估链路(uptaking linkage)一样,它将继续被新附加的链路所影响,因此,甚至在已经发展了的意识(developed consciousness)中,意识的属性仍在继续改变。甚至是相对非常简单的意识属性也表现出这种永久的可变性,这是与平行论教条激烈冲突的又一事实。

从意识的观点看,链路的创立是所有这些的根本,它不是别的,正是经验的习得。并且,考虑到数不胜数的刺激对神经系统持续不

① [John Newport Langley (1852—1925)是英国剑桥大学生理学家,他奠定了“化学受体理论”(chemical receptor theory)的基础,该理论假定特定的接收器调节化学物质在神经细胞上的效应。——编者]

② [Franciscus Cornelius Donders(1818—1889)是荷兰生物学家、生理学家和眼科医师,他与Hermann von Helmholtz(见上文,《感觉的秩序》,前言,第153页注①)一道奠定了眼科学的基础。他的研究包括生理反应时间和认知加工的差异的研究。——编者]

③ [Emil Du Bois-Reymond(1818—1896),数学家Paul Du Bois-Reymond(见上文,《感觉的秩序》,前言,第153页注②)的哥哥,德国外科大夫和生理学家。像von Helmholtz一样,他跟Johannes Peter Müller一起做过研究(见上文,《感觉的秩序》,1.32,第180页注①),是实验电生理学领域的先行者。——编者]

④ 参阅Friedrich Jodl, *Lehrbuch der Psychologie*, 3rd ed.(Stuttgart and Berlin: Cotta, [1896]1908)vol. 1, p. 228:“一个个体在他的意识中反映外部世界的事件的过程是极端复杂的。这已经由这样的事实不容置疑地证明了(至少在人们的心理生活方面):对于发达的意识如此自然而似乎无须费力的将外部刺激转化为有序地感知世界,人类要经过学习才能掌握。先天感官缺陷后被治愈的孩子和成人的经验显示,仅仅具有正常的感官是不够的。需要印象(impression)的积累和融合、分类和比较,才能将最初的混乱转化为和谐体系。”

断地同步侵入，这种经验的习得是与意识的每次评估相关联的。我们因此能够在每个例子中区分两个方面：(1)通过对评估域的激活来评估印象，这是狭义的评估；(2)在心理实体之间创立新的链路，或者强化旧的链路，这形成了后续评估(subsequent uptakes)的基础。后一个过程与我们定义注入意识的印象时提到的一个特点相一致：有可能记住它。现代心理学几乎无一例外地将它（以及在一般意义上的记忆）归结为联想(association)，从意识的观点看，也就是相互连接的神经细胞中神经脉冲的相互激发。据信，当一个感觉经验被再次唤起，下面的情形就会发生：首先，与那个感官经验相关的某个基本刺激被其他刺激经由生理方法所激发，当这个基本刺激足够强烈时，它会将刺激传递到它的评估域，并将其加入意识的关系网(nexus of consciousness)中。联想(association)这个概念的创造是为了描述意识属性的联系(linking)，不应指向评估域中那些还无意识的元素的激活；毋宁说，它应该将自身限定在（通过元素的合并来引发的）那些激活机制，这些激活机制足够强烈而能够再次赋予激活元素以意识的属性。

基于感官经验的生理记忆，在任何情况下都是这种感觉的先行者。我们已经看到感觉是如何由记忆来产生的。当两个孤立的神经细胞之间建立起一个连接后，在生理意义上记忆是能够存在的，但是，一种感觉或者意识的任何其他属性仅在充分发展的大脑(cerebrum)中才有可能①。我们不是首先有了感觉，然后被记忆保存，而是由于生理记忆的结果，生理脉冲被转化为感觉。因而，生理元素之间的连接是创造心理现象的基础。按照二元—平行论者的教条，心理联想(psychic association)与生理激活之间不存在完美的对应，而只有未予澄清的平行关系，感觉本身是公认的出发点。这个教条暗

① ［Cerebrum（端脑）——brain（大脑）的拉丁文——是人脑中最大的部分，包裹着人脑中更原始的一些部分。它是人脑中最新进化出来的部分，控制着复杂的行为，如思维、学习、判断、想象、记忆和语言。——编者］

示，感觉本身储存在大脑中，并通过联想在头脑中再现(reproduced)。因此，记忆和联想都必须被认为是影响意识属性的心理力量。但是，一旦我们放弃把感觉的武断假设当作预定事实，记忆很容易归结为生理链路(linkage)。

绝对感觉(absolute sensation)的观念就其本身而言，不仅是平行论教条的一部分，而且是大多数其他心理学学说的一部分，但它主要依靠的生物学概念却是“每一个表征都有自己的特定细胞(各种各样私密的小室)这种旧概念的残余。”[①] 塞蒙(Semon)[②]用颇具特色的“记忆痕迹”(engram)概念对此加以概括。根据这个概念，一个印象的保存或者“记录”发生于相应的单个细胞中。至于一般公认的联想(association)(链路linkage，接通作用facilitation)概念——即使在这里也不能忽视——塞蒙(Semon)的假说只给它留下了一个作为“再现模式”(reproductive pattern)的不大的范围。另一方面，心理学众口一词地声称“在所有的情况下，把联想视为记忆过程普遍的、唯一的原因都是合理的。”[③]进一步，几位令人尊重的研究者[④]声称，凭借无数较早的原理，联想可以简化为单一的原因，即相关联的意识内容的同时出现。这意味着在生理与心理过程之间存在完美的一

---

① Erich Becher, *Gehirn und Seele*, Psychologie in Einzeldarstellungen, no. 5(Heidelberg: Winter,1911), p. 91.[Erich Becher(1882—1929)是德国哲学家和心理学家，Benno Erdmann的学生(参见，《感觉的秩序》，7.14，第310页注④)——编者]

② Richard Semon, *Die Mneme als erhaltendes Prinzip im Wechsel des organischen Geschehens*，第二版，(Leipzig: Engelmann,[1904]1918a); Richard Semon, *Die mnemischen Empfindungen in ihren Beziehungen zu den Originalempfindungen*(Leipzig: Engelmann,[1909]1918b).[关于塞蒙，见上文，原版导言，第167页注②。——编者]

③ 参见W.Wundt，1918，p. 290.

④ Ernst Mach, *Analyse der Empfindungen und das Verhältnis des Physischen zum Psychischen*, 7th ed. (Jena: Fischer, 1918) p. 195.[原版发表于1886年，题目是*Beiträge zu einer Analyse der Empfindungen*.——编者]；R.Semon，见1918a, p. 132；以及R.Semon，1918b，pp. 98—203。

致。因此，在生理元素之间建立新链路的同时，每个印象存在于一个单独的记忆细胞中这一假说，至少是多余的。进一步来说，由于这个假说引起了下面将要讨论的额外的困难，就更没有理由在解释意识时诉诸于它了。既然一个单独的刺激仅作用于神经系统的单个元素而影响生物体的情形从未发生，因此不可能用实验来证实，只有当至少两个细胞同时受到刺激并因此在它们之间建立（或加强）连接时，印象才能被保留下来。如果人们无论如何要选择一个解释（至今尚未澄清的）记忆的生理学假说，那么，海因里希·E·齐格勒(Heinrich E.Ziegler)①的假说比塞蒙的记忆痕迹理论更加合理。相比于记忆痕迹理论（它试图从一个共同的原因，推论出两个很不同的现象——个体保留印象的方式和形态结构如何通过生殖细胞进行代代相传），齐格勒关于经验被加工的方式和树突增殖（神经细胞的延展）之间的联系的理论，有着更多生理学和心理学的依据。即便在某种程度上，获得性经验被认为是可遗传的，也没有什么证据支持两种现象只有一个共同的原因，因为要完全复制我们祖先的神经系统结构，意味着也必须复制他们所获得的联想。

连接的创造，或者叫经验，把原本无意义的生理过程（借此将刺激记录在大脑中）通过不同强度的连接排列成一个结构化的网络，而在此结构化网络中，那些无意义的生理过程基于它们发生时的情况而占据特定的位置。从心理学的观点看，正是这个关系系统构成了意识。对系统的每次注入(insertion)都会导致一次“评估”（英文uptake，德语Wertung)，印象由此获得感质。这个系统，正是由经验

---

① Heinrich Ernst Ziegler,“Theoretisches zur Tierpsychologie und vergleichenden Nervenpsychologie,” *Biologisches Zentralblatt*, vol. 20, 1900, no.1.[Heinrich Ernst Ziegler(1858—1925)是德国动物学家。——编者]另参阅F.Jodl, 1908, p. 55：“就我们所说的心理发育或心理成长而言，在脑容量不再增加（并且脑容量增加本身可能不等同于神经元数量的增长）的数年期间，所发生的是细胞纤维延伸出更丰富的分支，特别是在端脑中，通过这种分支从前互不相干的神经元素相互连接起来了。”

创造和加以扩展的。发生于该系统中的过程，均须参照过去形成的经验之间的关系。我们可以恰当地说，每个人都在用他的过去来思考问题。

对系统的注入(insertion)或评估可能有多少程度之别。一个完全成熟的、语言流利的人，其大脑可能把表征一个外部刺激的特定的脉冲所达到的辨别程度指认为感觉。感官经验总是以具体的感质作为其"内容"，并拥有具体的定位(英文localization，德文"Lokalzeichen")[①]，这一事实导致了感觉经验和生理过程之间具有内在联系的假定。更正确地说，这两种评估(Wertungen)都先于语言而得到充分发展，后来才被语言纳入感觉的概念之下。

鉴于两种评估(Wertungen)发生于早期(ancientness)，可以合理地假定它们是由最经常同时发生的印象之间的联系所创造的。因此，它们要么是同类的刺激，要么是作用于感受器紧密相邻的神经元的刺激。因为一个刺激一般不仅仅影响神经系统的单个元素，并且，同一起源的多个刺激常常同时影响神经系统的不同元素，因此很自然地，那些感受器官相邻、对同样来源的刺激(如光、热、压力)作出反应的神经节细胞，将被最紧密地联系在一起。然而，因为同类刺激(即物理上相似的刺激)倾向于影响机体的所有敏感神经，而所有相邻感受器可能同时接收到不同种类的刺激，因此，在同一种类的所有脉冲之间以及在各相邻脉冲之间也会形成特别紧密的连接。由紧密连接所组成的两个网络因此将在生命的早期建立起来，并将被每次的经验所强化。一个网络建立起重复出现的印象与相同或(次而言之)相似印象之间的联系，从而确保它在感质系统中的位置。另一个网络基于每个印象与机体从其他地方获得的印象的邻近程

① ["部位线索"的概念(德文"Lokalzeichen"，英文localization clue)被德国哲学家Rudolf Hermann Lotze(1817—1881)，亥姆霍兹和冯特用来指这样一种思想——感觉除有特定的内容外，也有刺激作用于有机体的部位属性。感觉的这种定位对于生物体形成空间概念是一个关键。——编者]

度和链路的强弱程度，赋予其感质。我们经常将后者称为“定位线索”（英文localization clue，德文Lokalzeichen）。

印象的最初排序(first ordering)，被伴随每次运动(motion)的经验所强化。这种强化是通过运动所引起并与运动的感觉相连的前后相随的脉冲之间的互相连接来实现的，也就是通过临近关系来实现的。对于同一介入(intervention)引起的几个运动，刺激保持未变的经验建立了一种等同关系(a relationship of sameness)。因此，包含在每个感觉中的这两个评估(Wertungen)，如同所有其他评估一样，都是经由经验而获得的。因此，只有在感觉概念已经预设了同与异、近与远的关系的程度上，谈论感觉的原始内容才是合法的。在意识的发生阶段，这些评估尚未获得的时候，人们还不能够谈及感觉。然而，后期导致了评估并因此被视为感觉经验的同样的生理过程，在前期完全有可能没有感觉对应物或“内容”，正如甚至在后期由于神经系统的过度刺激或受压而无法产生评估所必须的共振时，它们仍可以停留于无感觉对应物的无意识状态一样。

但是，感觉(sensations)不仅限于这两项基本的内容，因为感质不仅取决于它们与其他印象的异同，还可扩及它们所具有的相对差异性。我们迄今为止所做的一切是将所有相似的印象以及所有共享同样位置(localization)的印象归入一组。由于需要对多到数不清的感觉和情感加以区分，许多人未免疑惑，心理学从哪里找到所有这些感质？我们可以毫不犹豫地将恩斯特·马赫面对认知现象同样问题时的答案，应用到意识现象的整体性上：“不必担心！它们都将出现，正如空间理论中的肌肉感觉一样。生物体将提供足够的数量的感觉来填满心理学在这方面的陈列窗。现在是认真考虑心理学一直在谈论的‘身体共振’的时候了。”[①]。必须记住的是，对于我

---

① Ernst Mach, *Populärwissenschaftliche Vorlesungen*, 3rd enlarged and revised ed.(Leipzig: Johann Ambrosius Barth,[1896]1903), pp. 122f. 下文第403页引用了这一段的开头。[关于马赫，参见前文，《感觉的秩序》，前言，第154页注①。——编者]

们迄今为止提到的评估(Wertungen),我们把自己完全限定在单个感觉器官的感觉关系上。那意味着,在解释印象之间的额外差异时,我们仍能够依赖于有规律地同时影响几个感官的刺激之间多得多的关系。一个合适的例子是,通过光(色)感和温感,嗅觉和味觉,以及这些成对的感觉与身体触觉的关系,它们可以影响相互的评估(Wertungen)。色听现象显示,甚至颜色也有助于听觉的评估。特别是,马赫证明了运动产生的神经刺激在最多样化的意识现象的评估中扮演的重要作用。并且,这里我们不限于必然同时发生的刺激之间的链路。在许多的情形下,我们处理个体生活起居所导致的规律性的巧合,这些巧合经常导致有机体生命阶段中相关的周期性介入的刺激的相伴发生。一般来说,外部刺激与有机体的正常生活过程之间的关系,在此具有最重要的意义。巴甫洛夫①的狗唾液反射实验显示,与内部反应的连接在多大程度上可以影响感觉经验。在这方面,对外部印象的重要的内部反应绝不仅限于腺过程,也包括心脏、呼吸器官、胃、结肠、膀胱的活动,以及肌肉的膨胀和血管收缩(血管舒缩的、营养的和热量的反应,按照别赫捷列夫的观点②)。这些反应所产生的一般状态的激发,也就是所谓的心境(frame of mind)的改变,影响对触发印象(triggering impression)的评估。而且,因为总是存在着与当下评估相关的多种影响的组合,评估的方式肯定不少于感质的数量。调查何种关系特别有助于典型感质的评估,将是心理学最为紧要的课题之一。

当处理由先前链路决定的意识实体的感质时,我们当然不能排除这种情况——由于两个同时出现、且有区别的生理刺激可能拥有相同的链路,它们引起了相同的评估,也就是说,不能被意识所区分。我们在感受牙齿上的压力时就能观察到的这种情形。这个压

---

① [关于I.P.Pavlov,见前文,《感觉的秩序》,前言,第150页注①。——编者]

② [关于Bechterew,见前文,《感觉的秩序》,前言,第151页注①。——编者]

力一般同时作用于相对的上下齿，并引起一个单独的感觉。只要是咬紧牙齿产生疼痛，人们必须先分别触摸牙齿才能确认哪一颗牙齿是疼痛的源头。

有人提出反对意见：如果我们假设早先的链路对于评估进入意识是不可或缺的，那么，初始神经脉冲将永远不会诱致任何意识实体，因为这样的脉冲此前从未遇到过。这种反对意见是无效的，因为正常情况下不存在绝对不接受刺激的神经元。即使是一个弱的脉冲也足够作为一个识别这种脉冲的基础，并在此后在罕见的较强脉冲的刺激下获得评估(Wertungen)。无论如何，这样的一条神经已经凭其弱脉冲链路加入了一个明确的关系网，只要该神经以足够的力度激活其评估域，这个关系网就能赋予它一个心理值(psychic value)。

在转向复合的意识现象之前，让我总结一下最简单的意识实体或个别感觉发生的基本特征。大脑中一个神经节细胞的激活本身并不必然导致一个意识的实体。心理过程整体的某个元素，只有通过它所获得的一些链路注入(insertion)整个关系中去并得到评估时，才能产生意识实体。我们所说的这个元素曾经通过印象与所有元素之间的链路产生联系，而所有包含该元素的印象都会有助于对它的评估。

一个神经脉冲的心理内容并不取决于那个脉冲本身，而取决于它如何与其他脉冲发生共振，也就是取决于它获得什么样的评估域。因此，其内容不完全是预先给定或一成不变的。相反，它总是变动不居，并依赖于个体的全部历史。根据这个感觉的相对理论，与一个脉冲相关联的意识特质(consciousness quality)并不内在于该脉冲。与当下盛行的感觉的绝对理论不同，这个相对理论认为意识的特质来自该刺激与其他一些刺激的关系。根据评估的原则，所有的心理现象牵涉大量多变的生理过程，每个过程都有助于一系列其他的心理实体的形成。基于这一事实，我们永远不能谈论心理原子或元素：每种感觉的内容都是相对的和可变的。至今仍占主导地位的"教条式原子论的感觉概念[①]"以及与之相关的假定——存在一个代表基本心理过程的简单纯粹的感觉——必须被抛弃。这个假设毫无根据地将一个特定的感觉和（假定将激活该感觉的）特定的生理脉冲（这也是唯一的简单或者纯粹的元素）视为等同。[②]上文所作的全部解释都反对这种将感觉理解为意识过程的不变元素的概念。迄今为止，这个不变的、孤立的的意识单独片段(segments)的概念，正是阻碍我们提出一个关于所有心理过程的满意理论的原因。值得注意的是，亨利·柏格森(Henri Bergson)[③]——尽管通过完全不同的路径——得到了非常相似的结论，他也是一位坚定的原子论概念的反对者。

大量医学发现也支持本文的观点。克里斯注意到"特别是病理学家会毫不犹豫地证实由此得出的结论，即关于特定对象的记忆不能够被剖析为某种统一的、有界的东西，"并且"大脑一个区域的部分损伤，从不会只抹除桌子、狮子或橡树而保持椅子、狗和桦树的记忆图像完好；实际发生的是，每样东西都均匀衰减，失去了以往的敏锐度和清晰度"。这些说法与其说支持了克里斯自己的假说，不如

---

① Felix Krüger, *Über Entwicklungspsychologie, ihre sachliche und geschichtliche Notwendigkeit*, vol.1 of *Arbeiten zur Entwicklungspsychologie*, ed. F.Krüger(Leipzig: W.Engelmann,1915).［关于Krüger，参见前文，《感觉的秩序》，7.25，第315页注③。——编者］

② 参见F.Jodl, 1908, pp. 225ff.："简单或者纯粹感觉是一种抽象。从心理学的观点看，相信我们的意识发展是分析所称的简单元素的结果，是最不可原谅的错误。我们所接受的永远是一种完形，现实情况并不是这个完形由它的元素组装而成，而是完形被分解为它的各个部分。在生活中，整体先于部分，相反的事情只发生在科学中。"

③［Henri-Louis Bergson(1859—1941)是当时最有影响的法国哲学家之一，获得了1927年诺贝尔文学奖。他与威廉·詹姆士通信，并且是好朋友，后者将Bergson的作品介绍给英美公众。哈耶克在这里没有提供一个特别的索引，但他头脑中所想的可能是Bergson的*Matter and Memory* (New York: Macmillan Company,1911)，由N.M.Paul和W.S.Palmer从法文原版*Matière et mémoire*(1896年)译出。——编者］

说支持了本文的假说。[①]

2. 蕴涵

前一部分已经说明,用单个生理过程来解释意识现象是不合适的。相反,意识现象必然与大量的生理过程绑定在一起,其中每个生理过程在我们的经验系统和整个活动中的位置构成了它对于我们意识的输入。在呈现这些过程时,科学在简化和分隔现象方面走得太远,它相信可以安全地忽视大量运行中的生理过程,从一些简单的生理过程链来推论意识过程,而没有注意到,它因此遗漏了解释对象的本质特征。这种简化不是对事实的响应,而是毫无根据的还原主义的结果,正如下面观察所证明的那样:"由解剖决定的,中枢神经系统中形态的丰富性,与我们所称的(我们习惯用来解释和评估这些过程和功能的)生理概念的稀少和简单之间,两者不成比例。"[②]

现在让我们来重建意识的展开过程(unfolding)。一个典型的例子就是在感觉和随后的行动之间发生的一连串现象。不容忽视的事实是,这绝不是一个自足的过程:在一方面,正如我们将立刻看到的,在新印象出现之前的意识过程现在仍在继续运行着;另一方面,意识过程绝不会为行动所终止,而是继续展现自身。

首先,我们已经知道,当每个印象成为意识时,一旦脉冲被转送到评估域,就已出现诸多出发点,以便承载此印象的脉冲进一步演化。现在下面的问题出现了:既然每个单独的元素可触发与之相连的所有元素,为什么那些与最初意识实体相关的元素在这种情形下没有全部发挥作用?或者,在另一方面,为什么在所有方向上弥

① Johannes von Kries, *Über die materiellen Grundlagen der Bewusstseinserscheinungen* (Festschrift der Universität Freiburg i.Br.: Lehmann, 1898), p. 15.[关于J.von Kries,参见前文,原版导言,第161页注②。——编者]

② 出处同上,第7页。

散的脉冲不是简单消散掉,从而不产生任何效应?为什么实际上一个印象一般产生一组(set)清晰定义的意识实体,但是这些组(意识实体)在不同的情形下可能不同?什么决定了意识在众多可能"方向"上的路径选择?或者——像弗沃恩所说的——我们如何解释,某个给定情况下或思想形成过程中关联链路(associative linkages)的集合可能包括无穷之多,却只有一个概念从概念链条中脱颖而出?[①]

在这里,很大一部分原因还是在于这样的事实:印象从不单个地作用于生物体,而是总是同其他印象相伴出现,或者至少和源自其他来源(包括机体的生命过程)的脉冲一起出现。因此,我们必须更加准确地界定印象的含义。然而对于印象概念,心理学甚至没有提供一个模糊的轮廓。有几种方式来定义一个与真实感官知觉相关的单一印象:第一,我们可以将之定义为影响神经系统的单个元素的一个刺激;第二,如上同样种类的刺激,影响的是几个元素;第三,把印象视为对单一实体对象的单个感官产生的效果;第四,对该实体对象的所有感官产生的效果;第四,将印象视为作用于个体感官的所有刺激——这些刺激要么同时介入,要么(至少)以较短的时间间隔介入,这样,后面的刺激将会同前面刺激的后效相重叠(译注:按照这里的定义,impression更多地接近于刺激stimulus产生的效应或影响)。在将印象限定于真实感官的诸多武断的方式中,还可以附加一个额外的可能性,即在总体印象中包括内在感觉(inner sensations)、"心境"(frame of mind)、情感(sentiments)和"情绪"(mood)。这里,只讨论一个总体的激发状态可能较为合适。

对决定思想形成过程的印象的武断界定,当然是不合理的,因为评估域的普遍相互渗透,允许所有的印象的触发效应相互竞争。

---

① M.Verworn, 1920年,第24页。

然而，心理学将联想视为由武断限定的部分印象产生的东西。这种对原因的简化使它无法公正地对待由此产生的多种现象。但是，如果在分析联想过程时，将具有多个方面的一般印象(multifaceted general impression)或总体的激发状态当作起点，人们观察到的这些决定因素的数量与种类，就会与产生的再现(resulting reproductions)一样丰富。

我们最好这样看印象总体(totality of impressions)对过程的影响：总体印象的所有成分，包括元素和网络，都有各自的评估域。这意味着它们(元素和网络)的显示激活了大量的元素，其中许多元素同时位于几个评估域中，因此，作用于这些元素和网络上的倾向将会被强化。刺激的成分和先前印象的成分越相似，就会越强烈地激发那些与先前印象相连的元素。当目前印象的成分与先前印象的成分极为相似时，几乎所有元素的触发效应将会与那些传输关联印象(associated impression)的元素融合。与那些仅由一条或少数几条链路所产生的激活相比，(这些元素的)这种激活更具优势，它(这个占主导地位的激活)将单独地产生一个评估域，从而单独引发一个意识实体。

脉冲将肯定在每个方向上弥散，并在某种程度上唤起整个大脑，这是激发大脑中的总体链路的需要。我们意识中没有接收到外部营养的每个过程，必然会不断地变得衰弱，并最终消失。然而，每个人在清醒的时候都是外部印象的接受者，因此，这些外部印象在帮助决定采取哪条思想路径以及在任一给定时刻哪些记忆被再次唤醒时将发挥一定的作用。

当几乎所有同时发生的印象都连接到某个意识内容时，它们就会收敛并引发该意识内容。此时任一特定印象所激发的大量联想，将被缩减到仅剩下一个，即与其他印象所共享的那个方向的联想，并且只有那个联想会产生效应。但是，即使不存在拥有类似成分的前例，一个共同的关系也会从组合(combination)的成分(component)

中浮现出来，形成一个主导的方向。

尽管同时作用的多个印象可以从各自拥有的许多链路中自行地做出筛选，然而大脑总体的预存激发状态的筛选作用可能更为重要。当印象A碰到预先确立的意识内容（即“某人恰恰在那时碰巧正思考的事”）或者一种给定的情绪，这些（意识内容或情绪）的成分（components）将不可避免地产生其他的印象，这些其他印象将与印象A竞争，以决定意识过程的未来发展。由于印象A所遇到的先存脉冲常比同时发生的印象所诱导的脉冲丰富得多，并且由于那些和思想过程相关的脉冲与印象A常常十分混杂的元素所引起的发散联想相比要更加连贯和集中，它们（译注：先存思想的脉冲）对于要采取的方向的选择来说作用更大。

关于先存过程如何影响评估，可以通过特定的背景如何帮助理解一个印象的方式来清晰地加以说明。这种背景几乎总是补足未完全把握的东西，使不完整的印象也能产生正确的理解。反过来，背景也完全可能通过使某个意义看似合理而诱导出错误的补足，正如由于为了匹配预存思路而导致的误听、误解或者误读。每个人都熟悉这样的经验事实：在不同的情绪或者思路下，同样的印象可以引发完全不同的联想。对此无须引用任何特别的例子来证明。

还有一个因素可以帮助解释这个现象。如果承载激活意识内容的有多个生理过程，那么，这些生理过程的元素就会紧密相关。因此，当属于一个意识内容的所有元素被激活的时候，它们拥有的共同评估会相互增强，而不在其方向上的孤立元素难以撼动其地位。

在这里，我的目的不是详尽地描述什么决定了整个的轨迹，因为这个任务的难度超过了我的能力。这里想说明的是，有多少因素牵涉这个决定的过程，以及结果的可能性为什么如同现实的意识现象一样众多。

很显然，只要人们将一个单一的、部分印象(partial impression)，或者充其量将所有同时作用于一个感官的所有刺激，当作其起点，那么，他就面临一个难以解决的问题——从诸多既有关联中做出筛选实际上是如何发生的？但是，只要意识到关联效应同时来自许多印象，困难将迎刃而解。只有当某个对应于将被引出的意识内容的基本元素，如同对应于有意识的印象(conscious impressions)的每个元素那样，被强烈地激活，以至传播基本元素的刺激通路(stimulatory pathway)必须汇集起来，该基本元素才能进入意识。结果是抵达意识的唯一元素将是与最大数量元素相连的元素。

因此，哪一个思想会被特定的印象所引出，这样问完全是一种误导——如同联想试验(association experiment)中一直在做的那样。显然，脉冲被传递到所有与印象元素(impression element)相连接的元素，不清楚的是，接下来哪些元素能抵达意识。而这依赖于同时起作用的刺激（并通常具有不同的来源）以及先存的激发状态。这两个因素的相互作用将决定哪些联想被释放。因此，问题应这样表述：在某个清晰定义的环境下，一个给定的印象将引发哪些思想过程？并且，在这里，考虑到先存的激发状态的重要性（这个是不可能确定的）和弄清一些印象效应(impression effects)（如内部感觉）的困难，联想试验(association experiment)的意义和有用性变得十分可疑。

如果我们坚持，评估某个元素（即将其纳入意识）必须激活所有与之相连的元素，那么我们也必须拒绝用“抑制”(inhibition)的生理学假说，特别是“时间定位”(chronogenic localization)的生理学假说去解释如何决定哪一个联想会起作用。西格蒙德·埃克斯纳(Sigmund

Exner)[①]详细阐述了“抑制”假说，而弗沃恩[②]试图通过在折射阶段(refraction stage)的干扰这样奇怪的方式来解释该假说。该假说认为，同时印象对于不打算被激活的联想会产生抑制效应。塞蒙是“时间定位”[③]假说的支持者。按照这个假说，印象逐层储存在细胞中，因此只有属于同一层的“记忆痕迹”(engrams)才能被引发出来。于是，意识过程的展开(unfolding)取决于脉冲所抵达的细胞层，因为此后脉冲必须遵循某个既定的路线行进。这可能是对于孤立感觉概念的一种过度简化，其原因只能归结为塞蒙的解释在做详细考察时遇到的困难。值得提到的是，当我们希望在我们的意识中回想起某个内容，我们有时有意地激活触发机制。例如，我们尽力试图想象一个人的外表，以便想起那个人的名字。

在这种背景下，我们必须提到一个相关的现象，即某种专注(the kind of attentiveness)，它在于指导人们把思想集中在预备领会一个印象的方向上。这与前面提到的“背景辅助理解”类似。注意力聚焦于期待的元素，从而从另一个方向激活了评估元素(uptaking elements)。这将导致尤为强烈的效应和特别清晰的意识内容。这也解释了为什么专注仅仅与预期到的事情有关，因为只有预期元素的评估域被事先激活了。

结合前面讨论过的事实——理解依赖于既有链路(“统觉

---

① Sigmund Exner, *Entwurf zu einer physiologischen Erklärung der psychischen Erscheinungen* (Leipzig and Vienna: Deuticke, 1894), part 1.[Sigmund Exner(1846—1926)是奥地利生理学家和维也纳大学生理学研究所的主任。他是最先提出大脑的神经网络看法的科学家之一。1867—1868年，他在Heidelberg与Hermann von Helmholtz一起工作。——编者]

② M.Verworn, 1914a, pp. 33ff.;1920, pp. 24ff.; Max Verworn, *Erregung und Lähmung: eine allgemeine Physiologie der Reizwirkungen*(Jena: Fischer, 1914b).

③ [术语“时间定位”(“chronogenic localization”)由脑解剖学家Constantin von Monakow所引进。1919—1920的冬天，哈耶克在他的维也纳研究所度过(见前文，导论，第13页注②)。这个术语是指大脑与时间相关的组织。——编者]

团" apperception masses)[①]——专注一般可以被视为理解的准备。这是最可能取得教育学成果的心理学研究领域。很显然，对于最简单的经验（单个感觉）所概述的过程也可以类似地用于描述多方位印象(multifaceted impressions)。人类只能理解那些他能运用统觉团(apperception masses)加以评估的事情。这一事实既适用于单个刺激的理解，也适用于思想的交流和理解。众所周知，每个人只能理解那些适合其特点和本性的事物[②]，而同样一件事情对不同的人可能具有完全不同的意义。这种千差万别是意识接纳评估之可变性的不言而喻的结果（译注：只有抵达了意识的才可以具有意义，而所有的评估中，能够抵达意识的评估是可变的，因此，同样的刺激可能因为内部准备状态的不同，激活不同的评估，最终具有不同的意义）。详细阐述这一点会令我们离题太远。让我们仍引述奥托·魏宁格(Otto Weininger)[③]的尖锐评论：一个人越卓越，一切事物对他越有意义(the more impact everything has on a person, the greater is his impact)。说到动物，路德维希·埃丁格(Ludwig Edinger)[④]将动物基于其生活方

---

① ［统觉是一个心理过程，经由它新的经验被有意识或者无意识地整合进已有的心理框架中。"统觉团"(apperception mass)表示一个人过去经验的整个系统，新的经验整合于其中——编者］

② Adolph Stöhr, *Psychologie* (Vienna: Braumüller, 1917).［Adolph Stöhr(1855—1921)是维也纳大学哲学教授。关于哈耶克对斯托尔的回忆，见上文，导论，第12页注③和第14页注⑤。——编者］

③ Otto Weininger, *Geschlecht und Charakter, eine prinzipielle Untersuchung*, 17th ed. (Wien: Braumüller,［1903］1918), p. 161.［Otto Weininger(1880—1903)是奥地利哲学家，于23岁时在Vienna贝多芬去世的房子里自杀，此后其著作*Geschlecht und Charakter*(《性与性格》)大受欢迎。Ludwig Wittgenstein受到Weininger著作的影响。——编者］

④ Ludwig Edinger, "Die Beziehungen der vergleichenden Anatomie zur vergleichenden Psychologie," Bericht des 3. Kongresses für experimentelle Psychologie, 1908(Leipzig,1909), pp. 9f.但他在其中的确试图区分"充分的生物学刺激"与"只有联想作用的刺激"。［Ludwig Edinger(1855—1918)是德国解剖学家和神经病学家。1914年被威廉二世任命为德国的第一个神经病学教授——编者］

式能够评估的印象叫作“充分的生物学”(biologically adequate)印象——这些印象对于动物来说是相关的,对于其生活具有重要的意义。埃丁格关于蜥蜴的例子很好地说明了这一点:“蜥蜴对于一个它在其他情形下从未有过生物学接触的新噪声不会作出反应,就像我对一条能让我免于掉进深渊的中文警示不会作出反应一样。”

因此,理解永远依赖于早期关系中保留的链路。仅当链路的数量和类型拥有必要的感受性(receptiveness)时,一个印象才能对一个人变得有意义(成为意识内容的一部分)。曾体验过但已忘记的每件事(“一个受过教育者就是那样的人,已经学会的与已经忘记的一样多”),其意义在于它为理解做好了准备。即使一条已遗忘的经验也有助于对它所包含的元素进行评估,并有助于把它包含的元素连接到更高层的意识内容。我们常常无法对某次经历作出明确的描述,但完全可以判断关于它的陈述是真还是假,这一事实支持了上述发现。一个复合印象(composite impression)再度出现并被认出似曾相识时,就会引起一种特殊的注意。在这种情形下,该印象不仅获得了对应于其组成元素的评估和由具体评估(见下面)所决定的抽象内容,而且获得了某些与它(该印象)首次出现相关的额外链路。这些链路提供了一个“加入早先时序经验背景”的接口。这意味着通常所说的“熟悉感”产生于对印象的一个扩展评估(expanded uptake),即与先前的伴随印象之间的联想所引起的感觉。

这些决定了每个印象的感质以及其引发的反应的链路总体,构成了每个个体的自我,决定了他的存在(being)或性格。正如我们理解事物的能力是先前已经获得的评估的结果,一切发生在我们意识中的其他过程,都由这个系统(译注:先前已经获得的评估)所决定。意识过程的调节不是个别经验产生的链路的功能,它是所有经验联合行动的功能,并展现在评估和选择过程中。正因为如此,我们才有能力做出独立于内嵌在记忆中的具体事例的判断,而不是仅仅重复僵硬地连接到过去经验的具体思路。理解与知识之间的差异就在于此。后者是指牢固锚定的联想，而前者则是指多方位的评估手段(the multifaceted uptake instruments)，这些手段的联合行动可以通过未达意识层面的中间连接来诱导出意识结果，这个现象被称为“直觉”。这是相当鼓舞人心的想法：即使看起来消失了的知识也在继续发挥作用，而我们曾经习得的东西永远不会完全丢失。

只要由脉冲收敛导致的选择作用于经验因素并因此引起一系列再现(reproductions)，由脉冲引起的意识过程就仍然是一个心理过程。然而，当脉冲作用于运动神经节细胞，也就是大脑的运动中心时，意识过程就会导致行动。决定采取何种行动——也就是意志的行为——取决于评估和选择(uptake and selection)的过程，正如先前描述的意识变化取决于评估和选择过程一样。无论是仔细权衡的行动还是直觉式行动，都是如此。因此，在一组给定的环境下发生的行动，取决于个体评估印象的方式，而这又反过来依赖于既有链路。由于这种经由相关个体的完整自我的迂回的因果关系，说某个给定的印象产生某个反应实属误导。实际上，反应不仅取决于同时作用的印象的结合，而且也取决于先前获得的评估。因此，印象和意志行为之间的关系是多方位的(multifaceted)。另外，在这个链中的每个元素都是由一个评估（也就是一个选择过程）决定的，因此，需要许多条件同时发生才能产生一个给定的结果。在生命体中，记忆不可避免地在简单的因果关系中带来了复杂性。在这里(in this connection)，因果概念可能会导致机械论的解释，应当用评估这个概念来取代——后者假设了所有的意识反应对于触发印象(triggering impression)的一个复杂的间接依赖。最终，心理学在利用较简单关系来解释心理生活的愿望中（这种愿望在物理科学中通常是恰当的）否定了所有的生理学假说。一般来说，所有解释生物现象的科学尝试都倾向于从这种原始的因果关系的解释开始。

自由意志的问题依赖于对作为自由意志主体的个人的定义。如果像这里所说的，把个人等同于他自己，等同于他的意识和记忆，问题很容易解决。该问题是："谁决定意志的行为——是外部的干预或者……？"这个"或者"后面是什么？基于我们刚刚所说的，这个"或者"后面是个人的记忆，它意味着从前体验的一些印象。根据个体和物种的历史，个体记忆能够以特定的方式对印象作出反应。但这恰恰就是亚里士多德在他的评论中所断言的：自由意志仅仅意味着人类通过他们的本性来指导其行动。[①]毫无疑问，我们只能想做那些我们想到的事情——我们在几种新出现的可能性中选择哪一种，哪一个概念将转化为行动，这在很大程度上取决于脉冲通道的选择性组合，就像先前成为有意识记忆的元素组合一样。

除了主要归功于过去经验的评估，还有另一个对于决定行为具有极大重要性的范畴，这就是情绪。詹姆士—兰格情绪理论[②]必须被视为我们在此提出的解释的先驱。该理论与我们研究意识内容的总体方法类似。和我们的理论一样，它也认为引起情绪的感觉兴奋的最重要方面不是感觉兴奋本身，而是它所引起的共振(resonance)。对意识特质(consciousness quality)来说，共振是真正起作用的因素。詹姆士认为[③]，情绪(emotion)本身只不过是意识到一种反应的典型征兆已经发生了。这听起来似是而非："与其说，我们因为难过，生

---

① *Nicomachean Ethics*, Ⅲ. i. 20："……一个自愿的行为看来就是始因在自身中的行为……"

② [参见前文，《感觉的秩序》，4.70，第265页注①。——编者]

③ William James, *Principles of Psychology* (London: Macmillan, 1890), vol. 2, pp. 448ff. 他在第451页以下描述了他自己的理论的核心特点："如果我们幻想某种强烈的情感，然后试图从意识中抽象掉其身体症状的所有感觉，我们会发现什么都没有留下……。如果既没有心跳加速，又没有呼吸微弱，既没有嘴唇颤抖，又没有四肢虚弱、浑身起鸡皮疙瘩、内脏搅动的感觉，那我简直无法想象还剩下什么恐惧情绪。能否想象一下这种愤怒的状态——胸中没有涌动，面部没有潮红，鼻孔没有扩张，牙齿没有紧咬，没有强烈的行动冲动，而是代之以瘫痪的肌肉，平静的呼吸和平和的脸色？"

气或害怕而哭泣，攻击或颤抖，更合理的说法是，我们因为哭泣而感到难过，因为攻击而生气，因为颤抖而害怕。”如果想一想，我们通过模仿可以多么容易地让自己产生各种情绪，比如通过哭泣让自己感到悲伤，等等，这个假设就不那么令人难以置信了。詹姆士的理论只需要一个纠正。共振并不像他所说的那样直接进入意识，而只是解释其情绪特质(emotional qualities)。我们在这里所遇到的，是通过运动反应的遗传链路[一般实际是源自大脑的神经分布(innervation)[①]]所进行的一种评估。在早期，这些运动反应可能起到了避免或加强某些印象的作用[②]。

不同的印象可能会引起相似的反应，因此，同样的反应网络可以与不同的印象相联系并形成泛化的意识内容。该意识内容可由多个刺激中的任何一个引发，而这些刺激在其他情形下可能激发十分不同的评估。在处理抽象和概念化问题时，我们会再次遇到包含各种各样的经验性内容的泛化意识内容(generalized consciousness content)这个现象。由于抽象和概念化难以用别的方式解释，它们已经导致了一个与我们的理论相关的理论。对相似性或抽象的辨认之所以困难重重，是因为各单独元素的意识特质(consciousness quality)无法解释一簇(constellation)元素(如格式塔)如何能拥有与各个印象的总和完全不同的感质，甚至，完全不同于这些印象的其他元素簇(constellation)也能造成这种感质。是什么导致了这种抽象背后的创造性的综合(Wundt[冯特])？马赫是同一关联现象

---

① [“神经分布”一词是指通过神经对肌肉或器官的刺激。——编者]

② 在关于情绪反应的成因一节中，James(出处同上，第478页)表示：“某些表情动作可以被解释为(以前较强时)对主体有实际用途的动作的弱化重复。类似地，其他的表情动作也是对在其他条件下属于生理上的必然效果的动作的弱化重复。”James还从Spencer，Darwin，Wundt和Mantegazza那里引用了有趣的例子。[Paolo Mantegazza(1831—1910)是意大利神经病学家、生理学家和人类学家。他是精神药理学研究的先驱，对古柯和其他精神药物的影响进行实验研究。——编者]

(identical associated phenomena)假说的主要支持者。正如克里斯所述，该假说这样来解释："例如，一个可见形状的本质特征并不在于光学感觉本身的特定性质，而是在于诱发的运动机制上变化，这被表示为神经刺激、肌肉感觉等等。"①马赫对此评论说："要辨认出不同颜色的相同形状，则必须要有同样的肌肉感觉。同样地，一切形状背后都有具体的概念，所有抽象概念亦如此。这既适用于空间和形状，也适用于时间、节律、音高、旋律、强度等。"②

在这里，我们需要再次努力将心理特质(psychic qualities)从基本的触发刺激(triggering stimulus)转向其共振，当然，别的生理脉冲也能以同样的方式获得这种共振。这自然而然地回答了一个问题：不同的意识评估(consciousness uptakes)是否可以归入同一个主题之下？只有当意识特征被具体归因于并被认为依赖于生理要素时，抽象才会构成一个特殊的问题。特别地，正是定位(德语，Lokalzeichen)理论阻碍了对格式塔知觉的生理学解释。如果——像我们所做的那样——假设空间特质是相对的，问题将迎刃而解。

元素组成的簇群(constellations)总是代表抽象背后的印象，它们当然也能像单个元素一样获得评估。簇群评估域的雷同部分(a similar sectional sample)，如与之相关的运动，此时就负责表达相似性和抽象概念的内容。阿道夫·斯托尔③在阐释马赫的假说时，用反应的同一性(identity of reactions)来解释概念的形成。他把概念形成本身解释为扩及概念域(conceptual field)内所有印象的反应。因

---

① J.V.Kries, 1898年，第35页。

② E.Mach, 1903年，第122页。[可能值得一提的是，马赫曾带着"同情和敬意"的心情将他的著作*Populärwissenschaftliche Vorlesungen*献给William James——编者]总的来说，尽管彼此观点完全不同，但必须特别指出，马赫的著作为此处所提出的理论的先驱，其分离各种心理构造的方法同此处的理论非常接近。毫无疑问，其一般哲学方法(其中，感觉构成了存在的唯一坚实要素)是阻止他迈出最后这一步的原因。

③ A.Stöhr, 1917年，第357页。

此，一旦这些印象被概括起来或者被“领会了”，该反应就可以被看作是这些印象的评估域的共同成分。这解决了如何将完全不同的表征或经验内容归入一个概念的难题，因为与此一反应的链路——其自身（与斯托尔所说的相反）必须总是被设想为一个簇群(constellation)——完全可以被具有很不相同的评估的印象所共享。就此方面而言，把概念和情绪类似地视为泛化的意识内容是讲得通的。在这两种情况下，与运动器官的关系构成了评估中所选择的主要共享成分。后者也可以通过与印象的连接（这些主要共享成分出现在这些印象的评估域）成为一个独立的意识内容。然而，在情绪的情况下，联想总是由遗传的连接所引起，因而经验最多只能帮助它（译注：指主要共享成分）与引发它的印象(eliciting impression)产生链路。相比之下，决定概念的反应必定是个人习得的，或至多是通过诸如语言的习得而间接遗传的。因此也可以把情绪称为遗传的概念(inherited conceptions)。

现在，让我们在前面结论的基础上，尝试确立一个主体的意识发生的条件。至此不言而喻的是，意识的内容只能来自大脑中的兴奋过程，因为这是唯一可以与总体兴奋状态建立起必要连接的地方。意识是以中枢神经系统的存在为先决条件的，在这个系统中，一个生命体所接收到的所有刺激的信息聚集在一起。这种器官在原始生物中是不存在的。在最低的发育水平上，没有专门的机制来传递刺激，所以兴奋只能从组织传递到组织，或者传递仅限于某些器官的连接，但没有一个中枢系统。这样的系统只有在神经脉冲围绕中枢通路来组织时才会出现。但在这里，在这个发育水平上，链路也仅限于单个的脉冲通道；没有可以建立互联互通的中枢器官。单个器官的神经将其神经节细胞聚集在一些小的中心，通过这些中心，那个特定器官的一些兴奋获得了一个共同的意义，也就是说，通过器官神经与反应之间的相互连接（反射弧，reflexes），最后施加一个联合的影响。只有在脊椎动物的情况下，位于中枢神经通路一端的视觉、听觉、嗅觉和味觉的专门中心,才会越来越多地中转至一个全局性的中心,在那里,所有接收到的刺激都会被记录下来。大脑——在中枢神经系统的这一部分中承担着这种特殊的功能——成为整个系统最强大的组成部分。大脑的大小可以作为一个近似尺度,来测量这种集中过程中所取得的进步,以及测量这种特定的生物体发展意识的能力。[①]这种与集中化同步进行的发育是意识形成的先决条件之一。这一事实进一步证明,记忆的本质必须在细胞之间的联系中而不是在单个细胞("记忆痕迹")中寻找。"因此,'意识的原子单位'的概念[我们在此称之为孤立感觉的概念]是自相矛盾的。只有生命的关联性才能解释和维持意识,意识在很大程度上是多样性的连通和统一。"[②]

为了阐明意识发生的基本特征,我们必须回到意识最初显现的理想化前提下,即存在这种中央器官,其中,所有同时出现的刺激都有同等的机会在适当的神经节细胞之间建立连接,但是中央器官本身至此尚未接受过任何刺激。由于缺乏任何预先建立的连接,新的刺激仍然是完全孤立的。在这里,一个包含神经系统所有元素之间链路的网络,可以纯粹根据个人经验形成。随之而来的是每个印象都会引起越来越清晰的评估。然而,没有任何生物体能够经历这样

---

① 1809年,Lamarck已经指出了神经系统发育和意识发育之间的平行关系。[Jean-Baptist Lamarck(1744—1829)是法国自然学家,是有机进化理论的早期支持者。在他的主要作品两卷本的*Philosophie zoologique, ou exposition des considérations relatives à l'histoire naturelle des animaux*(Paris: Dentu, 1809)中,他认为进化是由两种力量推动的:一种是"复杂化的力量",这种力量导致了生物界中更为复杂的形式;另一种是"适应性力量",这种力量导致动物在各自的环境中适应它们所面临的挑战,这是由于某些器官的使用或废弃。拉马克声称动物通过使用或废弃器官而获得的特征是可遗传的,这与Charles Darwin的自然选择进化论相反。——编者]

② Alois Riehl, *Zur Einführung in die Philosophie der Gegenwart, Eight Lectures*, 5th ed.(Leipzig and Berlin: Teubner,[1903]1919), p. 139.另见同一作者的*Der philosophische Kritizismus*(Leipzig: Engelmann,1876—1887),2 vols.; F.Jodl, 1908; and B.V.Carneri,1893。

一个个体发展的起点,因为它的祖先的演化已经以这样一种方式塑造了它的大脑,某些通道已经事先铺平,或者甚至从一开始就确保了某些元素之间的脉冲传递。但即使由于遗传获得的意识基础,先天路径以及因此获得的评估从一开始就存在①,也并不妨碍我们从创生开始探索意识发生的理论。

正如已经经常注意到的那样,意识的问题必须通过意识发生理论来解决。②给定上述前提条件,一个意识发生理论的任务是:解释一个包含所有感觉器官的印象的感质系统是如何由经验形成的。该理论必须解释感质系统共通的基本结构(ever reasserted makeup)是如何由自然的规律性导致的,还必须解释其具体细节是如何由个体所遭遇的经验类型及其呈现的秩序导致的。这个理论必须关注重复的经验,不管是每个个体以相同方式遇到的经验,还是在物种历史中可能一劳永逸获得的评估,这些经验或者评估构成了所有意识活动的基础。这个理论还必须证明生理元素是如何转化为相对简单的意识评估,以及这些(译注:简单的意识评估, consciousnessuptakes)是如何通过经验联系在一起,变成更多面向和更加分化的评估。我

① 然而,这是一个不同的问题:由于人类大脑的解剖结构,特别是各种感觉中枢的位置,某些连接是否可以在更早的阶段出现,并因此得到优待,而其他连接更难建立或必须依靠间接手段如连接神经节才能建立。

② 至于对发展心理学的需要,除文本中引用的冯特的一段话外,还可参见以下内容:Carneri, 1893, p. 16:"我们能够了解到意识产生的情况的唯一途径是在遗传上"O.Weininger, 1918, p. 159:"这里所尝试的仅仅是本体心理学或理论传记所能做的一点提示,它们迟早会取代今天的人类心灵科学。"关于特定的心理发展问题,文献尤其丰富。让我们特别提一下F.Krüger (ed.), *Arbeiten zur Entwicklungspsychologie*, 1915,特别是系列的第一期,*Über Entwicklungspsychologie, ihre sachliche und geschichtliche Notwendigkeit*,作者是krüger自己;以及M.Verworn, 1920. Georges Bohn, *Die Entstehung des Denkvermögens: Eine Einführung in die Tierpsychologie* (Leipzig: Thomas, 1910),译自法文原文的*La Naissance de l'Intelligence* (Paris: Flammarion, 1909),讲述了动物心理学的相关问题。[Georges Bohn(1868—1948)是法国生物学家。——编者]

们已经做了一个小小的尝试以表明,正是同样的过程,将简单的意识内容与更复杂的意识内容连接起来,也将那些个人无法识别的事件提升为心理事件。如果我们对意识评估过程的理解是成功的,下一个任务就是根据这个过程背后的原理,将科学收集到的关于意识发生的极其丰富的材料进行分类。然后就可能实现——正如冯特[①]所表达的那样——“目前心理学理论能够解决的、唯一有希望成功的任务,即一个综合的(译注:意识)发生史。”然而,它绝不是一部意识发生史,而只是关于它(译注:意识发生)的理论,一个所有意识过程发生的模式(schema)。该模式有助于我们理解各个过程的本质。这种尝试的先决条件是解决我们在所有意识现象中面临的一个问题:意识到底是如何产生的?当我第一次意识到意识发生问题是关于意识的一切问题的关键时,我就打算说明这种从最简单的现存意识评估开始的(意识)发生。后来,我在研究过程中认识到,意识作为一个整体从“心理元素”创造出来的过程,本质上与创造意识评估的生理过程是相同的。在一定程度上,古老的联想心理学试图通过联系来解释所有的心理现象是正确的,因为事实证明,感觉和情感的“原生”(primordial)感质以及因此所有意识评估都基于联想——当然,是以(与该理论的支持者所相信的)不同方式的联系。并不是由于针对心理特质(psychic qualities)的联想能力,而是由于作为事物整体自然秩序一部分的过程,使得生理过程能够诱发意识评估。

甚至连感觉之间的相互关系也要从经验导出,这种做法可能把经验主义推向了极端,但与此同时,这种做法也让经验主义变得不那么生硬,因为通过感觉传递给我们的经验必定处在这些相互关系之内,并因此获得某种先验的特征。这样一来,这些内在的相互关

① Wilhelm Wundt, *Grundzüge der physiologischen Psychologie*, 5th ed.(Leipzig: Engelmann,[1874]1902—1903), Vol. 2., p. 641.

系就成了支配所有经验的先验法则，以至于我们的思想既是由它们创造的，又反过来受制于它们。然而，如果人们因此认为把这个世界等同于全部已发生的事情，并试图把自己的思想法则强加于它，那就太自以为是了。这是在把仅仅反映了自身意识的心智作为一个独立的甚至更加优越的实体与全体对抗，就像把仅仅通过感觉来间接感知的身体与他直接经验的心理过程相对抗一样。这代表了一种深深植根于人类思维中的拟人论(anthropomorphism)的残余。尽管拟人论已经节节败退——从起先的赋予自然界每个小颗粒以人的精神，到后来将自己限定在有机领域——但在这里，它仍苟延残喘地将自然整体比作与人的灵魂相符合的东西。只要我们的知识被认为是绝对的，我们的世界观涵盖了所有的存在，一个关于所有存在——它们毕竟只能以一种与心灵相容的形式来把握——的唯物主义必定是一个沉闷的理论。然而，一旦认识到存在的整体是一个无限源泉，而生命体作为其中一个微小片段从整体中汲取关涉其存在的评估关系(uptaking relationship)，我们就不会再认为我们有限的心智居于存在之外甚至其上了。这样一来，所有用来构建自主心智的实质成分现在统统被摧毁：康德提出的先验统觉(Anschauungsformen)已经被恩斯特·马赫推翻，而根据本文的反思，马赫的那些元素和感觉可能面临同样的命运。

附录

自本研究于一年前即1920年9月完成以来,笔者注意到已有相关著作出版,兹列举如下:

Bleuler,Eugen.*Die Naturgeschichte der Seele und ihres Bewusstwerdens:Eine Elementarpsychologie.*Berlin:Springer,1921.

Hoffmann,Franz Bruno. "Die physiologischen Grundlagen der Bewusstseinsvorgänge." *Die Naturwissenschaften*,vol.9(1921):pp.165—72.

Matthaei,Rupprecht. "Von den Theorien über eine allgemein-physiologische Grundlage des Gedächtnisses." Reprint from *Zeitschrift für allgemeine Physiologie*.Vol. 19(1/2).Jena:Fischer,1920.

什么是心智？[①]

区区一个经济学家，却要讨论哲学家和心理学家长期研究却进展甚微的某个问题，似乎显得不自量力。然而，我的演讲正是关于身体与心智、物质与精神的关系这个古老的问题。如今，这个问题已显得有些过时了，因为专家们要么认为它不存在或不适合科学研究，要么不可能解决。然而，当一位社会科学家处理这样的问题时，对其他学科的侵犯比乍看之下要少。任何对社会科学方法的本质，特别是这些方法与自然科学方法之间关系的严肃思考，必然会导致这个基本问题。这一点尤其适用于像我这样的人——在过去的30年里，我一直努力把自己在一门社会科学中的工作同我对生理心理学的浓厚兴趣结合起来。考虑到这些情况，我选择这个话题作为科

① [本文原为未发表的德文稿，题为"Das Wesen des Geistigen"（译注：精神之本质），是哈耶克为1949年8月20日至9月9日在奥地利阿尔卑巴赫举行的第五届国际大学周(the fifth Internationale Hochschulwochen)准备的。这份未注明日期的打字稿保存在胡佛研究所的哈耶克档案中(Hayek Archives at the Hoover Institution, box 104, folder 20)，今由Grete Heinz博士译成英文。正如哈耶克在本文第二段开头所指出的，他对这个德语标题有所担忧，但由于未能为1947年的英文打字稿《什么是心智？》(即《感觉的秩序》的前身。见上文，导论，第18页)的题目找到更好的德语翻译，只好姑且用之。有鉴于此，译者和编者决定采用"什么是心智？"而不是直译德语原题作为本文的标题。——编者]

学前沿会议的主题,可能就不那么令人费解了。

在此,我应当立刻告诉你们,我为这次讲座选择的题目实际上是误导和不恰当的。在我看来,询问一个现象的本质(德语“Wesen”)根本不是在解决一个真正的科学问题。我使用这个表达,除了缺乏更好的简短标题之外,还由于我认为迄今为止,主要的困难在于没有把问题表达清楚。正如科学中经常发生的那样,最关键的是正确的表述问题。我希望表明,一旦我们能够就我们真正想知道的事情达成一致,找到答案就不会那么困难了,至少在原则上是这样。因此我的讲座将主要关注如何表达这个问题。事实上,选择一个笨拙的标题——如“身心问题的本质”——会更加准确。我们必须首先澄清“精神”(译注:mental此处译为精神,以同“物质”相对照。也可以译为心理)和“物质”(material)之间的“关系”是什么意思,以及精神过程(译注:mental processes,下亦译为“心理过程”)与物质过程之间的区别,然后才能对它们的关系进行有益的“解释”。

当我们不言而喻地接受日常概念,并想当然地认为它们指向清晰可辨的现象时,科学思维总是处于极大的危险之中。这对我们的话题尤其适用。我们对物质世界的全部了解都是我们自己精神过程(mental processes)的结果;另一方面,我们能够理解他人精神过程存在的唯一方式是通过物质事件。从某种角度来看,精神和物质总是相互关联的,我们的首要任务必须是确定我们究竟该如何谈论两个不同的领域。在我看来,只有在自然科学尤其是物理学的最新进展清晰界定了我们称为物质的或物理现象的领域之后,我们才能够与之相对地确定精神或心理的领域。

假设我们的神经系统只能感知当下所处的环境(其他任何方式都不可以感知环境),那么,我们就会缺乏区分精神和物质的动机和可能性。既然只有通过我们的感知(perception)才能了解物质世界,我们就会合理地得出结论:无论我们感知到什么,都会匹配相应的物质事件。这两个领域将是相同的,并且没有办法区分它们。我们对心理现象所构成的一个特殊世界的信念来源于这样一个事实，即我们的经验在很大程度上独立于感知。我们有视觉记忆、印象、幻觉，等等；我们可以思考和感觉不在我们当前环境中的对象。这种精神领域的独立体验——这种表征外部世界事件而无须假定其(外部世界事件)在场的精神过程的发生——首先引起了精神和物质之间的区别。

但是我们如何知道我们的经验什么时候是真实的感知，什么时候仅只是印象？换言之，我们如何区分纯粹的精神过程和物质世界的体验？这个问题的答案相当重要，因为它本质上是我们最初区分"幻觉"和"现实"的基本程序的延伸，后来导致了自然科学的建立。

有一个显而易见的答案。我们可以确定"心灵之眼"所看到的东西只是一个图像或一个幻象，是因为我们无法触摸或闻到它。为了确定一种体验是否"真实"，我们坚持用其他感官来确认它。是什么说服我们一个物质对象是当前存在的而不是大脑的臆造？是它给我们的各种感觉同时留下的印记，符合我们对这种感觉经验的期望(译注：即该对象是当前存在的)。

我们一直在改进这种有意识的验证，以确定"表象"是否符合寄予它们的期望，并由此建立了我们现在所说的科学。起初，唯一的目标是确定我们看到或听到的是否"实际"存在。但在本质上，这个问题等同于试图确定我们认为自己正在观看的东西是否真的是眼睛引导我们去相信的那个东西。两样东西在视觉上可能完全相同，但当我们触摸或举起它们时，可能就变得不一样了。不久，我们除借助于其他感官来验证这个手段之外，还增加了通过观察事物在人为条件下的行为表现的办法。两样东西可能对我们所有的感官来说都很相似，但当我们把它们和别的东西接触时，它们的行为表现可能就不同了。实验实际上是我们区分现象和现实的最初方法的延伸。两种化学物质对我们所有的感官来说可能完全相同，但如果它们在某些情况下的反应不同，那么，我们通过这个过程知道，这两种表面一样的东西其实并不一样。

在这个意义上，自然科学的整个发展可以被看作是一个持续的重组过程，或更准确地说，是在我们的经验范围内对物体重新分类的过程。起初对我们来说完全相同的事物，现在有了不同的意义，而起初看起来完全不同的事物，可能会被证明非常相似甚至完全相同。根据科学发现对世界进行重新排序的过程，通常会降低那些最初居于事物辨别之核心(core)的感质(sensory qualities)的重要性，并且最终完全消除它们。起初，我们根据事物单独呈现给我们的方式来区分事物或对它们进行分类，后来，我们逐渐学会了根据它们与其他事物的关系来区分它们。理想当中，到了这个过程的最后阶段——比如说盐，将不再是带有某种味道的白色粉末，而是与其他物体接触时产生某种结果的东西。由于所有其他物体也都是通过与他物的关系，而不是通过感官特性来识别的，最终，物体的感质将从我们的世界观中消失。从纯科学角度或物理学的世界观来看，物体的定义完全取决于它们之间的相互关系，而不是它们与我们的关系，也就是说，不取决于它们的感质。

自然科学朝着这个理想的方向发展，给心理学带来了一系列它还没有完全认识到的全新问题。我们熟悉同一个世界的两种不同的组织：一是我们感官所体验的世界的秩序，在这个秩序中事物是红色的、温暖的、甜蜜的，等等；二是物理世界的秩序，其中物体以完全不同的方式进行区分：对我们感官来说是相同的被证明是不同的，而我们看起来不同的东西却必须被认为是相同的。

从物理世界观中消除感质，并没有同时把它们作为一个科学问题消除掉。既然从物理观察的角度看，世界和我们看到的并不一样，那么，为什么世界以这种方式呈现给我们就仍是一个问题。当感质系统从物理学中消失的同时，它却成了一个心理学问题。面对自然科学向我们揭示的物理对象的秩序，帮助人类有机体在物理世界中指引自己的另一种秩序——感觉经验——的恰当位置是什么？

强调感质的本质是心理过程的特征问题——我这么做当然不是暗示对颜色、声音、形状等的感官反应是我们必须处理的唯一心理过程。我想说的只不过是它们与图像、概念、情感等同属于心理领域，而关于心理过程的典型问题已经表现在这样一个事实上，即世界呈现给我们一定的秩序，但是仔细的观察证明这种秩序不同于事物通过它们之间的相互作用而表现出来的秩序。一旦我们成功地解释了感觉世界的结构，成功地表明自然界中的一个生命体如何学会以特定方式区分或组织其周遭事物——就像我们用我们的感官那样——大部分问题就会得到解决。

我们借以理解万事万物的两种不同的秩序，具有如此重大的意义，因此值得充分地加以说明。它至少意味着，当我们参照心理和物理方面观察同样一些事件时，一方面，我们把它们视为一个秩序或者系统的元素，在该秩序内，这些元素以特定的方式区别于同一秩序内的其他元素；另一方面，我们又会把它视为另一个秩序的元素，其中这些元素以不同于前面的方式加以区分。毫无疑问，我们实际上面对的是两种不同的秩序。探索感官知觉的心理学家根据感官知觉的相似性和不同性将它们组织在一个多维的大厦中，其组织方式与物理学家组织相应刺激的方式很不相同。对物理学家来说，外部世界中的事件是根据它们对其他事件的影响的相似或不同来评估的。但是心理学家使用（例如）彩色八面体、触觉金字塔、嗅觉棱镜[①]等表明，相关的感质可以沿不同的维度变化，由此揭示了一个在许多方面类似但是不同于物理学家组织相应刺激的系统结构。例如，可见光波的波长从400毫微米到760毫微米以线性递增的顺序沿着连续区域变化，但它们唤起的颜色感觉不仅逐级变化，而且是循环的，因为就视觉而言，光谱一端的紫色正好衔接另一端的红色。

从这个角度看问题，唯一的相对新颖之处在于，它认识到感官

① ［参见上文《感觉的秩序》1.45，第185页注①②③。——编者］

世界或现象世界本身的组织(即感质的组织)不再是一个物理学问题,而是一个心理学问题。它(译注:感觉世界或现象世界的秩序)被转化为一个问题:心理秩序——包括我们的抽象概念、情感,等等——是如何产生的?

但是,是什么构成了这种心理事件或者心理特质的"秩序"?我们又能在何种意义上"解释"这种秩序或者解释其如何形成呢?我预计,围绕这一点会出现最激烈的分歧,而且很难指望在一个简短的演讲中提出充分的论证来支持我的观点。我的论点是,物理过程和心理过程之间存在着相似性:在这两种情况下,相同事件和不同事件之间的区分都是基于它们之间相互作用的异同。因此,如果我们能这样来解释给定的心理过程与其他心理过程的不同——即说明它们在与别的心理过程的结合中为什么以及怎样触发了进一步的心理过程,那我们就不仅解释了所有能解释的事情,而且解释了所有要解释的事情。

为了让事情尽可能容易理解,我仅以某些感质作为心理过程的例子。实际上,我主张,关于某种红色或某种声音体验这件事,唯一需要解释的是,在任何可以想象的情况下,这种特定感觉(而不是其他感觉)的出现对所有其他心理过程的影响的差异。在这个意义上,感质的秩序是一种因果秩序,是建立在感质的各种效果之上的秩序;感质的"本质"或"特征"的问题,也可以表述为这些感质的效果如何与所有其他感质相区别。在这个意义上,各种心理过程之间的一切差异都是相对的,一旦我们解释了它们彼此之间相互效果的差异,我们就解释了所有需要解释的事情。

然而到目前为止,我甚至还没有给出一个关于我们如何可能来解释这个秩序的线索,我只是试图弄清楚需要解释的是什么。我的答案是,我们面对的是一种结构,一种所有不同元素完全由它们之间的相互关系来描述的秩序。由此必须得出结论,我们面对的是一个封闭系统,某个心理过程的特征只能通过与其他心理过程的关系来定义，但我们从未超越心理领域（译注：没有走到心智之外）。但我们该如何"解释"这些心理过程呢？看来只有打破我们被锁入其中的恶性循环，实现从精神世界到物质世界的转换，这是否可能？

我们发现，答案的关键在于将心理领域描述为一个秩序或连接结构，其中心理要素之间的关系是因果关系。这样定义心理领域的本质后，我们原则上可以从已知的物理元素中，构造一个严格等价的结构——该结构的所有相关关系正好能做到相同的事情，即表现得恰如我们所知道的心理领域的秩序那样。两个结构基于与内在本质无涉的元素之间的关系形成的同一性在相关数学学科中被称为"同构"(isomorphous)。我所主张的是，如果能成功地证明人类生命体中存在的结构关系与心理领域中的结构关系是同构的，那么我们就已经最大可能地"解释"了心理领域。如果能构造一个物理事件系统，在其中，心理经验的各种不同群簇(constellations)相互作用的方式可以被精确地复制或再现出来，那么我们就可以利用该物理系统，把通常用心理过程来解释的每件事同时解释为物理过程的结果。

事实上，在脊椎动物的中枢神经系统，特别是在高度发达的人类大脑中，我们恰好发现了这样一个器官，它适合保存和复现大量基本生理事件之间极其复杂的结构关系。我没有必要在这里谈论生理上的细节，只概述如下两个要点：

1) 经由数以百万计的感觉神经纤维，外部刺激触发的脉冲传递到大脑。反过来，经由数以百万计的运动神经纤维，触发运动的脉冲从大脑传递到外缘。在感觉神经纤维与运动神经之间，还存在着一个额外的数以千万计(tens of thousands of millions)的神经细胞组成的系统，人的各种行动由此进行传递。

2) 由于一些脉冲同时出现在一些神经细胞中，神经细胞间以一种至今仍未被完全解释的方式产生了连接，并产生下述效

> 应：当后来脉冲只出现在其中一个细胞中时，这个脉冲就会被传递到与之相连的细胞中。

仅仅利用这些知识，我们就能勾勒出，一个作用于许多细胞的脉冲关系系统如何通过有机体所经历的外部输入建立起来。在该系统中，特定脉冲的意义区别于其他脉冲的意义的方式，恰好是构造感质系统所需要的方式。

毫不奇怪，准确翔实地描述这个器官(apparatus)的任何进一步尝试，将是极其复杂和烦琐的，因此我不得不限于提供一个极其粗糙的简化。为此，我认为最好将中枢神经系统视为一个"分类"机制，它对接收到的脉冲及其触发脉冲进行分类。你马上就会明白，术语"分类"是什么意思，以及我打算解释的脉冲的"秩序"是如何在这个分类的过程中展现的。

乍看起来，对于用一个神经细胞的兴奋去触发另一个神经细胞的兴奋，这里引入"分类"一词过于夸张。的确，它完全可以用于描述最简单的情况，即当几个细胞与同一个或同样几个细胞产生连接时。当前者中的任何一个被激发时，这种兴奋会被传递给相似细胞，因此前者中的细胞必定属于同一"类"。这样描述的"分类"尽管正确，但不是特别有启发性。确实，如果一群细胞都与同样一些别的细胞具有连接，则前者当中每个细胞的激发显然都具有相同的功能意义，并且其效果与该群其他细胞激发的效果没有分别。

只有当我们考虑到如下事实时，故事才变得引人入胜：(1)一个给定的细胞可能不仅属于一个"类"，而且属于多个不同的"类"，因为它不止有一个连接，而是同别的细胞之间有大量的连接，而这些别的细胞可能又与其他各种细胞有连接。从而，该给定细胞可能与很多别的细胞拥有共同的连接对象；(2)不仅单个细胞的兴奋，而且细胞组的兴奋也可以类似地形成定义明确的"类"；(3)由于被一组细胞的任一个所触发而变成一个"类"的"分类"细胞的兴奋，反过来又可以成为被分类的对象，从而我们得到类的类以及类的类的类。我发现，这种把整个系统解释为一种分类器官的方式，对于至少从原理上概览各个事件之间的多种多样的联系以及由这些联系产生的秩序或功能分化特别有用。

我们离目标更近了吗？我认为是的。正如我之前所主张的那样，如果能通过总结感质和其他心理事件(sensory qualities and other mental events)对其他心理事件和人类行为的影响的所有差异，详尽无遗地表征感质的秩序和其他的心理事件，那么，我们就可以用中枢神经系统提供给我们的材料，在概念上建立一个强有力的等价物理系统。这样一来，后者(译注：物理系统)可被明确地视为前者(译注：心理系统)的复制品，并可以完成前者所完成的一切功能。这两个系统或秩序的等同性仅限于结构方面；然而，由于单个过程的重要性完全在于它们在这种连接结构中的位置，而丝毫不取决于它们自身单独具有的物质属性，因此结构等同性对于用一个系统解释另一个系统的目的来说已经足够了。例如，对于我们的目的来说，神经系统的单个激发过程的物质属性究竟在本质上是化学过程还是电学过程，是无关紧要的。理论上，我们也可以想象有别于中枢神经系统的、由其他种类的元素构成的物理系统，只要它同中枢神经系统具有相同的结构，也能达到同样的效果。这正是我在演讲一开始表达的意思——我强调心理过程的本质在于事件的某种秩序，我们在解释这种秩序是如何产生的时候，其中的元素的性质是不相干的。我们也可以说，只有元素在整体结构中的位置所决定的那些"性质"才是相关的，而元素本身所"固有的"、通常称为"物质"属性的其他性质并不重要。

所有这一切都对感质产生了有趣的结果。心理学仍受旧观念的强烈支配，即某些"基本"感觉的出现对应于某些神经细胞的刺激。这种把孤立感觉归因于孤立刺激的想当然的做法不可避免地导向无解的难题。然而，如果我的观点是正确的，那么就不存在可以归因于特定神经的刺激的简单纯粹的感觉。一个特定的神经刺激只有在被整合进入结构关系之后才逐渐同类似的其他刺激建立联系;只有在这种整合发生之后,它们才能获得某种特质。事实并不是我们最初拥有一些孤立的感觉,然后被经验组织成一个系统。毋宁说,为同时发生的神经刺激建立连接的生理"经验"领先于感质的出现,它必须首先创造出决定感质的关系系统本身。这一点具有无比重要的哲学意义:我们所面对的是一种前感觉或前知觉经验,它领先于感质分化因此也领先于一切意识经验,从而,感质系统本身是建立在经验之上的,并处于不断变动之中——最后我还会回到这一点。

在讨论这整个方法得出的哲学结论之前,我还要说明这个分类器官(我对神经系统的简化解释)不仅产生与感质相关的"具体"感知,而且产生抽象的心理体验,就像在对完形(Gestalten[格式塔])的感知和概念的形成中所看到的那样。根据我们的解释,这些"更高级"的心理过程实际上并不新鲜。一旦感官体验不再被视为无法解释的外部事物的"复制品",而是被视为大脑或心智根据先前经验进行的分类行为,那么,这个同样的装置不仅能够进一步组织个别事件,而且还能组织群体或类别事件,基本上就没有什么奇怪的了。仅当我们把诸如完形(Gestalten[格式塔])或概念这样的抽象物想象为由基本感官经验按某种方式构成或衍生出来的时候,它们(如完形或概念)才成为新问题。一旦承认所谓"简单"感觉是分类过程的结果,我们就能毫无障碍地承认:正如个别神经刺激划分为特定类型一样,成组的刺激也可以类似地进行分类并获得独立于个别刺激之意义的组的意义。

我早些时候指出,我设想的分类器官不仅可以形成类,而且可以形成类的类和类的类的类,等等。逻辑告诉我们,由此可以建立更加抽象的大厦,而且,我们对心理过程本质的心理学讨论很自然地引导我们使用与逻辑推理过程同样的一些概念,可能并非偶然。

当然，所有这一切只是一幅非常不完整的理论草图，还需要充分的细节研究才能令人理解和信服。但是，与其用过多的细节来打扰你们（况且也无助于在有限的演讲时间内描绘完整），我不如提请你们注意，一旦我所概述的理论得到证实，它将导致的诸多哲学推论。这些推论比乍看起来要深远和有趣得多。事实上，由于其影响十分深远，我不得不仅限于讨论其中最重要的部分，即便如此，也只能略谈一二。我将从概述这个理论在评判纯经验主义、现象主义和二元论的基本主张方面的推论开始。然后，我将简略探讨我的理论在什么意义上及在什么程度上提供了对心理过程的"解释"，以及此类解释在多大程度上是完全的。在所有这些方面，结果看起来都是自相矛盾的。在某种意义上，我所概述的理论可被视为纯粹自然主义的，甚至可能是你们当中一些人反感的极端的自然主义。然而奇怪的是，从这种一贯的自然主义中得出的哲学结论，与自然主义的通常结论几乎截然相反，而与反自然主义通常的结论更为相似。

首先，考虑我们的解释对纯粹经验主义的基本原则的意义。我们的解释假设所有的知识都来源于经验，在这方面与经验主义是一致的。但是，根据我们的解释，这种知识的很大一部分来源于一种奇怪的经验：这种经验先于有意识的感觉和知觉，并且首先创造了神经刺激的秩序，给予神经刺激一种意识价值(values)或意义(significance)。因此，意识经验预先假定了一种秩序的存在，这种秩序实际上是由一种前意识或前感知经验所创造的，但这种秩序本身并不能被意识经验(conscious experience)所触及。这意味着，每个经验都被纳入一个现有的系统，这个系统必须被认为是给定的，而且不能被经验所证伪。康德的范畴(categories)在这里被重新确立为排序原则(ordering principles)，它确实是有机体通过外部世界所施加的，我称为前知觉经验的那种作用(the kind of impact)而获得的，然而，它又成为任何有意识经验的条件，并因此无法由意识经验来检验。

其次，我们称为心理的整个秩序，以及完全依赖于在此秩序中的位置的种种心理特质(mental qualities)的价值(values)，都持续而缓慢地被所有新的经历改变着。这尤其意味着，感质并非固定不变，相反，它们(就其相互关系而言)会不断变化。因此，我们的感官所展示的现象世界本身并不是恒定不变的。这否定了现象主义(实证主义)将科学变成对自然的纯粹描述的理想目标。每次新的体验都会通过对对象的重新分类改变我们“看”自然的方式，从而影响我们后来的所有体验。科学所建立起来的抽象的自然图景比我们感官呈现的图像(image)变化得更快，这是事实。但我们不应忘记，后者也不是恒定的，而是可变的。

最后，我想简单提一下我的理论与二元论的关系。我的理论是反二元论的，并可能因此被说成唯物主义的，但那将是一种错误的看法。二元论实际上是以唯物主义的方式思考心智，把它当成一种不同于物质(matter)的特殊“实体”(substance)。这不但不会带来任何结果，而且还迫使我们将唯物主义元素代入对心智的想象。不管我们如何定义“实体”(substance)的概念，只要它不完全是空洞的，就不可避免地包含了涉及物质事物(material things)的性质的构想。认识到心智(mind)并不是一种与物质(matter)不同的实体(substance)，而是一种在物质之间的关系中显示自身的秩序，这种看法的唯物主义色彩要轻得多。

现在让我们回到最后一个大问题：我们究竟解释了多少心理过程，以及，还能往前走多远？在试图回答这个问题前，我必须引入一个重要的区分。我的答案是，我们可以在原理上解释已知的自然力量如何能够产生一种我们称之为心理的秩序，但永远不可能解释或预测我们为什么恰好如其所是地思考，或者为什么心智会引导我们在某些情形下做出某些行动而不是其他行动。由于该答案依赖于对一个展开过程的原理性解释与能预测特定情形之结果的详尽解释之间的区别，我们必须谈谈这一区分的重要性。

这种区别大致是我们所熟悉的，尽管未加具体命名。我们都知道机械钟表、内燃机或潮汐运行的基本原理，但我们不一定能制造一座时钟，或预测一台内燃机在特定情况下的运行速度，或预测某一天的最低潮。在某些情况下，这种能力的缺失并不局限于个人；有时根本没有人能够将一个原理性解释转化为详尽解释，仅仅是因为牵涉到的条件数量太大，人类智力无法完全掌握它。例如，我们知道水体表面形成波浪的机制，但是很可能没有人能解释为什么在特定地点和特定时刻在海洋中形成的波浪具有特定的形状而非其他形状。一般来说，我们所指的困难是实务性的，并且假定，通过改进观察和计算方法，这些实务性的困难将逐步得到克服，而且最终能够把原理性解释扩充为对具体现象的详尽解释。

然而在有些情况下，这种困难不仅是实务性的，而且是理论性的，因而难以想象我们能够将原理性"解释"加以改进，使之成为能预测具体现象的详尽解释。正如（这可能是唯一的例子）解释我们自己的心智(mind)或与类似于人类心理的活动。我现在来说明这一点。

首先，我要说明，"解释"和所有的心理活动一样，都包含一个分类过程。试图解释同时对各种对象加以分类如何导致"模型"的建立，以及这些"模型"如何作为解释的工具，将需要太长的时间。我只能请你们相信这一点。此处我仅指出，一个分类装置必须具有比它所分类的东西更高的复杂程度，因此，该分类装置永远不能对与自己同类的对象进行分类。这一点初步看来是很合理的。如果这个假设是正确的，那么这自然意味着大脑永远无法解释自己。但是要使这种说法真正具有说服力，我必须表述得更加准确，并更加完整地说明复杂度这个模糊的概念。

复杂度本质上取决于据以分类的可变属性(variable properties)的数量和每个可变属性可取值的个数。例如，我们可以根据5个不同的标准来对苹果进行分类：形状、大小、颜色、香味和甜度。因此每个苹果只有5个属性，但是根据这5个属性对苹果进行分类的机器必须区分5的5次方或者这5个属性的3125种可能的组合；因此，它必须显示不止5个而是3125个不同的标题来记录两个苹果之间的差异。（译注：这里作者似乎遗漏了一个条件，即每个属性能采取5个不同的值）此外，由于有许多不同的方法可以对3125个不同的单元进行分类，因此，一台能够对3125个单元的所有可能的分类方案进行排序的机器可能有许多变体，其数量大约是3125的若干次幂。当我说一个分类装置必须具有比要它分类的对象更高一个数量级的复杂性的时候，就是这个意思。这里顺便提一下（但不解释了），可以把我的论点类比于如下情况：没有计算机器能够计算出它可以执行的不同操作的数量（译注：计算器凭自身算不出来它自己到底能够执行多少种类的数字计算）。

其次，我认为，在解释心智（mind）或大脑（brain）的运行时，如果考虑到这些，我们就会明了：心智（mind）永远无法解释它自己！为了解释大脑的功能或我们的思维，需要一个更高阶的大脑。由于心理过程之间的联系严格来说是一个整体（由于心理过程的本质在于结构，此即所有心理过程的相互关系），所以如果不解释这个整体，我们就无法真正解释一些单个的心理过程，也就是说，把它们（单个的心理过程）从物质事物（material things）的结构性连接中推导出来。然而，解释心理过程的整体恰巧是不可能的事情。

出于好奇，我想提一下，尽管人类大脑绝对无法解释其自身的运行，或者说无法从定义明确的物质过程中推导出特定的心理过程，但是，未来的机器或人造大脑也许能完成这一壮举。借助大脑运作原理的知识，这是有可能的。同样地，从原则上来说可以建造解方程组的计算机器，帮我们解决（例如）单靠我们自己无法求解的方程组。至于制造这样一台机器实际上是否可行，暂且不谈。

最后，我还想简要地提及，由于固有的能力不足，我们根本无法详尽地解释心理过程或将其从物质过程中推衍出来，由此导致的一些重要的推论。第一个推论是,既然我们永远无法把特定的心理过程还原为特定的物质过程,那么就永远不可能实现统一物理科学的拥护者所梦想的那种科学的统一。即使我们曾经在原则上证明,心理过程是如何被那些已知存在于自然界中的相同力量或规律所支配的,对我们来说,自然和心智(mind)这两个领域必须始终保持分离。特别是,在社会科学领域,我们必须把直接获知的心理体验始终当作不可避免的出发点,而永远不能用任何物质过程的描述来代替。即使我们在理论上放弃关于心智(mind)和物质(matter)二元论,在实践中我们仍然必须坚持二元论的世界观。那些由于受19世纪自然科学观点的影响试图对历史进行唯物主义解释以及由此衍生出来的知识社会学,从原则上是不可能的:我们永远无法用具体的物质过程来解释心理过程。

人的自由意志问题与上述问题密切相关。我们也许能够证明,原则上,人类的决定是由物质过程决定的,但我们永远无法识别出导致特定决定的物质过程。然而,如果我们永远不能确定一个给定的决定是由什么样的物质过程导致的,那么谈论人类意志是被预先确定的就毫无意义。我们只能说,假设有一个比我们更高等级的智慧才能解释为什么我们必须如其所是那样行为。

最后我还是想说,严格来说,否认自由意志在任何情况下都是无意义的。因为使用“自由”这个词就是指我们根据自己的意志做出决定的状态,没有其他定义。如果我们否认我们的意志是自由的,那么“自由”这个词就毫无意义了,在这种情况下,否认自由意志就像肯定它一样地荒谬。

在系统内和关于系统
——对沟通理论若干问题的表述[①]

人是一种分类动物：没有任何两个现象是完全相同的。从某种意义上讲，一切言说的过程只不过是把现象按照感知到的相似性和不同性分配到不同的类中去[②]。

——奥托·叶斯柏森(Otto Jespersen)

---

① [这是哈耶克留下的一篇未完成的论文残稿，此前未发表过。打印稿保存在Hoover Institution Archives (HIA), Stanford University, California, Hayek papers, box 104, folder 22。1952年12月7日，哈耶克给卡尔·波普尔写了一封信(Hayek papers, box 12, folder 4, HIA)："几个月来，我一直在琢磨我近来意识到的最普遍的问题。目前我把它描述为：'在系统内'我们能说什么和'关于系统'我们能说什么这两者的区别。我相信这是一个最重要的问题，因为自从我开始清楚地看到它以来，就不断地在各种不同的联系中遇到它。但尽管我已经取得了少许进展，但这是我所处理过的最困难和最难以捉摸的问题之一。"30年后，在一封写给沃尔特·韦默的信中(1983年12月29日，Hayek papers, box 57, folder 2, HIA)，哈耶克在提到韦默寄给他的一份会议论文时写道："它……尤其令我回想起……我在《感觉的秩序》发表后试图立即处理的问题，但我那时发现该问题困难到令人难以忍受。当我发现就连曾经理解并帮助我发表《感觉的秩序》的那个人(Heinrich Klüver)也觉得第一部分草稿难以理解时，便放弃了这个尝试。我现在又看了一遍那个30年前的残稿，对于如何完稿，我现在比30年前更加有心无力。尽管如此，我想知道对于像你这样的这方面的专家来说，它是否仍能提供一些东西。"另见哈耶克在《〈感觉的秩序〉25周年回顾》中关于这个主题的评论(本书，454页)。在*Hayek's Challenge*：*An Intellectual Biography of F.A.Hayek*(Chicago：University of Chicago Press, 2004)(译注：该书有中译本《哈耶克评传》，冯克利译，北京：商务印书馆，2007年6月)，301页，考德维尔写道，哈耶克在《1955年工作计划备忘录》(Hayek papers, box 72, folder 11, HIA)中"说他计划将《在系统内和关于系统》论文分解成几部分，第一部分将是'解释的程度'。"——编者]

② [Otto Jespersen, *Language*：*Its Nature, Development and Origin*(London：Allen & Unwin, 1922), 388页以下。——编者]

一

1. 这篇文章致力于一个在很多人看来是徒劳的任务——通过对某些类型的因果关系系统(causal systems)(译注：下亦简称因果系统)的研究，推导出关于我们心理过程的可能知识的特征。如果我在一开始就说出主要的结论，也许能说服那些认为这种尝试荒谬可笑的人来考虑一下我们的论证(argument)：对于任何因果关系系统(causal system)来说，它所能类比描述或解释的其他系统的复杂性是有限度的；这个限度意味着一个系统不可能描述或解释自身。这又意味着，如果人类心智是一个因果关系系统(a causal system)，那么我们在讨论它时必然会遇到(也的确遇到了)一些障碍和困难，它们通常被当作人类心智不是因果系统的证据。尤其是，我们将发现，在这样一个系统看来，世界一定不是一个整体，而是两个无法完全互相"还原"的领域。

2. 我们之所以要通过因果系统的研究来处理这些问题，原因完全在于，要充分展示和清晰定义我们同自身心理现象之间的一切关系所呈现的某种普遍性问题，只能通过在十分简单的系统的情况下重现同样类型的关系，也就是说，用一个我们能充分把握和表述的系统和它所要描述的系统之间的关系，来代表人类心智和心智所能描述的对象之间的类似关系。然后，我们就能看到，讨论自身心理过程的基本困难在于：任何描述(或解释)只能通过在一个给定的系统中的推移来进行，描述主体和描述对象都处于大致相同的系统内，因此，我们永远无法描述该系统本身。

3. 尽管我们的大部分讨论与大多数类型的心理现象都有关，但我们在这里将集中讨论沟通，特别是描述(译注：如甲向乙描述一个场景)，因为它们(译注：沟通和描述)以最清晰的形式提出了当我们谈论心理现象时所涉及的问题，而且因为在这种情形下(沟通和描述)，可以相对容易地提出一个测试方法以决定一个描述是否已经由一个系统传达给了另一个。我们暂时这样来定义：如果 S_1 受某些环境行动的影响，而 S_2 并不直接受其影响，但由于 S_1 以某种方式作用于S_2(译注：S_1 向 S_2 描述环境)，使得 S_2 的行为不像 S_1 在此环境下的行为，而是就像作用于 S_1 的环境直接作用于 S_2，而 S_2 根据自身的独特位置作出反应那样行为。这时，我们说一个描述已经由系统 S_1 传达给另一个系统 S_2。关于这种关系的更全面的讨论和具体例证将在下文第二部分展示(译注：见下文第49—53段)。

原理性解释的图式（schemas）或模型（models）

4. 这里应当谈一谈在推导某类现象的某些一般性质时使用“简化模型”的重要性——特别是在我们所使用的模型确实无法对我们主要关心的那类现象提供完全的解释(或导致准确的预测)的情况下。就这些特定的情形而言，我们的模型所提供的仅仅是对“图式”(schemas)的“原理性解释”，在此基础上，我们可以通过加入适当的假设来构建同类的情形，即与前者(译注：这些特定情形)共享某些重要特征的现象。它们(译注：模型)表明，所观察到的此类现象在已知力量组合可能产生的结果的范围内，从而向我们展示了可能产生此类现象的情形的至少一种可能的方式。但是，我们并不能就此说，该特定情形的确是按照这个方式而不是由同一原理的某种其他表现导致的。

5. 如果要达到我们的目标，我们就必须成功地构造出能够**以同样方式**产生诸如“思考”或“意图”，或“命名”，或“描述”，或“传播意义”，或“推断”等心理功能的模型；但是就我们的目的而言，不需要重现人类心智执行其中任何一个功能的任一特定情形的所有特征。只要能构造一个心理功能实例，它具有我们通常使用这些术语所指称的所有情形共有的全部特征，就足够了。

6. 这种“原理性解释”最为人熟知的例子可能是生物演化的一

般理论。该理论的成功之处在于为我们提供了一个图式(schemas)，使我们能说出一系列的条件，在这些条件下，已知的力量可能导致任何一种特定的生物体的出现(如某某动物)。但这并不能使我们有条件说，这种可能的事件过程，实际上就是导致特定物种出现的过程，也没有条件说，所列举的因素足以确定这种特定的生命体会出现。它仅仅表明了一系列可能的方式，已知的力量可能以这些方式结合起来产生特定的结果，同时排除了某些不符合模式的某些其他事件(如获得性状遗传)的可能性。

7. 在另一个领域中，某类现象的一般性质是从定义它们的一般原理中衍生出来的。我们的问题确实属于这个领域，它就是关于机器的一般理论，或如冯·诺伊曼(J.von Neumann)最近提出的“自动机的逻辑”[①]。这个理论也能做到两点：一方面，指出由某些基本原则

---

① John von Neumann, *Functional Operators*(Princeton：Princeton University Press, 1951), p.17.[John von Neumann(1903—1957)是一位富有创造性的匈牙利裔美国数学家，在包括数学、物理学、计算机科学和经济学在内的广泛科学领域做出了重大贡献。他在布达佩斯Catholic Péter-Pázamány-University获得数学博士学位后，于1926—1930年担任柏林大学最年轻的私人讲师。1930年，他加入普林斯顿大学高等研究院，并在那里度过余生。他与奥斯卡·摩根斯坦(Oskar Morgenstern)(见上文，导论，第38页注①)合写了*Theory of Games and Economic Behavior*(Princeton, NJ：Princeton University Press, 1944)，成为博弈论领域的奠基之作。哈耶克在提到“自动机逻辑”时，暗指Neumann在1940年代构想的元胞自动机(cellular automata)或自复制机(self-reproducing machines)的模型(见John von Neumann, *Theory of Self-Reproducing Automata*, edited and completed by Arthur W.Burks[Urbana：University of Illinois Press, 1966])在1953年发现DNA结构之前就预见到了活细胞的繁殖过程。回忆与von Neumann的一次相遇，哈耶克写道：“我不知道他由于参与设计第一批计算机而做的工作。但是当我写《感觉的秩序》的时候，我想我可以向人们解释我在做什么。通常我很难让他们明白。然后我在一次聚会上遇到了John von Neumann，让我惊讶和高兴的是，他立刻明白了我在做什么，并且说他正在从同一个角度研究同一个问题。当他的自动机研究出来的时候，对我来说它太抽象了，我无法把它和心理学联系起来，所以我真的无法从中获益；但我确实看到，我们的思路非常相似。”(参见“Weimer-Hayek Discussion,” in *Cognition and the Symbolic Processes*, vol. 2, ed. W.B.Weimer and D.S.Palermo(Hillsdale, NJ：Lawrence Erlbaum, 1982), 322.)。——编者]

的运用可能产生的、并因而可解释的现象的范围；另一方面，表明某些可设想的操作是如此定义的机器所办不到的。特别是，我们将要关注的分类机器的一般理论，可能不足以说明任何复杂到具有实际意义的分类机器的操作细节，但它将表明这类机器可能产生的现象的范围。

8. 我们希望在讨论中既包括狭义的机器或“机械装置”也包括通常所说的“生命体”，为此，最好避免特定表达，而采用更加中性的表述“系统”，即因果相连的物理部件构成的连贯结构①。因此，系统这个概念在这里的用法大致与贝塔朗菲的《一般系统理论》②中的用法相同。在此，我们无须涉入精确定义这个术语的所有困难，而自始至终满足于这样的理解：系统是由物质部件有条理地组成的持久结构，这些物质部件的连接方式使它们虽然可以改变彼此的关系，并且因此系统可以拥有不同的状态，但是系统能拥有的状态总数是有限的；这些状态可以按照一定的顺序互相转化；系统各部分之间有相互依赖关系——如果某些部分被固定下来，其他部分也就确定了。

---

①［在哈耶克的打字稿中有一条参考文献“L.S.Stebbing，1933，198页”，但正文中未标明相应的引用位置，也无进一步说明。该引用内容很可能是指“System and Order” in Lizzie Susan Stebbing, *A Modern Introduction to Logic*, 2nd. rev. ed.(London: Methuen, 1933), 196—209。其中Stebbing对“连贯系统”的概念作了评论：“如果系统中的每个事实都通过不仅仅是合取关系与其他事实相关联，那么系统就是连贯的。”这说明这个引证原打算放在此处。L.Susan Stebbing(1885—1943)，英国哲学家，在伦敦大学贝德福德学院任教。她邀请波普尔赴伦敦演讲，并把他介绍给哈耶克(见上文，导论，第46页注①)。——编者］

②［哈耶克的打印稿里引证了该著作的第19页，但未注明出版日期。在Ludwig von Bertalanffy, *General System Theory—Foundations, Development, Applications*, rev. ed. (New York: George Braziller, 1968), 19，系统被定义为相互作用元素的复合体。关于L. V. Bertalanffy，见前文，《感觉的秩序》，前言，第157页注②。——编者］

分类系统

9. 这里即将考察的因果系统(causal systems)是下面这种特定类型的系统——它们能对施加于其上的外部行动进行“分类”,并能对属于同类(或者类的类,等等)的任一外部事件从当时系统倾向于作出的反应类型中选取“适当”的反应。对于这种系统的详细讨论,我必须提及我的书《感觉的秩序》。为了当下目的,我只需在接下来的几段概述这种系统最重要的特征,而不试图说明这些特征是如何从已知的(或一般假设)属于高等动物的中枢神经系统的某些特征中产生的。

10. 假定这些系统被这样组织起来,使作用于其某些部件上的某些种类的外部行动产生传导到中心的信号(或者更确切地说,传递到一系列相继的、越来越综合的中心)。在这些中心,某类信号中的任何一个信号,或同时发生的信号组成的同类的信号组中的任何一组信号(译注:同时发生的信号组所形成的类),都会产生进一步的代表类的信号;而这些代表信号(或者表征信号)接下来又将经历类似的分类过程,等等。因此,从环境作用于系统所诱发的初始信号开始,系统所进行的“分类”将包括以下类型的事件:*a.*某类初始信号中的任何一个,因其出现而唤起代表该类别的相同的表征信号或代表信号(representative signals);*b.*任何一个这样的初始信号可能引发与其他初始信号共享的几组表征信号,从而意味着该信号归属于几个不同的组;*c.*初始信号组成的一些特定信号组,如果它们以组的形式同时发生,则会以相同的方式构成这些信号组所形成的一些类的元素;*d.*所有这三种分类形式都能一而再地发生于表征信号以及表征信号类的表征信号,等等。整个过程被称为“多重分类”。

11. 应当特别指出,这里所描述的多重分类过程,还涉及从任何一个(初始或代表)信号可能产生的众多后续信号(further signals)中的选择装置(an apparatus of selection):这是由上面的c提供的,即在某些情况下,不是单个信号,而只是一起发生的一组信号才会产生后续的表征信号;或者换句话说,可能需要许多信号的相互加强才能产生某些后续的信号。这里我们仅仅指出,就中枢神经系统的特殊情况而言,这个选择装置被一个额外因素——即特殊的抑制信号——所补充,然而,它在我们将要构建的模型中不起作用。

12. 对代表作用于系统的外部行动的信号("刺激")的多重分类,被假定为环境事件序列的"模拟"①或"模型"。这意味着,作用于系统的一组外部事件(a group of external events)的表征(译注:可以理解为刺激的脉冲信号),倾向于(或多或少直接地)激发该组外部事件(the group of external events)将在环境中产生的事件的表征(译注:现实环境中刺激产生结果在头脑中的表征脉冲)。在这个意义上,分类系统可以被认为体现了一种关于外部世界的理论,该理论使它(译注:分类系统)能够预测前者(译注:一组外部事件)将在环境中引起的事件(也就是产生所引起事件的表征)。系统内部形成的模型与其对象之间形成的这种对应关系的本质,将是下面讨论的主要主题之一。

13. 在《感觉的秩序》中业已表明,同时发生的外部事件表征之间形成的连接connections("链路"linkages)如何建立起这样一种结

① 这是Kenneth J.W.Craik在*The Nature of Explanation*(Cambridge: Cambridge University Press, 1943)中使用的表达方式。[关于K.J.W.Craik,见前文,《感觉的秩序》5.68,第285页注①。Craik被认为率先使用了"内部工作模型"或"心智模式"等术语。他解释道:"我们所说的模型,是指任何……与其所模拟的过程有着相似关系结构的系统……[并且]其工作方式与所模拟的过程相同。……如果有机体在它头脑中有一个关于外部现实及其自身可能采取的行动的'小尺度模型',它就能够尝试各种备选方案,择优而行,未雨绸缪,鉴往知来,并以各种方式对面临的紧急情况作出更全面、更安全和更合适的反应"(同上,61)。——编者]

构，它能够根据相应的外部事件在环境中产生的效果对外部行动进行分类。就我们目前的目的而言，我们不太关心产生这种结构的学习过程。我们通常只是假设这个结构存在，并以一种稳定的方式运作。对于我们的大多数论证来说，甚至连这种结构是形成于系统的经验抑或源于系统的设计者都是无关紧要的。换句话说，我们将在很大程度上忽略改变分类系统结构的经验或学习因素。

14. 因此，为着当前的目的，我们姑且假定这种结构（或长期记忆）的变化过程是如此缓慢，以至于在目前的情况下实际上可以忽略不计。但必须记住，这种长期记忆并不是这种系统拥有的唯一记忆类型，另一种短期记忆同我们的目的是非常相关的。这个短期记忆是一个外部原因在它引起的信号链持续期间对我们系统产生的持续效应（在神经系统的情况下，由于它（译注：神经系统）似乎拥有的回荡回路(reverberating circuit)，信号链可能保持可观的一段时间）。

15. 外部行动作用于系统所产生信号的最终意义在于影响后续信号(further signals)，这些后续信号决定系统本身的行为。在极端情况（"反射"动作）下，系统的行为可能是由外部影响引发的信号直接引起的。但是一般来说，我们必须假定，产生一个引起某种行动的信号的初始原因是系统本身内部状态的一些变化，即分类器官的"内部环境"的变化。这个变化就像外部行动一样被报告到中枢，并通过在那里激发表征外部事件或即将采取的行动的后续信号而被分类。正如记录外部事件的信号一样，这种分类过程有两个方面：第一，由系统内部的一个变化引发的许多不同的初始信号可能属于同一类，因为它们中的每一个都产生一个或多个相同的后续信号；第二，每一个（译注："初始信号"）都可能产生同一类的多个后续信号，其中每个后续信号都倾向于引起不同的行动(a different kind of action)，结果是，系统倾向于采取某类行动(become disposed toward a class of actions)。至于具体采取哪一个行动，则由同时发生的同方向的其他信号来筛选。(译注:一类行动倾向中包括许多不同的具体行动,只有获得其他同一方向信号加强的行动才会被执行)

16. 这里有必要清楚地区分两类信号:一类信号是表征行动(或行动类别)的信号,作为分类器官对环境表征的一部分;另一类信号是从分类器官中心发出的信号,引发或释放如上表征的动作。对环境的表征以及不同行动对那个环境的影响的表征如何导致采取特定的行动路线?对此的一个解释意味着,对一种行动模式(a pattern of action)的表征同时包括了一种执行这些行动的倾向(译注:disposition,有倾向、陈列、布置、摆放或安排方式、性情等多个含义,这里译为倾向)。一旦有额外信号释放这个趋势,就会执行这些行动。

状态、倾向以及倾向于采取某些倾向

17. 表征信号(representative signals)与动作信号(action signals)在任何时刻的相互作用,将决定系统的状态,而系统状态的特征是通过对作用于系统不同的后续事件作出不同行为的反应倾向来描述。就此而论(in this connection),环境的表征必须被看作是对系统状态的行为模式(the patterns of action)倾向的"总体修饰"(general modifier)。对于同一系统可能处于的不同"状态",以及对应于任何一种状态的各种"倾向"(disposition),这两个概念需要进一步的阐释。

18. 必须仔细区分系统状态这个概念和把系统转变为另一个系统的元素集(a collection of elements)的变化。如果不同的系统能够具有(assume)相同的状态,那么,它们可能是同类系统(或具有相同结构的系统)的一些实例;而且任何一个系统只有在它仍然能够具有同样一套的状态(same set of states)中的任何一个时,才能保持为同一系统。但比如说,如果它已损坏并已不再能处于某些状态,对我们来说它就变成了一个不同的系统。对任何系统的充分描述都必须包括足够的信息，以便从中得出对该系统所有可能状态及其相互关系的描述，如该系统历经各种状态的顺序以及它从一种状态进入另一种状态的条件。应当指出，我们某一系统的永久结构的变化如长期记忆导致的变化（获得新的连接或链路）是不可逆转的，严格来说这意味着系统的改变，而不仅仅是给定系统的状态的变化。

19. 另一方面，一个系统的倾向(dispositions)意味着，如果某些进一步的事件(further events)作用于系统，该系统将显示的所有不同的反应。这种定义了一个系统不同状态的倾向性(dispositional properties)在其最简单的形式中，并未带来严重的困难[①]。然而，为了我们的目的，我们所需要的不仅是对确定范围的行动的反应倾向，从而把系统的任一给定状态用系统对作用于其上的一套外部行动中的任何一个行动所作出的外显反应来定义；我们还需要——对应于类别组成的层级塔(hierarchy of classes)——采取新倾向的倾向(dispositions to assume new dispositions)，采取新的采取新倾向的倾向(dispositions to assume new dispositions to assume new dispositions)，等等。主要是因为忽视了这种倾向的层级塔(hierarchy of levels of dispositions)，通常的心理过程的"机械"模型，尤其是试图简单地在"刺激"和"反应"之间建立明确关系的行为主义模型，是非常不合适的。

20. 这些关于"状态"或"倾向"(disposition)的概念，或者关于两者的变化的观念，没有什么神秘的东西。一个关于系统状态变化的最熟悉的例子——表现为对作用于系统的多个(a multiplicity of)原因的反应发生了改变——就是按下打字机的换档键所产生的效果。结果是，敲击打字机的任何其他键时都会打出大写字母而不是

---

① 关于倾向属性(dispositional properties)的一般讨论，请参阅Gilbert Ryle, *The Concept of Mind*(London, New York: Hutchinson's University Library,1949)。[关于Gilbert Ryle，见前文，《感觉的秩序》，1.49，第286页注②。——编者]

小写字母。另一个熟悉的例子是汽车的换档,其结果是它将以不同的方式响应加速踏板的动作。一些汽车如吉普车,为崎岖的野外设计的特殊“分动器”(transfer gear),提供了关于倾向于采取某个倾向(a disposition to assume a disposition)的高阶(higher-order)关系的一个例证。在这里,分动器的变化改变了对于普通变速杆的每个位置的传动率(the rate of transmission),这又决定了汽车对供油变化的响应。

21. 因此,我们正在考虑的这样一个系统对环境行动的反应,往往不是一种外显的运动,而可能仅仅是对进一步的外部原因作出反应的倾向的改变。但是后者所产生的倾向可能也不是对特定运动的倾向,而是采纳其他倾向以应对更进一步的事件的倾向。因此,系统的外部原因 A 和外显的行为 l 之间的联系可能是这样的:在状态 α 中,系统对 A 的反应是变为状态 β ,在 β 状态下,系统将分别对原因B, C, D作出的反应是行动b, c, d,而对原因E, F, G作出的反应是分别采纳状态 γ, δ 和 ε ;在状态 ε 中,系统对某些原因作出反应是采取某些行动,对其他原因作出反应是倾向(disposition)的进一步变化;直到最后系统达到 λ 状态,在这个λ 状态中,系统对原因 L 作出反应是采取行动 l 。不管 A 和 l 之间的联系多么间接,前者仍然有助于决定后者。

对表征的反应

22. 这样一个分类系统的独特性质在于,在一个可明确定义的意义上,它将不对外部事实作出反应,而是对这些事实的表征作出反应。这意味着,首先,对一个给定事件的反应并不取决于表征系统对该事件的表征和被表征事实之间的不同,而仅仅取决于表征系统对该事件的表征(representation)同它对其他事件的表征(representation)的不同。在我们的系统内,以同一信号表征的事件或与系统内所有其他可能的信号以同样方式关联的信号所表征的事件必然对系统有着相同的效应。不同的外部事件对系统的效应,只会因为它们的表征在可能的表征所构成的整个结构中的位置不同而有所不同。所有这一切当然只是因为，一个外部事件的效应通过一系列链条传递，而不同事件的效应之异同取决于各自的后果通过的链条之异同。

23. 在此意义上，一个分类系统并非对外部事实作出反应，而是对它们的表征作出反应——这个事实的含义比乍看起来要丰富。它意味着，这样一个系统的反应不是由单一事件唯一决定的，而总是取决于系统的整个环境的一般特征，诸如，对于系统来说，环境的任何部分所属的类、类的类，或者系统所划分的环境事件的相同模式(patterns of the events)与关系。同样重要的是，由于对环境中事件和事件组的分类意味着唤起对它们以各种组合而产生的其他事件的表征，或者建构可能在环境中发生的一些事件过程的模型，因此，它将不仅是对环境中的实际或当前事件的表征，而且是对该环境中将决定系统反应的潜在或未来事件的表征。

24. 作为分类系统反应的直接决定因素的表征结构，包括对可能的未来事件以及对最近事件的表征，或者换句话说，用于指导系统行动的环境地图(沿用《感觉的秩序》中的说法)仿佛是一张包含了时间维度的四维地图。上述事实对于因果性地解释"心智"结构的某个普遍性特征——即我们用诸如"意图""目的""目标""需要""欲望"等术语所描述的特征——至关重要。尽管这些"心理"术语必须用因果系统术语充分地定义后才能使用，但如果我们想证明至少能为"心智"运作提供原理性的解释，那么使用"心理"术语显然是必要的。

选择对表征环境合适的行动

25. 有一个决定性的问题，它的解决在原则上可以提供对所有更复杂问题的解释。该问题在那些看起来如此简单，似乎根本不涉及未来或"目标"的情形中已经出现。比如说，作用于一个系统的一个光学作用(optical actions)引发了系统特定类型的运动，因为直接的光学效果在系统中产生了某个类的表征，由于当时系统正处于某个状态，该表征使得系统倾向于某类运动，而光学作用决定在这类运动中选中哪一个具体的运动。就我们的目的而言，这里的“运动”究竟是指字面上的，系统某个部分的单独的外部运动，还是指或多或少复杂的一系列行动都没有多大关系，因为特别是就那些我们主要感兴趣的几类系统来说，即使最简单的运动也是极为复杂的空间或时间信号模式(pattern of signals)的结果。

26. 在这个阶段，我们要提醒自己，生物学家已经发现他们有必要在思维中重新接受“目的”这个概念，意思是“使用可变的手段达到不变的目标”。我们还要问，可以在多大程度上构造出显示这一性质的因果系统？为此，让我们考虑一个机械分类系统，其动力来自汽油发动机。由于其构造方式，当它的内部燃料储存量低于某一水平时，它将开始以如下方式行动：首先，在它所适应的环境中，它很可能会遇到指示汽油存在的外部影响；其次，当这种情况发生时，它将采取行动来补充汽油储存量。在对系统所受的外部影响进行分类的装置和使系统倾向于某些类型的行动的装置这两类装置之间，何种因果联系才能导致这样的行为？

27. 一个系统的内部改变(如汽油—油面的下降)可能会令系统处于某种状态，令其以特定反应回应某一类别的外部事件，关于这一方式并不存在很大困难。稍微困难一点的情况是，由内部变化产生的倾向偏好于一类反应，然后从这一类反应中选择适合环境的反应。但即使这样，只要这类反应限于确定的行动类型，即系统因内部变化而变得倾向于的行动类型，这似乎也不会从根本上产生新问题。但是，如果要解释的不是(可以由其物理特征定义的)特定种类的行动倾向，而是系统在既有状态下采取任何行动的倾向—根据环境表征，这些行动所引发的后果恰是系统在此状态下采取行动的原因——显然产生了更大的困难。(译注：换言之，解释系统的目的性

行为是较为困难的）

28. 尽管这个问题在第三种情况下变得极为重要，但其实，类似问题在第二种情况下已经出现了，诸如机器的燃料补给问题（或口渴的动物获取饮料，等等）。（译注：第二、第三种情况参见上一段中三个从易到难递进的层次）这不仅涉及低燃料水平触发一种使系统对某些线索作出反应的机制，而且涉及调整反应以适应环境：匮乏引起的状态不是倾向于一个特定反应，而是倾向于一类反应，其中，与现存外部条件相对应的那个反应必须被选择。该系统将不仅需要移动，而且需要朝某一特定方向移动，可能需要避开障碍，并且，当它到达补给点时，必须采取适合特定情况的进一步行动以摄取有关物质。

29. 一个系统选择一条特定的行动路线(course of action)，因为这个路线被表征为可以产生系统此刻所倾向于的效果。这个设想意味着该行动路线及其后续的效果首先必须以时间顺序表征；其次，当系统倾向的效果之一作为这个链条中的一个环节出现时，整个模式(pattern)被暂时锁定或冻结；最后，这个过程似乎能回到链条的起点并追溯此行动路线，从而激发所表征的行动。

30. 我们在这方面遇到的思维困难是由于这样一个事实，即所概述的过程似乎包括了一种反向的因果性：效果首先作为被表征的行动链条的目的被表征出来，然后又成为实际执行同样一个行动链条的原因。如果我们必须把表征的链条看作一系列有严格顺序的、在时间上并不重叠的事件，而不是在短时间内共存的事件所组成的一个模式(a pattern of events)，那么困难的确是严重的。（但是，）组成模式(pattern)的信号同时并存在物理上显然是可能的，而且，一旦根据系统状态筛选出来的某个重要结果的表征看来属于一个预想的模式，通过某些安排把这个模式转化为行动同样是可能的。

31. 事实上还有一些其他理由使我们的系统有必要拥有此类机制，尽管它们在《感觉的秩序》中未被明确考虑。如果要测试给定情况下备选行动路线(alternative courses of actions)的表征,这些表征显然不能一起发生,而是必须先后发生。因为,如果不是这样的话,各不相同和相互矛盾的立场就必须同时被表征出来,这是不可能的(参见《感觉的秩序》5.72)。必须存在一种机制,确保任何时候这些可替代的关系链条中只有一个是有效的,而所有其他的都被阻塞。但是只要每个通道只打开一段有限的时间,就不难设想,信号可以接连进入并同时在各区段行进。(看起来至少可以这样合理假设:在这方面,大脑活动的节奏性特征,可能使一种内部扫描过程成为可能,借助这种扫描过程,各种不同的替代方案被先后尝试。)

意图

32. 无论脊椎动物大脑的实际运作机制是什么,我们都可以清楚地设想一种因果系统(causal system),该系统对于某类外部效应中的任一个都能作出一套反应,并由此在其所表征的情形下实际产生其内部既存状态所倾向的结果(或此类结果之一)。当我们说,任何一种我们熟悉的有机系统——如动物或人——有实现某一特定**目标**(goal)的意图(intention)时,我们的全部意思正是刚才所描述的系统的一般状态或倾向。

33. 出于本讨论的目的,我们在谈论因果系统时必须谨慎避免使用任何心理术语,如“需要”“目的”“意图”“欲望”“快乐”“痛苦”“寻求”等等,除非我们能够用因果概念(causal terms)去定义这些表达,而且定义的方式还要涵盖人类和动物生活的各种情况的所有共同特征——尽管我们在日常语言中不假思索地对人和动物使用这些表达。我们现在能够给“意图”和相关的“目标”下这样的定义了,这将使我们今后在讨论因果系统时有权使用它们。

34. 我们所说的意图(intention)是指系统的这样一种状态:如果系统的分类装置表征一个行动链(a chain of actions)将产生一个结果,而该结果也是系统的内部状态挑选出来认为是当前合宜的,系统就会执行该行动链。我们把在此状态下激活行动链条、并将由行动链条所产生的结果或此类结果叫作意图所指向的目标(goal)。应当注意的是，这个意义上的目标可能是一个特定的事件或一类事件中的任何一个。换句话说，目标既可能是具体的也可能是或多或少抽象的。（这里不讨论当多条行动链都被表征为能达成目标时而出现的进一步的选择问题。关于这一点，参见《感觉的秩序》5.74。）

35. 我们用物理语言定义了一种状态，它囊括了可称之为“意图”的人类和动物的共同属性，但这当然不等于我们因此能够对人类意图的任何一个特定的实例提供充分的物理解释。恰恰相反，我们坚持认为这基本上是不可能的。但是，为一个因果系统被称为“有意图”的特征状态提供简化模型，同表明在一个复杂得多的系统中这究竟涉及什么，两者之间有很大的区别。但是，正如以前所建议的，如果我们声称已对称之为心智(mind)的那种秩序如何从物理系统中产生提供了原理性解释，那么看来也有必要对所谓心智的所有特征属性(characteristic properties)提供这种原理性解释。“意图”似乎是我们所说的“心智”所具有的最普遍的属性之一。

进一步的讨论计划

36. 通过引入“意图”作为所描述的那种分类系统(a classifying system of the kind)的属性之一，我们完成了这样一个框架的构造——在其中我们希望考虑本文所致力的主要问题。在下一节中，我们将讨论这样一个系统如何能够向另一个类似的系统传输有关环境的信息，使第二个系统在某些方面的行为好像直接受到环境的影响。实际上环境只作用于第一个系统，但是它作为描述的对象由第一系统向第二个系统传输。

37. 对上述问题的任何回答都会立刻引出一些具有广泛意义的后续问题：我们会接着问，一个给定结构的系统能传输多少信息？

特别是,系统本身的结构和传输中使用的符号系统的特性,将以何种方式限制传输信息的特性和数量?如果能证明——就像我们所期望的那样——为了发送和接收系统之间的交流成为可能,有关环境特征的信息必须隐含在发送和接收系统的结构中,那将意味着,存在有关环境的"信息",两个系统只能在行动中使用这些信息,却永远不能把它们作为沟通的对象。这一点有着相当深远的蕴涵,将在本文的后面部分简要地考虑。

二

38. 只有当我们必须处理至少两个类似于我们所描述的那种系统(similar systems of the kind)时,沟通问题才会出现。为了避免某些过于困难的问题,我们将在下面的讨论中假定,通信系统的结构不仅是相似的,而且是完全相同的。这意味着,严格来说,不仅系统最初的物理结构是相同的,而且它们积累的长时记忆(long-term memory),直到我们考虑的时刻,是没有区别的。但是,我们当然必须假设,它们能够经历并在短时间内记住不同的经历。(一连串必然有些不同的经验,可以在多大范围和多大程度上在不同的系统中产生足够相似的结构,以使某种交流成为可能,以及不同程度的结构相似性在多大范围或程度上限制了交流的可能性,这些都是非常重要的问题,但是,此处不作进一步讨论。)

39. 只要一个系统学会将其他类似系统的某些行动视为后者将要采取进一步行动的征兆(symptom),就不会出现特别的问题。布勒(K.Bühler)所描述的一些情形——即语言第一位的"表达"

(expressive)或"征兆"(symptomatic)功能[1]——与分类系统学习预测环境中事件的任何其他情形没有本质区别。对于这种"征兆"的正确解释,与对环境中任何其他情况的解释并无根本的不同,只要求两个系统的局部结构(parts of the structure)具有非常有限的相似性。

40. 同样的道理至少也适用于布勒描述为语言的第二种"刺激"或信号功能的最简单情形。其中,给定的事件有规律地触发一个系

---

① [哈耶克的打字稿仅仅提供了以下不完整的参考文献:"K.Bühler, 19页;英语表达取自K.R.Popper, 19页"。不过,从哈耶克与波普尔的通信(Popper to Hayek, December 2, 1952; Popper to Hayek, January 19, 1953; Popper to Hayek, November 30, 1953; Hayek to Popper, January 26, 1953; Hayek to Popper, January 27, 1954. All letters in Hayek papers, box 44, folder 1, HIA)可以得出,该参考文献指的是波普尔的文章《语言与身心问题》(*Language and the Body-Mind Problem*),最初发表于1953年,后转载于Karl R.Popper, *Conjectures and Refutations*, 5th rev. ed.(London: Routledge, 1989), 293—298。在这篇文章中,波普尔引用了布勒对"语言的三种功能的区分:(1)表达或征兆功能;(2)刺激或信号功能;(3)描述功能"(同上, 295)。波普尔指出,布勒在*Die geistige Entwicklung des Kindes*(Jena: Gustav Fischer, 1918), 107f.中引入了这种区分,后来在*Sprachtheorie: Die Darstellungsfunktion der Sprache*(Jena: Gustav Fischer, 1934),24ff.又有提及。关于"布勒的人类语言的低级和高级功能的理论",波普尔评论道:"简单地说,布勒指出,动物和人类语言是相似的,因为它们总是一些表达(expressions)(有机体状态的一些征兆)和交流(信号)。然而,人类语言也是不同的,因为它还有更高级的功能:它可以是描述性的。我已经指出,人类语言还有别的高级功能,尤其是具有决定意义的辩论或批判职能。"(见*Objective Knowledge—An Evolutionary Approach*[Oxford: At the Clarendon Press, 1972], 160, fn. 9, and 235ff.)波普尔《语言与身心问题》(*Language and the Body-Mind Problem*)开宗明义:"这是一篇关于人类语言的物理主义因果理论之不可能性的论文。"他在脚注补充说:"这个问题首先由布勒讨论"。(同上, 293)Karl Bühler(1879—1963), 1922年成为维也纳大学的心理学教授,是波普尔的博士论文导师,后移居美国, 1940年至1945年在明尼苏达大学任教, 1945年至1955年在洛杉矶南加州大学任教。正如副标题所示,波普尔的挑战似乎促使哈耶克将"沟通理论"作为他的《在系统内和关于系统》论文的重点。针对哈耶克1953年10月30日的一封来信,波普尔在1953年11月30日写给哈耶克的信中回应道:"(您说)拙文的'挑战'……给您以'极大帮助',如此评论真令我高兴。"关于这个问题,请看Bruce Caldwell, Hayek's Challenge: *An Intellectual Biography of F.A.Hayek*, 300f.(中译本名为《哈耶克评传》)。哈耶克和波普尔关于心智的生理学理论问题的交流的更详细的叙述,参见上文,导论,68页以下。——编者]

统的特定反应，或者，根据其瞬时状态，在有限的反应中触发其中之一。要使这一点成为可能，同样只需要两个系统之间非常有限的局部相似性。实际上，同第一种情况（译注：语言的表达或征兆功能）一样，只要其中一个系统（接收系统）是我们所说的那种分类系统，此种意义上的信号的所有特征性元素(characteristic elements)就具备了。

41. 不过，简要地考虑一下系统之间某些类型的简单通信将是有用的，这些简单的通信可能仍然应该被视为仅仅属于征兆—信号(symptom-signal)范围，但它们的特殊意义来自通信系统的结构的极大相似性。由个体组成的某些持续存在的群体——如一群蜜蜂或一群鹅——之所以作为群体持续存在，只是因为某种行为倾向的外部征兆作为一种信号，将群体中的其他个体置于相同的倾向中。在弗里希[1]关于蜜蜂如何相互影响朝某个特定方向群集的叙述中，或

---

① ［哈耶克没有提供参考文献。他很可能熟悉德语原著Karl von Frisch, *Aus dem Leben der Bienen*(Berlin: Springer, 1927)，英译本名为*The Dancing Bees: An Account of the Life and the Senses of the Honey Bee* (Harcourt: Brace Jovanovich, 1953)。卡尔·冯·弗里希(Karl von Frisch, 1886—1982)是一位奥地利动物行为学家，他主要研究蜜蜂的感官知觉、定向方法、关于取食地点的信息交流方式(Karl von Frisch, *The Dance Language and Orientation of Bees*[Cambridge, MA: Harvard University Press, 1967])。弗里希1910年从维也纳大学毕业后直到1958年退休，大部分学术生涯都在慕尼黑大学度过。1973年，他与丁伯根及劳伦兹一起获得诺贝尔生理学或医学奖。——编者］

者劳伦兹[①]关于一些鹅的行为如何让鹅群飞入空中的描述中，仅仅预设了某类行为的倾向经常性地伴随着系统的某些外部行为，并且，作用于一个系统之局部的这种行动会激发其他类似系统中的相同状态。

42. 在这种情况下，系统的同一个外部行为既作为某种特定状态的征兆(symptom)，又作为在类似系统中唤起该状态的信号

---

① [哈耶克没有提供参考文献。他可能从劳伦兹1935年的一篇文章中得到启发，"Der Kumpan in der Umwelt des Vogels(Der Artgenosse als auslösendes Moment sozialer Verhaltensweisen)," *Journal für Ornithologie* 83:137—213, 289—413)。英文版名为《鸟类世界的伙伴》(*The Companion in the Bird's World*)，两年后出现在美国鸟类学家联盟的刊物上(*Auk* 54 [1937]:245—273)。在这篇文章中，劳伦兹将他的主要研究兴趣，即物种特有的遗传进化的先天行为模式，聚焦于社会动物的行为协调问题：在协调行动具有生存价值的情况下，兽群或禽群是如何努力协调群体中个体成员的行为的。根据劳伦兹的说法，这种协调建立在先天行为模式的基础上，并由"一组引发刺激"(a releasing set of stimuli)激活。劳伦兹借用"钥匙和锁"的比喻，认为"引发刺激"就是一把能打开"先天感知模式"(innate perceptory pattern)之"锁"的"钥匙"(同上，247)。虽然进化选择通常是"尽可能地使先天的感知器官适应先存的关键刺激"(同上，248)，但是正如劳伦兹所说，社会协调需要"引发者和先天的感知模式的平行分化"(同上，259)，即由兽群或禽群的个体成员展现出来某些活动作为一种引发刺激，来激活其他成员中相应的先天行为模式。劳伦兹以一群同时飞入空中的鹅为例，说明了"引发行为"——作为"物种的私有信号代码"(同上，254)——和"相应的先天感知模式"的相互作用，而行为的社会协调就建立在这种相互作用之上(同上，257)。作为一般的观察，他说："在社会动物中，特定兴奋的传递显然可能具有相当大的生存价值。所有那些协调个体社会成员行为的功能——对人类而言这是言语的主要任务之一——是通过引发仪式或传递特定的兴奋来完成的……因此，我们假定存在先天的感知模式，即个人对某些刺激组的首次反应表现出来的模式……通过这种先天感知模式的进化，一个社会物种的几乎所有的本能反应，都可能被委以次生的、纯社会性的任务，即在群体中引发同伴的类似反应"(同上)。在目前的背景下，值得一提的是劳伦兹在维也纳与布勒一起学习心理学，他在一篇自传文章中称布勒为"我的老师"(见Konrad Lorenz's, "My Family and Other Animals," 264页，该文收录于*Leaders in the Study of Animal Behavior*: *Autobiographical perspectives*, ed. D.A.Dewsbury [Lewisburg, PA: Bucknell University Press, 1985], 258—287)。关于劳伦兹，亦见上文，导论，第57页注①，以及《感觉的秩序》1.70，第193页注①。——编者]

(signal),这对于接下来的事情非常重要,需作进一步的研究。我们将使用“迹象”(sign)一词作为通用术语来描述这些可能作为征兆(Symptom)和/或信号(后来也作为“符号”symbol)的行为。若一个迹象(sign)作用于发出该迹象的系统,其作用方式与该迹象作用于它所到达的其他系统相同——就像一个听觉信号(acoustic sign)那样——那么解释发出这个迹象的行为和迹象的感知是如何变得如此紧密地联系在一起,以至于它们会相互唤起对方,就并没有什么困难。然而,解释下面的情形就稍难一些:在这里,征兆以某种运动(some movement)的形式存在,并以视觉方式(optically)作用于其他系统,然而它并不能对以同样方式作用于发出此动作的系统本身。

43. 在进一步考虑这个问题之前,值得一提的是,就动物社会而言,必须预设某种征兆—信号行动以使群体(即使只是暂时的)行动充分一致,群体才能持续存在。看来我们并不能假设先形成了群体,然后群体生活导致了沟通的最初发展。相反,正是对同一物种的其他个体的行为作出类似行为的反应能力,导致了群体的形成。当然,这并不排除这样一种可能性,即在外部条件导致大量个体数量经常聚集在同一地点的情况下,对外部事件的共同反应(如逃跑反应)可能在适当的时候(如“条件反射”)附着于其他个体对同一反应的感知上,从而空间的偶然聚集以这种方式发展为该群体的持续联系。

44. 然而,一旦一些相似的系统碰巧经常在空间上接近,它们对任何一类事件就会形成某些相似反应。对于每个系统来说,这些相似的反应将这样与引发它们的外部事件(并同该系统自己的反应)相联系(译注:比如,鹅逃走反应不仅与枪声相联系,而且与某个鹅自己和对其他所有鹅的逃走行动的反应相联系),即这种反应(the response)将在两种意义上“代表”该类外部事件:第一,被其中任一外部事件所激发;第二,引发任一事件所引发的所有其他的反应。这种关系用一个示意图来表示最为方便。

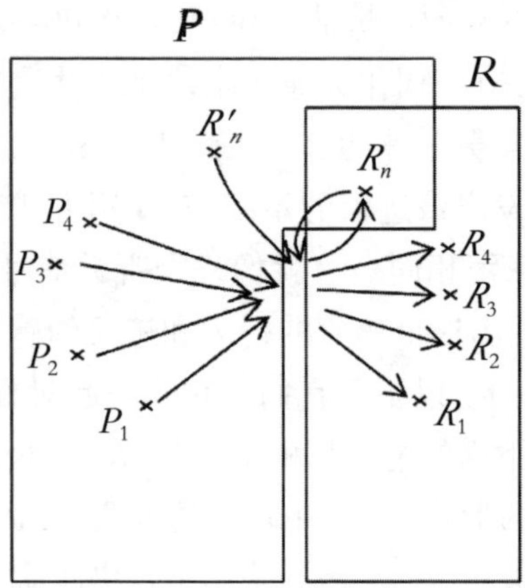

如果 P_1, P_2, P_3…是一组外部事件 P，对其中任何一个外部事件，我们的系统将以动作类别 R（包括 R_1, R_2, R_3…其中有的仅仅是系统的内部变化，如系统倾向的变化）作出响应，其中可能有一个反应 R_n（译注：如外显动作），反过来也作为一个外部事件，并且经常与 P_1，P_2，P_3 等联系在一起，成为类别 P 的一员。这不仅适用于某个给定系统自己的 R_n，而且也适用于该系统常常随之运动的其他类似系统的 R'_n，R''_n…就这一点而言，R_n 和 R'_n 对第一个系统的效应的物理性质的差异并不重要：例如，如果 R_n 是一个运动，那么，系统可能有它自己的、经由我们所谓的动觉信号(kinesthetic signal)来报告的 R_n，而其他系统的 R'_n，R''_n 等，将作为视觉信号(optical)影响第一个系统；尽管如此，它们（译注：R_n，R'_n…R''_n 等）仍将彼此关联，并且与它们所代表的那一类外部事件关联起来。

45. 然而，我们在这里将不再进一步讨论遗传学问题(genetic question)——一个分类系统如何能够既显示它在任何时刻所形成的一些类的明确征兆(symptoms)，又把其他系统所显示的同样一些征兆(symptoms)当作该类的元素。就我们的目的而言，知道如何建立这样的系统(systems)就够了——它们对自己所形成的至少某些类,既能显示明显的迹象(sign),又能对其他类似系统所发出的那种迹象作出反应,这种反应恰如属于此类的任一事件所引发的反应一样。

46. 这里重要的一点是,由任一相似系统所执行的同一外部动作——不管是由该系统做出的,还是该系统受到一个其他系统执行的动作的影响而发出的——对于该系统和对于其他系统,都在同样意义上代表同一类事件,或者说,它们就像同一类事件一样对所有系统产生相同的效应。尽管未加论证,但下文将借用布勒描述语言第三种功能即“描述性”(“descriptive”)功能的符号(symbol)这个术语来表示系统之间传递的这种迹象(such kind of signs)。因此,一个符号(symbol)与其他两种迹象(signs)(即征兆symptom和信号 signals)的不同之处在于,无论对发送者还是接收者来说,符号(symbol)代表和唤起同一类的事件。

47. 与任何其他类型的反应一样,一个符号(symbol)的发出,不必是它所代表的类别中任何一个元素出现的必然结果,而是可能只与这些元素有着“潜在”的联系,从而只有在得到其他来源强化的情况下,该符号才会被引发。特别是,符号(symbol)可能只是该类别任一元素可能引起的多条备选行动链中某条行动链的某个环节(alink),仅当该行动链所导致的结果处于上文定义的系统那一瞬间的“意图”范围内时,该行动链才会被选中并实际执行。

48. 由于这些符号(symbols)代表了事件的类别,且其发生会产生与相应类别成员的发生恰好相同的效果(译注:看见符号如同看见实物在心中获得一样的效果),因此,同时或几乎同时发生的两个或更多的这些符号将产生的效果,恰与这些符号所代表的几类事件的成员同时发生所产生的效果完全相同。不同符号同时(或紧接着)发生就会产生我们通常所说的合取(或者联合,conjunction)的效果。(此处不打算继续讨论以其他方式去组合这些类别的符号的可能性,仅提一点,如果我们可以在合取(conjunction)的基础上加上否定运算（或者取反操作，operation of negation），那么与逻辑常项(logicalconstants)相对应的所有其他运算都可以由这两者的组合来构建。

49. 这些考虑的意义，通过一个例子可以说得更清楚。让我们假设两个相似的系统被这样构造出来：它们不仅能捕捉一个移动物体（我们称之为猎物），还能显示在观察猎物运动和环境时所形成的每个类的符号，并且在这样做时，能适当注意到一些自己虽无法直接观察，但可通过另一个系统(the other system)所显示的符号(symbols)而对自己产生间接影响的事件。我们研究这样一个过程：在初始位置，两个系统相隔一段距离，由于障碍物的遮蔽，只有一个系统可以看到猎物在某一点上朝第二个系统的方向移动。假设的情景见下面的草图。我们的问题是，如上所述的两个系统(two system of the kind described)能否相互交流这种信息？如果可以，这种交流是否应被视为本文开头定义的那种意义上的真实描述？

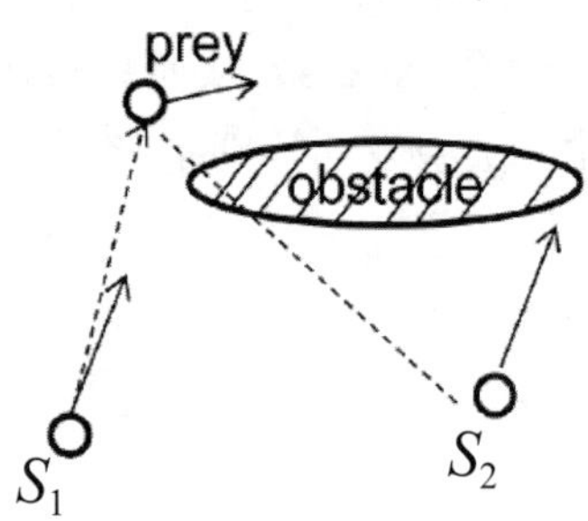

50. 首先，毫无疑问，可以建造这样的机器——它们在某些状态下（对应于捕获猎物的“意图”）将采取它们环境的内部表征所指示的行动并捕获猎物。虽然自动制导导弹除感知特定目标外通常并没有装设感知其他东西的感知器，但让它们具备感知和避开各种障碍物的能力，并且仍然能够达到目标，这并不存在根本的困难。为此所需要的是对来自这些障碍物的信号的敏感度（我们将只就光学信号讨论这个问题）和一个对这些信号进行分类的装置，以便对系统的运动进行适当的修改。

51. 我们之前已经看到，在原则上，简单地沿着光信号指示目标所在的方向直线移动和选择整个环境表征所显示的能抵达目标的任何更复杂的行动链，两者之间并没有什么区别。特别是，假如环境的某些部分（比如说）要求采取不同的传播模式，加快或减慢前进的速度，或指示需要采取某种预备性行动（如消除障碍）以便朝着目标方向取得进展，也不存在一般性的新困难。这包括我们通常所说的“利用”环境中的物体作为达到目标的“手段”，或许仅仅是选择一个更便于移动的表面，或许是使用一种“工具”（如用木头作为桥梁）。为此所需的只是一个足够丰富的感觉分类器官，以便能对所有可选行动组合的效果和初始条件下可能出现的外部情境进行分类。

52. S_2 是影响 S_1 行为的环境客体之一。在 S_1 的“知识”中——也就是说，在 S_1 中所表征的可替代事件过程中——将包括这样的表征：“如果 S_2 加入追逐，猎物将改变方向，捕捉它就更容易”，“如果 S_2 看到猎物，它将加入追逐”，以及“如果我(S_1)显示代表猎物种类、地点和运动方向的符号，S_2 将像它自己看到猎物一样行动。”

53. 最后，为了使 S_2 在捕捉猎物这件事上帮上忙，S_1 传递给 S_2 的每一点信息都要参照两个系统为执行我们假定其能够执行的（除沟通以外的）行动而形成的类别。要解释信息的传递，我们只需假定，（一个系统）在评估环境时形成的类别表征也能被另一个系统显示的符号(symbols)所引起。（译注：另一个系统发出的符号会引起本系统中代表环境类别的表征。）

《感觉的秩序》25周年回顾[①]

我在这里不只是一个上了年纪的人。就心理学而言,我真算得上是来自19世纪的幽灵。这样说,不是指我出生于19世纪这个无关紧要的事实。事情还要往前追溯得更久一些。我指的是,即使是在大约60年前,当我构思我的心理学思想时,也从未得到当时在世的心理学老师的指导。作为一个从"一战"归来进入维也纳大学的年轻人,我的兴趣已被时局从生物学家庭背景引向了社会和哲学问题。何况在当时,维也纳大学也无法提供心理学教育。教授这门学科仍然是几位哲学教授的部分职责——这种安排并不是完全不好,但其中一位教授(Friedrich Jodl)[②]刚刚去世,另一位[③]显然已是迟暮之

---

① [本篇是哈耶克在1977年5月宾夕法尼亚州立大学"认知和符号化过程"会议上的讲稿(见上文,导论,第12页)。最初发表于Walter B.Weimer and David S.Palermo, eds., *Cognition and the Symbolic Process*, vol. 2 (Hillsdale, NJ: Lawrence Erlbaum Associates, Publishers, 1982), 287—293。会议卷宗还包括哈耶克此篇演讲后的讨论记录,置于"Weimer-Hayek Discussion"标题之下(同上,321—329),本书未收录。——编者]

② [关于F.Jodl,参见上文,意识发生理论浅说,第380页注①。——编者]

③ Adolf Stöhr(阿道夫·斯托尔),一位十分深刻的思想家。虽然我几乎没听过他的讲座,但他愿意阅读我的第一份粗糙的手稿,并鼓励我继续下去。[关于阿道夫·斯托尔,参见上文,导论,第380页注①。——编者]

年，在我听过的他的少数几次讲座中，讲者和听者一样痛苦。所以我不得不从那些早已不再时兴的人的书本中学习心理学知识，比如冯特①，或已辞世很久的——比如詹姆士②、缪勒(Johannes Müller)③、亥姆霍兹④——最后一位在我看来是他们当中最伟大的。但是，使我很快开始研究这个问题（译注：有关感觉的秩序的问题）的决定性影响来自于一位物理学家马赫⑤，尤其是他的《感觉的分析》这本书(1902/1959)⑥。当时，马赫才去世不久，其著作吸引了很多年轻科学家，他们傲慢地认为所有非实证主义哲学都是胡扯。

马赫敏锐地分析了他所认为的与个别感官刺激相对应的基本纯感觉是如何通过作为经验结果的部位符号(local signs)等后天属性而进一步组织起来的。这使我突然领悟到，最初附着于传入脉冲上的纯感觉核心是一个多余的假设。感觉经验（很快便扩及一切心理特质）的所有属性都可能以某种方式由其在一个连接系统中的位置得到解释。我开始看到，存在着我们可以在其中想象同样一套事件的两种秩序——这两种秩序虽然在某些方面是相似的，但仍有不同，其差异的方式正好同我们对世界的感官图像和我们对世界的科学构想之间的差异方式一样。

我们的心理特质世界为我们提供了一幅并不完美的通用地图，其地图单位(map units)虽然只存在于心理世界中，但却是一个还算

---

① ［关于W. Wundt（冯特），参见前文，《感觉的秩序》，前言，第153页注②。——编者］

② ［关于William James，参见前文，《感觉的秩序》，前言，第153页注③。——编者］

③ ［关于Johannes Müller，参见前文，《感觉的秩序》，1.32，第180页注①。——编者］

④ ［关于H.Von Helmholtz，参见前文，《感觉的秩序》，前言，第153页注①。——编者］

⑤ ［关于E. Mach（马赫），参见前文，《感觉的秩序》，前言，第154页注②。——编者］

⑥ Ernst Mach, *The Analysis of Sensations*(New York: Dover, 1959)（最初于1902年以德文出版）。［德文原版，*Beiträge zur Analyse der Empfindungen*，由耶拿的G.Fischer于1886年出版。——编者］

不错的环境向导。这个结论让我对物理世界和感官世界之间的关系产生了一个哲学观点。当时，这种观点才由物理学家马克斯·普朗克重新提出，但它实际上可以追溯到伽利略(Galileo)。后者在1623年写道[①]：

> 我认为，这些味道，气味，颜色，等等……无非是一些名称，但它们只在敏感的身体中占有一席之地。因此，假如动物不存在，任何这样的特质(quality)都会废除和消灭。

因此，我早期的结论是，心理事件是物理世界某个子系统内的物理事件的一种特殊秩序。它在我们称为有机体的那个较大子系统(心理事件是它的一部分)和整体系统之间建立了关系，使前者得以生存。尽管我很快就看出我的问题是由所有不同类型的心理事件的质性特征(qualitative character)所引起的，并且很快就瞄准了一般的理论心理学，但我认为，通过更仔细的分析感质(sense qualities)系统(或者我后来所称的感觉的秩序)的决定，能最好地证明我的结论。当然，在本书(译注：指《感觉的秩序》)的最终版本中，我试图充分说明这一点，并主张这么做或许足以解释在输入(外部和内部)刺激和输出行动之间发生的所有事件。不过，其基本思想在1920年就已成文了，尽管写得很不专业。

1921年，经过三年大学学习，我拿到了法学学位。这一时期我的主要精力放在心理学和经济学上。此后我不得不考虑谋生问题，并把课外科目限定为一门。我选择了经济学，这也许是个错误。在接下来的25年里，我忙于经济学工作(法律很快忘光了)而无法抽身跟踪心理学的进展，但是生理心理学对我的吸引力从未消失。只

① Galileo Galilei, "Two kinds of properties" [1623], Selection from *Il Saggitore, in Philosophy of Science, edited* by A.Danto and S.Morgenbesser (New York, NY.: Meridian Books, 1960), p. 27.

有在我担任伦敦经济学院教授达15年，作为经济学家已经有了些薄名，并且由于抨击社会主义为大多数经济学同行所侧目后，才终于有暇拿出旧的手稿，看看能为之做些什么。

然后，当我在1946年左右开始查阅当时的心理学文献时，惊讶地发现我的问题与25年前我离开时几乎一模一样。当然，已经积累了一些有用的事实，但是在纯理论问题上，我觉得混乱至少和以前一样严重。只不过，在接下来的三年里，当我在经济学教学工作之余以文字形式详述我的观点时，学术界对于该问题的兴趣似乎有些恢复，有一些建议被提出来。于是，我把如下信念当作出发点，即心理实体（译注：不同的心理实体，如情感、概念、印象、驱力）的不同属性，无论意识到的还是没意识到的，都可以简化为作为人类行动指导的效果上的差异。但是，由于对行为主义的一些粗糙之处（在此期间我在社会科学领域也已见识过）非常反感（特别是以维也纳逻辑实证主义圈子的社会科学专家的名义）[①]，我把可观察行为的影响仅仅作为我们必须重建的复杂过程的最终可见结果。

在20世纪40年代早期，我做了一项我称之为“唯科学主义”的研究，即检查物理学模式对社会科学方法论的有害影响。这项工作迫使我不但在某种程度上借用我未发表的心理学工作的结果，而且进一步思考我在其中处理过的一些问题。[②]由此，其底层哲学变得更加清晰了，我感觉自己终于能更精确地表达年轻时试图努力解决的那个问题，同时明白了，面对真正复杂的现象，解释应做到什么和能

---

① ［关于该评论所指的纽拉特，参见前文，《感觉的秩序》，8.88，第349页注①；以及导论，第18页注①和第20页注③。——编者］

② Scientism and the Study of Society，发表于*Economica*（1942—1944），并重印于*The Counter-Revolution of Science* (1952a)［现已重印于Part I, pp. 75—166, in F.A.Hayek, *Studies in the Abuse and Decline of Reason, Text and Documents*, ed. Bruce Caldwell, vol. 13 of *The Collected Works of F.A.Hayek*(Chicago：University of Chicago Press, 2010)。——编者］，与《感觉的秩序》出版于同一年（1952b）。

做到什么。

我从一开始就无法接受的观念是，感官神经纤维可以承载，或者神经细胞可以储存心理现象的独特属性。我们不仅通过内省，也通过观察他人的行为，知道心理现象具有这些属性。我早期研究的结果是洞悉了这样一个事实，即这些心理属性可以由脉冲在传递它们的神经元的关系系统中的位置来决定。这使我把中枢神经系统解释为一个多重分类的装置，或者更确切地说，是一个在（任何时刻都有大量的脉冲在其中发生的）许多层次上进行的连续的、同步的以及不断的重新分类的过程。这些分类过程首先工作于所有的感官知觉，但是从原则上讲也适用于我们在心理世界中所发现的一切心理实体，如情感、概念、印象、驱力等。我努力去充分说明其中之一：整个感质(sensory qualities)的秩序及其效果的一切差异都可以通过完整描述其不同组合和环境下的效果来详尽解释，而且，假如我们做到了这一点，关于感质就没什么别的需要解释的了。

时间已经过去25年，在我的记忆中，居于我的论述中心地位的是“倾向”(disposition)这个概念。当我过去几天内重读此书（我相信这是自从我收到成书以来的第一次阅读）时，虽然总的来说，我对其内容非常满意，但令我失望的是，在讨论目的和意图问题时，“**倾向**”这个术语仅被使用了几次。显然，我的思想自那以后在不知不觉中得到了进一步的发展；或许是由于在完成这本书后的最初几年里，我试图在某个方面完善其理论表述。在那期间，我努力阐发“系统内系统”这个关键概念，但是发现它困难到令人难以忍受，以至于最后我放弃了那篇稍长但未完成的论文，显然，试读过文稿的人都觉得难以理解。[①]

① ［哈耶克提到的“未完成的论文”现首次出版于本书，见本书第425—449页。——编者］

现在看来，假如我始终用“倾向”这个术语的话，应能极大简化书中的论述。当时没有这样做，可能因为担心那样会被理解为主要是指倾向于行动或动作，而在我头脑中它当然同样包括解释后续刺激的倾向、改变倾向的倾向、还有各种各样的由一些倾向接替其他倾向所组成的长链。行动只是在很晚的阶段，作为潜在的事件而出现。只有当某些其他刺激发生了，真正的行动才可能产生。

按照这种思路，在中枢神经系统任何地方行进的任一脉冲（或一组脉冲）的心理意义取决于它（们）通过链路(linkages)引起的“跟随”脉冲，而这些链路是由此前某些特定时刻这些脉冲的同时发生而产生的。就此而论，我故意避免使用“域”(*field*)这个概念，因为它已经被用在其他有些模糊的意义上；我使用“链路”(linkages)而不是“联想”(association)，因为我想强调我说的是纯粹的生理上的脉冲之间的连接(connections)，而不是心理事件之间的联想，后者在我看来是由大量的这种链路(linkages)产生的。事实上，我假设“链路”(linkages)创造或决定了那些心理事件的内容，而联想是对这些内容的操作。

因此，我们假定在同一时间内中枢神经系统所有脉冲的“跟随”决定了系统拟采取的新的内部或外部行动的潜在态势或准备状态。这些（系统在任何特定时刻倾向于的）潜在神经事件中的哪一个成为现实，将由这些跟随的部分重叠来决定。通过部分重叠的加总，链路(linkages)的潜在效应将实际发生。只有当足够数量的脉冲汇聚到某一个神经元上时，才能将其“点亮”并向成百上千的其他神经元发射脉冲。

用图形的方式来表达这种情形（译注：即上一段描述的情形）看是很不错的：某一特定的神经元的激活影响其他神经元的尾束(bunched tail)，这些尾束的重叠决定脉冲将向哪里继续传递。但是，任何这样的图示都只能显示一个局部分组(local grouping)，而一个神经元发出的脉冲流当然可能传播到整个大脑皮层，从不同神经元传播出去的脉冲的分支完全交织在一起。也许值得指出，在这个过程中，虽然每个神经元可能通过它转递的脉冲“倾向于”唤起数量极多的其他神经元的后续脉冲(实际能否做到则取决于或多或少同时到达的同样多的单独脉冲的加总)，但各个脉冲的弥散过程不一定导致兴奋神经元数目的不断增加；这个数目可能大体上保持不变。也许，如果没有新的脉冲被传入神经所带入，一些特定神经元中或多或少相同的脉冲组合(assembly of impulses)在一段时间内会被激活和再激活。

因此，对我而言，大脑就变成了一些脉冲组成的一个连续的脉冲流(stream of impulses)。其中，每个脉冲的意义和贡献，都取决于这些脉冲流动于其中的通道所组成的模式(the pattern of channels)在所有可用通道(all available channels)组成的模式中的位置，而外部或内部刺激所产生的新的传入脉冲，作用仅仅是改变整个脉冲流(whole flow)倾向的流向。因此，刺激和反应仅仅成为一个持续过程的输入和输出。在这个过程中生物体的状态不断地变化，对作用于其上和其内的刺激的解释和反应，从一套倾向转换到另外一套倾向(disposition)。在我自己的头脑中——也许是自然的，因为在我写下《感觉的秩序》(1952b)之前不久，我发表了关于《资本的纯粹理论》的多年研究成果(1941)[①]——我喜欢把这种“表征的”神经脉冲流(主要反映了中枢神经系统生存于其中的世界结构)比作由投入所支持，同时提供连续产出流的资本存量——不过幸运的是，这种资本存量(译注：神经脉冲流)不会被耗尽。

就心理学本身而言，我就讲到这里。但是我想补充几句话，谈

① F.A.Hayek, *The Pure Theory of Capital* (Chicago, Ill.: University of Chicago Press, 1941).

谈我们对世界的经验图景和物理科学所描绘的"真实"世界的图景之间的关系的哲学含义,以及关于解释的性质和限制。

第一章(第1.13节)中提到的也许是我书中最基本的论点(虽然不是首创,但是在它出版的时候肯定也不是公认的):

> 物理科学的任务,是用一种更好的事件分类来替代感觉所作出的事件分类,因为后者被证明不足以描述这些事件的规律性。而理论心理学的任务恰好反过来,它要解释:为什么这些事件按彼此关系而形成的一套(物理)秩序,却在人的感觉中展现为另一套秩序。

这两种秩序之间的关系——其中一个是另一个的一部分——仍然是最引人入胜的哲学问题之一。我相信,就其本质上来说,我们对这种关系只能从"原理上"加以解释,而永远无法详尽解释。但我也相信,两个不同世界是否"客观"存在的问题实际上是无法回答的,也许是毫无意义的。存在这个词在此语境中失去了所有确切的含义。

下面的说法则是另一回事(译注:是有意义的)——而且我相信这是真的——由于牵涉逻辑矛盾,将心理世界彻底还原为物理事件是永远不可能的。然而仍不排除这样的可能性:一个远比我们的大脑高等的大脑能够用物理或生理的术语来解释我们的大脑所做的事情。但是对我来说,这意味着关于有或者没有两个(或三个)不同世界这样的分类问题实际上并没有多大意义——至少在我们奉行对不可知的东西保持沉默的情况下。也许,合理的做法是同意在这种情况下不使用任何绝对意义上的"有"或"没有"这些表述,并认识到存在(exist)这个词的任何用法都意味着"为我们而存在",即在我们的思想体系中有一个可定义的位置。

我在书中试图证明,任何解释(总是建立在分类的基础上)都受到这样一个事实的限制，即分类装置必须比它所分类的对象具有更高程度的复杂性。因此之故，人类大脑永远无法充分解释自己。但这个证明可能还不够充分。要严格地证明它，难度可能与证明数学中著名的哥德尔定理的难度相当[①]。其实我认为后者只是大脑永远不能完全解释自己这个更一般命题的特例。然而在我看来，关于我们解释能力的绝对限制的结论，对于曾经被称为身—心关系以及更广泛的心理和道德科学的任务等基本问题具有相当重要的意义。

若要从理论上论证这个观点，可能要花费太长的时间，也可能超出我口头解释的能力。但是我最近想到了一个可以展示其基本要点的例子，或者说一个虚构的案例。

假设我可以搭建一只老鼠——也就是说，构造一个机械模型，它能办到老鼠所能办到的一切事情。显然，作为一个名副其实的老鼠模型，它一定还能做许多我们无法预测的事情，即便我们完全清楚该机械装置是如何工作的。它偶尔会以一种我们无法预测的方式对外部刺激作出反应，但同时必须会"自发地"对我们无法观察到的内部过程作出反应。尽管我们精确地知道机械老鼠的运动机制，却仍然无法预测它，因为我们的心智不能像机械老鼠那样感知和理解作用于其上的特定刺激物，以及不能执行像它那样的分类过程。预测其行动的唯一方法是：制造一台电脑，模拟老鼠执行的所有机制。换句话说，制造结构完全相同的另一只老鼠，并从一开始

① [Kurt Friedrich Gödel(1906—1978)，20世纪公认的最重要的数学—逻辑学家，出生于奥匈帝国的布鲁恩(今捷克共和国的布尔诺)，在维也纳大学学习理论物理和数学，参加维也纳学派的会议，于1930年获得博士学位，1932年获得教授资格。1938年奥地利成为纳粹德国的一部分后，Gödel移民美国，成为普林斯顿高等研究院的永久成员。他在1931年发表的文章"Über formal unentscheidbare Sätze der *Principia Mathematica* und verwandter Systeme"(*Monatshefte für Mathematik und Physik* 38：173—198)中证明了著名的"不完备性定理"。根据该定理，任何一致的公理化数学体系都包含在体系内无法证明或证伪的命题，而且公理本身的一致性也不能被证明。——编者]

就让它们在完全相同的环境条件下生存，这样，第二只老鼠所感知和学习的东西才能跟第一只老鼠完全一样。也就是说，为了理解一只老鼠将要做什么，以及它为什么这么做，我们实际上必须成为另一只老鼠。我想，如果要理解其他人类，由此得到的推论大概是不言自明的吧！

最后，请允许我说，我非常感谢你们允许我听取你们的讨论。虽然一开始对我的书有一些理解和赞同的评论，尤其是E.G.波林(E.G.Boring)的评论[①]，但从那以后，几乎没有迹象表明心理学界对它有任何反应。唯一显示还有人还在读这本书的是，它已经重印了两次。但我不知道它的基本方法是否被任何人接受或使用。不用说，我现在发现有许多积极的工作正在按照我当时指出的一般方针进行——不管它们是不是我早期的努力所建议的，并甚感欣慰。我希望你们仍能在我的书中找到一些有用的线索。

在我看来，这门年轻的认知心理学学科正在成功地表明，在我们对物理世界的描述中，“意义”仍然占有一席之地。

① [关于E.G.Boring参见前文，《感觉的秩序》，1.5，第170页注①。——编者]

人名索引

（页码均为原文页码，n#代表脚注#）

主题索引

《感觉的秩序》原版索引中的条目以粗体字印刷。在适当的地方,原版索引中列出的《感觉的秩序》的段落号被加在方括号里。(译注:页码为原书页码)

后记——你知道什么叫作“感觉的秩序”吗?

今天早晨终于把最后一句话校对完毕,随即给忠琴、月季他们发过去。乘着刚刚完成校对的新鲜记忆,谈谈自己的感受,也算是本书翻译的一个后记吧。

科学的统一与科学的“终结”

读完了这本书以后,才可以理解哈耶克经济思想的根源。同时,也懂得一个一流的科学家,必须同时是一个哲学家。

我是学生命科学出身的,很自然用生命科学的范式、逻辑和概念来解释人的行为。国际上新兴的进化经济学、生物经济学(bionomics或者bioeconomics)、社会生物学、进化生物学、行为生态学已获得了越来越大的影响。社会生物学的创始人哈佛大学教授O.E.Wilson说过,社会科学没有生物学,就如同天文学没有物理学一样,只是一门描述的科学。通过进化生物学这座桥梁,自然科学与社会科学可以实现统一,从而人类的整个科学知识体系可以建立逻辑相融的整体框架。

然而在这条路上的追寻,更进一步找到了心理学,包括生物心理学、生理心理学、进化心理学。我自己的体会是社会科学如果没有心理学,就如同生物学没有遗传学一样。

社会科学似乎人人都能说上几句,即便是没有任何社会科学教育的人,也可以凭借他们的生活经验,对社会、经济、政治发表议论。而在社会科学的象牙塔内,科学家们往往对一些基本的社会科学原则争论不止，导致社会科学停滞不前，缺乏像自然科学那样的知识积累和持续进步。如果说生物学的鼻祖是达尔文，经济学的奠基人是亚当·斯密，那么经济学的建立要早于生物学，但是，看看生物学和经济学今天的发展已经不可同日而语了。这其中固然有社会现象本身的复杂性，同时有社会科学本身的方法性问题。社会科学的发展往往在过了多年之后，重新回到起点去寻找源泉，就像经济学家要不停地要回到亚当·斯密那里去一样。我自己有一个比方，自然科学好像是乔木，地下有一个牢固的主根，地上则有主干和枝干，自然科学的进步是通过一些分枝的再分枝而得到进步，每个前沿科学家都工作在某个分枝的最终末梢之上。任何一个人如果要想就末梢发言，他不得不从树根谈起，因此，没有系统专业训练的人往往不敢轻易发言。而社会科学则类似于须根丛生型作物（如水稻、小麦），没有主根，也没有主干与分枝，每个学派或学派则是独立发展的，相互往往很难沟通。一个重要的原因是社会科学缺乏实验基础，完全靠研究者个人和思辨。假定人们的天赋往往相差无几，因而人们的认知水平也必然相差无几，所不同的仅仅是个人的经验的差别。缺乏自然科学的基石，社会科学就像是浮萍一样，漂浮不定。社会科学需要一个牢固的生物学，特别是脑科学、心理学的根基，来“锚定”自己。

我对心理学很感兴趣，对自我的心理和周围人的心理常常进行洞悉和反思，也“土法上马”，自创一些心理学概念或者理念来解释人们的行为，思考人性、知识、理性问题。但毕竟是井底之蛙、闭门造车，感觉有必要进一步阅读脑科学和心理学的著作，心理学毕竟是历经了多年发展的科学。

然而，心理学、脑科学，虽然取得了惊人的进步，但仍然处于不成熟阶段，有许多问题还不能回答或者存在争议，目前，尚不能作为社会科学的基础。此外，心理学相关领域的研究者就像工作在蚁巢局部空间中的蚂蚁，很难给出一个大脑工作的全貌，一些脑科学著作所涉及的一些专业术语，如额叶、皮层、杏仁核、海马体等，光是这些名词就让我这个还有一点生命科学背景的人望而生畏，更不用说弄清背后相互作用的机制了。

我是多年前在浙江大学开会，从汪丁丁教授、马永翔博士的介绍中了解到这本书的。后来，从武汉大学图书馆借到了哈耶克的《感觉的秩序：探寻理论心理学的基础》这本书。一口气读了三遍。虽然没有百分之百地理解，但是我感觉它“终结”了心理学，也“终结”了社会科学，甚至“终结”了整个科学。它用一个一以贯之的分类原理解释了大脑工作的机理，并且把人的精神、情感都还原到了同样的物理过程。科学就没有新鲜事了，剩下的都是简单应用了，今后这些学科所做的不过是填补框架的空白。人类的整个科学知识在这里实现了统一。

读完此书之后，也就理解为什么哈耶克对市场经济有如此坚定地的信仰，为什么有他的知识论，为什么本地知识如此重要，为什么哈耶克在时隔30多年、在已经成为知名的经济学家之后，仍然念念不忘自己早年的心理学思想，要花去几年的时间、费尽心智把自己的思想整理出来。

一个经济学家没有心理学的知识，没有对人性的理解，仅仅停留在经济学领域内部，是不可能有深刻的经济学研究的。思考什么样的问题，就会看到什么样的世界。哈耶克的《感觉的秩序：探寻理论心理学的基础》提供了他独特的经济学视角和基础。哈耶克的经济学是关怀心灵的经济学，尽管哈耶克已去世多年，他的经济学思想对当今世界仍然产生着巨大的影响。正因为如此，我想到把这本书翻译出来，介绍给广大对哈耶克和知识论感兴趣的同人。

翻译之难

为什么哈耶克如此看重的一本书，在我国这么多年来没有人翻译，而几乎哈耶克其他所有的重要著作基本上都得到了翻译？为什么这本理论心理学的书籍在国内外从事心理学的人很少有人引用?在翻译了这本书之后,我们才对其中的道理有所理解。哈耶克的这本书太难懂了!我不能不承认哈耶克的《感觉的秩序:探寻理论心理学的基础》是我看到的所有书中最费心智的一本书。即使有良好的英文基础,也不一定能接受这样的翻译。

书中涉及心理学、生理学、生物学、哲学、物理学等多学科的知识。既有哲学的抽象性,又有作为脑工作机理的严密性。翻译的时候,单复数、时态、冠词都要注意。一个脉冲还是多个脉冲、单个刺激还是成组的刺激,往往会影响意思的理解。

作为想象的大脑工作机理,本身也难以表述。正如哈耶克自己在序言中所说的一样,很多年前他都知道了问题的答案,但是,这个问题太难以陈述了,直到许多年后才找到了表达的方法。试想,连哈耶克自己都难以表达,译者何以翻译?

哈耶克在阐述他的理论的时候,时常感觉英文中找不到合适的词汇来描述自己心中的意思。哈耶克在论述“分类”的时候,觉得英文中没有合适的词,用了classification、grouping和evaluation,还是没有表达出他心中的意思。意识方面的词有:consciousness、awareness、Attention,等等。为了说明他的理论,他还定义了“初始脉冲(primary impulse)”“跟随(following)”“地图(map)”“模型(model)”“模式(pattern)”等词,这些词在心理学中也没有,还打了许多的比方。我们有时觉得哈耶克这本书不是写给别人看的,而是写给他自己看的,是记录他自己的思想的一个提示性笔记。

如果说哈耶克在描述人的大脑的工作机制的时候,感受到人类语言的贫乏。那么,要从中文中找到合适的词语,来翻译哈耶克心中的意思,就变成了极大的挑战。一个例子就是“Problem”和“question”,在汉语中没有区别,都是“问题”,但是在英文中两个“问题”是不同的。Problem有真(genuine)和假(phantom problem)之分,而question则没有。我记得为了1.92节中的一句话,纠结了两个多小时。最后跟月季讨论后方才释怀。

类似的情况还有：表示神经元之间的联系的词，使用了connexion、linkage、association等意义相近的词。在表示特征或特性方面的词有：property、attribute、character、nature，等等。

还有我们戏称的“哈氏英语”。其特点是句子长、从句多、反复修饰，往往一句话就构成了一个自然段，读完整段之后你还不知道修饰的中心词是什么。你搞不清楚其中的it, them, which到底是指代什么。有些地方语法上都能通，甚至意思上也都能说通，只有结合上下文和语感，反复琢磨，方可识别最确切的含义。

译校的历程与策略

尽管存在上述这么多的困难，出于对本书内容的喜爱和哈耶克基于心理学的社会研究视角的认同，我们在事隔两年之后，又组织同事和学生，从2010年11月份开始，先是分别阅读，然后选取重点、难点加以讨论。阅读此书是需要想象力的，需要进入哈耶克的内心世界。照字面意思翻译出来，翻译者自己也不知道是什么意思。好在有多个人共同参与，在翻译过程中，除单独研读以外，还进行了两个多月的共同讨论。三个臭皮匠，顶一个诸葛亮。大家取长补短，共同猜测哈耶克心中到底是怎么想的。大约三个月后，分头翻译，历时一年多，终于有了眼前的这本书。

曹老师翻译了前三章。他做事非同一般，他到图书馆按照心理学的要求把所有的专业词汇校对了一遍。一如他自己的写作风格一样，他的翻译非常简练，以至于把哈耶克原文中冗余的修饰都删除了。

月季（华中农业大学）除亲自翻译了第五章外，更是对全书进行了校对，还对有些章节几乎进行了重译。我能理解他在完成此稿后的心理状态。

忠琴（华中农业大学）翻译了第四章、熊泽（华中农业大学）完成了第八章，成林（华中农业大学）初译了第六、七章。农业部农业规划设计院曾军全参与了部分章节的翻译。说实在的，这对他们是一个巨大挑战。

我原本准备翻译其中的几章，但是，后来大家的积极性很高。我就转而仅仅作为翻译此书的倡导者，在一旁摇旗鼓劲。但是，等到月季把他校对后的稿子给我的时候，已是2011年8月份了。我感觉到有些翻译，仅仅看中文好像还读不懂。我这个已经看过原文的尚且如此，读者更何以堪。但此时，大家的心智消耗似乎到了极点。于是，我只好接过了最后的一棒，逐字逐句对每一句进行了校对，历时一个多月。

校对到其中一些不甚清楚的地方，经过与译者的讨论，进一步阐释。有些漏译和错译的地方，只要我可以肯定，便直接修改过来了。

为了帮助读者理解，加注了更多的译者注解。对于比较难懂的地方，我们结合自己的理解，以译注的形式附在相关部分，以示与原文的区别，帮助读者理解。

校对更加注重忠实原文，好的译文最好是既忠实原文，又能够通顺流畅，但是，在不能兼顾的情形下，宁可牺牲通顺流畅，也要追求对原文的忠实。本书是科学著作，而且是脑科学的著作，宁可牺牲其通顺性，也要保证意义的准确性。宁可啰唆，不可含混。宁可平淡，不可为了生动易读而渲染夸张。在校对的时候，我总是想象读者读到此处会是什么感觉。我们翻译的目标是，读者只要仔细斟酌中文的每个句子，即使在没有原文的情况下，也能琢磨出原文的意思。“哈氏英语”虽然比较冗长，但翻译下来，居然没有一句话、一个从句、一个单词是含混的，都有所指。需要仔细斟酌。英文句子，反复修饰，没有问题，但翻译成汉语，句子一长，修饰关系就不清楚了，必须拆断，同时还要忠实原文。曹老师属于意译，把句子中不相干的修饰删除。忠琴属于那种写意式的翻译，读起来可以看到“感觉的轮廓”，而不是精细的“感觉的秩序”。出于对原文的风格忠实，在校对的过程中，又把有关的修饰逐一加上了。这在某种程度上是对“什么是好的翻译”的理解的不同。战斗到最后的人，总是有着“后动优势”。既然我是最后的校对者，于是我便利用这个“优势”在最后的文本中体现我对“好的翻译”的理解。

校对也体现了我的写作风格。在校对过程中，对有关的叙述方式，也做了较大的改动。对此，需对译者道歉，我知道他们在组织相关的文字时，一定花费了很大的心血。自己精心翻译的句子总是不情愿别人修改。对此，我感到抱歉，由于最后的时间关系，没有和译者进一步沟通，而直接按照我的理解修改了。希望他们不要因此“很受伤害”。

翻译小组虽然都是从事经济管理学的，缺乏从事心理学的人员，但是，有学习电学、计算机、生物学、机械工程方面的人员，再加上对心理学和哲学的共同兴趣，因而，能够较好地与该书的内容相匹配。更重要的是在中国当下浮躁而“嘈杂”的“学术市场”中，能够找到几个志同道合的同事、学生，持有如此平静的心情，花费如此之长的时间，进行多遍的校译，实在难得。

最后翻译的质量怎么样？如果与其他的翻译相比，这肯定是低质量的翻译，读起来还是很费劲。但是，对于这样一本作者自己都觉得难以叙述的问题的书，我们认为是满意的，是目前可以获得的最好的翻译。这只要看看第七、八两章即可，只要内容的难度稍微降低，翻译的可读性便立马大幅改进。

对读者的阅读建议和歉意

这是一部心理学、哲学或者自然科学的书籍，但是，它对于社会科学更显得重要。

我要提醒的是，读者在翻开此书时，需要准备一些耐心和时间，这不是那种适合快速阅读的文章，需要静下心来，聚精会神，逐字逐句地研读、琢磨和想象，包括单复数的变化。从字面意思想象哈耶克脑海中的世界。正如我所说，哈耶克似乎是为了自己的表达而写，不一字一句地斟酌，是读不懂哈耶克的，我们还自以为自己读懂了。

书中的一些词语，尽管绞尽脑汁，仍然没有找到合适的中文，需要读者在阅读的时候加以注意。

sensory quality是本书的最重要关键词，我们把它翻译为“感觉质”，读起来比较别扭，但是没有更好的词。最初在构造主义的早期形式中，“感觉质”是指感觉的一种基本属性，使某一事物的某个方面区别于其他事物，这一用法是为了把质的概念与量的概念分离开来，后者专指感觉的数量、程度或强度上的差别，前者则指感觉种类上的差异，其间的区别并不像初看起来那样容易分清的。译文中我们将使用“质”来表示“quality”，使用“定性的”代表“qualitative”。感觉的秩序就是说我们所感觉到的外部物质世界的秩序，感觉质的秩序，则代表特定的感觉维度（如颜色），或者不同的感觉维度（如颜色与声音的组合所表现出来的秩序）。

mind这个词可以翻译成脑、心灵、心智。结合上下文，mind实际上是指脑的各种功能与运作机制，包括感知、运动、情感和抽象思维是如何实现的，包括低等动物的脑的功能。比较接近的是心智，但是心智不便于用于低等动物。心灵，在中文中比较常见，虽然常见，似乎也可以概括脑在处理物理世界和精神世界两方面的内涵，但有点过于强调精神的意味，经过反复比较，还是采用了“心智”的译法。mind实际上是指脑的功能。如果译为脑，相对更接近，但一些地方容易与brain相混淆，而且其功能不在于生物的结构，而是运作的机制。有人说，诗歌是不能翻译的。哈耶克的著作也只能意会不能言传。

impulse一词在文中出现频率最高，也是理解本文的关键词，对于impulse的意思，有两种翻译方法，一种是冲动，一种是脉冲。在我看来，前者似乎更像是动词，接近于日常语言，后者更接近于名词，更接近于科学语言。文中译为“脉冲”。读者根据自己的习惯,在文中可以自由调换。

文中effect译为“效果”,也可以理解为“效应”。效果似乎带有某种目的性,效应则似乎更客观。

element可以理解为“元件”“基本要素”和“元素”,文中译为“元素”。

apparatus可以翻译为“工具”,但更多地译为“装置”。

connexion在书中译为“联结”,也可以理解为“网络”。

有人说世界上的争论都是名词之争,我感觉,一个人或一种文化的发展水平,取决于其对这个物理世界中事件差异性的表达能力,最主要的是语言表达能力,这也就是哈耶克所说的分类与区分能力。

完成总是意味着某种的遗憾和缺陷。逐字逐句的翻译和最后整篇通读,属于两种不同的情景,对翻译有不同的感觉。前者往往只是句子内部的各个部分之间的通顺,后者则是句子之间、段落之间、章节之间的连贯。因此,有必要在校译了整篇之后,再通读一遍才好。但这已是时间和耐心所不允许。

由于此书内容固有的难度,加之我们的翻译水平有限,尽管我们竭尽全力,翻译仍有不妥甚至错误之处,请读者原谅,并望批评指正。

痛苦与快乐

翻译是痛苦的。

整个阅读和翻译断断续续,持续有近一年时间。反复校译,难懂的“哈氏英语”,以及内容的晦涩,对一些句子的纠结,还有许多其他“功课”等待着做。等到大家翻译完了之后,似乎已经筋疲力尽。他们的痛苦是可以想见的。原本想“偷懒”的我,不得不接过最后的“接力棒”,在计算机前面整整忙碌了将近一个月的时间。我总

是记得，校对每一章的时候，我总是迫不及待地往后翻，看还剩下几页。等到最后完成了校对之后，我几乎不想再多读一遍。

多人的分工，将近一年的时间断断续续的工作，分摊这种心智的磨损。心累了，放一阵子再译。

译者费了心智，翻译出来就可以节约读者的心智。这就是希望把此书出版的原因之一。

有痛苦，也有快乐。翻译也是快乐的。

终于翻译完了，可以长吁一口气。看到眼前的译稿，一切的痛苦变成了甜美的回忆。共同阅读研讨的打趣与欢悦，多少次深夜11点之后的跳墙出楼，历历在目，减轻了翻译的痛苦。每当搞懂了一句“纠结”许久的句子，终于弄清哈耶克的原意，烦恼就马上变成了快乐。原来直接读英文的时候，虽然读了好几遍，到底还是马虎一些，经过这一次的校对，逐字逐句，终于彻底弄清了哈耶克“心中的意思”，非常有成就感。

读进去了，也很有意思，以至于不能罢手。特别是终于把哈耶克晦涩难懂的句子搞清之后的喜悦。一天到晚坐在电脑边，一个多月时间不知不觉过去了。虽然每天一早起来，就开始校对，如果不是马上就要开始的科学哲学课，以及随后而来的生态经济理论课程的准备，这个校对过程还是非常愉快的。必须是自己喜欢的工作，否则其心理副作用奇大无比。根本无法经历反复的校对。我这个人自己写的文章都不愿意校对、修改，对哈氏著作能尽到如此耐心，连我都感到意外。

用哈耶克的话说，翻译完此书，我们的头脑中建立了许多新的“美好”“快乐”联结。正是这些快乐，才支持我们把哈耶克的《感觉的秩序：探寻理论心理学的基础》，同时也是“我们的感觉秩序”，搞清楚了。

此书的翻译出版是对哈耶克这位伟大学者表达崇敬之情，能将自己的工作与哈耶克的工作联系起来，我们深感荣耀和自豪。这也许是我至今所做的最有意义的学术工作。

最后，感谢北京大学汪丁丁教授、北京师范大学马永翔博士为本书阅读所作的前言介绍。感谢华中农业大学李艳军教授和杨锦莲教授为本书出版所提供的资助。

谨以此书的出版，纪念翻译团队那段美好时光，同时也是为了纪念为此书翻译出版而默默奉献的人们。

周德翼

于南湖狮子山

2013年11月7日

重译《感觉的秩序：探寻理论心理学的基础》

从第一次翻译《感觉的秩序:探寻理论心理学的基础》至今,已经过去了十年。转眼间,我到了退休的年龄,到了总结人生的时候。回首我的学术生涯,我感觉最为自豪和有价值的事情就是组织翻译了哈耶克的《感觉的秩序:探寻理论心理学的基础》这本著作,当时的参与者有朱月季、黄忠琴、熊泽、曾军全、马成林等人。

我一直关注知识问题的研究,从生物进化到脑科学,再到心理学。我曾经想像《人类简史》那样,系统地整理从生物界到人类社会各个阶段,知识的管理策略。但是,当我看了《感觉的秩序:探寻理论心理学的基础》这本书之后,我感觉我要说的,它都说了,我没有说的,它也说了。这本书从神经元层面上彻底解构了知识问题。它从个体进化和系统进化的角度,不仅解释了人类的知识,也解释了动物的知识。它成为我理解人类行为和知识问题的底层逻辑。

然而,在我重读第一版的译稿时,我发现太过于直译,以致读起来晦涩难懂。但是,我是个懒散之人,不修边幅,做事满足于"大致可以",再加上还有其他事务,实在不想动手。

于是,我找到了我的老朋友曹士龙老师。曹老师曾经参加第一次的翻译。更为关键的是,他的文字功夫比我好,做事追求精益求精。在第一次翻译中,我遇到难点总是找他讨论,屡获解释。没有比他更加合适的再译者了。曹老师也欣然答应了。

当然,打铁还需自身硬。虽然有曹老师帮助,我也不能完全置身事外。特别是,这一版的内容除了《感觉的秩序:探寻理论心理学的基础》原书外，还收录了哈耶克本人与此书相关的数篇作品，再加上编者维克多·范伯格先生的长篇《导论》，篇幅扩充了一倍有余。因此，我承担了一部分新内容的初译工作，而曹老师除重新校译了《感觉的秩序：探寻理论心理学的基础》原稿之外，还翻译了大部分的新内容。当然，由于译者的水平有限，翻译中可能会犯下一些错误，欢迎读者批评指正。

周德翼

于武汉南湖狮子山下

2022年11月27日